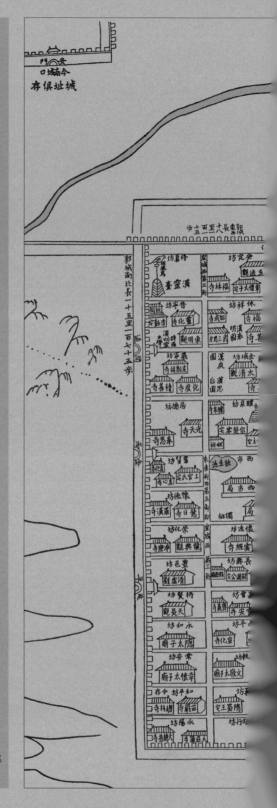

청대 왕삼문(王森文) 작(作) 「한당도성도」(漢唐都
城圖)의 당 장안성 부분.

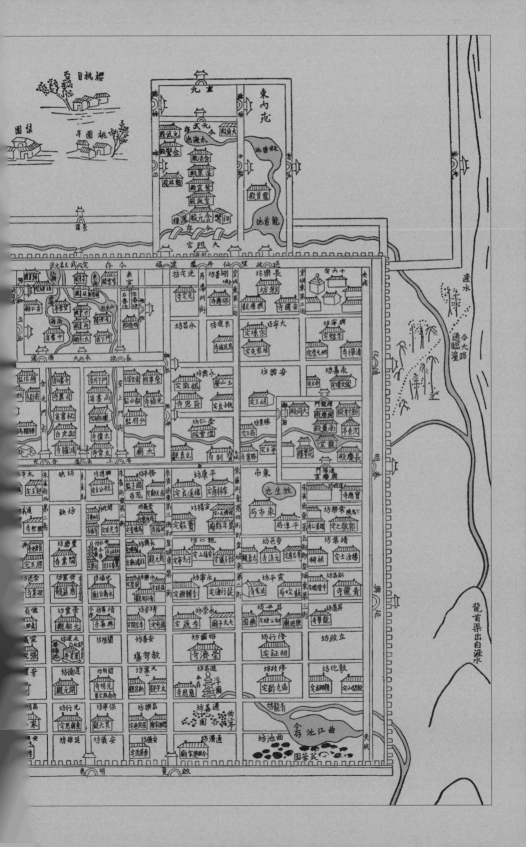

장안의 봄

장안의 봄

長安之春 이시다 미키노스케 지음 ─ 이동철 · 박은희 옮김

이산

장안의 봄

2004년 6월 18일 초판 1쇄 인쇄
2011년 9월 14일 초판 2쇄 발행
지은이 이시다 미키노스케
옮긴이 이동철·박은희
펴낸이 강인황·문현숙
도서출판 이산
서울시 마포구 양화로6길 57-18(서교동 399-11)
Tel : 334-2847/Fax : 334-2849
E-mail : yeesan@yeesan.co.kr
등록 1996년 8월 8일 제 2-2233호

편집 문현숙·이선주
인쇄 한영문화사/제본 경문제책
ISBN 978-89-87608-37-2 03910
KDC 912.3(당대 중국사)

가격은 뒤표지에 있습니다.

長安の春(Choan no Haru) by Mikinosuke Ishida
Copyright ⓒ 1967 ISHIDA, Mikinosuke
Original Japanese Edition published by Heibonsha Limited, Publishers, Tokyo.
This Korean edition published by Yeesan Publishing Co., Seoul
by arrangement with Heibonsha Limited, Publishers, Tokyo

www.yeesan.co.kr

차례

일러두기

1. 이 책은 石田幹之助, 『長安の春』(東京: 平凡社, 1967)를 완역한 것이다. 단, 에노키 가즈오(榎一雄)의 해설 부분은 제외했다.

2. 모든 외래어는 외래어 표기법에 따라 표기했으며, 중국어의 경우는 이 책의 성격을 감안해 우리 한자음으로 읽었다.

3. 원주는 모두 후주로 처리했고, 시(詩)·부(賦) 원문의 경우 원주가 있을 경우에는 원주에, 없는 경우에는 부록 시·부 원문에 따로 실었다.

4. 옮긴이의 설명이 필요한 경우 해당 부분에 ＊† # 등의 기호를 붙이고 같은 페이지 하단에 각주로 처리했다.

5. 원서의 강조부분은 방점을 찍어 표시했다.

6. 원서에는 없지만 독자들의 이해를 돕기 위해 각종 그림과 사진을 관련된 부분에 실었으며, 부록으로 시·부의 원문과 인명해설, 참고도서를 추가했다.

7. 원서의 오자는 오식이 분명한 경우 별도의 설명 없이 바로잡았고 저자에 의한 착오 등의 경우에는 옮긴이 주를 달았다. 단 시·부의 경우는 통상적으로 판본에 따라 차이가 있는 점을 감안하여 대부분 원서 그대로 따랐고, 오자가 분명한 경우에만 바로잡았다.

머리말

졸저『장안의 봄』(1941, 創元社)이 절판된 지 26년쯤 된다. 이제는 거의 시장에서도 자취가 끊어져 헤이본샤(平凡社)에서 '동양문고' 시리즈의 한 책으로 다시 세상에 내고자 한다. 몇 해 전에도 같은 헤이본샤의『세계교양전집』(世界教養全集)의 한 권(제18권, 1961)으로 도리야마 기이치(鳥山喜一), 마쓰오카 유즈루(松岡讓), 다케다 다이준(武田泰淳) 등의 저서와 함께 재출간한 적이 있는데, 그때는 분량문제로 원본에서 다소 긴 글 세 편과 마지막 단편은 빼고, 거기다 전후(戰後)에 공개한『당사총초』(唐史叢鈔, 1948, 要書房)에 실렸던 난잡한 원고를 더해 넣자는 권유를 받았다. 따라서 그 책은 재출간이라고는 하나 위와 같은 연유로 초판과 비교했을 때 내용상 들고 남이 있을 뿐 아니라 작은 활자로 된 주기(注記)가 대부분 삭제되었으며, 새로운 가나(假名) 표기법 및 근래 표기법의 개악 문제까지 겹쳐 부득이하게 초판과는 상당히 다른 체재를 갖게 되었다. 이번에는 인쇄 사정상 구자체(舊字體)를 조금밖에 사용할 수 없어서 대부분 약체자(略體字)에 만족하기로 한 것을 제외하면 초판에 수록한 것을 전부 그대로 싣기로 했다. 또『당사총초』역시 완전히 그림자를 감추어 어쩌다 시장에 나타나더라도 터무니없이 비싸게 호가되는 형편이기 때문에『당사총초』에서도 7편을 골라 싣고, 그 밖에 초판에도 재판에도 없었던 글 두세 편을 추가했으며, 본문과 주 역시 새롭게 보필·정정하여 출판사의 요구에 부응하기로 했다. 말하자면 증정(增訂) 신판인 셈이다. 지금은 이대로 또다시 세상의 공기를 쐬게 하고 싶지 않은 마음이 없지 않지만, 마른 나무도 산의 정취를 보탠다 하니 크게 질책당하는 일이 없다면 다행이겠다.

쇼와 42년(1967) 맹춘
저자 삼가 쓰다

초판 머리말

책이 만들어져 서문을 쓴다는 것은 즐거운 일인 듯하다. 어떤 사람은 의기양양하게 포부를 밝히기도 하고, 어떤 사람은 겸손한 언사 속에서도 자신이 기약하는 바를 넌지시 암시하곤 한다. 모두 다 훌륭한 일이다. 하지만 이 책에 한해서는 서문을 쓸 만큼의 의기도 없고 그럴 필요도 없다. 여기에 모아놓은 글들이 모두 그때그때 소일거리 삼아 붓을 놀린 하잘것없는 것에 불과하기 때문이다. 하나같이 길게는 10여 년, 짧게는 6∼7년씩 된 옛날 원고이고, 게다가 이미 한 번은 잡지나 신문에 실렸던 것들뿐이니, 이제 다시 출판을 권유받는 것 자체가 겸연쩍을 정도다. 말하자면 폐품의 재생인 셈이다. 그렇다면 이런 글을 다시 세상에 내보내면서 애들이 입는 옷차림으로 대충 내보내서는 아니될 것이다. 터진 곳도 고치고 천조각을 대어 깁지 않으면 안된다. 원래가 급박한 주문에 대기 위해 가봉 상태로 입힌 것뿐이라서 이제 본격적으로 새로이 옷을 만들 필요가 있는 것이다. 그러나 수선을 하다 보면 새로 맞출 때보다 번거로운 일이 많으니, 조금 붓을 대보기는 했지만 그럭저럭 땜질하는 정도의 손질밖에 할 수 없었다. 다만 그런 보철과 수리 과정에서 스프*나 대용품을 쓸 필요가 없

* 스테이플 파이버(staple fiber)의 준말. 댓감용 짧은 옷감.

었던 점은 다행이다. 편언척구(片言隻句)이기는 하지만 참으로 몇 군데에는 새로운 자료로 비단조각을 꿰매 붙이기도 했다.

이 책은 첫장의 제목인 「장안의 봄」을 책제목으로 삼아, 그 제목에 어울리는 당대의 문화에 관한 졸고(拙稿) 가운데 그다지 딱딱하지 않은 것만을 몇 가지 가려 뽑은 것이다. 개중에는 중학생의 작문 같은 것도 있는데, 나 자신은 아주 진지하게 고증의 논문이라 부르고 있다. 그래서 일반 독자에게는 지극히 성가신 일로 여겨지겠지만, 서술한 내용의 근거를 보이기 위해 '참조'로 작은 활자의 주기를 붙인 곳도 있다. 번거롭다고 생각하는 분들은 물론 건너뛰고 읽기 바란다.

돌아보면 『태평광기』(太平廣記) 500권, 『전당시』(全唐詩) 4만 8천 수를 모조리 읽어보았는데도 문제에 따라서는 찾아낸 자료가 이것뿐인가 싶어 어처구니없기도 하다. 또 어쩌면 지금 세상에는 정말이지 쓸데없는 말을 지껄인다는 비난을 면치 못할지도 모른다. 그러나 중국 연구에도 당연히 오늘의 쓰임과 내일의 쓰임이 있고, 내일의 쓰임에는 10년, 20년을 앞서는 쓰임도 있다. 누군가 어처구니없는 일을 해두지 않으면 학문도 사상누각에 지나지 않는다며 은근히 스스로를 위로하고 있는 것이다.

책 속의 각 장이 언제 어디에 처음 실렸는지는 권말의 「맺음말」에 밝혀두었다. 옛 원고와 이 책의 내용이 다른 경우에는 이 책 쪽이 필자가 오늘날 생각하는 바라고 생각해주시기 바란다.

쇼와 16년(1941) 3월 하순
저자 삼가 쓰다

장안의 봄

✿ 장안의 봄은 누구 차지일까

장안의 2월 향기 섞인 먼지 자욱하고

번화한 육가(六街)에는 마차소리 요란하네

집집마다 누각 위엔 꽃 같은 여인들

천만 가지 붉은 꽃처럼 어여쁜 모습 싱그럽네

주렴 사이로 웃고 떠들며 서로들 묻나니

장안의 봄은 누구 차지일까?

본래 장안의 봄빛은 임자가 없으니

옛날부터 모두 홍루의 여인들 차지라네

이제 어찌하나, 행원(杏園)* 사람들이

멋진 말과 수레에 태워 호위해 가버리니!

— 위장, 「장안의 봄」[1]

음력 정월 원단(元旦), 군경(群卿)·백료(百寮)의 하례와 동시에 달력에

---

* 곡강지(曲江池) 옆에 있는 동산. 과거 급제자들이 연회를 열던 곳이기도 하다.

마원(馬遠), 「장미」(薔薇), 송대

서는 장안의 봄이 시작되지만, 정월 대보름 관등절(觀燈節)까지는 대당(大唐)의 수도에 봄빛은 아직 옅기만 하다. 입춘이 지나고 약 15일이면 절기는 우수(雨水)에 들어서 유채꽃이 활짝 피고 살구꽃은 망울을 터트리며, 오얏꽃도 만발하는 무렵이 되면 꽃소식을 실은 바람도 점점 따스해진다. 경칩이 되고 1후(候,

5일)가 지나면 복사꽃이, 2후(10일)가 지나면 앵두꽃이, 3후(15일)가 지나면 장미(薔薇)*가 피며, 춘분에 이르러 1후가 지나면 해당화, 3후가 지나면 목련이 핀다. 이렇게 차례차례 갖가지 꽃나무들이 요란스레 아름다움을 다툴 때가 되면 장안성의 봄은 날로 무르익어, 향기로운 꽃내음이 동·서 두 대로 110방(坊)†의 하늘에 가득 차고, 위수(渭水)의 물소리도 봄안개에 잠기며 종남산(終南山) 기슭에선 아지랑이가 피어오른다.

부슬부슬 봄비가 연일 내리는 가운데 청명절이 지나면서, 오동나무꽃은 자줏빛 향기를 풍기고 교외의 밭두렁에서는 보리이삭이 파릇파릇 머리를 내민다. 대궐 안 도랑의 버들개지가 어지러이 눈처럼 흩날릴 무렵이 되면 때는 곡우(穀雨)의 절기로 접어들어 봄이 점점 무르익어 가고,

---

* 중국의 장미는 장미(薔薇), 매괴(玫瑰), 월계(月季)의 세 가지가 있다. 현재 일반적으로 알고 있는 장미는 매괴이며, 여기서 말하는 장미는 봄에 피는 종류이다.

† 장안은 황성의 남문인 주작문과 연결된 주작대로를 중심으로 동서로 나뉜다. 그리고 동서로는 구가(九街)가, 남북으로는 십이구(十二衢)가 구획되어 110방을 이룬다. 본문 28쪽 지도 참조.

내리비치는 햇살 또한 어느새 조금씩 광휘를 더해가며 하늘빛도 감청색으로 맑아진다. 산교(滻橋)와 파교(灞橋) 두 다리 모퉁이에 서 있는 실처럼 늘어진 버드나무 가지를 어루만지면서 훈풍이 상쾌하게 불어오면, 모란이 도성 가득한 봄을 독차지하고 꽃의 왕인 양 아름다움을 뽐내며, 성안의 사녀(士女, 선남선녀)*들

천복사(薦福寺) 소안탑(小雁塔)

은 집을 비워둔 채 꽃의 자취를 쫓아다니느라 날이 저문다.

　이리하여 달콤한 멀구슬나무의 꽃이 흐드러지게 피어 아찔한 향기가 초저녁 공기에 퍼질 무렵이면, 세상은 파릇한 어린 잎의 계절이 된다. 숨 막힐 듯한 신록이 구가(九街) 십이구(十二衢)의 방(坊)을 산뜻하게 가득 채우고, 하늘에 닿을 듯한 홰나무와 느릅나무가 늘어선 가로숫길에는 나무그늘이 날로 짙어간다.[2] 상쾌한 산책에 피로를 느낀 장안사람들―촉감도 새로운 가벼운 삼베옷에 살짝 땀이 배는 것을 느끼는 선남선녀들―이 근처에서 잠시 쉴 곳을 찾는 것일까? 삼삼오오 어울려 다니는 모습이 보였다 사라졌다 하는 이때가 바로 초여름이다. 여기서 장안의 봄은 끝나니, 시인은 가는 봄을 노래하며 석춘(惜春)의 부(賦)를 짓는다.

---

* 사녀는 미인을 뜻하는 경우도 있으나 이 책 1장에서는 대부분 선남선녀의 뜻으로 쓰였다. 이하에서는 선남선녀로 번역했다.

경성 동쪽 벽의 중문(中門)인 춘명문(春明門) 언저리에 서서 멀리 바라보면, 서북 방면으로 저 멀리 3성(省) 6부(部)의 기와지붕이 줄지어 늘어선 '황성'(皇城)이 보이고, 그 북쪽에는 최초의 '궁성'(宮城)이 전각 꼭대기를 내보이고 있으며, 다시 그 동북쪽에는 이후 천자의 거처가 된 동쪽 내전(內殿) 여러 궁전의 지붕이 용궁처럼 솟아 있다. 그리고 바로 눈앞에는 성당(盛唐) 무렵 현종(玄宗)이 새로 짓고 상주하던 흥경궁(興慶宮) 한 모퉁이의 황금색 기와와 붉은 정원이 조화를 이루고 있고, 근정전(勤政殿)과 화악루(花萼樓)의 단청 기둥과 붉은 주렴이 화려한 모습을 펼치고 있다. 서남쪽으로 고개를 돌려보면, 주작대로(朱雀大路)에 접해 있는 천복사(薦福寺)의 소안탑(小雁塔)이 민가 사이에서 우뚝 고개를 내밀고 있고, 남쪽으로 아득히 멀리에는 자은사(慈恩寺)의 대안탑(大雁塔)이 짙은 황금빛 노을 아래 옅은 자주색 그림자를 감싸 안고 있다.

이 춘명문 주변은 상도(上都)인 장안과 동도(東都) 낙양(洛陽)·북도(北都) 태원(太原) 등을 연결하는 큰 도로가 있어서 수레의 왕래가 유난히 많은 곳이다. 지방으로 부임하는 관리도, 낙타를 이끌고 다니는 카라반도 이리로 나간다. 해동 근역(槿域)의 명산물인 해동청을 팔뚝에 얹고 성의 동쪽 교외에서 하루 사냥을 즐기려는 귀공자도 은빛 안장을 얹은 백마를 타고 이리로 나선다. 멋진 말을 탄 화려한 행렬이 당(唐) 조정의 환영의례를 받으며 천천히 서쪽으로 향하고 있다. 바로 야마토 시마네(大和島根, 일본의 별칭) 천황의 칙서를 받들고 멀리 바다를 건너온 후지와라 기요카와(藤原淸河) 일행이다. 동쪽에서 입조(入朝)하는 외국 사신들은 모두 이곳을 통해 수도로 들어왔다. 일본·신라·발해 같은 먼 나라에서 학문을 배우고 불법을 구하러 책지게를 짊어지고 산해만리 머나먼 길을 오는 사람도 모두 이 문을 지나갔다. 일본의 구카이(空海)도, 엔닌(円仁)도, 엔친(円珍)도, 슈에이(宗叡)도 모두 이곳을 지나 수도에 발을 들여놓았다. 곱슬머리에 뾰족한 코, 붉은 수염에 파란 눈을 한 호인(胡

人) 또한 왕래가 드물지 않았다. 춘명문 근처에서 서역의 호인을 만났다는 이야기를 당나라 시대에는 심심치 않게 들을 수 있었다.[3]

시끌벅적한 동시(東市)가 있는 곳도 바로 이 근처인데, 서시(西市)만은 못하지만 타향살이 하는 외지인이 이 부근에도 적지는 않았던 것 같다.[4] 이른바 탐가즈의 수도인 쿰단성[5](장안성의 호명[胡名])에서 대당(大唐)의 천자를 '천가한'(天可汗)[6]이라 우러르며 상업활동으로 돈을 벌기 위해 살고 있던 서역 호인이 상당수에 이르렀던 것이다.

책지게를 메고 있는 현장법사

사람들의 왕래가 활발한 것은 도로뿐만이 아니었다. 춘명문의 남쪽에 빙 둘러 있는 운하 용수거(龍首渠)에는 강소성과 절강성의 쌀을 운반하거나 남해의 진귀한 재화를 산더미같이 실은 정크선이 떠 있는가 하면, 빽빽이 들어선 돛대 사이로 비단돛이 바람을 가득 안고 있는 등, 강물 위의 배들 또한 떠들썩하기 그지없었다. 왕정백(王貞白)의 시 「장안도」(長安道)에 "새벽 북소리에 사람들 벌써 나다니고, 저녁 북소리에도 쉬지를 않네. 산 넘고 바다 건너 만국에서 몰려와, 앞다투어 황금과 비단을 바친다"[7]는 구절이 있는데, 바로 이 부근의 풍물을 읊은 것이 아닌가 생각된다.

북두칠성의 자루가 초저녁에 묘방(卯方)을 가리키고, 해질녘의 순화성(鶉火星)이 정남쪽에 위치할 무렵이 되면, 봄도 반쯤 지나 날씨는 따뜻하고 꽃이 만발한다. 길거리는 행락 인파로 가득하여 "열두 거리는 시장바닥인 듯, 고운 먼지 목 메이도록 걷히지 않는다"[8]거나 "안장 없는 말도 꽃도 모두 먼지투성이"라는 표현처럼, 꽃마저 먼지투성이가 될 정도로

붐볐다.

옛날부터 장안의 시민들은 밖에 나가 노는 것을 좋아했다. 그들은 봄이 무르익기를 기다리지 않고, 메마른 들판에 한매(寒梅)가 하나둘 하얗게 점점이 피어날 무렵부터 들판으로 나가서 봄이 오는 모습을 찾아다녔다. "서울의 선남선녀들은 매년 정월 대보름이 지나면 저마다 마차를 타거나 말에 올라, 동산에 휘장을 치고 또는 그냥 들판에서 봄을 찾는 연회를 벌였다"는 이야기가 왕인유(王仁裕)의 『개원천보유사』(開元天寶遺事)에 전해온다.⁹⁾

그러다가 2월 2일 중화절(中和節) 무렵이 되면(덕종〔德宗〕 이전에는 정월 그믐날) 도성 안팎의 명소는 봄날 하루를 만끽하려는 시민들로 더욱 넘쳐난다. 이때부터 3월 초의 삼짇날·한식일·청명절에 이르기까지 도성 사람들의 행락지는 주로 곡강(曲江) 둔치나 낙유원(樂遊原) 언덕이다.

곡강은 장안성의 동남쪽에 있는데, 옛날 진(秦)나라 때는 풍주(豊洲)로 불리던 습지대였지만 개원(開元)연간(713~741)의 준설공사로 명승지가 된 뒤에는 당대 후반기 내내 봄만 되면 장안의 번화함이 온통 이곳에 모여드는 느낌이 들 정도였다. 남쪽으로는 아름다운 자운루(紫雲樓)와 부용원(芙蓉園)이 있고, 서쪽으로는 행원(杏園)과 자은사(慈恩寺)가 인접해 있어서 "꽃과 풀이 사방을 둘러싸고, 안개 낀 강물은 아름답다"고 칭송되었다.¹⁰⁾ "삼월 삼짇날 날씨도 쾌청하여, 장안 물가엔 미인이 많구나. …반짝이는 비단옷에 늦봄햇살 비추니, 주름잡아 수놓은 금공작과 은기린이 화려하구나"¹¹⁾라는 두보(杜甫)의 시구는 바로 이 곡강 주변의 풍물을 읊은 것이다.

낙유원은 곡강보다 조금 북쪽에 위치한 작은 언덕으로 성안에서는 가장 높은 곳이다.¹²⁾ 당나라 초기 장안(長安)연간(701~705)에 태평(太平)공주가 정자를 짓고 유람지로 삼은 이래, 차츰 장안 사람들이 하루 나들이를 위해 지팡이를 짚고 오르는 명승지가 되었다. "이곳은 사방이 널리

출유도(出游圖) 벽화. 수당시기 문무백관 사이에는 행락의 기풍이 일반화되어, 민간에까지 나들이 풍속이 성행하도록 부채질했다.

탁 트여 있어, 매년 3월 상사일(上巳日)이나 9월 중양절이면 선남선녀들이 여기 놀러 와서 액을 씻고자 높은 곳에 올랐다. 장막이 구름처럼 펼쳐지고 수레가 길을 가득 메웠으며, 알록달록 고운 옷은 햇빛에 아롱거리고, 향긋한 내음이 길가에 가득했다. 조정관리나 시인들이 시부를 지으면, 다음날 아침 장안바닥에 좍 퍼졌다"고 하는 장소이다.[13) 두보가 「낙유원의 노래」(樂遊園歌)에서 "낙유원 옛 정원은 높다라니 탁 트였고, 아련히 펼쳐진 파란 풀은 우거져 자라누나. 공자의 화려한 잔치자리 지세 가장 높아, 술잔 들고 바라본 진천(秦川)은 손바닥인 양 평평하구나!"[14)라고 한 것처럼, 낙유원에 오르면 곡강 근처는 물론 진천(秦川, 지금의 번천(樊川)) 물줄기 부근까지 멀리 조망할 수 있었다.

꽃구경에 나선 사람들이 모여드는 곳이 어디 곡강과 낙유원뿐이었으랴. "장안의 봄날, 구경 나온 사람들로 가득 차 원림(園林)의 나무 사이에는 빈틈이 없었다"[15]고 할 정도로, 꽃과 나무가 있는 곳이면 어디서나 행락객을 볼 수 있었다. 그들은 "아름다운 꽃을 보면 바로 자리를 만들고, 풀을 깔개로, 치마를 장막으로 삼았다."[16] 뜻밖에 비를 만나더라도 지장이 없도록, 귀한 집 자제들은 기름 먹인 장막을 가지고 들판으로 나갔다.[17] 어떤 학사들은 "가까운 벗들과 꽃동산에서 연회를 벌이며, 휘장을 치거나 자리 따위는 깔지 않고, 어린 종에게 떨어진 꽃잎을 주워 오게 해서 깔고 앉아서는" "우리에겐 꽃방석이 있으니 무슨 깔개가 필요하리요!"[18]라 했다는 이야기도 전해온다. 심지어 진사 정우(鄭愚)와 유삼(劉參)의 무리 10여 명은 법도에 구애받지 않고 "봄놀이를 할 때마다 요염한 기생 서너 명을 뽑아 작은 소달구지에 태우고 이름난 동산이나 아름다운 연못으로 가서는 벌거벗은 몸으로 풀밭에 뒹굴며 두건도 벗어던진 채 큰소리로 웃고 떠들면서" 자칭 그런 행동을 '전음'(顛飮)이라 했다고 하는데,[19] 아마 이런 모습도 봄날의 한 경물(景物)로서 이들만 그렇게 한 건 아닐 것이다.

천보(天寶)연간(741~756)에 극도의 호사를 누렸던 양국충(楊國忠) 일가는 "춘유(春遊) 때마다 비단으로 큰 수레를 장식해 누대처럼 만들고 여자 악공(樂工) 수십 명을 태운 채 앞세우고서 자기 집에서부터 풍악을 울리게 하여 동산으로 놀러 나갔는데,"[20] 장안의 귀족과 부호들은 모두 이것을 따라 했다고 한다. 이른바 '누거재악'(樓車載樂, 수레를 누대처럼 만들고 악공을 태우는 것)의 풍류는 근래

마르크 오렐 스타인이 가지고 온 돈황(敦煌)의 옛 그림에서 그 유풍(遺風)을 엿볼 수 있다.[21] 한편 양국충이 수레 위에 화단(花壇)을 꾸미고 경치가 좋은 곳으로 끌고 다니면서 거기 심은 훌륭한 꽃과 특이한 나무를 어디서든 감상했다는 '이춘함'(移春檻)[22]의 실체는 불행히도 현재 증명해줄 수 있는 것이 전혀 없다. 단 "장안의 협기 있는 젊은이들이 해마다 봄이 오면 친구들과 무리를 지어 각자 조그만 말을 끌고 와 비단 언치(말등에 얹는 방석)나 금실로 짠 줄로 장식한 뒤, 꽃나무 밑으로 고삐를 나란히 하고 돌아다니면서 몸종에게 술을 들고 말 뒤를 따르게 하다가 좋은 동산을 발견하면 바로 말을 멈추게 하고 술을 마셨다"[23]고 전해오는 '간화마'(看花馬)의 모습만은 스타인이 발견한 명사산(鳴沙山) 석실(石室), 즉 막고굴의 유물 가운데 흡사한 것이 보인다.[24]

이렇게 성행한 나들이 — 소정(蘇頲)이 "날리는 먼지는 붉은 안개에 섞이고, 나들이 마차의 지붕은 파란 구름에 날린다"[25]고 노래한 — 는 모란꽃 필 무렵이 되면 다시 잦아졌다.

❀❀ 장안의 모란 열풍

장안의 봄이 이울려고 하니
시끌벅적 마차들이 다닌다
모두들 모란의 계절이 왔다며
너도나도 꽃을 사러 간다
꽃은 귀천 따라 일정한 값이 없으니
낸 돈만큼 꽃송이를 보게 될 터
불타는 듯한 일백 송이 붉은 꽃
자잘한 다섯 묶음 하얀 꽃

위에는 장막을 쳐서 가려주고

옆에는 대울타리 짜서 보호한다

물 뿌리고 다시 진흙 위에 세우니

옮겨왔어도 빛깔은 예전 그대로

집집마다 따라들 하니 풍속이 되어

어리석은 사람들 깨닫지 못한다

어느 늙은 농부가

우연히 꽃 파는 곳에 왔다가

고개 떨구고 홀로 장탄식하건만

그 한숨을 알아채는 이 아무도 없다

한 포기 짙은 색 꽃이

중농 열 집의 세금이로다

　　　　—백거이,「진중(秦中)*에서 읊다」10수 중 제10수「꽃을 사다」[26]

"농염한 모란꽃 사람 마음을 뒤흔들어, 온 나라가 미친 듯 돈을 아까워 않네"라고 노래한 것처럼[27] 당시에 모란꽃 감상이 단지 장안만의 풍조는 아니었지만,[28] 이 꽃에 대한 장안 사람들의 애착은 각별했다. 행원(杏園)[29]의 봄풍경이 절정을 지나고 곡강지(曲江池)의 번잡함도 조금씩 가실 무렵이면, 모란꽃에 매혹된 장안 시민들은 기분이 한껏 들떠서 온 도시에서 꽃이야기로 하루를 보낸다.

　궁중에서도 제왕과 비빈들이 아름다운 모란꽃을 많이 심고 감상했음은 말할 나위가 없다. 저 천보연간에 있었던 침향정(沈香亭) 북쪽의 모란꽃에 대한 고사(故事)†는 너무나 유명하다. 문종(文宗) 무렵에도 "늦봄 내전에 핀 모란꽃을 감상하던" 황제가 신하들에게 "지금 서울 사람들이

---

* 지금의 섬서성 중부 평원지방.

† 당나라 현종이 이곳에 모란을 심고 양귀비와 함께 감상하며 로맨스를 즐긴 일.

모란꽃을 얘기하는데, 어느 집 것이 으뜸이냐"고 물었던 일이 전해지고 있다.[30]

권세 있고 부유한 집에서도 온갖 사치를 부리며 이 꽃을 즐겼다. 양국충은 현종에게 하사받은 모란 몇 그루를 집에다 심었는데, "수많은 보석으로 난간을 장식해 황궁도 그 아름다움에는 미치지 못했다"[31]고 한다. 또

침향정(沈香亭). 장안 흥경궁의 주요 건축물 가운데 하나로, 1958년 원래의 자리에 당시 건축양식을 모방하여 중건했다.

양국충이 "침향목으로 누각을 짓고 단향목으로 난간을 만들고는 사향(麝香)과 유향(乳香)을 흙과 함께 체에 밭쳐서 만든 진흙을 벽에 바른 뒤, 매년 봄 목작약(모란)이 활짝 필 무렵이면 이 누각에 손님들을 초청해 꽃을 감상했는데, 궁중의 침향정도 이 누각의 장려함에는 견줄 바가 되지 못했다"[32]고 하는 이야기에서도 그 일단을 엿볼 수 있다. 그러나 이렇게 왕후장상들뿐만 아니라 시민 전체가 이 꽃에 취했다는 점에서 당시에 모란꽃을 귀하게 여기는 태도가 얼마나 크게 번져 있었는지를 알 수 있다.

장안에 모란꽃이 피는 시기는 3월 15일을 기점으로 전후 20일간이다.[33] "꽃이 피고 지는 20일 동안 온 성의 사람들은 모두 미친 듯"[34]했으며, "도성의 대로마다 꽃피는 시절, 만 마리 말과 천 대 수레가 모란을 보러 간다"[35]고 한다. "꽃필 무렵이면 경성이 들썩인다"[36]고 생각했으며, "장안에 모란이 피면, 비단수레 구르는 소리 마른천둥이 치는 듯"[37]하다고 노래했고, 도성의 거리마다 "모란이 필 때면 육가(六街)의 먼지"[38]도 향기를 띠었다. "여러 꽃을 보았지만, 이 꽃보다 아름다운 건 없다"[39]고 상

천만 가지 꽃 중에 으뜸으로 숭앙되었던 모란

찬받고 "오만 가지 꽃 중에 으뜸"[40]으로 평가되는 모란꽃만이, 백거이(白居易)의 풍자처럼 한 포기에 "중농 열 집의 세금"[41]에 해당하는 돈이 지불되는 괴이한 형국이 벌어졌다. 유혼(柳渾)은 "오늘날 모란꽃은 어찌할 수가 없구나. 수십 수천 전을 내고 한 송이를 사다니"[42]라 탄식했고, "이 것을 심어 이익을 보려 하니, 한 그루에 수만 전씩 하는 것도 있다"[43]는 기록이 있을 정도로, 이 시대의 유행풍조는 쉽사리 수그러질 기미가 보이지 않았다. 장안의 사녀(미인)들은 봄날 꽃쌈(鬪花)을 할 때 특이한 꽃을 머리에 꽂고서 뽐냈는데, "모두들 천금을 들여 아름다운 꽃을 사다가 정원에 심고서 봄날 꽃쌈에 대비했다"[44]고 하니, 이 경합에는 틀림없이 모란의 명품도 포함되어 있었을 것이다.

장안에서 모란으로 유명한 곳은 두세 군데 정도가 아니었지만, 아마도 가장 유명했던 곳은 주작대로 동쪽에서는 진창방(晉昌坊)의 자은사(慈恩寺), 서쪽에서는 연강방(延康坊)의 서명사(西明寺)일 것이다. 특히 서명사의 모란은 당대를 통틀어 가장 많이 인구에 회자되었다. 자은사의 경

우, 그 분원(分院)인 원과원(元果院)의 모란은 서울의 여러 집 가운데 가
장 먼저 피는 것으로 유명하고, 또 다른 분원인 태진원(太眞院)의 꽃은
"다른 모란보다 늦되어 보름 뒤에 핀다"[45]는 말이 증명하듯이 매년 봄
서울 사람들이 마지막으로 감상하던 모란이다. 서명사의 모란은 많은 시
가에서 소재로 다루어졌는데, 너무나도 유명해서 일일이 번거롭게 나열
할 필요도 없으리라.[46]

　이 두 절 외에도 주작대로 동쪽에서는 정안방(靖安坊)의 숭경사(崇敬
寺),[47] 숭경사 북쪽 영락방(永樂坊)의 영수사(永壽寺),[48] 곡강에서 그다
지 멀지 않은 수정방(修政坊)에 있는 종정시(宗正寺, 절이 아니라 구시〔九
寺〕의 하나인 관아이다)의 정자[49] 등이 있다. 주작대로 서쪽에서는 장수방
(長壽坊)에 있는 영태사(永泰寺, 만수사〔萬壽寺〕),[50] 영달방(永達坊)에 있
는 탁지부(度支部)의 정자[51] 등을 손꼽을 수 있다. 특히 숭경사 경내의
모란은 상당히 높이 평가되었던 듯 시구에도 자주 보이며, 소설 『곽소옥
전』(霍小玉傳)에도 소옥의 옛 애인 이익(李益)이 동료 몇 명과 그곳에서
모란을 구경하는 장면이 나온다.[52]

　개인 저택으로는 주작대로 동쪽 북부의 대녕방(大寧坊)에 있는 혼감
(渾瑊)의 집[53]과 천복사(薦福寺) 인근의 개화방(開化坊)에 있는 영호초
(令狐楚)의 집[54]이 있는데, 이 두 집은 순전히 모란 때문에 유명했던 대
저택이다.

당시 장안 사람들이 주로 구경했던 모란은 빨강과 자주 두 가지 색으로,
흰 꽃은 일반 대중이 귀하게 여기지 않았던 것 같다. 백거이는 "흰 꽃은
담담하여 좋아하는 사람이 없다"[55]고 했다. 또 노륜(盧綸)의 시에서 "장
안의 부자들 이우는 봄이 아쉬워, 대로 서쪽의 자줏빛 모란을 앞다투어
완상하네. 옥잔에 이슬을 받은 듯 담담한 것도 있건만, 달빛 속에 일어나
다가가 보는 이 없네"[56]라고 한 것은 백모란을 이슬을 받는 옥잔에 비유

한 것으로, 사람들이 유독 백모란은 완상하지 않음을 지적하고 있는 듯하다.

꽃 색깔은 논외로 하더라도 "지름이 한 자나 되는 꽃이 천여 송이씩"[57] 군락을 이루고 피어나기 때문에, "으리으리한 부잣집의 자제를 미치게 하고, 또 붉은 대문의 세력가를 홀리는"[58] 일도 사실이며, "장안의 10만 가구가 파산했다"[59]고 읊은 것도 단지 과장만은 아니었으리라. 이런 사치풍조가 자연스레 인심을 퇴폐하게 만들어 당나라의 쇠락을 재촉한 원인이 되었는지는 여기서 논할 바가 아니다. 나는 다만 당대의 화려한 문화의 일면을 조금이라도 전했다면 그것으로 만족한다.

> 아름다운 모란, 아름다운 모란
> 황금 꽃술이 홍옥 같은 봉오리를 터뜨렸네
> 일천 조각 붉은 꽃부리 노을처럼 불타고
> 일백 가지 빨간 꽃송이는 등불처럼 빛나네
> 땅을 비추는 막 펼쳐진 비단천인 듯
> 바람 앞에 매듭 풀린 난초와 사향 주머니인 듯
> 선인(仙人)의 아름다운 나무도 하얘져 빛을 잃고
> 서왕모(西王母)*의 복사꽃도 왜소해져 향기를 잃네
> 살짝 차오르는 밤이슬에 농염한 자줏빛 넘쳐나고
> 밝게 비추는 아침 햇살에 빨간 광채 더해지네
> 빨강과 자주 두 빛깔 농담은 다르지만
> 앞뒤로 향한 만 가지 자태 들쭉날쭉 피어 있네
> 〔중략〕

---

* 중국 신화에 나오는 여선(女仙). 그녀의 정원에는 반도(蟠桃)라는 신성한 복숭아가 자란다고 한다.

이윽고 왕공과 재상들의

꽃놀이 행차 날마다 꼬리를 잇게 하네

작은 마차, 가벼운 수레의 귀공자들

향기로운 적삼에 준마 탄 부잣집 도련님

고요한 위공 댁은 동쪽 사랑채가 닫히고

깊숙한 서명사는 북쪽 회랑이 열렸네.[60]

쌍쌍이 노니는 나비는 사람 구경 오래 하고

철 늦은 꾀꼬리 울음소리에 봄날은 길어라

〔후략〕

— 백거이, 신악부 30수 중 제1수 「아름다운 모란」[61]

長安城坊復元圖

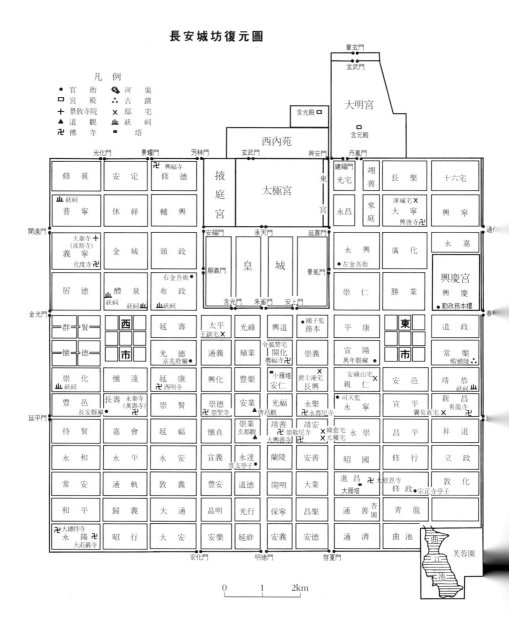

凡　例

- ● 官衙　　🐚 河渠
- □ 宮殿　　∴ 古蹟
- ✝ 景教寺院　　✕ 邸宅
- ▲ 道觀　　⛰ 祠祠
- 卍 佛寺　　■ 塔

重玄門
玄武門
大明宮
含光殿 □
含元殿 □

西內苑
玄武門　興安門　丹鳳門

光化門　景耀門　芳林門

| 修眞 | 安定 | 興福門 修德 修德 | 掖庭宮 | 太極宮 | 東宮 | 建福門 光宅 | 翊善 | 長樂 | 十六宅 |
| 祠祠 普寧 | 休祥 | 輔興 | | | | 永昌 來庭 | 渾瑊宅✕ 大寧 興唐寺卍 | 興寧 | |

開遠門

| 大秦寺✝ (波斯寺) 義寧 化度寺卍 | 金城 | 頒政 | | 皇　城 | | 永興 | 廣化 | 永嘉 |
| 居德 | 醴泉 祠祠 | 右金吾衞 布政 祠祠 祠祠 | | | | 崇仁 | 勝業 | 興慶宮 興慶 勤政務本樓 |

金光門

群✝賢	西市	延壽	太平 王鉷宅✕	光祿	興道	國子監 務本	平康	東市	道政
懷✝德		光德 京兆府廨	通義	殖業	令狐楚宅 開化 鷹福寺卍	崇義	宣陽 萬年縣廨		常樂 蝦蟆陵
崇化 祠祠	懷遠	延康 卍西明寺	興化	豐樂	小雁塔 安仁	袁士淹宅✕ 長興	安祿山宅✕ 親仁 ✕	安邑	靖恭 ⛰
豐邑	長壽 永泰寺 長安縣廨 (萬壽寺)	崇賢	崇德 卍崇聖寺	安業	光福	永樂 卍永壽寺	司天監 永寧	宣平 寶易直宅✕	新昌 青龍寺卍
待賢	嘉會	延福	懷貞	崇業 女都觀 ▲ 大興善寺	靖善 卍崇義尼寺 ✕ 靖安 ▲	韓愈宅✕ 崇愈宅✕	永崇	昌平	昇道

延平門

永和	永平	永安	宣義	永達 度支亭子	蘭陵	安善	昭國	修行	立政
常安	通軌	敦義	豐安	道德	開明	大業	進昌 卍大慈恩寺 大雁塔 修政 宗正寺亭子	敦化
和平	歸義	大通	晶明	光行	保寧	昌樂	通善 杏園	青龍
卍大總持寺 永陽 卍 大莊嚴寺	昭行	大安	安樂	延祚	安義	安德	通濟	曲池

安化門　明德門　啓夏門

芙蓉園
曲江池

0　　　1　　　2km

1. 장안 시가의 평면도는 지금까지 청나라 서송(徐松)의 『당양경성방도』(唐兩京城坊圖)의 장안 부분이나 아다치 기로쿠(足立喜六)의 『장안 사적 연구』에 삽입되었던 그림에 근거한 것이 많았다. 서송의 것은 순수하게 문헌연구의 결과이지만, 아다치의 지도는 당시의 척도를 추정해 계산한 것을 1907년 무렵 그 자신이 장안에 머물면서 실제로 측량한 결과와 대조해 만든 것인데, 이 책의 초판 발행 당시에는 가장 사실에 근접하다고 생각되어 여기에 지명 등을 써넣어서 권말에 첨부했던 것이다. 그 후 송나라 여대방(呂大坊)의 석각 장안도의 잔석(殘石)이 발굴되기도 하고 히라오카 다케오(平岡武夫)의 면밀한 조사 성과물인 『당대 연구의 안내』 5·6·7(『당대의 장안과 낙양』, 특히 그 7 『지도편』)이 나와 장족의 발전을 이루었다. 중국에 현 정권이 성립한 뒤에는 장안의 옛 유적지에 대해 고고학적 발굴이 진행되고 적게나마 그 성과가 공표되어 획기적인 진전을 보게 되었다. 그 사업은 아직도 한창 진행 중이라서 결과도 일부밖에 알 수 없지만, 중국의 잡지 『고고』(考古) 1963년 제11기에 실린 임시 복원도에 근거해 가장 중요한 궁전·관아·성문명·사관 등의 명칭을 써 넣은 것이 바로 이 그림이다.

   황성 남쪽의 각 방에는 동서를 지나는 통구(通衢)가 있고, 다른 방에는 원칙적으로 동서와 남북으로 지나는 십자로가 있었는데, 이를 하나하나 그려 넣으면 방의 명칭 등을 명료하게 나타내기가 불가능하므로 동시와 서시의 두 방에만 길을 표시했다.

2. 또한 서성이 참고했다는, 그의 동료 왕삼문(王森文)의 『한당도성도』(漢唐都城圖, 刊本)는 오래 전에 사라진 것으로 생각하고 있었는데, 현재 서안(西安)시 문사연구관(文史硏究館)과 섬서성 박물관에 각각 1본이 소장되어 있음이 알려졌다. 둘 다 보존상태가 지극히 불량해서 좀이 슬고 색이 바래고 훼손된 부분이 있지만, 양자를 서로 보충하면 당대 장안성의 모습을 개괄하기에는 부족하지 않다. 단, 『한당도성도』는 고심한 흔적이 역력한 역작이긴 하나 이른바 회도(繪圖)이므로 지금의 관점에서 보면 불완전할 수밖에 없다. (앞의 『고고』에 모사본이 수록되어 있다.)

3. 숭화방(崇化坊)의 천사(祅祠)는 송나라 요관(姚寬)의 『서계총어』(西溪叢語)와 새로 발견된 석비에 의거해 써넣은 것으로 초판의 부도(附圖)에는 없었다. 예천방(醴泉坊) 서문 남쪽의 천사는 중종(中宗) 경룡(景龍)연간(707~709)에 포정방(布政坊) 서남 구석의 천사 서쪽으로 옮겼다.

4. 하거(河渠)는 모두 서송의 추정으로, 이는 추후 발굴이 진행되기를 기다리는 것 외에 규명할 방법이 없다.

5. 방의 명칭은 때때로 개칭되었지만, 여기서는 거의 최종의 이름을 제시했다. 흥경궁(興慶宮)도 몇 차례나 궁성이 확장되었는데 그림에 제시한 것은 최종적인 외곽이다. 하지만 이 역시 추정한 것이다. 이 궁전과 대명궁(大明宮) 및 곡강지(曲江池) 사이에는 현종(玄宗) 이후 황제의 전용도로가 성벽을 따라 부설되었지만, 대명궁에 이르는 길은 아직 그 자취가 확인되지 않고 있다.

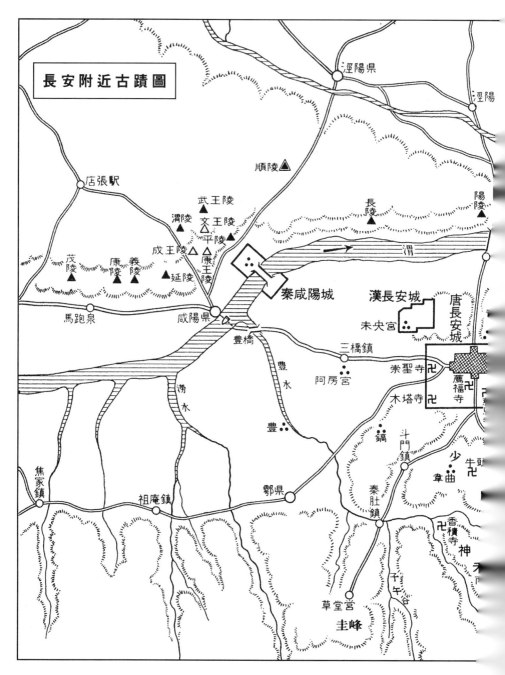

長安附近古蹟圖

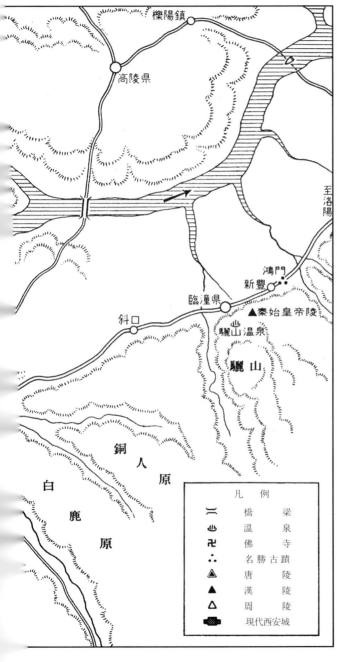

凡 例

二	橋	梁
⚍	溫	泉
卍	佛	寺
∴	名 勝 古 蹟	
△	唐	陵
▲	漢	陵
△	周	陵
▬	現代西安城	

1. 이 그림은 아다치 기로쿠 (足立喜六)의 『장안 사적 연구』에 수록된 「서안 부근 고적도」에 기초하여, 당대 장안 주변의 고적을 보여주기 위해 만든 것이다. 오늘날에는 이외에 새로운 자료가 더 많이 발견되어 다소 정정을 해야 하지만, 이번에는 고치지 않고 초판 그대로 두었다. 매우 개략적인 것이니 이를 감안해서 보기 바란다.

2. 당나라 장안을 포함하는 오늘날의 서안(西安)시는 민국 초기까지 서안 부성 (府城)이 설치되었던 곳으로 시의 이름도 그래서 붙은 것이다. 민국 초기에 부를 전폐했을 때 장안현(長安縣)으로 고쳐졌다가 근래에 다시 서안이란 이름을 회복하여 서안시가 되었다.

3. 그림의 위쪽 테두리 밖에는 당나라 여러 황제의 능묘가 동서에 걸쳐 산재하며(그림에 보이는 것은 주·진·한나라 제왕의 능이다), 아래쪽 경계선 밖에는 종남산(終南山)이 동서로 달리고 있다. 동남쪽에는 상당히 떨어진 곳에 남전관 (藍田關)이 있는데, 그 부근에 망천(輞川)이 흐르며 거기에 유명한 왕유(王維)의 산장이 있었다.

4. 위수(渭水)에 놓여 있는 세 다리는 옛날에 있던 것을 표시한 것으로 지금은 흔적도 없다.

호선무에 대한 짧은 글

이란의 춤, 호선무

❀ 당대(唐代) 내내 중국인들 사이에는 서역(西域)의 춤·노래·잡기 등이 제법 인기를 모았다. 이런 경향이 당대에만 있었던 것은 아니고, 멀리 한(漢)나라 때 시작하여 남북조시대에 이미 크게 유행한 것은 두말할 나위도 없다. 그런데 그 중에서 이전 시대에는 아직 중국에 전래되지 않았던 것인지, 아니면 그만큼 사람들의 관심을 끌지 못했던 것인지, 어쨌든 당대에야 비로소 기록에 보이는 '호선무'(胡旋舞)라는 춤이 있다. 여기서는 '호선무'란 어떤 춤이며 어느 나라의 기예인지, 이에 대해 간략히 서술하고자 한다. 아마도 호선무는 당나라의 문명에 상당한 영향을 미친 이란 문화의 한 예로서, 흥미로운 주제인 동시에 당시 중국풍속사를 이야기할 때 빼놓을 수 없는 제재 중 하나일 것이다.

'호'(胡)의 의미는?

❀ 먼저 '호선무'란 어떤 것일까? 이 춤에 대한 자세한 고찰은 다음 절로

호선무 벽화. 감숙성 돈황220굴

미루고, 우선은 호지(胡地)에서 유래한 선무(旋舞)—빙글빙글 돌면서 추는 일종의 무용 정도로 해석해두자. 그러면 이 호지의 춤은 어느 지방에서 전래된 것일까? 제일 먼저 이 문제를 살펴보고 싶다.

『당서』(唐書, 권221下)를 보면 개원(開元) 초기에 강국(康國)에서 각종 진귀한 산물(産物)과 함께 '호선여자'(胡旋女子)를 조공으로 바쳤다는 기사가 있는데,『책부원귀』(冊府元龜, 권971)에 따르면 이것은 개원6년(718)의 일로 생각된다.[1] 한편『책부원귀』(권971)에는 개원15년(727) 5월에도 강국에서 '호선녀'를 진상했다는 기록이 있다.[2] 다음으로『당서』(권221下) 「미국」(米國) 조항을 보면 개원연간에 '호선녀'를 헌납한 일이 나오는데,『책부원귀』(권971·권975)의 기록과 대조해보면 이것은 개원17년(729) 정월 갑인일의 일이며 헌납한 수도 3명이라고 명기되어 있다. 또『책부원귀』(권971)에 따르면 개원15년(727) 5월에 사국(史國)에서 '호선여자'와 포도주를 헌상했으며, 다시 그해 7월에 사국의 왕 아홀필다(阿忽必多)가 사신을 보내 '호선여자'와 표범을 진상한 일이 있다. 나아가『당서』(권221下) 「구밀국」(俱密國) 항목을 살펴보면 개원연간에 이

나라에서 '호선무녀'(胡旋舞女)를 헌납했다는 기록이 있는데, 이 일도 『책부원귀』(권971)의 기사에서 찾아보면 개원7년(719) 5월의 일임을 확인할 수 있다.

이들 기사를 근거로 생각해보면, 이 '호선녀' '호선여자' '호선무녀'는 실상 같은 것을 가리키는 다른 이름으로서 '호선무'(또는 간단하게 '호선') 를 잘 추는 여자, 즉 일종의 댄서이다. 이 호선녀는 대체로 중앙아시아 소그드 지역, 즉 강국(康國)·미국(米國)·사국(史國)·구밀국(俱密國) 같은 나라의 명물이며 그들이 추는 춤, 곧 '호선무' 또한 이들 지역의 기예라고 보아야 할 것이다.

강국은 지금의 사마르칸트(Samarkand), 미국은 마이마르그 (Mâimargh),* 사국은 케시(Kesh, 정식으로는 Kešš)이다. 그리고 구밀국은 많은 학자들의 연구 덕분에 쿠메드(Kumedh)임이 확실해졌다.[3] 다만 파미르 고원의 구석에 위치한 구밀국 같은 나라에도 이런 춤과 무녀(舞女)가 있었다는 점이 다소 의심스럽거나 이런 의문이 타당하다고 생각된다면, 이 나라의 왕이 서방 소그드의 명물을 구입하여 대당의 천자, 곧 이른바 그들의 '천가한'(天可汗)에게 바쳤다고 보아도 좋을 것이다.

당대에 '호'(胡)라는 단어는 북적(北狄)을 광범위하게 지칭하는 동시에 서방의 여러 민족을 가리키는 말이었다. 후자의 경우, 구자(龜玆)[†]·우전(于闐)과 같은 동투르키스탄의 주민을 가리킬 때도 있지만, 드물게는 서장(西藏)계 부족을 의미하는 경우도 있다.[4] 파미르 고원 서쪽의 문화가 발달한 파사(波斯, 페르시아)나 대식(大食)[#] 같은 나라는 물론, 인도

---

* 사마르칸트 동쪽에 있는 지역. '弭秣賀'라고도 표기한다. 송대의 서화가이자 수장가인 미불(米芾)이 바로 미국 출신의 후예이다.
† 지금의 신강(新疆) 위구르 자치구 고차(庫車)현 일대에 있었던 고대 서역의 나라 이름.
# Tazik 또는 Tazi의 음역. 당송시기에 아라비아를 지칭하던 고유명사이며 이란어 지구의 무슬림에 대한 범칭이다. 7세기 중엽부터 당나라 문헌에서 아라비아인을 '多食' '多氏' '大寔'으로 호칭하고 있으며, 10세기 중엽 이후 송대 문헌에는 주로 '대식'(大食)으로 쓰여 있다. 대식은 이란어의 영향을 받은 것이라고 한다.

방면까지도 '호'라고 칭하여 그 주민을 '천축호'(天竺胡)라 기록하고 있
다. 그러므로 단순히 '호'라고 할 때는 이들 여러 민족 가운데 어느 것이
나 가리킬 수 있지만, 여기서처럼 특별히 소그드 주민에만 한정해서 '호'
라고 부른 용례도 분명히 존재한다.

이런 사실을 염두에 두고 앞서 인용한 『당서』와 그 밖의 기록들을 종
합해보면, '호선'의 '호'는 바로 소그드를 지칭하는 '호'이지 단순히 북쪽
지역이나 서역의 오랑캐를 부르는 범칭으로서의 '호'가 아니라는 것을 알
수 있다. 그렇다면 앞서 '호지에서 유래한' 선무(旋舞)라고 했던 잠정적
인 해석을 이제는 '소그드의 특기인' 선무로 고쳐 쓸 수 있을 것이다.

세 가지 선결문제

❀ 그러면 '호선무'는 어떤 춤일까? 이에 대해 서술하기 전에 먼저 두세
가지 해결해야 할 문제가 있다. 첫째는 '호선'의 기예가 강거(康居)에서
나왔다는 설이다. 백거이는 그의 신악부(新樂府) 50편 중 제8수 「호선
녀」[5]에 그가 직접 단 주석에서 "천보(742~756) 말년 강거국에서 이것을
헌상했다"고 했고, 또 시 본문 중에서도 "호선녀는 강거에서 나왔네"라
노래하고 있다. 이 백거이 설을 계승한 것인지는 알 수 없지만, 송나라의
전역(錢易)도 그의 『남부신서』(南部新書)[6] 사집(巳集)에서 "천보 말년에
강거국에서 호선녀를 헌상했다"고 했다. 이 강거라는 호칭에 크게 얽매
일 필요는 없다. 당시 중국인들은 강국을 강거의 후손으로 오해하고 있
었고, 실제로 고종(高宗) 영휘(永徽)연간(650~656)에도 강국에 강거도
독부(康居都督府)를 설치하여 그들을 다스린 바 있다.[7] 따라서 백거이
이하 후대인들이 강국, 곧 사마르칸트 지방을 강거라고 부른 것을 의아
해할 필요는 없다. 이곳을 키르키스 스텝 지역, 곧 한대(漢代) 이래 실제

호선무 석각선화

강거의 땅이었던 곳으로 생각하는 것은 지극히 무용할 뿐만 아니라 오히려 피해야 하는 해석이다.

　다음으로 주의해야 할 점은 무엇인가? 처음에 나열한 사료들을 훑어보면, '호선무'는 무녀와 함께 오로지 진헌(進獻)에 의해서만 서역으로부터 중국에 전해진 것처럼 비쳐지는데, 과연 모두 그랬을까? 그렇지 않다. 특히 묘수(妙手)라 일컬어지거나 성색(聲色)이 특별히 빼어난 무희가 진상되었을 경우에 그때그때 기록했던 것일 뿐, 민간에도 별도의 유통경로가 있어 꽤 많은 호선의 무희가 당나라 본토에 와서 살고 있었을 것으로 생각된다. 다른 서역의 문물 또한 모두 진상하는 공물로서만 중국에 들어왔던 것은 아니다. 다른 나라의 왕이 중국 황제에게 보내는 사신 행차를 통해서만 전래된 것이 아니었던 것이다. 이 점을 생각하면, 유독 호선무만 이런 상례에 해당하지 않는다고 말하는 것은 전혀 이치에 닿지 않는다. 예로부터 서역과의 교통 요충지였으며 특히 남북조 말부터는 호인의 소굴이 되다시피 한 양주(涼州, 지금의 무위(武威))처럼, 당대에 "온갖 유희들이 요란함을 다투어" 환검(丸劍)·도척(跳躑)·사자(獅子)·호등(胡騰) 같은 유희가 성행했던 지역[8]에서는, 비록 명기된 사료는 찾아볼 수 없지만 호선의 기예도 행해졌을 것이 틀림없다. 역시 하서지방의 요충지 대로서 많은 호인이 들어와 살았던 감주(甘州, 지금의 장액(張掖))·숙주 (肅州, 지금의 주천(酒泉)) 같은 지방[9]도 마찬가지였을 것이다. 그렇다면 이 기예는 외국에서 진헌한 무녀들이 행한 것이 아님은 말할 나위도 없다. 경성의 경우를 살펴보면, 공물로 바쳐진 '호선녀'는 태상시(太常寺) 에 예속되어 교방(敎坊)에 배속되었기 때문에 서인(庶人)들의 눈에 쉽게 띌 기회가 없었을지도 모른다. 그러나 자은사(慈恩寺)와 청룡사(靑龍寺) 두 절처럼 당시에 이미 유명한 유희장이 있었던 곳[10]에서는 아마도 떠돌 이 악공(樂工)과 한자리에서 호지의 춤을 춰서 시민의 갈채를 받았으리 라 생각된다.

주의할 점이 하나 더 있다. 앞의 절에서 인용한 기록에 따르면, '호선 무'를 추는 사람은 한결같이 여자였다. 그런데 과연 이 기예를 능란하게 부리는 사람이 모두 무희(舞姬)였고 남자는 없었을까? 증빙할 만한 역사 기록은 거의 없지만, 결코 여자만 있었던 것은 아닌 듯하다. 당나라 요여 능(姚汝能)의 『안녹산사적』(安祿山事蹟, 권上)[11]과 『구당서』(권200)의 「안녹산전」 등에는 안녹산이 현종 앞에서 "호선무를 추었다"는 기록이 있다. 안녹산은 당나라 동북지방에서 자란 잡호(雜胡)이며, 또 그의 주변 에는 중국에 와서 살던 서호(西胡)가 매우 많았고 특히 이란의 문화적 색 채를 짙게 풍겼으므로[12] 안녹산이 이 기예에 능통했다는 사실은 조금도 이상할 게 없다. 또한 그 밖에 호인 출신 중에도 어쩌면 이 춤을 잘 추었 던 남자가 있었을지 모른다.[13] 적어도 일괄해서 이 춤이 여성의 기예라 고 단정짓는 것은 문제가 있지만 주로 여자가 추는 춤이었다는 것은 두 말할 필요가 없다.

'호선'은 어떤 춤인가?

돈황벽화호선무(敦煌壁畵胡旋舞)

🦋 그러면 '호선'은 어떤 춤인가? 글자의 의미 그대로 호지에서 발생한 '선회하는 춤,' 곧 좌우로 빙빙 도는 춤이라는 것은 무엇보다 그 이름에서도 알 수 있다. 『통전』(通典, 권146 사방악〔四方樂〕조)에서는 강국의 음악에 대해 "춤은 마치 바람처럼 빠르게 회전하는데 속칭 호선이라 한다"고 기록했고, 『구당서』(권28) 「음악지」(音樂志)에도 이와 비슷하게 기술되어 있다. 호선이 강국에서만 유래된 기예가 아니라는 것은 이미 서술했으며, 또 이 춤이 방금 말한 것처럼 바람처럼 빠르게 돌며 추는 춤인 것만은 분명하다. 『안녹산사적』과 『구당서』도 안녹산이 이 춤을 추던 모습을 "빠르기가 바람과 같다"고 형용하고 있다. 백거이의 악부 「호선녀―근래의 습속을 경계함」(胡旋女―戒近習也)에서는

> 호선녀, 호선녀!
> 마음은 현을 따르고 손은 북장단을 좇는다
> 악기소리 울리자 두 소매 펼쳐들고
> 휘도는 눈처럼 맴돌고 구르는 다북쑥처럼 춤춘다
> 좌우로 빙글빙글 지칠 줄 모르고
> 천번 만번 맴돌며 그치지 않는다
> 세상만물 가운데 비길 데 없으니

　　　달리는 마차바퀴나 회오리바람도 느리리

　　　〔후략〕

라고 읊었다.[14) 또 원진(元積)은 「호선녀」에서

　　　천보 말년 호(胡)가 난을 일으키려 할 즈음

　　　호인이 여자를 바쳤는데 호선을 잘했네

　　　〔중략〕

　　　호선이 무슨 뜻인지 세인들은 모르지만

　　　호선의 모습을 나는 잘 전할 수 있다네

　　　흰 뿌리 잘린 다북쑥이 회오리바람에 구르듯 빠르고

　　　장대 위에 붉은 쟁반을 이니 태양처럼 눈부시네

　　　검은 구슬 쏟아지니 유성을 쫓는 듯하고

　　　붉게 물든 나풀대는 긴 수건은 번개를 당기는 듯

　　　바닷속 고래가 몰래 숨 들이키며 파도를 거슬러 가는 듯

　　　회오리바람처럼 어지러운 춤이 허공에 흩어지네

　　　일만 번이나 돌아가니 누군들 시작과 끝을 알까?

　　　사방의 구경꾼들 어찌 앞뒤를 분간할까?

　　　〔후략〕

라 노래했다.[15) 원진의 시구 중에는 다소 해석하기 어려운 부분이 없지
않지만, 어쨌든 아주 힘차게 빙빙 돌며 추는 것이 이 춤의 특색이라 하겠
다. 그러니까 단안절(段安節)이 『악부잡록』(樂府雜錄)[16) 「무공」(舞工)조
에서 춤에는 "건무(健舞)·연무(軟舞)·자무(字舞)·화무(花舞)·마무(馬
舞) 등이 있음"을 지적하면서, 연무곡(軟舞曲)과 상반되는 건무곡(健舞
曲) 가운데 "능대(稜大)·아연(阿連)·척지(拓枝)·검기(劍器)·호선(胡

旋)·호등(胡騰)이 있다"고 한 것은 지극히 옳은 말로, 질풍과 같은 선무
(旋舞)는 실로 건무라 말할 수 있을 것이다. 전역(錢易)은 천보 말년에
강거국에서 호선녀를 진헌했다는 앞서 인용한 조항에 주를 달면서 "아마
도 좌로 돌다가 우로 되도는 춤일 것"이라고 하여 조금은 미진하나마 간
략하고 요령 있게 해석했다.

그럼에도 불구하고 고(故) 샤반 교수는 '호선'의 의미를 아직 명확하게
해석할 수 없다고 했고,[17] 또 "나는 아직도 이 말의 정확한 뜻을 단정할
수 없다"[18]고 했으며, 심지어는 이것이 "나라이름인지도 모른다"고까지
의문을 표했는데,[19] 어째서 그렇게 생각했을까? 박학다식한 라우퍼 박
사까지도 이것을 지명으로 보아 '호선'을 'Khuarism'(Xwārism), 즉 호레
즘(花剌子摸) 왕국으로 해석하고 '호선녀'를 'Dancing-girls of Hu-
süan胡旋(Xwārism)'이라 번역한 것은 또 어떻게 된 일일까?[20] 라우퍼의
이런 번역이 잘못되었다는 것은 이미 구와바라 지쓰조(桑原隲藏) 박사가
지적한 바 있다.[21]

무공과 악단의 복장 및 편성

❀ 그러면 호선무는 그저 회오리바람처럼 돌기만 하는 춤이었을까? 아마
도 호선무는 돌기만 하는 것과 작은 공 위에서 급회전하는 것 두 가지가
있었던 듯하다. 후자가 이 춤의 한 종류였다는 확실한 증거는 '골록무'(骨
鹿舞)와 '호선무'를 해석하면서 "둘 다 작은 공 위에서 추는 춤이다. 종횡
으로 누비며 뛰는데도 두 발은 끝까지 공 위에서 떨어지지 않으니 아주
절묘하다"고 서술한 『악부잡록』 배우(俳優)조에서 찾을 수 있다.[22] 한편
호선무를 공 위에서만 추는 춤이 아니라고 보는 까닭은 앞서 인용한 백거
이와 원진의 악부에는 공에 대한 언급이 전혀 없기 때문이다.

　그러면 무공(舞工)의 복장은 어떠했을까? 두우(杜佑)의 『통전』(권 146)에서는 "속칭 호선이라 한다"고 기록한 앞서 인용했던 강국악(康國 樂)조에서 "춤추는 사람은 둘이다. 주홍색 윗도리, 비단 소매, 푸른 능사 홑바지, 빨간 가죽신, 흰 고노(袴奴) 차림"이라고 서술하고 있으니, 여기 서 그 대체적인 모습을 알 수 있을 것이다. 다만 『구당서』 「음악지」(권28) 에는 '비단 소매'를 '비단 목깃과 소매'로, '흰 고노'(白袴奴)의 '奴'를 '帑' 로 쓰고 있는데, 첫 번째 것은 몰라도 두 번째 것은 『구당서』 쪽이 옳다고 생각한다.

　하지만 이것은 궁정에서 행해진 강국악으로서의 호선무 공연에서 볼 수 있는 모습일 뿐, 민간에 유입된 춤도 항상 이런 모습이었는지는 분명 하지 않다. 무공(舞工)의 숫자도 마찬가지이다. 항상 두 명이었을까? 때 로는 1인 독무(獨舞)였을 수도 있고, 또는 3~4인이 계속 함께 춤을 추 기도 했을 것이다. 아니, 유독 이 무공의 숫자나 복장 문제만이 아니라, 이들을 따라다니는 오케스트라의 경우도 그렇지 않았을까 싶다.

　이제 오케스트라에 대해 살펴보자. 호선무의 반주음악이 어떤 것이었 는지는 현재 가사도 악보도 전하지 않으므로 자세히 알 길이 없다. 하지만 "적고(笛鼓) 둘, 정고(正鼓) 하나, 소고(小鼓) 하나, 화고(和鼓) 하나, 동발(銅鈸) 둘"이 사용되었다고 하 니(『통전』 『구당서』, 모두 앞서 인용한 조항), 현대의 음악 및 악기 전문가의 연구로 그 대강의 모습을 비슷하게나마 재현해 낼 수 있을 것이다. 다만 이 오케스트라가 어떤 경우든 이들 악 기만으로 구성되었는지는 이미 말했듯이 의심스럽다. 현재 백거이의 악부에는 "마음은 현을 따르고 손은 북장단을 좇는 다"라는 시구가 있지만, 앞서 말한 악기 편성에는 현악기가 하나도 들어 있지 않다. 백거이의 시에서 말한 '현악기'가 비 파(琵琶)인지 완함(阮咸)인지 아니면 공후(箜篌)인지는 알 수

당대의 비파

당대의 오케스트라

없지만, 무엇이든 현악기가 연주된 것으로 보아야 한다. 시구에 얽매여 쓸데없는 논의를 한다는 비판이 있을 수도 있지만, 이런 경우를 단순한 수사에 불과하다고 치부할 수 있을까?

　말이 나온 김에 악공의 복장에 대한 기록을 소개하면, 『통전』 「강국악」 조에 "강국악은 2인이 연주하며, 검은 사포(絲布)로 만든 두건과 붉은 사포로 만든 도포, 비단 소매옷"을 입는다고 되어 있다.(날실이 견사인 마포〔麻布〕를 사포라 한다.) 다만 『구당서』의 이 조에는 '2인'(二人)이 '공인'(工人)으로, '소매'가 '목깃'으로 되어 있는데, 적어도 '2인'이란 표현은 『통전』의 오류로서(『통전』 자체의 오류라기보다는 통행본의 오류라고 할 수 있다) '공인'이 옳다.(앞뒤 문맥을 봐도 금방 알 수 있다. 또 앞서 서술한 것처럼 여러 종류의 악기를 열거한 점을 보더라도 '2인'이 오류라는 것은 명백하다.)

노래하는 가사는 어느 나라 말이었을까?

그러면 이 기예를 공연하고 음악을 연주할 때, 춤추는 사람 또는 악기를 연주하는 사람이 창(唱)하는 가사는 호어(胡語)였을까? 한어(漢語)였을까? 물론 특수한 경우에는 두 언어로 각각 구연되었겠지만, 대체로는 호어였으리라고 생각된다. 그 증거로 역시 호지(胡地)의 기예로서 당시 중국인들이 즐겼던 유사한 기예를 노래한 시구에서 간접적으로나마 찾아볼 수 있다. 중당(中唐)의 시인 이단(李端)이 '호선'과 가장 비슷하여, 도약(跳躍)을 위주로 하는 '호등'(胡騰)이라는 무용을 노래한 시〔「호등아」(胡騰兒)〕를 보면,

> 호등무 추는 이는 양주(涼州)의 아이
> 피부는 옥 같고 콧날은 송곳 같구나
> 얇은 동포(桐布)* 적삼은 앞뒤로 말리고
> 포도 문양 긴 허리끈은 한쪽으로 드리웠네
> 장막 앞에 꿇어앉아 본토 말을 읊조리고
> 옷깃 여미고 소매 흔들며 그대를 위해 춤추네[23]
> 〔후략〕

라 하여 '본토 말'로 구연한다고 쓰고 있다. 이 호등은 양주에서 발생한 것인데 이곳은 특히 서호(西胡)들이 많았던 지역으로, '피부는 옥 같고' 운운하는 시구를 보면 이 무공(舞工)이 호인이라는 것은 명백하다. 또 호등이 도약하는 춤으로서 멀리 중앙아시아에서 중국으로 전래되었다는 점에 대해서는 같은 중당(中唐)의 시인 유언사(劉言史)의 시 「왕중승 대

---

* 동화포(桐華布). 오동나무 꽃에서 뽑은 실로 짠 베.

에서 밤에 호등무를 구경하다」(王中丞宅夜觀舞胡騰)에서[24]

> ·   ·
> 석국(石國)의 호아는 보기 드문데
> 술단지 앞에서 춤추는 모습 새처럼 재빠르네
> 〔후략〕

호등무

라 한 것을 보아도 분명하다. 석국은 중앙아시아
페르가나(Ferghāna)의 타슈켄트(Tashkend)
인데, 이 지방 출신의 무공들도 그들의 토
착어 곧 '본토 말'로 노래를 부르며 호등
이라는 기예를 공연하지 않았을까 싶다.

그렇다면『통전』(권146, 사방악〔四方樂〕조의 끝부분)에서 "또 새로운 음
악(新聲) 가운데 하서(河西)에서 온 것이 있는데, 호음성(胡音聲)이라 부
른다. 구자악(龜玆樂)·산악(散樂)과 함께 당시에 인기를 끌었는데, 아마
도 다른 여러 음악은 이 때문에 다소 쇠퇴했을 것"이라 한 호음성도 어쩌
면 호음으로 노래하는 새로 전래된 음곡이 아닐까 생각된다.

물론 이 경우 새로운 음악이니 호음성이니 하는 것은 곡조가 새롭다는
것을 가리키며, 또한 그 곡조가 호풍(胡風)임을 나타낸다는 것도 미루어
알 수 있지만, 앞서 기술한 것 같은 사실이 실재했다면 위와 같은 해석도
해볼 만하다고 생각된다. 또 그렇다면, 원진과 백거이의 악부 가운데 「서
량의 기예」(西涼伎) 같은 작품에도 어쩌면 본국 언어로 감개(感慨)를 노
래하는 것을 서술한 부분이 있지 않을까 하는 생각도 든다. 이것은 어디
까지나 상상으로서 확실한 증거는 없다. 그 증거는 문헌상의 증빙자료여
야 하겠지만, 그런 증거가 없다고 해서 그런 일이 없었다고 단언할 수는
없다. 이렇게 생각할 때, 이 상상이 완전히 황당무계한 공상쯤으로 치부
되어야 할까? 그런 경우도 있었을 것이라는 정도로 사람들의 동의를 얻

을 수는 없는 것일까? 박아군자(博雅君子)의 가르침을 기다린다.

그림 속의 호선무

❀ 끝으로 이 '호선'무가 벌어지는 광경을 조금 더 구체적으로 직접 눈앞에 펼쳐지듯이 보여주는 일이 남아 있는 것 같다. 이 점을 고찰해보자. 그러나 확실하게 '바로 이것'이라고 말할 수 있는 종류가 오늘날엔 없다고 하는 것이 오히려 옳을 것이다. 다만 한 가지 허버트 밀러가 지적한 것처럼,[25] 원래 단방(端方)*의 비급(秘笈)† 가운데 있었던 울지을승(尉遲乙僧)의 그림으로 전해지는 「천왕상」(天王像)[26] 하단의 문양은 '호선' 무녀와 반주하는 악공을 표현한 것으로 보인다. 다른 확실한 증거는 없지만, 회화에 일가견이 있는 밀러의 통찰처럼, 오른발에 온몸의 무게를 싣고 힘차게, 그러면서도 경쾌하게 춤추는 여인의 모습은 확실히 선무(旋舞)를 추고 있는 것으로 볼 수 있다. 다만 이 그림의 경우, 춤추는 여인이 신을 신지 않은 맨발이라는 점과 단 한 명뿐이라는 점, 악공의 숫자와 악기의 종류 등도 모두 『통전』 등에 기록된 '호선'의 모습과 차이가 있다는 점은 인정하지 않을 수 없다. 하지만 이것은 앞에서도 서술했듯이, 궁정에서 행해지는 이른바 정식(正式) 호선무와는 다른 모습이라고 생각할 수도 있다. 분명히 비파가 반주되었다는 것은 백거이의 「호선녀」를 통해서도 알 수 있다.

이 그림 외에도 '호선'을 묘사한 것이라고 짐작되는 그림이 없지는 않지만, 앞의 그림보다 확실성이 떨어지는 것으로 사료되어 상세한 언급은 접어두고, 호학(好學)하는 이들의 연구를 기다리며 그 일단만을 적어둔

---

* 1861~1911. 청말의 정치가, 교육자, 문물수장가.
† 가장 소중하게 보존되는 책.

감숙성 돈황 막고굴의 당대 무악벽화

다. 그것은 돈황석굴의 벽화와 거기에서 발견된 다른 불화(佛畵)들로, 그
가운데 석가본존 앞에 한 무리의 오케스트라를 벌여놓고 단상에서 하나
또는 두 여자가 춤추고 있는 모습을 상당히 많이 볼 수 있다.[27] 그 중 하
나[28]는 어쨌거나 선무(旋舞)의 형상을 볼 수 있는 아주 좋은 예이긴 하
지만, 화면 전체의 의도나 배치를 고려해볼 때 이른바 '호선'인지 아닌지
는 알 수 없다. 밀러가 천명한 것처럼, 단순히 춤추는 사람을 묘사한 그
림의 필력(筆力) 등을 대비해볼 때 「천왕상」은 자못 동적(動的)인 반면
돈황의 것은 아주 정적(靜的)이라는 식으로 감상을 위한 비교자료로는
이용할 수 있겠지만, '호선'의 모습을 징험할 수 있는 자료로 볼 확신은
전혀 없다. 하지만 앞에서도 말했듯이, 전문적인 연구자가 힘을 기울여
고찰한다면 혹 우리가 희망하는 자료를 얻을 수 있을지도 모르기에, 이
한마디를 덧붙여 둔다.

술집의 호희*

장안의 술집에서

🐝 이백(李白)의 「소년의 노래」(少年行)[1]에

> 오릉(五陵)의 공자†가 금시(金市)의 동쪽을
> 은안장 백마에 얹고 봄바람에 건너간다
> 낙화 두루 밟고서 어디로 놀러 가나?
> 웃으며 들어가네, 호희의 술집 안으로

라고 했듯이, 당대 장안의 주가(酒家)에서 호희(胡姬)가 손님을 맞는 일은 당시 시정의 풍류를 묘사하는 자가 빠트릴 수 없는 세태의 일면일 것이다. 길가 주점에서 야광배(夜光杯)#에 포도(蒲桃)☆로 만든 미주(美酒)

---

* 이 글의 원 제목은 '당로(當壚)의 호희'인데, 로(壚)는 술단지를 두는 흙단(壇)이며 당로는 술집의 뜻으로 쓰인다.
† 오릉(五陵)은 장안 교외에 있던 한나라 다섯 황제의 능. 한나라 원제(元帝) 때 이곳에 능묘를 세우면서 전국의 부호와 왕의 외척들을 이주시키고 능현(陵縣)이라 불렀다. 이후 '오릉의 공자'는 서울의 부잣집 자제들을 뜻하는 관용적 표현이 되었다.
# 좋은 옥으로 만든 술잔. 밤이 되면 빛을 뿜기 때문에 붙은 명칭이다.
☆ 외래어인 포도는 표기법이 葡萄 외에도 蒲陶, 蒲萄, 蒲桃 등으로 다양했다.

를 채워주는 짙은 화장을 한 호희는, 평강방(平康坊)의 삼곡(三曲)*에 있던 가기(歌妓)와는 또 다른 아취(雅趣)로 천금(千金)을 가진 공자(公子)와 호기로운 소년을 사로잡았던 것이다. 그들이 "산호로 장식한 채찍을 잃어버리고, 장대(章臺) 앞에서 버들가지를 꺾으며 이별하던"[2] 일에서 보듯이, 호희의 수는 결코 적지 않았으리라 생각된다.

> 어디서 이별을 해야 할까?
> 장안의 청기문(青綺門)일세
> 호희는 흰 손으로 부르며
> 객을 이끌어 금잔에 취하게 하는구나
> 〔후략〕
> ─ 이백, 「숭산으로 돌아가는 배십팔도남을 보내며」[3] 2수 중 한 수

> 나란히 노래하는 두 명의 호희
> 번갈아 연주하며 새벽까지 이르네
> 술잔 들어 차가운 눈발에 높이 드노니
> 그대를 따르며 놓아주지 않으리라
> ─ 이백, 「취한 뒤 왕역양에게 주다」[4]

뒤의 시는 반드시 장안에서의 일을 의미하지는 않지만, 호희의 모습만큼은 이와 흡사했을 것이다. 장안에는 청기문(青綺門)이란 문이 없지만, 이 이름은 춘명문(春明門)의 아명(雅名)임이 분명하다. 역도원(酈道元)은 『수경』(水經)의 위수(渭水)조에 주를 달면서, 한나라 장안의 동벽에서 북쪽으로부터 세 번째 문에 대해 "본래 패성문(覇城門)이라 했는데, 왕망

* 단봉가(丹鳳街)에 있던 기방(妓房) 밀집지역. 북·중·남 삼곡이 있었다.

호희가 맞이하는 주점으로 웃으며 들어가는 남자들을 묘사한 그림

(王莽)*이 인수문(仁壽門) 무강정(無疆亭)으로 이름을 바꿨다. 백성들은
문이 푸른색인 것을 보고서 청성문(靑城門)이라 부르며, 청기문(靑綺門)
또는 청문(靑門)이라고도 한다. 이 문 밖에서는 예로부터 좋은 오이가 난
다"5)고 기록하고 있다. 당나라 장안에서 동벽의 북으로부터 세 번째 문
은 연흥문(延興門)이고 춘명문은 두 번째 문이지만, 당시 이백이 한나라
시대의 아명을 엄밀히 따져 원용(援用)했다고는 생각되지 않는다. 시 전
체의 의미로 파악할 때, 이 시에 언급된 청기문은 역시 그의 시「상봉행」
(相逢行)6)에 나오는 청기문과 함께 당나라 장안의 춘명문을 가리킨 것으
로 볼 수밖에 없다.

　이 점은 또한 잠삼(岑參)의 시「청문가, 동대의 장판관을 보내며」(靑門
歌, 送東臺張判官)7)로도 확인할 수 있다. 이 시는 또 그 주위에 주점에서
시중드는 호희들이 있었음을 보여줌으로써, 이백의 작품이 춘명문을 배
경으로 한다고 보는 데 또 다른 실마리를 더해준다.

* B.C. 45~A.D. 36. 전한 말의 정치가로 평제(平帝)를 죽이고 즉위하여 한 왕조를 대신하여 '신'(新)
　을 세웠다. 유교의 열렬한 신봉자로『주례』(周禮)의 이상을 실현하고자 했으며, 많은 관명과 지명을
　고쳤다.

청문의 금빗장은 새벽에 열리고

성 머리에 해 뜨자 사신의 수레 돌아간다

청문의 버들가지 정녕 꺾을 만하니

길가에선 하루에 몇이나 이별하나

동으로 청문을 나가면 아득히 끝없는 길

역참 누대와 관아 나무는 파릉(灞陵)*의 동쪽일세

가는 이 옷자락에 떨어지는 꽃은 수를 놓은 듯

떠나는 말을 따르는 구름에 말이 푸른 듯

호희의 주점엔 정오 아직 멀었는데

노끈을 동인 옥병의 술은 젖과 같구나

파릉가 지는 꽃은 말발굽을 뒤덮고

지난밤 가랑비에 꽃은 진흙 속에 뒹굴겠네

꾀꼬리 날개 젖어 날아오르다 내려오는데

관동으로 보낼 편지 술취하여 자꾸 미뤄지네

언뜻 그대 바라보니 보이지 않더니

채찍 휘두르며 말을 달려 쏜살같이 가고 있네

〔후략〕

청문이 곧 청기문이고 버들가지를 꺾어 장안성 동쪽으로 돌아가는 사람을 보내는 장소이므로, 또 "동으로 청문을 나가면 아득히 끝없는 길, 역참 누대와 관아 나무는 파릉의 동쪽"이라고 했으므로, 그 문이 춘명문임은 당시의 실상에 근거해볼 때 의심의 여지가 없다. 어쨌든 춘명문과 연흥문 주위에 주루(酒樓)가 많았음은 확실하기 때문에,[8] 당나라 도읍 장안 거리에서 호희의 무리가 경성의 명주 '서시강'(西市腔) · '낭관청'(郞官

* 한나라 문제(文帝)의 능으로 장안 동쪽에 있다.

淸) 등은 물론, 페르시아의 명산 가리륵(訶梨勒)·비리륵(毗梨勒)·암마
륵(菴摩勒)과 같은 요주(醪酒, 탁주) 종류[9]를 마노나 호박으로 만든 잔
에 따르며 주연(酒筵)을 주선했음은 이 시만 보더라도 틀림없을 것이다.

꽃 같은 호희

❀ 주루의 호희 가운데는 물론 미색이 빼어난 자가 많았다. 이백은 이렇
게 노래하고 있다.

> 거문고는 용문산 벽오동으로 만들었고
> 옥병의 좋은 술 맑기가 하늘 같네
> 현을 튕기고 기러기발을 조이며 그대와 마시니
> 빨강이 파랑으로 보이며 얼굴이 발개지네
> 호희의 자태는 꽃과 같아
> 술병 앞에 앉아 봄바람에 미소짓네
> 봄바람에 미소지으며
> 비단옷 입고 춤추는데
> 그대 지금 취하지 않고 어디 가려는가!
> ──「술잔을 앞에 두고」 2수 중 제2수[10]

"호희의 자태는 꽃과 같아"라고 했는데, 이 시의 첫째 수[11]에서

> 봄바람 동에서 불어와 문득 지나가니
> 금잔의 맑은 술에 잔물결 이네
> 어지러이 지는 꽃잎 많아짐을 깨달을 즈음

미인은 취한 듯 고운 얼굴 발그레하네

〔후략〕

라고 노래했으니, 술에 취해 벌건 얼굴이 더욱 발개지는 호희의 자태는 이 두 편의 악부를 통해 충분히 상상할 수 있다. "술병 앞에 앉아 춘풍에 웃음지으면" 붉은 입술이 벌어지는 찰나 필시 요염한 보조개가 패었을 것이다. 호희는 이렇게 장안의 경비(輕肥)*와 시인들이 좋아하는 존재가 되어 점점 사람들의 뜨거운 눈길을 받으며, 마침내는 시의 소재로 특별히 다루어질 정도로 사람들의 마음을 사로잡았다. 성당의 시인 하조(賀朝)는 「주점의 호희에게 주다」(贈酒店胡姬)[12]라는 오언율시에서

　..
　호희가 봄 술을 파는 가게
　밤이 되자 음악소리 쟁쟁하네
　붉은 담요엔 새 달빛이 퍼지고
　담비 갖옷엔 엷은 서리 앉았네
　〔후략〕

라 했고, 중당의 시인 양거원(楊巨源)은 「호희의 노래」(胡姬詞)[13]에서

　아리따운 자태 강가에 비치니
　봄바람은 잘도 나그네를 붙든다
　술병 잡은 첩의 모습 익숙하건만
　낭군 위해 술을 받들며 수줍어하네
　〔후략〕

* 품질이 좋은 가벼운 가죽옷과 살진 말. 부귀한 사람의 외출차림으로, 부자들의 생활을 뜻한다. 여기서는 부유층을 가리킨다.

라고 읊은 데서 그 일단을 볼 수 있다. 한편 같은 무렵에 살았던 시견오(施肩吾)의 칠언절구 「장난삼아 정신부에게 주다」(戲贈鄭申府)[14]에는

> 나이 어린 정 도령은 어떻게 근심을 푸나
> 봄이 오자 한가롭게 술집 누각에 누웠네
> 호희는 그를 붙잡아 자고 가게 할 요량인 듯
> 금채찍 걸어놓고 자류마(紫騮馬)도 묶어두네

라 했다. 역시 중당 사람 장효표(章孝標)의 「소년의 노래」(少年行)[15]에서

> 해뜰녘 가벼운 사냥 위해 중군(中軍)을 나서니
> 이국의 멋진 향수 소매 가득 풍긴다
> 장식 있는 술병엔 앵무부리잔 거꾸로 걸렸고
> 무늬 있는 적삼엔 봉황이 마주 춤춘다
> 고삐 잡힌 백마는 봄눈 속에 울고
> 팔에 앉힌 송골매는 저녁 구름 속을 난다
> 해질녘 호희의 누각에서 술을 마시니
> 바람이 피리를 불어 누각 가득 울린다

라고 한 것도 빼놓을 수 없을 것이다. 남북조 이래 즐겨 불렸던 악부(樂府) 「코가 흰 공골말*」(白鼻騧)의 시구에도 당대에 이르러서는 호희가 종종 등장하게 되었다. 이백의 「코가 흰 공골말」[16]에는

> 은안장 얹은 코가 흰 공골말에

---

* 털빛이 노랗고 입 가장자리만 검은 말.

녹색 바탕의 비단 말다래* 갖추고서

가랑비 봄바람에 꽃이 질 때면

바로 채찍 휘둘러 호희에게 달려가 마신다

라고 했으며, 장호(張祜)는 같은 제목의 악부[17]에서

어찌하여 호희의 술은

코가 흰 공골말을 살찌우는가?

연꽃 따서 물 위에 던지면

낭군의 마음은 뜬 꽃에 있다네

라고 했다. 이 중 어느 것도 장안의 경물이라고 단정지을 수는 없지만, 적어도 호희가 여러 문인(文人)·묵객(墨客)들과 가까이 지냈다고 상상하기에는 충분하다.

호희는 어디서 왔을까?

호희의 고향은 어디일까? 당대 '호'(胡)라는 말의 용례를 살펴보면, 돌궐(突厥)·회골(回鶻)·해(奚)·거란(契丹)과 같은 북적(北狄)도 호이고, 동투르키스탄 여러 지방의 주민에서부터 소그디아나†·페르시아(波斯)·타지크(大食)의 서역인도 호이다. 인도인도 더러 호라고 불렸다. 몽골종·투르크종·이란종·셈종 등이 모두 호로서, 그저 '호'라고만 했을 때

* 말을 탄 사람의 옷에 흙이 튀지 않도록 말의 안장 양쪽에 늘어뜨려 놓은 물건.
† Sogdiana. 중앙아시아의 고대국가. 지금의 우즈베키스탄에 있는 제라프산(Zeravshan)의 비옥한 계곡 중앙에 있었다.

서역의 다양한 민족들

는 이를 구별할 수 있는 어떤 준거도 없다. 그러나 앞에 서술한 시가에 보이는 호희 부류를 북적의 여자로 간주할 수 있을까? 북적의 여자 중에도 인질이나 정략결혼의 희생자로서 당나라 궁중 등에 와 있는 자가 있었던 것은 확실하지만,[18] 민간에서 삶을 영위하는 경우가 과연 얼마나 됐을까? 진홍(陳鴻)이 편찬했다는 『동성노부전』(東城老父傳)에서는 중당 무렵의 일을 서술하면서, "이제 북호(北胡)가 서울에 섞여 살면서 아내를 취하고 자식을 낳으니, 장안에 사는 소년에게 호인의 마음(胡心)이 있다"[19]고 했다. 이는 장안에 있던 북적이 중국인 부인을 취해 혼혈아를 낳는 일을 지칭한 말로, 우연히 장안에 섞여 살게 된 북호는 남자였음을 암시하는 듯하다. 설령 장안에 와서 살던 북호의 부녀자들이 있었다고 해도, 삭북(朔北)의 초원에서 궁려(穹廬, 천막)를 치고 궁핍하게 살았던 그들 가운데 대당의 도읍지에서 젊음을 과시하던 화려한 청춘들의 마음을 끌 만큼 성색(聲色)이 아름다운 사람이 과연 있었을까? 따라서 앞에서 든 시구에 보이는 호희는 역시 당시 '호선'(胡旋)·'호등'(胡騰)·'백제'(白題) 등의 춤의 명수로서,[20] 소그디아나·투카라 등지에서 들어와 있던 무녀(舞女) 등과 함께 대체로 이란 계통의 여자로 보는 게 타당할 것이다. 앞에서 서술한 대로 당대의 '호'는 일반적으로 북적(北狄)과 서적(西

狄)을 지칭했지만, 또한 특히 소그디아나의 여러 나라, 이른바 소무구성 (昭武九姓)*의 제국만을 지칭하는 경우도 있었음은 널리 알려진 사실이다.[21] 이런 점들을 생각하면 '호희'는 이란 계통의 여자로 보아도 무방할 것이다.(육구몽[陸龜蒙]의 악부 「칙륵†의 노래」〔敕勒歌〕에는 "칙륵의 무기가 성벽을 무너뜨리니, 음산〔陰山〕에는 세월이 멈춘 듯하네. 장막 밖에는 바람이 눈발을 날리고, 군영 앞에는 달이 모래를 비추네. 강족 아이는 피리를 불고, 호희는 비단꽃을 밟으며 춤추네"[22]라는 구절이 있는데, 이 경우 '호희'를 일단 북적의 여자로 보아야 한다는 것은 부정하지 않는다. 하지만 한번 더 생각해보면 당대 몽골에 웅거한 투르크족 안에 이란 계통의 서역인이 드나드는 일도 적지 않았을 것이므로, 꽃무늬 담요 위에서 춤추는 여인은 흰 피부에 푸른 눈을 가진 호녀로 보는 편이 오히려 타당할지도 모른다.)

주루에 있는 호희의 출신지를 고찰하는 데 있어 또 자료로 제공되는 것이 술집의 호추(胡雛)에 대한 것이다. 이백은 그의 시 「맹호의 노래」 (猛虎行)[23]에서

> 율양(溧陽)의 주루에 3월 봄이 찾아오니
> 자욱한 버들개지 사람을 근심시킨다
> 푸른 눈의 호추가 옥피리를 부니
> 오나라 노래 「백저」(白紵)가 대들보 먼지를 날린다#
> 〔후략〕

---

* 소무(昭武)는 수당시대의 정권 이름. 지금의 중앙아시아 아무 강과 석이(錫介) 강 유역에 강(康)·안(安)·조(曹)·석(石)·미(米)·하(何)·화심(火尋)·융지(戎地)·사(史) 아홉 정권이 있었는데, 모두 강거(康居)의 후예이다. 강왕(康王)이 이 두 강 유역에 자리잡은 뒤로 자손이 번성하여 아홉 개 왕국으로 나누었지만, 근본을 잊지 않는다는 뜻에서 소무를 성(姓)으로 삼았으므로 이 아홉 정권을 소무구성이라고 총칭한다.

† 투르크계 유목민족의 이름.

한나라 사람 우공(虞公)은 노래를 잘 불러 그 노랫소리에 대들보 위의 먼지가 떨어졌다고 한다.

라고 노래하고 있다. 이는 율양(강소성 진강[鎭江] 부근)의 일로 장안은 아니지만, 술집에서 관현악기로 흥을 돋우는 푸른 눈의 호소년(胡少年)이 있었음을 살펴보기에는 충분하다. 다만 '호추'(胡雛)라는 말은 '호희'의 경우와 마찬가지로 몽골·투르크 등 알타이계의 소년도 지칭할 수 있지만, 당대에는 전적으로 서역 사람들을 의미하는 것이 상례였던 듯하다. 유우석(劉禹錫)이 움푹 패인 태호석(太湖石)을 서호(西胡)의 깊은 눈에 비유하여 "움푹 꺼진 구멍은 호추의 모습"[24]이라고 한 것으로 미루어 보아도, 호인·호추라고 하면 깊은 눈, 높은 코의 서역인을 지칭하는 용례가 드물지 않았음을 충분히 알 수 있다. 이하(李賀, 호는 장길[長吉])의 악부 「가을밤의 노래」(龍夜吟)[25]에

> 눈동자가 푸른 곱슬머리 호아
> 고요한 밤 높은 누대에서 젓대를 부는구나
> 그 한 소리는 천상에서 들려오는 듯
> 달 아래 미인은 고향생각에 울음을 터트린다
> 〔중략〕
> 옥당 미인의 변방을 그리는 정이여
> 푸른 사창(絲窓) 창백한 달빛, 시름 속에 듣는다
> 찬 다듬잇돌은 명주 백 자도 두드릴 수 있는데
> 분 지운 눈물은 구슬 되어 붉은 실에 떨어지네
> 호아여, 제발 농두음(隴頭吟)*은 불지 말아라
> 창 너머 시름하는 이의 마음 남몰래 맺히나니

라고 하여, 이 호추가 분명 곱슬머리에 푸른 눈의 아이

당대의 외국인 모습

---

* 한대의 이연년(李延年)이 호곡(胡曲)을 고쳐 만든 노래 28곡의 하나. '농두'(隴頭)라고도 한다.

라고 쓰고 있다. 이백이 「상운악」(上雲樂)에서 노래한 '강노호추'(康老胡雛)도 그 풍채가 "벽옥처럼 빛나는 두 눈동자, 황금빛 곱슬머리에 붉은 구레나룻"[26]이라고 했으니 금발에 홍빈(紅鬢)을 가진 벽안(碧眼)의 서호임이 틀림없다. 또 만약 근래 학계 일부의 주장처럼 안녹산에게 이란계의 피가 섞여 있었다면, 그를 호추라고 부른 두세 가지 용례도 이런 부류로 꼽을 수 있다.[27]

당시 술집에 서호 출신의 악공이 있었다면, 술집의 호희 또한 서토(西土)인 이란 방면에서 건너온 가기(歌妓)·무녀(舞女)의 무리로 보아도 무방할 것이다.

장안 사람들의 이국취미

중국의 당대는 이국취미가 넘쳐나던 시대였다. 개원(開元)·천보(天寶) 이후에 이런 경향은 더 심해졌다. 그 중에서도 장안은 도도한 호풍·호속의 중심이었다. 『구당서』「여복지」(輿服志)에는 개원·천보 이래 호복(胡服)·호모(胡帽)·호극(胡屐)·호식(胡食)·호악(胡樂)이 유행했다고 기록하면서 "태상(太常)의 음악은 호곡(胡曲)을 숭상하고, 귀인(貴人)의 어찬(御饌)도 모두 호식을 제공하며, 사녀(士女)들은 다투어 호복을 입는다"고 했다. 또한 "개원 초기에 어가(御駕)를 따르는 궁인(宮人) 가운데 말을 타는 자들은 모두 호모를 쓰고 곱게 화장한 얼굴을 드러냈으며 쓰개를 쓰지 않았다. 사족과 서인 집안에서도 이를 모방했다"고 했고, 또 부인들이 개원 이래 선혜(線鞋, 끈 달린 가죽신)·호리(胡履, 가죽신)를 신었음을 말하고 있다. 요여능(姚汝能)의 『안

보요를 꽂은 당대 여성

『녹산사적』[28]에서는 "천보 초기, 귀유(貴遊)*와 사족과 서
인들은 즐겨 호복을 입고 표모(豹帽)를 쓰며, 부인들은 머
리에 보요(步搖)†를 꽂고 상의의 소매를 좁게 만들어 입
었다. 식자들이 속으로 이를 괴이하게 여기며 그것이
경계해야 할 일임을 알았다"고 기록하고 있
다. 이런 풍조가 꼭 장안에만 한정된 것은
아니었겠지만, 이상의 기록에서 보듯이 유
행의 중심이 천자가 계신 곳이었음은 의
심의 여지가 없다. 이보다 조금 늦은 시기
에 원진(元稹)은 「법곡」(法曲)[29]에서

호복 차림의 당대 남성

> 호인의 기마가 전쟁의 연기 일으킨 뒤로
> 모피 누린내가 함양과 낙양에 가득하다
> 여인은 호부(胡婦)가 되어 호장(胡妝)을 배우고
> 기예는 호음(胡音)을 말하며 호악(胡樂)에 힘쓰네
> 〔중략〕
> 호음과 호기(胡騎)와 호장에
> 50년 되도록 다투어 달려드네

라고 노래했으며 왕건(王建)은 「양주의 노래」(涼州行)[30]에서 변경의 호
인이 중국화되는 풍조를 읊고, 동시에 중국 내지에서 상하의 호화(胡化)
가 두드러짐을 서술하면서

> 낙양 집집마다 호악을 배운다

* 관직이 없는 왕공과 귀족.
† 부녀자들의 머리장식품. 걸을 때마다 매달린 구슬이 흔들리므로 붙은 이름이다.

고 끝맺고 있다. 이런 현상은 낙양에만 그치는 것이 아
니었으므로, 도읍인 장안으로도 옮겨서 생각해야 함은
말할 나위도 없다. 원진의 친구 백거이도 그의 시 「요
즘의 화장」(時世妝)[31] 말미에, 장안에서 부녀자의 머
리와 눈썹 모양이 호풍에 물들었음을 노래하여

원화(元和)시대 치장법을 그대 기록할지니

계퇴(髻堆)*와 면자(面赭)†는 중화의 풍속이 아닐세

계퇴를 한 당대 여성

라고 했다. 물론 여기서 말하는 '호풍'이라는 것이 전적으로 서쪽 이란의
취미와 기호라고 볼 수는 없을 것이다. 부녀자들이 말을 타는 풍속처럼
북방의 알타이족에게서 전해진 것도 적지 않고, 또 서역 여러 나라의 풍
속이긴 하지만 직접적으로는 북족(北族)에게서 온 것도 한둘이 아니기
때문이다.[32] 그러나 또한 서방 중앙아시아와 서아시아의 문물이 직접 유
입된 경우도 많았음을 부정할 수는 없다. 음악이나 무용의 경우처럼 그
연주자와 공연자는 대부분 서쪽에서 중국에 들어온 자들이었을 것이
다.[33] 북족을 거쳐 들어온 호풍이라 해도 중국 사람들이 이를 좋아하고
모방한 데는 이란 방면에 대한 기호가 상당히 크게 자리했으리라는 것은
거의 의심의 여지가 없다. 당대 장안과 낙양의 이그조티시즘(이국취미)
은 그 주류를 이란의 문화, 자세히 말하면 사산(Sasan)조 페르시아#의 문
물 및 그 유서(遺緒)에서 찾아야 한다. 당시 술집의 호희들이 사랑받았던
이유도 아마 그 유풍의 하나일 것이다.

---

* 머리를 높게 틀어올려 쪽을 찌는 것. 고계(高髻).

† 뺨을 붉게 칠하는 화장법.

226~651년 페르시아를 지배했던 왕조. 조로아스터교를 국교로, 신권에 의한 전제정치가 행해졌으
  며 독특한 문화가 번성했다.

당대의 풍속

원소관등(元宵觀燈)

❀ 당나라 때의 유수한 연중행사 중에서도 가장 눈부신 것은 이른바 '원소관등'(元宵觀燈)의 풍속이 아닐까 싶다. 원소(元宵)란 정월 15일 밤을 가리키는데, 이날 밤을 전후로 1~2일 또는 3~5일 밤 동안 도시 시골 할 것 없이 집집마다 디자인을 고안해 한껏 솜씨를 부린 등롱(燈籠)을 줄줄이 수도 없이 매달았다. 그리고 이날을 맞아 잘 차려 입은 남녀노소들은 달빛과 밝기를 다투는 그 등불을 좇아서 밤새도록 노래하고 춤추면서, 새벽이 되면 하나같이 시간이 가는 것을 애석해하고 동쪽 하늘이 밝아오는 것을 아쉬워했다. 그러니까 등그림자를 좇아 정신없이 노래하고 춤추는 쪽에서 말하자면 '원소관등'이지만, 등을 내걸고 등잔불을 켜는 편에서 말하자면 '상원장등'(上元張燈)이다. 상원 역시 정월 15일로, 7월 15일 중원(中元), 10월 15일 하원(下元)과 함께 도교의 절일(節日)*임은 말할 나위도 없다. 이 원소 전후 며칠간의 시끌벅적함은 실로 굉장한 것으로, 당대의 세시기(歲時記)를 빛내는 가장 호화로운 습속이었다. 특히

---

* 상원에는 천관(天官), 중원에는 지관(地官), 하원에는 수관(水官)에게 제사를 지내고 죄를 참회했다.

장안(長安)·낙양(洛陽)·양주(揚州) 등 대도시에서는 오늘날에는 상상하기도 어려울 만큼 성대한 행사가 펼쳐졌는데, 등롱걸기 외에도 등수(燈樹) 또는 화수(火樹), 때로는 산붕(山棚) 등으로도 불렸던 만등(萬燈) 같은 것이 그 크기와 솜씨를 뽐내면서 길게 죽 늘어서 있었다. 긴 막대에 곁가지로 가로대를 무수히 달고 여기에 등잔(燈盞)을 배치하거나, 또는 높은 기둥에 바퀴(輪) 모양의 등가(燈架, 등잔걸이)를 양산처럼 원추형으로 두르고 여기에 많은 등을 설치해서, 그것으로 궁전이나 왕후·귀인의 저택은 물론 일반 사족과 서인의 집까지 문마다 장식했다. 그 수많은 불빛이 온 성의 거리와 골목을 대낮처럼 비추어, 때마침 중천에 떠오른 청명한 십오야 보름달의 광휘를 빼앗는 듯한 광경은 상상만 해도 장관이었을 것이다. 사람들은 종종 이를 오늘날의 일류미네이션과 견주지만, 화수와 등륜(燈輪) 같은 종류는 어쩌면 어릴 적 도쿄의 번화가에서 보았던 꽃 모양의 가스등에 비교하는 편이 합당할지도 모른다.

상원장등이 언제쯤 시작되었는지, 또 그 의의는 무엇인지 하는 문제는 아무쪼록 논구하지 않으면 안되는 것이지만——특히 이 습속이 근본적으로 무엇을 의미하는지, 또 이 장등 및 관등의 앞뒤에 행해지던 수많은 제사·기원·점복 등은 과연 어떤 의미가 있으며, 어떤 연유로 이날의 행사에 결부되어 있는지 하는 점은 중국 민속학의 중요한 문제로서 충분히 연구를 할 필요가 있지만, 여기서는 일단 접어두고 언급하지 않으려 한다. 다만 정월 15일을 중요한 명절로 기념한 것은 오래된 일이지만 등을 내걸고 가무를 즐기며 밤을 지새운 것은 육조(六朝) 말부터인 듯하니, 수나라에 이르면 문헌상으로 그것이 분명히 증명되며, 당대에 들어서 널리 보급되어 중종(中宗)·예종(睿宗) 무렵에 전성기에 달해 현종(玄宗) 때는 더욱 호화로워졌다는 것 정도만 서술하려 한다. 다시 말해 육조 말 북부 중국에 상원장등과 유사한 일이 이미 있었던 듯한데, 이는 북제(北齊) 유

귀족집안의 등롱제(燈籠祭)

욱(柳彧)의 상주문(上奏文)에 "근래 경사에서도 지방에서도 매년 정월
보름밤이면 백성들이 한데 모여 북을 두드리며 떠들썩한 가운데, 횃불을
밝혀 땅을 비추고는 사람들마다 짐승가면을 쓰고 남자는 여장을 한 채
천천히 거닐면서 흉내내기와 곡예 등 궤상(詭狀)과 이형(異形)이 백출하
는 모습을 함께 구경하는 풍속이 있습니다. 서로 호기를 부리며 재물을
마구 써대다가 파산지경에 이르는 일까지 있으니, 바라건대 이를 금지하
십시오"라는 구절이 있는 것을 보아도 알 수 있다. "횃불을 밝힌다"는 말
이 후세에 보이는 연등(燃燈) 풍속을 의미한다고는 단정할 수 없지만, 정
월 보름밤에 축제 분위기를 연출하며 즐겁게 논 일은 그 남상(濫觴)이라

보아도 어긋남이 없을 것이다. 수대에 이르면 양제(煬帝)의 시에 「정월 15일 통구(通衢)*에 등을 세우고 밤에 남루에 오르다」(元夕于通衢建燈, 夜升南樓)라는 작품이 있는데, "등불 켜진 나무는 천 줄기 빛을 비추며, 불꽃은 일곱 가지에 열렸다"(燈樹千光照, 花焰七枝開)라는 시구는 후대 원소관등의 풍속이 이 시기에 성립해 있었음을 더욱 잘 알려준다.(한편 남방에서는 일찍이 양나라 때부터 이런 습속이 있었다고도 생각되지만, 이에 대해서 논하려면 좀더 조사가 필요하다.) 또한 이 풍습이 중국에서 일어난 중국인의 독자적 행사인지, 아니면 어딘가 외국에서 기원해 중국에 전해 진 것인지 하는 문제도 정식으로 논하자면 상당히 복잡한 문제이기 때문에 지금은 깊이 있게 언급하지 않겠다. 다만 이 문제는 뒤에서 한마디쯤 언급할 것이다.

　상원을 전후한 며칠 밤 동안 장등 및 관등 행사를 중심으로 대단히 흥청거리는 모습을 연출한 데는 여러 가지 이유가 있을 것이다. 하지만 뭐니뭐니 해도 주요한 이유 중 하나로 꼽지 않을 수 없는 것은, 평상시에는 엄격하게 시행되던 야간 통행금지가 이 며칠만큼은 공식적으로 해제되었기 때문에 기쁨에 들뜬 세상사람들이 밝은 달 아래에서 등그림자를 감상하고, 환호하며 돌아다니고 노래하며 춤추면서 미주(美酒)에 취하고 가효(佳肴)로 배를 채우는 일이 가능했다는 것이다. 야간 통행금지는 주나라 이래로 계속해서 엄격히 시행되어온 제도로서, 도읍의 성곽 안은 물론 그 근교에까지 적용되던 규정이다. 비상시나 특별한 경우에는 편의적으로 그때그때 합당한 조치를 취해 융통성이 전혀 없었던 것은 아니지만, 대체로 이 통행금지 제도는 엄격하게 시행되어왔다. 당나라 때도 천하태평의 시기에 출유행락에 힘썼을 장안과 낙양의 돈 있고 여유 있는 시민들 역시 밤에는 같은 방내(坊內)의 한 구역 안은 괜찮아도 온 거리를

* 사방으로 통하는 큰길.

돌아다니며 노는 일은 금지되어 있었다. 따라서 정월 15일을 전후한 며칠, 입춘도 보름 정도 지나 점차 봄기운이 태동하는 이 때에 야간 통행금지가 해제되면, 교교한 달빛 아래 온 도시가 등불의 바다로 변하고 노랫소리 종소리가 사방에서 들려오며, 말쑥하게 빼입고 짙게 화장한 젊은이들이 나다니는 광경에 모든 사람들이 들뜨지 않을 수 없었을 것이다. 요 몇 년 동안 전쟁으로 인해 일본에서도 밤에 외출하는 자유를 자연히 빼앗기게 되었는데,* 아무튼 여태껏 밤에 나다니며 노는 데 거의 제한을 받지 않던 때와 비교해보면, 1년에 단 한 차례 있는 이 통금 해제를 학수고대했을 옛날 사람들의 마음이 충분히 이해되리라.

이제부터는 당대의 서적이나 시문에서 이 상원관등의 성사(盛事)에 대한 언급들을 여러 각도로 발췌해보고자 한다. 하지만 특별한 순서도 없고 또 본래 만초(漫抄)라고 제목을 붙였을 정도로 작은 단편으로서, 가까이 있는 한두 서책에서 발췌해 쓴 것에 불과하니만큼 그 미비함은 말할 나위도 없다.

　지금은 사라져버린 책이지만 『옹락영이소록』(雍洛靈異小錄)의 일문(佚文)에 따르면 "당나라에서는 정월 15일 밤, 사흘 밤의 야행을 허락했다. 사관(寺觀)과 가항(街巷)에는 등불이 대낮같이 밝고, 산붕(山棚)은 높이가 100여 척이나 되었다. 신룡(神龍, 705~707) 이후에는 더 화려하게 장식했다. 사녀 가운데 밤놀이를 나가지 않는 이가 없었으니, 거마가 길을 메워 발이 땅에 닿지 않은 채 몇 십 걸음씩 떠다니는 일도 있었다"고 한다. 산붕이란 앞서도 서술했듯이 보통 등수(燈樹)라고 불리는 나무나 양산 모양의 등잔걸이보다 한층 더 손이 많이 가는 것으로, 말하자면 불꽃용 화포 같은 구조물이다. 일견 등붕(藤棚)과 비슷해 산붕(山棚)으

* 이 글을 쓸 당시(1946) 일본의 상황을 염두에 둔 표현이다.

로 불리는데, 봉래(蓬萊)·영주(瀛州)·방장(方丈)과 같은 선산(仙山)의 풍취를 본뜬 장식물을 더하기 때문에 이런 이름이 붙은 것도 같다. 신룡(神龍)은 중종의 연호이므로, 그 이후 등 장식이 한층 더 화려해졌음을 이 글에서 엿볼 수 있다.

한편 장작(張鷟)의 『조야첨재』(朝野僉載)에 따르면 중종 다음의 예종 때는 "선천(先天)2년(713) 정월 15·16·17일에 안복문(安福門) 밖에 높이가 20길이나 되는 등륜(燈輪)을 만들었다. 그 위에 비단을 씌우고 금·은으로 장식하여 5만 개의 등잔불을 켰는데, 멀리서 바라보면 마치 꽃나무 같았다. 궁녀 천여 명이 수놓은 비단옷자락을 끌며 지나가니, 구슬장식이 반짝이고 향긋한 분내가 퍼졌다. 화관 하나 두건 하나가 모두 1만 전에 이르러, 궁녀 한 사람을 꾸미는 데 모두 300관이 들었다. 또한 장안현(縣)과 만년(萬年)현의 젊은 부녀자 천여 명을 선발하고, 의복·화차(花釵)·미자(媚子, 머리장식)도 궁녀들에 맞추었다. 등륜 아래에서 답가(踏歌)하기를 사흘, 그처럼 극에 달한 환락은 지금껏 없었다"고 하는데, 이 기록은 대체로 사실로 인정되어 『당서』에도 인용되어 있다. 안복문은 궁성의 담장 밖 관아의 거리인 '황성'(皇城)의 서벽에 있는 두 문 중 북문으로서 멀리 서쪽 외곽 성문인 개원문(開遠門)을 마주하고 있으며, 이에 통하는 대도(大道), 특히 그 북쪽 보흥방(輔興坊)의 금선여관관(金仙女冠觀)·옥진여관관(玉眞女冠觀) 부근 등은 "거마의 왕래가 실로 끊이지 않는다"고 했던 경성 서북부 제일의 번화가였으니, 당시에 얼마나 복잡했을지 상상이 간다.(女冠觀이란 여도사가 거처하는 道觀으로, 불교로 말하면 비구니 절인 尼寺에 해당한다.)

다시 『당서』에 따르면, "경룡4년(710) 상원일 밤, 중종께서 위후(韋后)와 함께 미복(微服) 차림으로 저자에 나가 노닐며 마음껏 구경하셨다. 그리고 중서령(中書令) 소처충(蕭處忠)의 저택에 행차하셨다. 이날 밤 궁인 수천 명을 풀어주어 등을 구경하게 하시니, 이로 인해 망일(亡

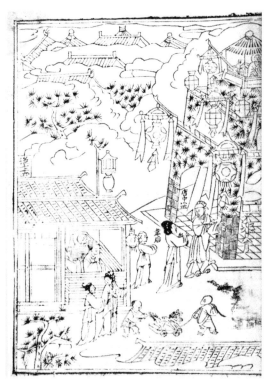

상원관등. 당의 중종이 위후와 함께 등롱제를 구경하고 있다. 『제감도설』(帝鑑圖說)에서.

逸)하는 자가 많았다. 정묘일 밤, 다시 미행(微行)에 납시어 등을 보시고 위안석(韋安石)과 장녕(長寧)공주의 저택에 행차하셨다"고 한다. 천자도 그 번화함에 이끌려 황후와 함께 시중을 미행하며 등불을 켜놓은 성대한 광경을 구경했음을 알 수 있다. 또 내친왕(內親王, 공주)이나 고관의 저택에 행차한 것을 보면 이날 밤만큼은 일국의 황제도 답답한 생활에서 잠시 벗어나 봄밤의 느긋한 시간을 즐겼음을 알 수 있다. 또한 궁녀 수천 명을 풀어주었다는 것은, 조롱 속의 새나 다름없었던 나인들에게도 특별히 휴가를 주어 거리의 번화함을 구경하고 오도록 허락한 것으로 생각된다. 그렇지만 "망일하는 자가 많았다"는 것은 그들이 이 기회를 틈타 도망쳤다는 의미가 아니라, 군중 속에 휩쓸려 일행과 어긋나는 바람에 길을 잃고 금방 궁으로 돌아오지 못했다는 뜻으로 해석된다. 여하튼 앞에 인용한 것처럼 "발이 땅에 닿지 않은 채 몇 십 걸음씩 떠다닐" 정도로 복잡했기 때문에 그 정도의 일은 흔히 있었을 것이다. 송대의 서적(예를 들면 악가[岳珂]의 『정사』[桯史])에도 상원일 밤, 도읍 변경(汴京)에서 시중의 혼잡함에 휩쓸려 부부끼리 잃어버렸다거나 명사(名士)의 아이가 유괴범에게 납치되었다가 기지를 발휘하여 때마침 구경 나온 궁녀에게 구조되어 무사할 수 있었다는 이야기가 실려 있을 정도이니, 이날 밤 당나라 도읍의 혼잡함과 떠들썩함은 충분히 상상이 가는 일로, 길을 잃고 헤매는 궁녀가 속출한 것도 이상한 일은 아니다.

이상은 원소(元宵)일 장안의 환락을 보여주는 일단이지만, 이런 풍조는 낙양도 마찬가지로 수도 못지않게 은성(殷盛)함이 극에 달했다. 정처회(鄭處誨)의 『명황잡록』(明皇雜錄)에 따르면, 현종이 동도(東都) 낙양에 있을 당시, "정월 보름밤을 맞아 의장을 상양궁(上陽宮)으로 옮기고서 많은 등영(燈影)을 내걸고 정료(庭燎)를 피우며 금중(禁中)에서 전정(殿庭)까지 횃불을 밝혀 끊어지지 않고 죽 이어지게 했다. 그때 상방(尙方)의 도장(都匠)인 모순(毛順)이란 자가 채색그림을 묶어서 등루(燈樓)를 만드는 묘안을 생각해냈다. 길이 20칸, 높이 150자의 누각에 주옥과 금은을 매달아 미풍이 한번 불면 쟁그랑거리는 소리가 운율을 이루었다. 그 등은 용·봉황·호표의 형상을 하고 있었다"고 한다. 이를 보면 상당히 큰 등루를 만들 수 있었던 듯하다. 『명황잡록』의 기사를 모두 그대로 사실이라고 믿을 수는 없겠지만, 그 무렵 정월의 등절(燈節)에 이렇게 요란한 물건이 만들어진 것만은 확실해 보인다. 이 지역의 원소에 대해서는 또 이런 이야기도 있다. 원진(元稹)이 자신의 「연창궁의 노래」(連昌宮詞)에 직접 단 주(註)에 따르면, 현종이 정월 14일 밤 상양궁에서 신곡을 하나 작곡하게 하고 이를 연주시켜 보았다. 다음날 상원일 밤, 남몰래 시중에 유행(遊幸)을 나갔는데 등 아래에서 문득 귀에 익은 곡조가 들려왔다. 주루(酒樓) 위에서 연주하는 피리소리였는데, 그 곡은 지난밤에 막 만들었던 신곡으로서 아직 아무도 알 턱이 없는 것이었다. 크게 놀란 황제는 날이 밝자 은밀히 사람을 보내 피리 불던 자를 체포하게 했다. 심문을 받게 되자 그가 자백하기를, 14일 밤 홀로 천진교(天津橋) 위에서 달을 감상하고 있는데 궁중에서 절묘한 곡이 하나 흘러나왔고, 그 멜로디에 황홀해진 그는 마침내 손톱으로 다리 난간에 악보를 쓰고 이를 외워 어젯밤에 불었던 것이라 했다는 것이다. 이 이야기는 물론 전설이겠지만, 원소의 풍정(風情)에 어울리는 에피소드로는 충분할 듯싶다.

이번에도 전설이긴 하지만, 장안과 낙양에 버금갈 만큼 연등이 성대했던 도시를 거론할 때 사료로서 중시해야 할 이야기가 있다. 하나는 우승유(牛僧孺)의 『유괴록』(幽怪錄)에 나오는 이야기이다. 개원18년(730) 정월 보름에 현종이 술사(術士)로 유명한 도사 섭법선(葉法善)에게 "오늘밤 등화는 어디가 가장 화려한가?"라고 물었다. 섭천사가 광릉(廣陵, 양주〔揚州〕)이 으뜸이라고 아뢰자, 황제는 어떻게 이를 볼 방법이 없겠느냐고 물었다. 섭천사가 "당연히 있습니다"라고 아뢰는 순간, "바로 무지개다리가 궁전 앞에서 일어나고 판각(版閣)이 허공에 놓이니 난간이 그림 같았다. 황제가 걸음을 옮겨 위로 올라가자, 태진(太眞, 양귀비)과 고역사(高力士)* 및 악관 수십 명이 그 뒤를 따랐다. 한 걸음 한 걸음 점점 높아지더니 이윽고 광릉에 닿았다. 사관(寺觀)의 성대한 진설품과 등화의 불빛이 기전(基殿)을 훤하게 비추니, 곱게 단장한 사녀(士女)들이 모두 얼굴을 쳐들고는 선인이 오색 구름 속에 나타났다고 말했다. 황제가 크게 기

---

* 당나라의 환관. 위씨(韋氏)의 난을 평정하는 과정에서 활약을 해 현종의 총애를 받게 되었다. 왕후 못지않은 영화를 누렸으며, 그로부터 당대 환관의 발호가 비롯하게 되었다.

뼈하며 영관(伶官)에게 칙령을 내려 예상우의곡(霓裳羽衣曲)을 연주하게 했다'고 한다. 며칠 뒤 양주(揚州)의 관리가 상주한 바에 따르면, 그날 밤의 정황이 황제가 구름 위에서 내려다본 것과 꼭 들어맞았다고 한다. 이 이야기는 물론 픽션이지만, 양주가 등화의 장관으로 명성을 날리던 곳임을 보여주기에는 충분하다고 생각된다.

다른 한 가지 역시 섭법선의 환술(幻術)에 맞춰 근거 없이 만들어진 이야기이긴 하지만, 감숙성(甘肅省) 양주(涼州)에서 펼쳐진 상원장등의 성황상을 보여주는 것으로 그 줄거리는 다음과 같다. 바로 앞에 인용했던 『명황잡록』의 이야기에 이어지는 것으로서 『태평광기』(권26)에 기록된 『집이기』(集異記, 설용약[薛用弱] 찬)에 따르면, 모순(毛順)이 만들었던 등루(燈樓)의 장관을 현종과 함께 바라보던 섭천사가 "이곳의 경관도 훌륭합니다만, 오늘밤 서쪽 양주의 등화도 이에 못지않습니다"라고 아뢰자, 현종은 "천사께서는 언제 그것을 보고 오셨소이까?"라고 물었다. "지금 막 그곳에서 돌아오자마자 폐하의 부르심을 받고 서둘러 온 것입니다." "짐도 잠시 보러 갈 수 있겠소이까?" "쉬운 일입니다. 잠시 눈을 감아주십시오. 도중에 떠서는 아니됩니다. 만약 뜨시면 놀라 가실 수가 없습니다" 하는 문답들이 당연히 오갔고, 현종은 약속대로 눈을 감고 몸을 천사에게 맡겼다. "눈을 감고 펄쩍 뛰자 이미 은하수에 있었고, 잠시 후에는 발이 땅에 닿았다. (천사가) '이제 보셔도 됩니다'라고 아뢰었다. 영등(影燈)과 연와(連瓦)가 수십 리에 달하고 거마(車馬)가 늘어서 있으며 사녀(士女)들이 떠들썩한 광경을 보고, 현종은 그 성대함을 한참이나 칭찬했다. 이제 돌아갈 것을 청하여 다시 눈을 감고 허공으로 펄쩍 뛰어오르니, 벌써 (낙양의) 누대 아래에 있었다. 게다가 소리를 들으니 가무의 곡이 아직 끝나지 않았다"고 서술되어 있다. 양주의 한 술집에 잠시 들렀을 때 갖고 있던 철여의(鐵如意, 쇠 등긁개)를 두고 온 현종은 이튿날 아무 일도 없었다는 표정으로 환관을 불러 다른 일을 핑계로 양주에 보내 그 철여의를 찾아오도록 명했다. 사신이 가지고 온 것을 살펴보니 바로 황제가 두고 온 철여의가 틀림없어, 양주에서 노닐었던 그 일이 꿈이 아님을 깨달았다는 것이 이 이야기의 결말이다. 이 허구적인 이야기에서 사실로 볼 수 있는 것은, 서역으로 통하는 요충지로서 육조시대부터 '호인(胡人)의 소굴'로 불렸으며 이란 계통의 상인·예인(藝人)을 비롯해 투르크계의 군사(軍士)나 티베트계의 토민(土民) 등까지 함께 섞여 살고 있던 양주에서도, 수도에 버금가는 원소장등의 성황을 볼 수 있었다는 사실이다. 하서(河西)에서 유명한 지역이라고는 해도 장안이나 낙양과 비교하면 후미진 시골에 지나지 않는 서쪽 변경의 이 읍에, 이토록 성대한 등절(燈節)이 있었다는 것은 언뜻 불가사의해 보일 수도 있지만, 이후 서술하고자 하는 이 장등 습속의 기원 문제와 관련하여 고찰해보면 얼마간 해석의 실마리를 끌어낼 수 있을지도 모른다.

상원관등의 모습을 전해주는 흥미로운 이야기는 이 정도에 그치지 않는다. 잡다한 책까지 섭렵한다면 몇 가지 사례를 더 찾을 수 있겠지만 여기서는 그만 접고, 이제부터는 시부(詩賦)에 반영된 등절의 장관 두세 가지를 추려 기록하고 그 기원지의 문제를 한번 고찰하면서 이 주제를 마무리짓고자 한다.

　원소의 등화를 읊은 시는 초당시기부터 이미 곳곳에 보인다. 노조린(盧照鄰)의 「정월 보름밤의 관등」(上五夜觀燈)에서는 "금리(錦里)*에 방연(芳宴)을 여니, 난초향유 등불은 벌써 아름답구나.……은하수에 닿아 별이 떨어진 듯, 누대에 매다니 달이 걸린 듯. 특별히 천금의 웃음이 있어, 아홉 나뭇가지 앞에 빛을 받으며 나오네"라고 했다. "은하수에 닿는다" 운운한 대구(對句)는 등수(燈樹)를 형용한 것일 테고, "특별히 천금

* 오늘날의 사천성 성도(成都).

의 웃음이 있다"고 한 것은 연회에서 시중을 드는 여희(麗姬)가 아닌가 생각된다. '아홉 나뭇가지 앞'이란 것은 등수의 가지가 아홉 개임을 지칭하는 것으로, 등 자체를 의미하는 듯하다. 고종(高宗) 무렵의 사람 최지현(崔知賢)은 상원 밤에 지은 「상원일 밤—소유(小庾)*의 시체를 본뜸」(上元夜, 效小庾體)에서 "오늘밤 성문이 열리니, 짝을 지어 방춘에 노닌다. 북소리 요란하게 울리니, 풍광은 닿는 곳마다 새롭구나. 달 아래에는 말 타고 노니는 이 많고, 등 앞에는 구경꾼들 넘쳐난다. 환락의 즐거움 다함이 없어, 노래하고 춤추며 새벽에 이른다"고 하여, 야간 통행금지가 풀린 틈을 타서 관등을 나온 사람들이 밤새워 노래하고 춤추었음을 보여주고 있다. 이 시와 같은 시기에 같은 제목으로 지어진 한중선(韓仲宣)의 시에는 "타향에서 달밤을 맞는 사람, 서로 짝하여 등륜을 구경한다. 빛은 무수한 꽃더미에서 나오고, 그림자는 뭇 가지와 함께 새롭구나. 음악소리는 북쪽 마을에 가득하고, 수레와 말은 남쪽 마을에 들끓는다. 오늘 이 밤 어디가 좋을까? 오직 낙양성의 봄이 있을 뿐!"이라 했다. 또 역시 제목이 같은 고근(高瑾)의 시에서는 "새해 첫 보름밤, 뜻 맞는 한두 친구. 말머리 나란히 동네 어귀를 나서, 쏜살같이 달려 연못가에 내린다. 등불빛은 마치 달빛과 같고, 사람들 얼굴은 모두 봄 같구나. 즐거운 놀이 종내 다하지 않아, 서로 기뻐하며 해를 기다린다" 했는데, 이날 밤 등의 불빛과 달빛, 놀러 나온 군중 그리고 오가는 거마의 부산한 모습을 잘 이야기해주고 있다. 어차피 이날 밤은 온 도시의 시민이 총출동한 모습이었기 때문에, 최액(崔液)이 칠언절구(「밤놀이」〔夜遊〕)의 전구와 결구에서 "누구 집인들 달을 보고 한가로이 앉아 있을 수 있으리? 어디선들 등 이야기 듣고 보러 오지 않으리?"라고 했듯이, 실로 달을 바라만 보고 있는

---

* 시부(詩賦)로 유명한 북주(北周)의 유신(庾信). 유견오(庾肩吾)의 아들로, 소유(小庾)라고 불렸다. 화려하고 아름다운 궁체시(宮體詩)를 많이 지었으며, 특히 그의 오언시는 수·당 시인들에게 많이 모방되었다.

사람은 없었을 것이며, 모처럼 야간 통행금지가 해제된 둘도 없는 날이기에 일각이 늦어지는 것도 아쉬워했을 듯하다. 이 시의 기구와 승구에서는 "옥루(玉漏)와 동호(銅壺)는 또 재촉하지 마라. 궁문의 황금자물쇠 날 밝도록 열려 있으니"라고 했으며, 소미도(蘇味道)의 시 「보름 밤놀이」(望日夜遊)에서도 "금오*도 밤을 금하지 않으니, 옥루는 재촉하지 말라"(金吾不禁夜, 玉漏莫相催)고 노래하고 있다.(옥루와 동호는 모두 옛날 물시계이고, 재촉하지 말라는 것은 시간을 표시해두지 않는다는 말이다.) 그렇다면 새벽 구름이 이미 열리고 동녘 하늘에 먼동이 틀 무렵이 되어도 사람들은 석별의 정을 아쉬워하며 쉽사리 집에 돌아가지 않았을 것이다. 그러니 최액의 다른 절구(「상원일 밤」 6수 중 하나†)에 "별이 움직이고 은하수도 돌아 달은 희미해지려 하는데, 이슬 내리고 안개는 피어올라 등불도 점점 희미해지네. 길가의 가무하던 곳 못내 아쉬워, 머뭇머뭇 서로 돌아보며 돌아가지 못하네"라고 읊조렸던 그 흥취는 도처에서 보였을 것이다. 또한 최액과 소미도 두 사람과 동시대의 시인 곽이정(郭利貞)의 시 「상원」(上元)에 "아홉 줄기 대로에 등그림자 이어지니, 모든 문 앞엔 달빛이 걸렸네. 온 성이 떠들썩하게 치장한 말들 나오고, 길 가득히 아름다운 마차가 구르네. 실컷 놀며 오직 새벽을 근심하고, 두루 돌아다니며 집을 가리지 않네.……"라고 한 것도, 헛되이 흘러가는 시간을 탄식하는 모습을 잘 드러내고 있다. 이 시에서 "두루 돌아다니며 집을 가리지 않는다"는 말은 왠지 흥분해서 다소 들뜬 기분으로 누구 집이건 개의치 않고 들어가 이야기를 나누고 싶은 심정을 나타낸 것이 아닐까 생각된다. 우리 역시 어린 시절 축제일 밤에 이런 기분을 경험한 일을 잊지 못한다. 최액의 또 다른 시#에 "공자와 왕손들 의기가 차올라, 상식과 상요를 논

---

* 고대의 관명. 황제와 대신의 경호·의장(儀仗)을 책임지며, 도성을 순찰하며 치안을 관리하는 무관.
† 앞에 인용한 시 「밤놀이」와 이 시는 「상원일 밤」(上元夜) 6수 가운데 각각 제1수와 제2수이다. 이 6수는 판본에 따라 「상원일 밤」 또는 「밤놀이」로 제목이 저마다 다르다.
\# 역시 「상원일 밤」 6수 중 제5수이다.

하지 않는다"(公子王孫氣意驕, 不論相識也相邀)는 구절이 있는데, 둘째 구의 '상식'과 '상요'를 나로서는 정확하게 해석할 수 없지만, 만약 이를 "서로 이미 아는 사이인지 또는 막 만난 사이인지를 논하지 않는다"로 읽을 수 있다면, 곽이정의 말처럼 구면의 친구건 길에서 만나자마자 말이 통한 벼락 친구건 왠지 함께 다니면서 걷고 싶은 기분을 서술한 것으로서, 앞의 시구와 같이 이해해야 할 것으로 생각된다.

이 한 밤 밤새도록 극도로 번잡하고 요란스런 소동이 있은 뒤이기 때문에, 다음날이면 나와 놀던 사녀(士女)들이 길에 떨어트린 계잠(筓簪)과 화전(花鈿) 따위가 적지 않았던 일도 시에 나타나 있다. 장소원(張蕭遠)의 시 「관등」(觀燈)에는 "십만의 인가에 등불이 빛나니, 문 열리는 곳마다 화장한 여인들이 보이네. 노랫소리 밤새 요란하니 물시계소리 묻히고, 비단옷 거리에 가득하니 먼지도 향기롭네.……보석장식 비녀는 내달리는 말 탓에 많이도 떨어져, 그대로 다음날 아침까지 길가에 있도다"라고 했고, 원불약(袁不約)은 「장안의 밤놀이」(長安夜游)에서 "봉성(鳳城, 서울)의 밤마다 궁궐문이 열리니, 공주와 황비가 궁전을 나선다. 1천 대의 연꽃무늬 궁거(宮車)에는 주렴이 걷혀 있고, 1만 자루 은촉에는 푸른 갑사초롱 씌웠네. 노랫소리에 천천히 넘어가는 청루의 달, 향연기에 가만히 불어오는 거리의 바람. 장락의 새벽종소리에 기마가 돌아간 후, 떨어진 비녀와 귀고리 거리에 그득하네"라고 읊고 있다. 현종이 궁빈(宮嬪)을 거느리고 여산(驪山)의 온천에 피서갔을 때, 그 행차가 지나간 뒤 궁녀들의 머리장식이 무수히 떨어져 있었다는 이야기와도 호응하는 것 같다. 원불약의 시 말미의 '장락의 새벽종소리'는 장안의 동쪽 교외 장락파(長樂坡)에 있던 절의 종소리로 생각된다.

한편 이 상원장등의 기원 문제에 대해서는 이미 하라다 요시토(原田淑人)의 고증 논문 「신강(新疆) 발굴벽화에 보이는 등수(燈樹)의 풍속에 대하여」(『人類學雜誌』 29의 12, 1914년 12월)와 중화민국의 상달(向達, 자는 각명(覺明))의 연구(「唐代長安與西域文明」, 1932)도 있기 때문에 여기서 덧붙이지는 않겠다. 다만 상원연등의 풍속은 중앙아시아 방면, 즉 중국에서 서역이라 부르는 곳에서 불교로부터 유래한 풍속이 중국 내지(內地)로 동전(東傳)해온 것이지, 중국인들 사이에서 자연스럽게 발생하고 발달해온 것은 아니라고 생각된다. 상달이 이미 지적했듯이, 장열(張說)의 시(「보름밤 어전에서 송시[頌詩]로 지은 답가사 2수」[十五日夜, 御前口號踏歌詞 二首])에 "궁궐의 15일 봄놀이 자리에, 지나는 비 부는 바람 질투하지 마라. 서역의 등륜 일천 그림자가 어우러지니, 동쪽 중화 궁궐의 만 겹 문이 열리네"라고 한 것에서 저간의 상황이 전해지는 듯하다. 다만 이것이 사실이라 하더라도, 모든 서역 문물이 중국에 받아들여지면 정련되는 과정을 거쳐 더욱 화려하고 우미해지는 일이 많았던 점을 감안하면, 등수를 진설하는 일에도 한층 디자인에 공을 들이고 아이디어를 기울이며 또한 많은 비용을 들여 호사스런 것을 만들었으리라는 점을 고려하지 않으면 안될 것이다. 단 서역에서는 정월 초하루에 등수(燈樹)와 등륜(燈輪)을 만드는 풍속이 있었던 것 같으므로, 이것이 보름밤의 행사가 된 것은 예로부터 정월 보름을 삼원(三元)의 하나로서 명절 중의 으뜸으로 치는 중국에 들어오고 나서의 일로 생각된다. 그렇기 때문에 진(晉)나라 육홰(陸翽)가 「업중기」(鄴中記)에서 석호(石虎)*가 정월 초하룻날 궁전 앞에 120지(枝)의 등을 달았는데 철(鐵)로 만든 것이었다고 한 것은, 이 풍속이 전래된 초기의 일이어서 서역의 풍속을 그대로 옮겼던 것으로 생각되며, 거꾸로 생각하면 그것이 아직 중국의 풍속으로 소화되지 않았다는 점에서 외래의 풍속으로 볼 수 있는 근거도 될 것이다. 이렇게 보면 당나라 때 양주에서 펼쳐진 장등의 장관도 그 원산지에 가깝고 또 일찍부터 그 풍속에 접하고 있었기 때문에 변방의 땅이면서도 그토록 화려할 수

---

* 후조(後趙)의 군주로, 재위기간은 334~349년.

있었다고 여겨진다.——처음에 말했던 것처럼 상원일에는 중국에서도 예로부터 각양각색의 행사가 열렸으며 하나같이 민속학적으로 흥미로운 것들이지만, 여기서는 당대의 관등 풍습에 대해서만 개괄해보았다.

발하(拔河)——줄다리기

관등으로 떠들썩한 상원절에는 도시와 시골 어디서건 발하(拔河)의 유희가 거행되었다. 발하란 곧 줄다리기인데, 어째서 줄다리기를 발하라고 하는지에 대해서는 구구한 설이 있지만, 하나같이 견강부회의 혐의가 짙어 완전히 수긍할 만한 것은 없다. '발하'라는 말은 당대부터 나타나고 있지만 이 유희 자체는 훨씬 옛날부터 행해지던 것으로, 아마도 태곳적부터 내려온 민간의 습속이었을 것이다. 옛날에는 이를 견구(牽鉤) 또는 시구(施鉤, 타구[拖鉤])라고 부른 듯하며, 한수(漢水) 유역, 특히 양양(襄陽) 주변에서 주로 행해졌던 풍습이라고 전해지고 있지만, 과연 예로부터 그 주변에서만 성행했던 풍습인지는 알 수 없다. 그러나 양(梁)나라 종름(宗懍)의 『형초세시기』(荊楚歲時記)의 기사를 보면, 늦어도 남북조 중기에는 형초, 즉 양양과 한수 지방에서 이 놀이가 행해졌음은 확실해 보인다. 다만 당대에는 민간의 습속으로서 주로 정월 15일, 즉 상원일에 이 놀이를 행하는 것이 상례로, 이는 봉연(封演)의 『봉씨문견기』(封氏聞見記)나 이에 근거한 왕당(王讜)의 『당어림』(唐語林)의 "항상 정월 보름에 이를 한다"는 기록 그대로이다. 하지만 민간신앙에 기초를 둔 종교적 의미를 띤 행사로서의 면모를 탈피해 완전한 유희나 경기로서 궁중 등에서 개최되던 즈음에는 반드시 이 절일에만 줄다리기를 했다고 할 수는 없고, 뒤에 서술하듯이 춘분 이후 10여 일, 정확하게 말하면 동지 이후 105일째 되는 청명절 등에도 종종 했을 것이다.

줄다리기는 단순한 유희나 경기에 불과하다고 생각하기 쉽지만,(사실 오늘날에는 원래 의미를 망각하고 그렇게 생각하는 일이 많이 있겠지만) 실은 이것이 하나의 신사(神事)로서, 다른 많은 겨루기와 마찬가지로 신의 의향을 점치는 예언의 한 형식이었음은 적어도 민속학에 흥미가 있는 사람이라면 이미 익히 알고 있는 바이다. 이 놀이의 경우는 우연히도 주로 한 해 농사의 풍흉에 관한 신의 의중을 묻는 도구로 제공되는 일이 많았을 뿐이다. 오늘날에도 새해 벽두 일본의 각 지역 마을 신사 부근에서 이 행사가 한 해를 점치는 신사(神事)로서 행해지고 있으며 기년제(祈年祭)와 거의 같은 의미를 가진다는 것도 그 좋은 예이다. 중국에서 발하 혹은 견구라는 놀이도 그 이름이 어디서 유래했든 또 그 의미가 어떻게 설명되든 간에, 본래 의미는 역시 신의 뜻을 점치는 의식(儀式)이었다고 보는 편이 맞을 것이다. 이제부터 우리가 살펴볼 당대에는 그 의의가 차츰 왜곡되어 전해지면서 발하놀이가 풍년을 오게 하는 주술 정도로 생각되었는데, 이는 바꿔 말하면 그 전에 이것이 풍흉을 점치는 의식이었다는 추론을 하기에 충분하며, 이 민속이 무엇에 뿌리를 두고 있는지를 언외(言外)로 말해주고도 남는다.(즉 현종이 지은 시 「발하 속희를 보고」〔觀拔河俗戲〕의 서문에 "세속에 전하기를, 이 놀이는 풍년을 가져온다고 한다. 때문에 북군〔北軍〕에 명하여 이 놀이로 풍년을 희구했다"고 한 것이 그 한 예이다. 민간에서는 이 놀이를 공연하면 신을 기쁘게 만들어 그 해의 풍작이 약속된다고 생각했음을 알 수 있는데, 이것이 풍흉의 점에서 한번 전환된 해석임은 거의 의심의 여지가 없어 보인다.)

　어쨌든 당대에 행해진 발하의 모습을 어느 정도 명료하게 전해주는 것으로는, 앞서 인용했던 『봉씨문견기』를 첫째로 꼽을 수 있을 것이다. 이 책의 기사는 위에서 이미 서술한 부분을 앞에 쓰고, 이어서 춘추시대에 초(楚)나라의 장군이 오(吳)나라를 정벌했을 때 이 놀이를 행하여 군대에 전투방법을 가르쳤다는 등의 속해(俗解)를 들었다. 또 양나라 간문제

(簡文帝)가 이 놀이를 금지했지만 효과가 없었다는 내용을 기록하고(간문제가 이를 금지시킨 이유는 알 수 없다), 그 다음에는 본래 주제로 들어가 "옛날에는 멸람(篾纜)*을 사용했지만, 오늘날에는 대신 대마(大麻) 밧줄로 한다. 길이는 40∼50길(丈), 양쪽 머리에 작은 밧줄 수백 가닥을 나누어 묶어서 (이를) 가슴에 걸고, 두 패로 나누어 각각 일제히 끌어당긴다. 큰 밧줄의 가운데쯤에는 커다란 깃발을 세워 경계로 삼고, 소리지르고 악을 쓰며 서로 잡아당긴다. 뒤로 끌어당긴 편이 승자가 되고, 앞으로 끌려나온 편이 패자가 된다. 이를 이름하여 '발하'라 한다"고 했다. 이를 보면 오늘날 학교 운동회에서 보는 것과 거의 같았던 것 같다. 다만 큰 밧줄을 직접 잡아당기는 것이 아니라 마치 일부 지방 어민들이 저인망(底引網)을 끌 때처럼 작은 밧줄을 잡아당김으로써 큰 밧줄을 당기는 형식을 취하고 있다는 차이는 있지만, 이는 일본의 몇몇 지방에서도 볼 수 있는 줄다리기 방식일 것이다. 필자는 이에 관해서는 무지하여 실례를 알지 못하니, 부디 독자 여러분의 가르침을 청한다.

이러한 민간습속은 종종 그 원래의 의의를 벗어나 또 다른 유희나 경기로서 즐겨지기도 하는데, 자신이 해봐서 재미있고 남들이 보기에도 즐거우면 자연히 그렇게 변해가는 게 당연한 일이다. 당대에 유행한 것으로는 중앙아시아 사마르칸트 지방에 연원을 두며, 역시 일종의 농경의례에서 나왔다고 생각되는 '발한'(潑寒, 일명 '걸한'〔乞寒〕)†이란 풍습이 중국에 들어와서는 순수한 구경거리가 되고, 구경할 만한 것이 되어서 '소막차'(蘇莫遮)라는 별명으로 불린 일이 그 좋은 예이다. 발하놀이도 마찬가지 운명을 벗어날 수 없었다. 장안 등지에서는 제왕과 황비 등의 완전한 심심풀이로 제공되었으며, 그에 따라 정해진 날에만 행하는 것도 아니게

---

* 대나무 껍질을 꼬아 만든 줄.

† 본래는 더운 날 옷을 벗고 상대에게 물을 뿌리면서 재앙을 쫓고 풍년을 기원하던 풍습이다. 오늘날에도 동남아시아에서는 여전히 성행하고 있다. 그러나 중앙아시아 일부 지역에서는 추운 날에 이 놀이를 하며 당나라에서도 추운 날 했다.

되면서 본래의 의미는 다분히 잊혀져버린 감이 있다. 그렇지만 화려했던 당대의 영화로운 꿈의 한 장면으로서 흥미로운 사례 몇 가지를 후세에 전하고 있다. "중종 황제께서 일찍이 청명절에 이원(梨園)의 구장(毬場)에 행차하시어 시신(侍臣)에게 발하놀이를 하도록 명하셨다. 당시 일곱 재상과 두 부마는 동쪽 편이 되고, 세 재상과 다섯 장군은 서쪽 편이 되었다. 동쪽 편은 귀인이 많았기 때문에 결국 서쪽 편이 승리하게 되었다. (동쪽 편이) 승복하지 않고 다시 겨루기를 청했다. ……서쪽 편이 마침내 패했다. 위거원(韋巨源)·당휴경(唐休璟)은 연로하여 밧줄을 따라 넘어지더니 한참을 일어나지 못했다. 황제께서 크게 웃으시고, 좌우로 하여금 부축해 일으키도록 하셨다"는 기록은, 이제는 사라진 무평일(武平一)의 『경룡문관기』(景龍文館記)에 기초하여 『봉씨문견기』와 『당어림』에 전해오는 것으로, 아마 궁액(宮掖)에서는 이런 행사가 종종 있었을 것이다. 다행히 남아 있는 『경룡문관기』의 일문(佚文)에 따르면 이는 경룡4년(710)의 일인데, 『당서』 「중종본기」(中宗本紀)를 보면 같은 해에 황제가 황후와 함께 궁성의 북문인 현무문(玄武門)에 행차하여 "궁녀의 발하를 구경하셨다"고 했으므로, 후궁의 여인(麗人)이나 사녀(仕女)를 불러 모아놓고 이 놀이를 시킨 일도 있었던 것 같다. 다만 이 기록은 같은 일이 두 가지로 전해진 것이 아닌가 싶기도 하다. 즉 앞의 여러 책에는 여자들이 참가했던 사실이 빠지고 『당서』에는 재상 등이 참가했던 일이 누락된 것으로 생각되는데, 물론 다른 일일 수도 있다. 이원이 있던 곳이 현무문 밖에 해당하는 금원(禁苑)의 일각이기 때문에 그 현장이 대략 같은 곳을 지칭하는 것으로 생각되어 일단 언급해두는 것이다.

현종도 발하 구경을 특별히 즐긴 것으로 보이는데, 봉연의 『봉씨문견기』(그리고 이에 근거한 『당어림』)에는 "명황(明皇, 현종)께서 종종 누각에 납시어 이 놀이를 베푸셨다"고 했으며, "당기는 자가 1천여 명에 이르러 '영차' 소리가 땅을 흔드니, 바라보던 번객(蕃客)*과 서사(庶士)들, 놀라지 않는 이가 없었다. 진사인 하동(河東)의 설승(薛勝)이 「발하의 부」(拔河 賦)를 지었는데, 그 가사가 매우 아름다워 당시 사람들이 앞다투어 이를 전했다"고 언젠가의 실황을 전하고 있다. 여기에는 단순히 "누각에 납시 어"라고만 써 있지만, 현종의 일이기 때문에 아마도 흥경궁(興慶宮) 안의 화악루(花萼樓)나 근정루(勤政樓)였을 것이다. 황제가 호화로운 행사를 열어 조정의 신하들에게 성대한 연회를 내리거나, 장안의 시민에게 즐거 움을 나눠주던 일은 대개 이들 누각 아래에서 행해지는 경우가 많았기 때문이다. 설승이 지은 이 「발하의 부」는 다행히 오늘날도 전해지고 있 지만,† 의외로 내용이 허술하고 부(賦)의 공통적 특징인 형용에만 치우 친 감이 없지 않다. 아무튼 표현이 상당히 어려워 필자로서는 잘 이해되 지 않는 부분이 제법 있기 때문에 경솔하게 언급해서는 안되겠지만, "당 기는 자가 1천여 명에 이르러 '영차' 소리가 땅을 흔드니, 바라보던 번객 과 서사들, 놀라지 않는 이가 없었다"는 장관을 방불케 하는 박력은 없다 고 생각된다. 그래도 자구를 따라가 보면, 길이 1천 자의 거대한 줄을 동 서로 나누어 당기는 내용을 묘사하여, "파를 가르고 맥을 나누어, 사람의 가슴에 걸고 각각 당겨서" 운운한 것으로 보건대, 앞에 서술했듯이 큰 줄 에 작은 줄을 얽어서 간접적으로 당기는 모습을 나타낸 게 틀림없을 것 이다. 큰 깃발을 한가운데 세워 승부의 경계점을 표시했다는 것도 『봉씨 문견기』 등의 기사와 같다. 그 중에서 "용사들 모두 줄을 잡아드니, 함성 이 진동하는구나. 우두머리는 떨어져 서서 팔뚝으로 지휘한다"는 구절도 당기는 자와 이를 지휘·독려하는 자의 모습을 연상시킨다. 이윽고 구슬 같은 땀이 손에 흥건할 정도로 흘러나온다거나 얼굴이 "벌게지고 몸은 나무옹두리처럼" 된다는 표현으로 장사의 역투(力鬪)를 묘사하고 있다.

---

* 외국의 번객.

† 『문원영화』(文苑英華) 권81에 수록되어 있다.

그러면서 동서 모두 서로 양보하지 않고 "줄이 갈라져 (꽈당 하고) 넘어지려 하면서도 여전히 엎드리며 끌려가지 않으려 한다. 대부(大夫) 이상은 눈이 휘둥그레져 먹을 것도 잊고, 장군(將軍) 이하는 호랑이처럼 포효하여 우레를 이루니, 천 사람이 손뼉치고 만 사람이 껄껄 웃어대는" 모습을 서술하고, 마지막에는 "참으로 대국의 장관이로다"라고 끝맺고 있다.(참고로 이 대부와 장군은 구경꾼 속의 인물일 것이다.)

줄다리기 이야기는 이 정도로 하고, 줄 이야기가 나온 김에 줄타기에 대해서도 말해보겠다.

승기(繩伎)─줄타기

❀ 한나라 때 서역 및 인도 방면과의 교통이 열린 이래 그들 지역에서 또는 그들 지역을 통해, 더 나아가 서방의 이집트 방면에서 온갖 종류의 기술(奇術)이나 곡예가 중국으로 건너왔다는 것은 동양사에서 잘 알려진 이야기이다. 물론 중국에서 예로부터 독자적으로 발달해온 요술과 곡예도 있고 애크러배틱한 기예도 적지 않았겠지만, 서방의 이 머나먼 이국에서 전해진 각종 환술(幻術)과 기기(奇技)가 특히 환영받고 비상한 주의를 끈 것은 틀림없는 일이다. 이런 것을 공연하는 자 중에는 본국에서 온 사람도 많았겠지만, 중국인으로서 그것을 익히고 전수받아 스스로 숙련되게 익혀서 생업으로 삼은 이도 적지 않았을 것이다. 이런 기예는 한대에 이미 동·서 두 서울에서 상당히 유행했으며, 위진과 육조를 통해 점차 성행하더니 수당에 이르러 정점에 달했던 듯하다. 그 내용은 후한 장형(張衡)의 「서경부」(西京賦) 등에서 대략 살펴볼 수 있으며, 당시의 화상석(畵像石) 등에도 솜씨 좋게 그려져 있어서 그 모습을 눈앞에 떠올리게 만든다. 당대에 들어서도 탄도(呑刀)·토화(吐火)·도환(跳丸)·무검

(舞劍)·식과(植瓜)·종조(種棗)(마지막 두 가지는 방금 뿌린 씨앗에서 곧바로 싹이 나오고 줄기가 뻗고 홀연 꽃이 피고 열매가 맺게 하는 기술[奇術]) 같은 종류나, 옛날에는 도로심장(都盧尋橦)이라 불리고 이후에는 연간(緣竿)·험간(險竿)·장간(長竿) 등으로 불린 사다리타기 같은 곡예 등이 계층에 관계없이 갈채를 받으며 대도시의 시장이나 여러 사관(寺觀)의 경내 가까이 있던 놀이마당 등에서 인기를 누렸다. 이런 곡예 부류에 속하는 것으로 승기(繩伎)라고 불리는 줄타기 기예가 있다. 이는 한대에 주삭(走索)으로도 일컬어지던 기예로, 외래의 것인지 여부는 알 수 없지만, 평판이 자자한 것의 하나로 손꼽혔던 것만큼은 확실하다. 줄타기라고 하면 간단한 것 같지만 실은 매우 손이 많이 가는 것이었다. 아래에 있는 상대의 음악소리에 맞추어, 화려하게 단장한 미인이 양쪽에서 나타나 굽 높은 나막신을 신고 줄 위를 서서히 걷거나 빨리 달린다. 그러다 두 사람이 서로 만나면 절묘하게 몸을 교차시켜 지나가면서 떨어질 듯 떨어지지 않으며 위태롭게 몸을 보존하는 모습을 보여 사람들로 하여금 손에 땀을 쥐게 만든다. 이 외에 오늘날 만주에서 보는 이른바 고각무용(高脚舞踊)인 죽마(竹馬) 무용의 예인이 다리에 차는 것 같은 긴 막대를 정강이에 묶고 줄을 타는 것도 있으며, 심지어는 줄 위를 위태롭게 걷고 있는 사람의 어깨 위에 서거나 그 위에 또다시 올라타 낚시줄에 한 줄로 꿰인 것처럼 하는 한편 앞뒤로 왔다갔다 하면서 묘기를 부리는 자도 있었으니, 같은 줄타기라고는 해도 상당히 변화무쌍한 모습이었다. 아마 당시 사람들도 스릴을 맛보는 데 상당한 흥미가 있었던 모양이다.

예의 『봉씨문견기』는 이 줄타기에 대해서도 아주 훌륭한 기록을 전하고 있는데, 대체로는 앞에서 언급했던 것으로도 충분할 것이다. 그러나 한문의 맛도 볼 겸해서, 번거로움을 무릅쓰고 직역해두고자 한다. 이는 현종 때의 어떤 실제 공연을 보고 쓴 목격담으로도 보인다.

줄타기. 『신서무악도』(信西舞樂圖)에서

명황 개원24년(736) 8월 5일, 누각에 납시어 줄타기를 공연하도록 하셨다. 재주꾼이 먼저 긴 줄을 당겨서 양끝을 땅에 닿게 하고, 녹로(鹿盧, 도르래)를 묻어서 이것에 연결시켰다. 녹로의 안쪽 몇 길쯤 되는 곳에 기둥을 세워서 그로써 (푼 줄을) 일으키니, 줄이 곧기가 현(絃)과 같았다. 그런 뒤에 여자 재주꾼이 줄 끝에서 발을 차고 오르더니, 왕래가 재빨라 바라보면 날아다니는 선인과 같았다. 중간에서 서로 만나 몸을 비틀며 지나가는 자도 있고, 나막신을 끌고 가면서 조용히 몸을 굽혔다 펴는 자가 있으며, 혹은 화간(畵竿)을 정강이에 붙였는데 (장대의) 높이가 6척에 이르는 것도 있으며, 혹은 어깨를 딛고 머리를 밟아 삼중·사중에 이르고 그런 다음 몸을 뒤집어 곧바로 줄 반대편에 이르는 자도 있었다. 그런데도 오고감에 차질 하나 없이 모두 엄고(嚴鼓)의 절주에 부응하니, 참으로 기관(奇觀)이었다.

그리고 이어서

위사(衛士) 호가은(胡嘉隱)이 「승기부」(繩伎賦)를 지어 바쳤는데, 가사가 매우 활달하고 유창했다. 황제께서 이를 보시고 크게 기뻐하시어, 그를 발탁해 금오위(金吾衛)의 창조참군(倉曹參軍)에 제수하셨다.

고 하고 나서, "병구(兵寇, 안녹산과 사사명의 난)가 나라를 뒤흔들어 영관(伶官)들이 흩어진 뒤부터, 외방에 비로소 이 기예가 있게 되어 군(軍)·주(州)의 연회 때 간혹 그것을 행하곤 했다"고 덧붙였다.

호가은이 바쳤다는 이 부(賦)는 오늘날에도 전해지는데, 잠깐 번역해 보면 아래와 같다. 이 역시 직역만으로는 겨우 의미가 통하는 정도지만 그 이상은 필자로서도 어려운 것이 사실이므로 글을 잘하는 분에게 가르침을 받고 싶은 것이 솔직한 심정이다. 직역하면 다음과 같다.

단단한 동아줄이 이미 올려지자 이륜(彝倫)*이 펼쳐질 차례네. 아득하기가 마치 오르기 어려운 천험(天險)인 듯, 순식간에 발을 허공에 들여놓았다 다시 떨어트리며, 올 때는 짝이 있더니 갈 때는 동료가 없구나. 공중에 예쁜 발 내딛으니 높게 빗어 올린 머리를 바라보고, 햇살 아래 바람이 부니 선명히 나부끼는 비단자락 보이는구나. 발 모양은 재빠르고 얼굴 생김은 공손하여, 새가 이에 발돋움하고 구름은 서로 따르는구나. 빛나는 붉은 누대는 화악루에 비칠 듯, 찬란한 큰 장막은 부용꽃이 피어난 듯. 긴 장대 옆으로 들고 뒷걸음질치기도 하고, 계란을 쌓듯 서로 겹치기도 하니, 회인(繢人)†도 그 그림자를 엿보지 못하고, 모사(謀士)도 그 발자취를 알아차리지 못하네. 이미 아각(阿閣)#의 춤추는 봉황과 같으며, 또한 천천지(天泉池)☆의 도약하는 용과 같도다. 배회하며

* 원래는 도리, 규범 등의 의미이지만 여기서는 줄 타는 재주를 뜻하는 듯하다.
† 회화의 일을 담당하는 관리.
# 사면에 처마가 있는 누각.
☆ 홍경궁 안에 있던 연못.

반복하니, 번갈아 보이는 모습이 눈을 빼앗는구나.

한편 승기를 실제로 본 사람이 지은 시부는 적지 않은데, 그다지 중복되지 않는 것으로 다시 한두 편을 소개하겠다. 초당의 저명한 법률가이자 또 유명한 『한원』(翰苑)의 편자로서 관련 분야의 사람들에게 잘 알려져 있는 장초금(張楚金)의 「누대 아래에서 승기를 보고 쓴 부」(樓下觀繩伎賦)라는 작품이 있다. 앞부분은 생략하고 줄타기의 실제 모습을 읊은 부분만 발췌하면

액정(掖庭)*의 미녀 화목하게 즐거워하는데, 미인의 몸은 가볍고 유연하네. 이 시대 가장 훌륭한 비단 의상과 진주 비취로 치장하고, 구슬자리와 비단깔개를 깔았네. 채색된 줄은 횡으로 100척에 이르며, 높이는 몇 길에 걸렸는데, 아래는 굽어 갈고리 같고, 가운데는 평평해 손바닥 같아라. 처음에는 조심스레 비스듬히 나아가더니, 마침내는 너울너울 춤추며 곧바로 오르는구나. 혹은 서서히 혹은 빠르게, 금방 밑을 보다가 또 금방 위를 쳐다보네. 가까이 살펴보면 봄 숲이 빛을 머금었다 양파(陽葩)를 토하는 듯, 멀리서 바라보면 맑은 하늘에 석양질 때 안개가 흩날리는 듯. 그 신묘함에 이르니 얌전하게 서로 만나고, 빙글 돌며 뒷걸음질치는구나. 두 나무에 기대어 다시 거두니, 아이 둘이 있어서 함께 질주하네. 돌아옴이 일정치 않고 뛰어오름이 무수하니, 깜짝 놀라 떨어질까 의심하지만 금방 안정 찾아 그대로 줄 위에 있구나. 그 몸을 후한 봉록에 보전하는 것도, 임금의 은총이 한번 돌아보심을 믿을 뿐이라네.

* 궁녀가 있는 궁전.

라고 했다. 알 듯 모를 듯 까다롭긴 하지만, 이런 점이 부(賦)라는 장르의 장점인지도 모르겠다.

끝으로 유언사(劉言史)의 시 「승기를 보고」(觀繩伎)를 하나 소개하고 이 절을 끝내려 한다.

…… 은빛 무늬 파란 머리끈으로 구름 같은 머리 묶었는데, 높이 친 비단장막엔 향내 더욱 진하구나. 어깨 딛고 이어서기를 삼 사 층, 나막신 신고 뒷걸음질해도 여 전히 절도에 맞구나. 양쪽에서 농환(弄 丸)과 농검(弄劍)을 하며 점점 가까이 다가

농검(弄劍)

오다, 몸 기울여 발 바꾸기도 어찌 그리 날렵 한지! 별안간 떨어지려다 금방 수습하니, 만인(萬人)의 몸에는 소름이 돋는구나. 위태롭고 어려운 자세 없는 것이 없으니, 가는 허리를 뒤로 젖혀 수양버들을 흉내내네. 내려서니 하나하나 부용(芙蓉)의 자태, 엷 은 화장에 화전(花鈿)도 드무니 모습이 더욱 기묘하네.……

"가는 허리를 뒤로 젖혀 수양버들을 흉내"내는 것은 일본의 경우 기도반 (木戶番)*이 막을 1촌(寸) 정도 올리고서 묘연(妙演)의 클라이맥스를 잠 깐 보이면서 끝날 것처럼 절규하는 장면이다.

여기서 이 절을 마치려 하는데, 다만 한 가지 단언해두고 싶은 것이 있 다. 승기라고 하면 보통은 여기에 서술되어 있는 것과 같은 줄타기를 가 리키지만, 때로는 예외적으로 약간 다른 것을 지칭하는 일도 있다는 점

---

* 에도 시대 가부키 극장에서 새로운 작품이 공연되기 전 중요한 대목을 읽거나 연출하여 손님을 모으 는 사람.

이다. 이 다른 의미의 승기는 일종의 기술(奇術)로서, 책에서는 실제 이를 공연했던 것처럼 전하고 있지만, 실은 완전히 지어낸 이야기로서 전혀 근거가 없는 것일 수도 있다. 어쨌든 그 내용은 이렇다. 공연자가 긴 줄 하나를 공중에 높이 던지면, 그 줄이 마치 철근이라도 들어간 듯 꼿꼿해져서 아득히 하늘을 가리키며 곧추선다. 밧줄을 풀수록 더 멀리 높이 뻗어나가 그 끝이 구름 속으로 들어가 시계에서 사라져버리면, 공연자는 허공에 의지해 살아 있는 듯한 이 줄을 타고 마치 기둥을 오르듯 쉽사리 올라간다고 한다. 개중에는 나는 새처럼 재빠르게 뛰어올랐다는 이야기도 있다. 결국에는 대체로 그 사람의 행방이 묘연해졌다거나, 나중에 다른 사람이 뒤따라갔다가 그 그림자를 잃어버렸다는 식이다. 그리고 조금 있다가 앞서 올라갔던 사람의 몸이 몸통과 머리와 사지가 뿔뿔이 분리되어 공중에서 떨어진다. 나중에 따라갔던 사람이 지상에 내려와서 주문 따위를 읊조리면 이것이 상처나 흔적 하나 없이 홀연 완전한 사람이 되었다는 이야기이다. 이 환술은 중세부터 근세에 걸쳐 서양이나 서아시아 여러 나라 사람들이 쓴 동양 기담(奇譚)을 뜨겁게 달군 유명한 것으로, 하나같이 목격담이라거나 목격담을 확실히 전해들은 것이라고 하지만, 괴이하기 짝이 없는 내용이 많아서 과연 실연해 보인 예인이 있었는지는 적이 의심스럽다.

이 환술은 인도의 카슈미르 주변이 본원지라고 하지만, 이를 찾아 그 지방에 가보면 실은 저 마을이 본원지라는 식이어서, 무사시노(武藏野)의 달아나는 물*과 같아 결국은 정체가 없는 것이라는 설도 있다. 이븐 바투타† 같은 사람은 이를 항주(杭州)에서 보았다고 자신의 여행기에 쓰고 있어서 여러 가지로 문제가 되며, 마르코 폴로의 『동방견문록』의 역주

---

* 모래땅이나 포장도로에서 앞에 물이 있는 것처럼 보이지만 가까이 가면 다시 멀어지는 현상. 빛의 이상굴절에 의한 것으로 무사시노의 명물이었다.
† Ibn Batutah. 1304~1368. 모로코 출신의 세계적인 여행가, 탐험가. 그의 『이븐 바투타 여행기』가 국내에 번역되어 있다.

자로 유명한 헨리 율과 앙리 코르디에에 의해 상세히 소개되기도 했다. 확실히 10년쯤 전에 어떤 영국인이(지금은 그 책을 남에게 빌려주어서 그 이름이 얼른 떠오르지 않지만) 『로프 마술의 미스터리』라는 제목의 전문서를 저술해 부정적인 주장을 크게 제창했었다. 이 책은 자칭 목격자들의 이야기를 열성적으로 수집해 잘 비판하고 있는데, 이것은 결국 가공의 이야기이며 하늘까지 무한히 펼쳐진 이 로프는 마치 「재크와 콩나무」의 콩나무와 같은 것으로, 이런 종류의 이야기는 설화학 영역에서 다루어야 한다는 내용이었던 것 같다. 지금은 유감스럽게도 가까이에 책이 없어 명확히 쓸 수 없지만, 만약 잘못된 기억이 있다면 나중에 고치기로 하고 독자들의 너그러운 양해를 바란다.

그런데 이 두 번째 의미의 승기, 곧 마법이나 환술 속에 들어가야 할 승기에 대해서도 당대의 전승이 분명히 존재한다. 그것은 황보(皇甫) 아무개의 『원화기』(原化記)에 수록된 「가흥의 승기」라는 이야기이다. 개원 연간(713~741)에 가흥(嘉興)현 감옥의 죄수 가운데 이 기예를 잘하는 자가 있었는데, 현에서 열린 연회의 여흥에 감옥에서도 예능인을 한 사람 내세우게 하자 그를 출연시켰던바, 줄 끝에서 공중으로 사라져 도망쳐버렸다는 줄거리이다. 이 이야기에는 비록 사람의 사지를 다시 결합시키는 환술에 대한 언급은 없지만, 환술로서의 승기에 관한 이야기가 당대에 이미 존재하고 있었음은 분명하다. 단 사지가 뿔뿔이 해체되는 이 '지해'(支解)*는 줄을 타는 것과 관계없이 별도로 갖가지 형태로 전해지고 있었던 것도 사실이다. 그러나 지금은 이에 대해서는 다루지 않고, 다음으로 옛날의 레뷰(revue)† 또는 매스 게임이라고 해도 좋을 것에 대해 이야기해보겠다.

---

* 본래는 거열(車裂)과 같은 고대의 형벌명칭이다. 하지만 당대에는 조진검(祖珍儉)의 요술(妖術)에 대한 『조야첨재』 권3의 언급, 즉 "조진검의 지해를 보면 다섯 단계인데 물항아리 속이 온통 피였다" 에서 보듯이 환술의 일종으로 나타난다.
† 노래, 춤, 묘기 등 각종 볼거리를 다채롭게 구성한 풍자적 희극. 19세기 중반 파리의 몽환극에서 유래.

자무(字舞)

❀ 당대는 무용의 최고 전성기로 다양한 종류의 춤이 행해지고 있었으며, 춤의 명수에 대한 일화도 여러 가지가 전해지고 있다. 하지만 그 정수라고 할 만한 것은 국가의 대전(大典)이나 천자의 향연 등이 있을 때 궁정에서 행해졌던 대규모의 춤으로, 모두 성대한 음악이 수반되는 것이었다. 무용수는 또한 대부분 화려하게 차리고 단장을 한 내교방(內敎坊)의 미녀가 아니면 외모가 수려한 이원(梨園)의 소년이었으므로, 당시의 무용에 관한 기록을 읽고 반주음악의 선율과 해조(諧調)를 떠올리다 보면 현란하게 눈길을 빼앗는 아름다운 모습이 절로 눈앞에 펼쳐진다. 그 가운데 특히 흥취가 있는 것으로서 자무(字舞)라는 무용과 그 일종인 화무(花舞)에 대해 기록을 조금 살펴보고자 한다. 지금부터 1,200년 전에 이미 다음과 같은 무악(舞樂)이 행해지고 있었다는 것은 현대인들에게도 적잖이 흥미롭게 여겨질 일이라 믿는다.

그러면 자무 또는 화무란 어떤 춤일까? 첫째, 여러 사람이 함께 추는 군무(群舞)이다. 당대에 성행한 무용 중에는 물론 한 명이 혼자서 추는 것도 있고 두세 명 내지 다섯 명 또는 일곱 명이 늘어서서 추는 것도 있었지만, 수많은 무공(舞工)이 대오를 지어 흩어졌다 모였다 하면서, 생(笙)·고(鼓)·필율(篳篥)·비파(琵琶)·공후(箜篌)·방향(方響)·박판(拍板) 등이 어우러진 오케스트라에 맞추어 일사불란하게 춤추고 뛰는 레뷰와 같은 것도 있었다. 자무·화무 같은 것은 그 하나로서, 오늘날의 레뷰에 상응하는 것임에 틀림없다. 여기서 집단으로 춤춘다는 것이 어느 정도의 숫자를 의미하는지 좀더 상세히 말하자면, 적게는 64명, 많게는 120명, 180명인 경우도 있었으며, 심지어 가장 많을 때는 수백 명이 추는 경우도 있었다. '수백 명'이라는 표현이 좀 막연하긴 하지만, 그 말은 이삼백 명 정도 된다고 보면 틀림없을 것이다.

한번 그 실례를 열거해본다면, 수대(隋代)의 문무(文舞)를 계승한 '치강'(治康)과 무무(武舞)를 인습한 '개안'(凱安) 등은 여덟 명씩 여덟 줄, 총 64명이 추는 춤으로서, 옛날의 이른바 팔일무(八佾舞)와 무공의 수가 같다. 전자는 나중에 '공성경선악'(功成慶善樂, 줄여서 '경선악'[慶善樂] 또는 '구공무'[九功舞]라고도 함)으로 개칭되었으며, 후자는 '진왕파진악'(秦王破陣樂, 줄여서 '파진악'[破陣樂])으로 개명되었다가 다시금 '칠덕무'(七德舞)로 개정되어 당대 내내 국가의 대전이 있을 때면 늘 연출되었다. 이 춤들은 남자들만으로 추었던 것으로 보이지만, 그래도 경선악 같은 것은 64명 모두 아동으로만 연출했다고 하니 문무(文舞)라는 이름에 부끄럽지 않은 자못 우아하고 아름다운 춤이었으리라 생각된다. 칠덕무는 파진악 이래로 무공의 수가 120명으로 늘기는 했지만, 지극히 용장(勇壯)하고 박력 있는 공연이었기 때문에 창을 잡고 방패를 든 전사로 분장하는 것은 성인남자로 충당했을 것이다. 이를 살펴보는 것은 별로 어렵지 않다.(『구당서』「음악지」,『신당서』「예악지」,『당회요』권33 참조)

다음으로 '안악'(安樂)이라는 것이 있다. 이는 후주(後周)가 북제(北齊)를 평정했을 때 만든 무곡(舞曲)으로 제작 당시에는 '성무'(城舞)*라고 일컬어졌던 것인데,『통전』(권146)에 따르면 춤추는 이가 80명이라고 한다.(그 춤의 모양새를 여기 기록할 필요는 없겠지만 서문에서 그 내용을 조금 발췌해보면, "나무를 깎아 가면을 만들어서[개주둥이에 짐승귀를 단 모양], 금으로 장식하고 실을 늘어뜨려 머리카락을 만들었으며, 그림이 그려진 윗옷에 가죽모자를 쓰고 춤을 추는 모습은 또한 강호[羌胡]의 모양을 하고 있었다"고 했으니 티베트족에 속하는 강[羌]족의 모습을 표현한 다소 소박하고 단순한 것이었다고 생각된다.)

또 고종이 제작한 '상원악'(上元樂)이 있다. 이는 "춤추는 사람 180명†

---

* 춤의 행렬이 방정하여 성곽을 상징했기 때문에 붙은 이름이다.

† 중화서국본『통전』을 보면 80명인데 판본의 차이가 아니라면 저자의 착오인 듯하다.

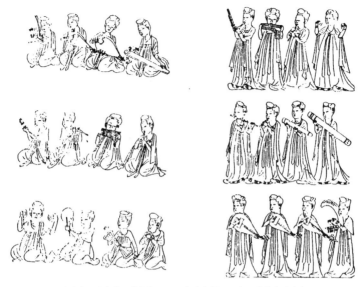

당대의 궁정악대는 좌부기(坐部伎)와 입부기(立部伎)로 나뉘어 있었다.

이 구름무늬의 다섯 색깔 옷을 입음으로써 원기(元氣)를 상징했다"고 하는 것인데, 상당히 대규모로서 앞에 서술했던 수백 명으로 구성된 무용대(舞踊隊)의 활약을 입증한다. 그 가운데 '탄백년무'(歎百年舞)라는 것이 있는데, 이는 임시로 편곡된 춤으로서 오랫동안 지속적으로 행해진 것은 아니지만 그 짜임새가 어떠했는지를 살펴보기에는 충분하다. 당나라 말기 의종(懿宗)의 장녀 동창(同昌)공주가 있었다. 곽숙비(郭淑妃)의 소생으로서 처음에는 문의(文懿)공주라 불렸던 그녀는 위보형(韋保衡)이라는 자와 강혼(降婚)을 했는데 함통(咸通)10년(869)에 숨졌다. 황제와 황비가 매우 총애하던 딸이라 탈상 뒤에도 계속 생각이 나서 두 사람은 자주 탄식하며 비통해했다. 그때 이가급(李可及)이라는 성악의 명수가 황제와 황비의 심정을 헤아려 '탄백년무'라는 무곡(舞曲)을 새로 지어 헌상했다. 『구당서』(권177)「조확전」(曹確傳)에 따르면 "화려하게 장식한 무용수가 수백 명이었으며, 물고기와 용을 그린 지의(地衣, 땅에 까는

천)로는 관용(官用) 명주 5천 필을 사용했다. 곡조가 끝나고 음악이 그치면 구슬이 땅을 뒤덮었다"고 하는 무척 성대한 것이었는데, 망자를 애도하고 추모하는 슬픈 곡이었기 때문에 화려한 가운데에도 당연히 구슬픈 곡조가 감돌았을 것이며, "가사가 처량하고 측은해 듣는 이는 모두 눈물을 흘렸다"고 한다.(여기서 '물고기와 용을 그린 지의'는 아마도 물고기와 용 문양을 직조했다는 의미일 것이다. 같은 기사가 실려 있는 『신당서』 「조확전」〔권181〕에는 각화〔刻畫〕했다고 되어 있는데, 조금 후세의 용법이긴 하지만 각사〔刻絲〕라는 말도 있는 점을 고려하면 각화는 문양을 직조해냈다는 의미로 해석된다.)

끝으로 이보다는 조금 앞선 선종(宣宗) 시대에 행해졌다는 '파황유'(播皇猷)와 '총령서'(葱領西) 또는 '예상곡'(霓裳曲) 같은 곡들도 수백 명이 추었던 춤의 예로서 참고 삼아 들어둔다. 『당어림』(현행본 권7)에 따르면, "예전부터 2~3년마다 봄이 되면 천자께서 내전(內殿)에서 관리들에게 연회를 베푸는 것이 상례였는데, 재보(宰輔) 및 백관들이 태상시(太常寺, 음악을 관장하는 관청)의 여러 음악을 갖추어놓고, 어룡만연(魚龍曼衍) 놀이(한대부터 행해진, 짐승으로 분장한 사람이 물에 들어가 물고기가 되거나 용이 되는 구경거리)를 했다. 사흘 동안 행하며, (매일) 저녁이 되어야 파했다. 선종은 음률에 절묘하시어 연회를 베풀 적마다 먼저 반드시 신곡을 지어 궁비(宮婢)에게 익히게 하고, 해가 뜨면 수백 명으로 하여금 비단옷과 구슬장식으로 꾸미게 하여 행렬을 나누고 대오를 벌려 소매를 나란히 하고 서서 노래하게 했다. 그 소리는 처량하고 애절하여 거의 인간세상의 음악이 아닌 듯했다. 또 '파황유'라는 곡이 있는데, 대체로 높은 관(冠)과 각진 신발, 품이 넉넉한 옷과 폭이 넓은 띠를 갖추어 입고, 종종걸음으로 달려가고 고개를 숙였다 들었다 하는 것이 모두 규범에 들어맞았다. '총령서'라는 곡은 사녀들이 답가(踏歌)를 하며 대오를 이루는데, 그 가사는 대략 총령의 (지방에서 이주한) 사(士)가 하황(河湟) 지역(감숙

〔甘肅〕의 서부, 황하의 서부 지역)을 좋아해 고국에 돌아갔다가 다시 당나라 백성이 된다는 내용이다. '예상곡'이라는 것이 있는데, 대체로 모두들 번절(幡節, 지휘용 기〔旗〕)을 쥐고 신선의 복장을 하여, 훨훨 나는 듯한 상운비학(翔雲飛鶴)의 기세가 있다. 이와 같은 것이 수십 곡이었다'라고 했다. 어쨌거나 수백 명의 무녀가 나란히 춤추는 무악(舞樂)이 있었다는 것은 확실하다.

조금 머리말이 길어졌지만, 이런 예들에서 당시에 많은 사람이 춤추는 대대적인 레뷰 같은 것이 드물지 않았음을 알 수 있었을 것이다. 이제 본래의 주제인 차무(字舞)가 어떤 것인지 말하자면, 이러한 다수의 무용수가 추는 춤의 하나로서 반주에 맞추어 리드미컬한 이합집산을 연출하면서 이른바 '사람 문자'를 만드는 무용이다. 그리고 화무는 '화'(花)자를 사람 문자로 나타내는 춤을 특별히 지칭한 것에 다름 아니다. 그렇기 때문에 보통 자무 안에는 그것이 만들어내는 사람 문자의 자양(字樣)에 따라 여러 가지 이름이 있었을 것이며, 만들어낸 문자의 순서에 따라 '무슨무슨 무(舞)'라고 이름 붙였다는 것을 이제부터 드는 실례에서 잘 보여준다고 생각한다. 자무와 화무에 대해 이렇게 이야기하는 데는 근거가 있다. 즉 단안절의 『악부잡록』에 "자무란 무인(舞人)이 몸을 땅에 붙이고 배치하여 글자를 이루는 것이다. 화무란 녹의(綠衣)를 입고 몸을 엎드려 화(花)자를 함께 이루는 것이다"라고 했다. 또 시기적으로 가장 가까운 실례는 측천황후가 만든 '성수무'(聖壽舞)라는 것이 있는데, "140명을 쓴다. 금동 관(冠)과 오색 화의(畫衣)를 입고 춤추면, 행렬은 반드시 글자를 이루는데 총 열여섯 번 변하고 마친다. 성(聖)·초(超)·천(千)·고(古), 도(道)·태(泰)·백(百)·왕(王), 황(皇)·제(帝)·만(萬)·년(年), 보(寶)·조(祚)·미(彌)·창(昌)의 글자가 있다"(『통전』 권146)고 했듯이, 당나라 황실의 융성과 번창을 축원하는 이 열여섯 글자를 한 자씩 모여서 만들고 흩어져 풀며, 다시 서로 모여서 그려내는 식으로 반복하여 그 곡을 마쳤던 것으로 보인다. 이 춤들을 글자모양에 근거하여 '성초천고무'(聖超千古舞) 또는 '보조미창악'(寶祚彌昌樂) 등으로 불러도 무방할 듯한데, 그런 의미에서 '태평만세무'(太平萬歲舞)라고 명명해야 할 것도 있었다. 중당의 시인 왕건(王建)의 유명한 궁사(宮詞) 100수 중에

> 겹겹이 입은 비단적삼에 자수무늬는 겹쳤는데
> 매 단락 춤출 때마다 두 대오로 나뉘네
> 금색 봉황과 은색 거위가 각기 한 무리 이루더니
> 가운데 '태평만세' 네 글자가 있구나

라는 칠언절구가 있다. 이는 춤을 출 때마다 두 대오로 나뉘었다가 가운데로 모여서는 태·평·만·세 네 글자를 만들었다는 뜻으로 보인다. 하지만 실제로는 '천하태평, 황제만세'(天下太平, 皇帝萬歲)라는 여덟 글자 정도를 만들었는데, 자수에 제한이 있는 시(詩)이기에 그 가운데 네 글자만 취해 이를 대표하게 한 것인지도 모른다. 네 글자만 써서는 한 곡의 플롯으로서 다소 지나치게 단순하다고 생각되기 때문이다. 또 송나라의 악사(樂史)가 찬(撰)했다는 『자지보』(柘枝譜, 이는 당송시대에 특히 사랑받았던 자지무[柘枝舞]라는, 중앙아시아의 유명한 마을 타슈켄트가 본거지인 무용을 차용한 것으로서, 이 춤에 대해서는 별도의 절을 만들어 서술할 생각이다)에서 이 자무를 설명하면서 "몸을 땅에 붙여 글자를 만드는데, '천하태평' 같은 글자가 바로 그것이다"라고 주를 단 것을 보면, 천하태평이라는 사람 문자를 만들어냈던 무용도 있었던 것으로 추측된다.(특히 이 책의 경우 이것만 보면 역시 네 글자밖에 묘사하지 않기 때문에 같은 경우가 되어버리지만, 황제만년[皇帝萬年] 또는 성수무궁[聖壽無窮]이라는 글자도 표현됐는데 이것을 쓰면서 빠트렸거나 어쩌면 일부러 생략한 것이라고 생각해볼

필요도 있을 것이다. 그러나 이것은 내 나름의 억측일 뿐, 경솔하게 단정짓는 일은 금물이다. 조금 시대는 처지지만 원나라 때 양윤부〔楊允孚〕가 오늘날 몽골의 도른노르 부근에 있었던 상도〔上都〕*의 잡사(雜事)를 읊은 자신의 시에 붙인 주에 따르면, 천자가 밖에서 궁성 안으로 들어올 때 "모든 관리는 어천문〔御天門〕에 이르러 함께 말에서 내려 걸어가지만, 홀로 지존은 말을 타고 곧바로 들어오신다. 앞에 교방의 무녀가 있어서 인도하며 또한 노래하고 춤추는데 '천하태평'의 글자모양을 춤추며 나아가 옥계〔玉階〕에 이르러 그친다"고 했듯이, '천하태평' 네 글자만을 춤추면서 만들어낸 실례가 있기 때문에 지금 확정적인 판정을 내리는 것은 삼가지 않으면 안된다.)

자무 역시 여럿이 추는 군무곡 가운데 눈부신 것이었기 때문에 당시 특히 중국 상류층의 애호를 받았을 것으로 보인다. 이런 환영을 받으리라 예상했는지는 별도로 하고, 궁정의 기호에 영합해 외국의 군주가 자무의 안무나 작곡을 시도해 중국의 천자에게 헌상했다는 기록은 가무음곡의 역사에서 하나의 에피소드로서 주목할 만하다. 『신당서』·『구당서』의 「남만전」(南蠻傳)이나 『신당서』「예악지」(禮樂志), 『후당서』「음악지」(音樂志), 아울러 『당회요』(唐薈要) 등의 기록을 종합해보면, 중당 덕종(德宗)의 정원(貞元)16년(800) 정월, 남조국(南詔國)의 왕 이모심(異牟尋)이 '봉성악'(奉聖樂)이라는 무악을 헌상한 일이 있는데, 이는 어엿한 자무였다. 남조국은 오늘날 운남성의 산지에 근거를 둔 티베트-버마 민족이 세운 나라로서 당나라의 문물을 왕성히 수입·섭취하여 당시 크게 흥성했던 서남 변경의 독립국인데, 사천(四川)에 주둔하여 그 나라의 동정을 감찰하던 압운남팔국사(押雲南八國使)라는 직함의 당나라 지방관 위고(韋皐)를 통해 국왕이 직접 편찬한 신곡을 진헌한 것이다. 덕종은 이를 장안 대명궁(大明宮)의 인덕전(麟德殿)에서 공연하게 하고 친히 열람

---

* 원나라의 여름 수도. 원나라는 상도와 오늘날 베이징에 해당하는 대도(大都), 두 수도를 두었다. 상도는 내몽골 초원의 개평부에 만든 인공도시.

했는데, 무용수가 겨우 16명으로 한 대오에 네 사람씩 네 줄로 나란히 늘어서서 추는 춤이었기 때문에 그다지 화려했을 것 같지는 않지만, 각각 우적(羽翟)을 손에 쥐고 '남(南)·조(詔)·봉(奉)·성(聖)·악(樂)' 다섯 글자를 그려냈다. 한 글자를 만들 때마다 한바탕 노래가 사이에 끼여 있었는데, 남(南)자에는 '성주무위화'(聖主無爲化, 성군이 펴는 무위〔無爲〕의 교화)라는 가사를 부르고, 조(詔)자에는 '남조조천악'(南詔朝天樂, 남조국에서 천자를 알현하며 올리는 음악), 봉(奉)자에는 '해우수문화'(海宇修文化, 온 천하가 문화를 닦음), 성(聖)자에는 '우로담무외'(雨露覃無外, 천자의 은혜가 끝이 없음), 악(樂)자에는 '벽토정령새'(闢土丁令塞, 정령족이 사는 변경까지 영토를 넓힘)라는 노래를 불렀다고 한다.(또한 이 춤이 끝나면 '벽사문무'〔闢四門舞, 4대문을 여는 춤〕라는 것을 추면서 무용수들이 모두 고개를 조아리며 스스로 신하라 칭하고, 다시금 '억만수무'〔億萬壽舞, 억만년을 축수하는 춤〕라는 것을 공연했다고 하는데, 아마도 대당의 황제에게 헌수하는 의미에서 나왔을 것이다.) 불행히도 이 '봉성악'의 춤에 대해서는 의상이나 그 밖의 세부사항이 전해지고 있지 않지만, 관모(官帽)·의복의 제도나 색조, 따르는 쪽과 이끄는 쪽의 몸짓이나 발걸음 등은 물론, 가창(歌唱)의 멜로디와 반주악기의 음색 등에 이 장면(藏緬) 민족(즉 티베트-버마 민족) 특유의 국풍이 들어 있어서, 찬란한 문물을 과시하던 당조의 천자와 고관들의 눈에는 다소 야만적으로 느껴지지 않았을까 싶다. 일종의 이그조티시즘으로서, 천자를 모시고 관람하는 영광을 누렸던 종실과 귀족들 사이에서는 잠시나마 상당한 화제가 되었을 것이다.

그런데 자무의 눈부심은 단지 그 인원수가 많고 음악이 화려했던 것에만 그치지 않는다. 또 하나의 두드러진, 그야말로 한층 더 호화로운 특색을 덧붙이면서 이 항목을 마칠까 한다. 그것은 공연이 한창일 때 겉옷을 재빨리 벗어 안에 입은 옷을 드러내는 일이다. 춤을 진행하다가 어느 순간

이 되면 춤추는 사람들의 의상 색을 급히 바꾸어 눈부시게 아름다운 느낌을 주는 것이다. 여러 차례 인용한 최영흠(崔令欽)의 『교방기』(教坊記)를 보면 그 내용을 잘 알 수 있는데, 이 책에서 저 '황제만년, 보조미창' 등의 글자를 그려내는 '성수악'에 대해 말한 부분을 한번 직역해보겠다.

> 성수악의 춤: 옷의 가슴팍에 모두 큰 과(窠)를 수놓았으며(여기서 '과'라는 것은 예를 들면 '학의 둥우리' 같은 것이니, 대봉문〔對鳳紋〕이나 쌍어문〔雙魚紋〕 따위를 원형으로 묶은 문양을 가리킨다. 원래 의미는 새의 둥지〔巢〕이지만, 이를 둥지로 해석하면 제대로 파악하기 어려우므로 소과〔巢窠〕와 같은 둥그런 문양으로 보면 일단 그 모습을 상상할 수 있을 것이다), 모두 그 본색에 따른다(옷의 바탕색과 같은 계통의 색으로 자수를 놓는다는 뜻). 겉옷은 무늬 없는 단색의 만삼(縵衫, 소매가 없는 짧은 옷)으로 길이는 겨우 허리띠(근처)에 이른다. 짧은 한삼(汗衫, 땀받이 속옷) 같은 것을 그 위에 걸치는데, 수놓은 과(窠)를 감추기 위함이다. 무인(舞人)이 처음 나타날 때는 모두 (이) 만의(縵衣)를 입고 있지만, 춤이 둘째 첩(疊)에 이르면 무대의 중앙에 모여서는 무리 가운데서부터 목 위로 위에 입은 만삼을 벗어젖혀 각각 가슴 속에 집어넣는다. 보는 이들은 홀연 뭇 여인들의 옷무늬가 빛나게 바뀐 것을 보고 경이로워하지 않는 자가 없다.

이로써 대략의 모습은 알 수 있다. 『구당서』「음악지」에는 "성수악 같은 것은 몸을 돌리어 옷을 바꿔 글자를 만드는 것이 그림과 같다"고 했는데, 짧은 글이지만 위의 기사를 보완하고도 남는다고 생각된다. 곡의 첫째 단락이 고요한 춤으로 끝나려 할 때 돌연 한때 높게 걸렸던 갈고(羯鼓)* 같은 것이 크게 울리면, 그것을 보는 사이에 오색노을 같은 한 무리의 여

* 말가죽으로 메운 장구. 받침 위에 올려놓고 친다.

인(麗人)이 순식간에 옷 색깔을 바꾸는가 싶더니, 곧바로 비스듬히 또는 가로로 땅에 엎드리고 누워서 문자를 흉내내는 광경은, 눈으로 직접 보지 않아도 시문을 통해서나마 대략 미루어 짐작할 수 있다.

여담이지만 그만한 인원을 조종하여 일사불란하게 순서대로 틀림없이 움직이게 하자면, 지휘하는 쪽에서도 그 훈련이나 준비에 적지 않은 노고가 있었을 것이다. 『교방기』는 그 점도 얼마간 전하고 있는데, 이를 옮겨 쓰기에 앞서 그 글 속에 나오는 의춘원(宜春院)과 추탄가(搊彈家)에 대해 간단히 설명하겠다. 의춘원은 궁중 내교방(內敎坊)의 이름으로 궁기(宮妓)가 거주하는 곳인데, 여기에 속하는 이른바 '나인'(內人)은 이미 두 도읍 궁 밖의 교방(敎坊)에서 충분히 연습을 쌓은 용모와 재예가 뛰어난 자로 뽑았다. 반면 추탄가는 평민의 딸로서 용모만 아름다운 자를 선발하던 곳으로, 음곡의 기예는 아직 훈련 중인 이류의 무리였다. 『교방기』의 본문은 다음과 같다.

개원11년(721) 처음으로 '성수악'을 창제했다(고 했지만, 이 악곡은 이미 무후(武后)시대에 나온 것이므로 무언가 오류가 있다고 보인다. 어쩌면 그것이 현종 때 처음으로 개편되었다는 의미인지도 모르겠다). 여러 여인들에게 오방(五方)의 색*으로 옷을 입히고 가무를 시켰다. 의춘원의 여인은 하루만 가르쳐도 공연을 감당할 수 있는 자가 있었지만, 추탄가는 달이 차도 이뤄내지 못했다. 공연일에 이르러 (황제께서) 의춘원 사람으로 머리와 꼬리(무용 대열의 선두와 후미)를 맡게 하고, 추탄가는 줄 사이에 있으면서 그 거수(擧手)를 배우도록 하셨다. (그런데) 의춘원(사람)에도 또한 뛰어난 자와 처지는 자가 있어, 다시금 반드시 뛰어난 자를 뽑아서 선두와 후미를 담당하도록 하셨다. 선두는 대오를 이끌며 뭇사람

* 다섯 방위의 색. 청·황·적·백·흑.

의 눈이 모이는 곳이므로 (특별히) 잘 하는 자를 필요로 한다. 음악이 끝 날 때쯤이면 조금 대오가 적어져(무 용수 일부가 들어가 버린 것인지) 나머지 20여 명이 춤춘다. 곡의 마지막은 합살(合殺)이라고 하는 데, 특히 빠르고 강건함을 요구한다. 때문에 다 시금 잘하는 자를 필요로 한다.

창힐. 황제(黃帝)의 사관으로 한자를 만들었다고 전해온다.

피날레의 격렬한 춤사위는 이것으로 상상할 수 있는데, "특히 빠르고 강건함을 요구한다" 는 말은 이를 잘 보여주고도 남는다.(여기서 쾌는 물론 빠르다는 뜻이지, 유쾌하다의 쾌가 아니다. 또 합살이라는 것은 당시의 속어로 『교방기』에는 여러 가지 속어가 나오는데, 지금은 그 의미를 잘 알 수 없다.)

이러한 자무를 읊은 작품으로 당나라 평열(平列)이라는 사람의 「개원 자무의 부」(開元字舞賦)가 있다. 다름 아닌 부(賦)인지라 항상 그렇듯이 토를 다는 것만으로도 상당히 버겁지만, 한번 직역해보자면 다음과 같다.

천둥 치고 바람 부니 타고(鼍鼓)에 맞추어 차례에 나아가고, 난새 돌아오고 학이 날개 펴니 새 발자취 따라서 문(文)을 이룬다. 주유(周瑜)의 살핌은 일어나지 않고, 창힐(蒼頡)의 글자는 이에 나뉜다. 만방(萬方)의 장관을 넘보고, 전대미문의 웅장함을 업신여기는구나. 그 나아감은 좌로 하고 우로 하며, 이로써 이끌고 이로써 돕는다. 신비한 모습을 갖추어 예예(裔裔)하고, 위엄 있는 자세를 펼쳐서 억억(抑抑)하도다. 안개가 복사꽃·오얏꽃에 자욱이 끼니 미녀와 마주보며 봄을 함께하고, 햇빛이 비온 뒤 무지개에 비치니 비단옷에 섞이어 한 가지 색이 되는구

나. 고운 비단 바람 따라 나부끼니 놀란 기러기 같고, 자취는 왕래할 제 숨기고 옷은 순식간에 바꾼다. 처음엔 주홍을 둘렀다가 자주를 끌어내며, 금방 녹색을 펼치고 홍색을 모은다. 부중(傅仲)의 사(詞)는 다만 그 부앙(俯仰)을 노래하려 했고, 이루(離婁)의 눈은 일찍이 그 변통을 알지 못했도다. 아! 순간 이어지고 순간 끊어지며, 한껏 위로 솟구쳐 뛰어넘었다가 또다시 일어난다. 하얀 치아 드러내어 바람에 읊조리며, 별 같은 눈동자 들어 달을 토하도다. 움직임이 법도에 따르니 혹 어지러이 그쳐도 행렬을 이루고, 손짓 고개짓이 음악에 맞으니 서서히 가도 또한 절도가 있도다.

이 부의 독해는 필자도 별로 자신이 없어서, 여러분의 질정을 간절히 청한다. "주유의 살핌은 일어나지 않고"는 "타고(鼉鼓, 악어가죽을 편 태고〔太鼓]로, 음악을 시작할 때 친다)에 맞추어" 하는 구절을 이어서, 오나라의 명신 주유가 음률에 정통해 음악을 듣고 조금이라도 틀린 게 있으면 사소한 것까지 살폈다는 고사를 인용, 반주의 성조와 음계가 틀림이 없음을 나타냈다. "창힐의 글자는 이에 나뉜다"는 "새 발자취 따라서" 하는 구절과 상응하여, 창힐이 처음 문자를 만들었을 때 새의 발자국에서 힌트를 얻었다는 전설에 근거한 것이다. '예예'(裔裔)는 고요히 가는 모습이고, '억억'(抑抑)은 삼가는 모습이라고 한다. 부중(傅仲)은 후한의 부의(傅毅)*일 텐데, 지금은 확실하게 조사할 겨를이 없는지라 풀이는 훗날의 일로 미룬다. 이루(離婁)는 태고에 살았다는 시력이 대단히 좋은 사람으로, 백보 밖에 있는 가을터럭의 끝도 알아보았다는 전설상의 존재이다.

　이제 마지막으로 한 가지만 더하려 한다. 그것은 이 자무의 변형으로서 도무(圖舞)라고도 할 만한 것이 있었다는 점이다. 이미 사람 문자를

* 후한의 문학가. 「무부」(舞賦) 등의 작품이 있다.

춤으로 그려냈다면, 춤추는 사람을 적당히 모으고 흩어서 간단한 도형을 만들도록 배치하는 것도 필시 생각해낼 수 있는 일로서 하등 진기할 게 없다. 필자의 관견(管見)에 포착된 그 예로는 차례차례 팔괘(八卦)를 그려가는 춤이 있다. 이 춤은 장존칙(張存則)의 「춤추며 팔괘를 이루는 것을 노래한 부」(舞中成八卦賦)에 의거해 그 존재를 알 수 있다. 또한 덕종이 정원14년(798) 2월 중화절(中和節)을 제정*하고 친히 '중화무'(中和舞)라는 신곡(新曲)을 만들어 7일 인덕전(麟德殿)에 나가 백료들과 함께 그 실연을 보고 즐긴 일이 있는데, 이 춤 중에 팔괘를 그린 일이 전해지고 있는 데서도 그런 무곡이 존재했음을 추측할 수 있다. 장존칙이 중당 사람인지 만당 사람인지는 알 수 없지만, "이롭고 곧음(利貞)을 체현하니 빠르고 느림에 법도가 있고, 운행이 굳건함을 본받으니 순환에 다함이 없구나. ……처음엔 여섯에 짝하여 빙빙 도니 여기서 말의 움직임을 나타내고, 셋으로 변하여 행렬을 이루니 그 속에서 용의 변화를 알겠네. ……겹쳐서는 쏟아지는 물줄기 같고, 흩어져서는 뒤엉킨 실과 같다. ……금방 흩어지고 이내 합하며, 날아가는 듯하다가 또 멈춰 있는 듯하다. 방위에 따라 색깔이 다르니 이전 시대의 옛 문채가 아니며, 악절에 응하여 무늬를 이루니 실로 우리 당나라의 새로운 작품일세"라고 한 것을 보아도 팔괘의 도형을 춤으로 나타낸 것임을 알 수 있다. 또 덕종이 자신이 편곡한 중화무의 초연을 보고서 지은 시에서도 "앞마당에 악기를 늘어놓고, 너른 궁전에 뭇 신하를 맞이한다. 팔괘는 무의(無意)에 따르며, 오음은 곡조 변화가 새롭다"(前庭列鐘鼓, 廣殿延群臣. 八卦隨無意, 五音轉曲新)고 한 것으로 보아도 그 내용을 상상할 수 있을 것이다.

이상을 요약하면 당대의 무악 가운데는 상당한 대규모의 장관으로 눈을

---

* 덕종은 1월 그믐 대신 2월 초하루를 중화절로 정해 중시하고, 상사일·중양절과 함께 삼령절(三令節)이라 했다.

사로잡는 것이 있었다. 화려하게 단장한 수백의 미녀가 징과 북과 관현의 소리에 맞추어 일진일퇴하는 사이, 재빨리 의상을 바꾸어 사람 문자를 그려내고 일순간 정지하는 것은 압권이라고도 할 만하다. 앞서 미처 말하지 못했지만, 측천무후가 장수(長壽) 2년(693) 정월에 낙양의 만상신궁(萬象神宮)에서 자신이 직접 만든 '신궁대악무'(神宮大樂舞)를 연출하게 했을 때 "900명을 썼다"(『구당서』 「음악지」)고 하니, 당대의 상류 문화가 얼마나 번창했는지 충분히 알 수 있다. 오늘날 서양의 대극장에서 공연되는 오페라나 레뷰의 경우도 무엇보다 900명의 무용수를 무대에 늘어놓을 수 있는 곳이 없지 않나 싶다. 옷을 바꾸어 글자를 만드는 그 모습에 이르면, 근래 운동장의 스탠드에서 응원단장의 신호에 따라 갑자기 하얗게 K자나 W자를 만들어내는 광경의 선구라고도 할 수 있을 것이다.

장안의 가기(歌妓)―상

🐝 당대의 사회사와 풍속사를 이야기하자면, 아무래도 가기에 대해 다루지 않을 수 없다. 시정의 사소한 일이라고 치부해버려도 그만일 수 있지만, 적어도 당대에는 중·상류의 사(士)·서인의 생활과 적지 않은 관련이 있었기 때문에 결코 가벼이 다루어서는 안된다. 특히 문학을 논하는 경우, 그 무대로서 화류계가 자주 등장하고 배역으로서 가기가 빈번히 등장하고 있으므로 그 방면의 이해를 위해서도 이에 관한 일단의 지식이 필요하다. 그러나 한마디로 당대의 가기라고는 해도 전후 300년에 걸치는 장안과 낙양 이하 남북 각지의 상황을 서술하기란 쉽지 않으며, 무엇보다도 사료가 너무나 빈약해 그런 작업을 진행할 수가 없다. 물론 부분적으로는 사소하긴 해도 근거할 만한 사료가 없지 않지만, 일관되게 정리된 기록이나 대체적인 상황을 알 수 있도록 쓰인 것이 없기 때문이다.

당대의 기녀

예를 들면 최영흠의 『교방기』 같은 것이 전해지고 있기는 하지만, 이는 주로 현종 무렵의 일을 쓴 것이며 게다가 궁정 전속 가기의 일상만을 기록한 것에 불과하다.(이마저도 지금 전해오는 판본은 하나같이 불완전한 것이어서, 상당부분이 누락된 것으로 보이는 단락이 없지 않다.) 당말 한림학사 손계(孫棨)가 저술한 『북리지』(北里志, 884)가 그나마 정리되었다고 할 수 있는 것으로 매우 소중하다 하겠다. 하지만 애석하게도 저자가 살았던 선종 대중(大中)연간(847~859)의 일만 실려 있고 또 장안 일반 민간의 가희(歌姬)와 창기(娼妓)의 일만을 전하고 있어서, 초당·중당의 사정은 살필 도리가 없으며 또한 수도의 한 화류계의 모습을 알 수 있는 실마리가 되기는 하나 다른 부분이나 지방 도읍의 기원(妓院)의 사정에 대해서는 전혀 얘기된 바가 없다. 따라서 이 문제를 철저하게 조사하려면 당대의 문헌을 상당히 폭넓게 섭렵해 아주 사소한 예증까지도 주워 모으지 않으면 안되기 때문에, 자못 치밀하게 일이 이루어져야 하는데 말하기는 쉬워도 행하기는 몹시 곤란하다. 지금 필자에게는 도저히 그럴 만한 여유가 없어서 그런 본격적인 고증은 삼가고, 그나마 다소 정리된 『북리지』의 관련 내용을 근간으로 하고 여기에 두세 가지 사료를 섞어 장안의 시

중에 있던 민간의 기녀에 대해 이런저런 생활상을 전해보고자 한다. 이하 별도로 출전을 밝히지 않고 인용하는 글은 이 손계의 책에서 나온 것임을 알아두기 바란다.

당대의 '가기'(歌妓)라고 하나 이는 넓은 의미에서 말한 것으로, 어느 나라에서나 그렇겠지만 순수하게 예(藝)로만 일관하며 단순히 술자리를 주선하고 주흥을 돋우는 것만을 사명으로 하는 기녀는 거의 없었다. 태반은 창기와 분명하게 선을 긋기가 곤란했으니, 손님을 위해 침석을 깔고 잠자리를 모시는 자가 많았던 것은 말할 나위도 없다. 여기서의 가기도 그러한 의미의 것으로, 거기에는 여러 종류가 있었다. 크게 나누면 먼저 궁기(宮妓)라는 것이 있다. 이는 천자를 비롯한 궁정을 위해 두었던 것으로, 현종 개원연간 이후 장안과 낙양의 교방에 예속된 자 및 장안의 궁성 안에 있는 의춘원(宜春院)이나 그 금원(禁苑)의 일각에 있던 이원(梨園)에서 양성된 자들이다. 이들은 오로지 성악·기악·무용·잡예로 흥을 돋우고 의전에 참여하는 자로 창기로서의 색채가 가장 엷긴 하지만, 물론 예외는 많이 있었을 것이다. 또 반드시 천자와 궁정을 위해서만 일했던 것은 아니어서, 예를 들면 새로 진사(進士)시험에 급제한 수재들이 곡강(曲江)의 연못가에서 열었던 성연(盛宴) 등에서 부탁하면 이들을 빌려주는 일도 있었으며, 원진(元稹)의 「연창궁의 노래」(連昌宮詞)에 보이듯이 남몰래 사내들을 동반해 외숙(外宿)하는 자도 있었다.(이와 관련해 덧붙이자면 장안의 교방은 두 군데 있는데, 우교방은 광택방[光宅坊]에, 좌교방은 연정방[延政坊, 본래의 長樂坊]에 있었다. 둘 다 궁성의 동쪽 대명궁[大明宮]의 정남쪽이다. 우교방에는 노래를 잘하는 자가 많고, 좌교방에는 춤에 뛰어난 자가 많았다고 한다. 또한 낙양에도 두 곳에 나뉘어 설치되어 있었는데, 좌·우교방 모두 명의방[明義坊]에 있었다고 전해온다.)

　　다음으로 관기(官妓)가 있다. 이는 주군(州郡)이나 번진(藩鎭)의 관아내에 설치되어 자사(刺史)나 절도사 같은 지방장관이 벌이는 공사(公私) 연회 등에 불려 나갔다. 영기(營妓)도 이런 부류였는데, 군영(軍營)에 설치되었기 때문에 그런 이름이 붙은 것 같다. 이들은 그들을 주관하는 문무의 지방장관이 마음대로 처리할 수 있어서, 장관이 임기가 차서 고향으로 돌아갈 때나 다른 지방으로 전근을 갈 때 임의로 그 가운데 빼어난 자를 골라 함께 움직일 수도 있었다. 또 이웃 군에서 요청이 있으면 빌려주는 것은 물론, 인연이 있어 원하는 자가 있으면 장관 마음대로 자유로이 기적(妓籍)에서 풀어 타인에게 주었던 일 등도 익히 보아온 바이다. 단 관기가 은퇴해서 일반 서민과 결혼하고자 할 때는 당연히 지방장관의 승낙과 허가가 필요했다.

다음으로는 가기(家妓)라는 것이 있었다. 위로는 종실의 제왕(諸王)을 비롯해 장상(將相)과 부호들은 물론, 상당한 지위의 문무관료들은 자신의 사저나 별서(別墅)에 적어도 몇 명, 많게는 수십 명의 기녀를 두고 손님 접대에 대비하거나 주연을 주선하도록 하는 한편, 자신의 여반(女伴)으로서 사죽관현(絲竹管絃)·시서한묵(詩書翰墨)의 흥을 함께하는 상대로 삼았다. 엄밀히 말하면 노비도 아니고 첩실도 아닌, 그 사이에 위치하면서 영인(伶人, 악공)의 성격까지 겸하고 있었다고 하는 게 대략 맞을 듯하다. 그 실례는 너무나 많아서 도저히 다 열거할 수가 없을 정도인데, 모두들 잘 알고 있는 백낙천(白樂天, 백거이의 자가 낙천)의 애기(愛妓)인 번소(樊素)와 소만(小蠻)같은 경우가 가장 좋은 예이다. 또 부호들이 많은 가기를 길렀던 증거를 두세 가지만 들어보면, 종실인 영왕(寧王) 만(曼)의 집에는 총기(寵妓) 수십 명이 있었는데 모두 "기예에 뛰어나고 미모가 빼어났다"고 전해지고(孟棨, 『本事詩』), 이봉길(李逢吉)의 저택에는 가기 40여 명이 있었다고 하며(위와 같음), 이원(李愿)의 낙양 저택에는 "여기(女妓) 100여 명이 모두 기예가 뛰어나고 미색이 빼어났"으며 "노래하는 기녀들의 호화로움이 당시에 제일"이었다고 왁자하게 소문이 났던 일(위와 같음) 등이 그 일단이다. 단성식(段成式)이 편찬했다고 전해지는 『검협전』(劍俠傳)의 한 편인 「곤륜노전」(崑崙奴傳)에 따르면, 당 황실을 부흥시킨 공신으로서 천보(天寶) 이후 최고의 권위를 누렸던 분양왕(汾陽王) 곽자의(郭子儀)를 모델로 했다는 '개천(蓋天)의 훈신(勳臣), 1품(品) 아무개'라는 대관의 저택에는 가기가 10원(院)에 가득했다고 하니, 가령 1원에 10명만 있었다고 해도 100명의 가기를 기르고 있었다는 얘기가 되는데, 아마도 실제로는 더 많았을 것이다.

　이 여자들의 용색(容色)이 수려했음은 말할 나위도 없는데, 그 성품도 영민하고 총명하며 재예(才藝) 또한 보기 드물게 뛰어난 자가 많았다. 이들은 높이 쪽을 쪄 수놓은 비단으로 묶고 자주색 배자와 붉은 치마에 꽃비녀와 아황(雅黃)*으로 정미(精美)하게 단장하고는 있었지만, 사회적 신분은 노비계급에 속했기 때문에 주인 입장에서 보면 하나의 재산에 불과했다. 따라서 축하선물로 남에게 주든 돈으로 바꾸어 난릉(蘭陵)의 풍순(豊醇)이나 신풍(新豊)의 녹배(綠醅) 같은 술을 사든, 그것은 지극히 자유로웠다. 덧붙여 앞서의 『본사시』(本事詩)를 다시 한번 인용해보면, 이장군(李將軍)이란 자가 「한식」(寒食)이라는 시로 유명한 한굉(韓翃)에게 자신의 애기 유씨(柳氏)를 주었다든지, 집현학사(集賢學士) 사공(司空) 이 아무개가 유우석에게 가기를 주었다든지, 이신(李紳)이 낭중(郎中) 장 아무개에게 군기(郡妓)를 보내 그의 오랜 짝사랑을 이루게 했다든지 하는 예는 헤아릴 수 없을 정도로 많다. 다른 나라에도 그런 관습이 있었는지는 모르겠지만, 중국에서는 적어도 당대에는 관리가 공개적으로 집에 기녀를 두고 "이로써 즐거움을 누리는" 일이 법률로 허용되었으며, 웬일인지 이를 장려한 듯한 느낌마저 든다. 단지 그 위계에 따라 둘 수 있는 기녀의 수에 차등이 있었고 신룡 2년(706) 9월의 조칙에서는 그 수를

* 이마 위 머리털 언저리를 노랗게 염색하는 것.

극히 제한하고 있긴 하지만, 그것이 엄격히 지켜질 리가 만무했다. 급기야 천보10재(載, 751)* 9월의 조칙에는 사람 수에 관한 제한이 사라질 정도로 거리낌없이 허용되었기 때문에, 상류 사인의 집에 많건 적건 이런 가기가 함께 거처하고 있었음은 틀림없는 사실이다.(『당회요』권34 참조)

서론이 너무 길어졌지만, 당대에는 이상과 같은 여러 종류의 기녀가 있었다. 그 가운데 이제부터 이야기하고자 하는 것은 민기(民妓)라고 해야 할, 엄격히 말하면 일반 사인(士人)을 상대로 한 사영(私營) 기관(妓館)의 기녀에 대한 것이다. 여기서는 만당 시기 장안의 기녀에 국한해서 대략 서술해보고자 한다.

　당시 장안 시중에서 이런 가기들이 모여 하나의 홍등가를 이루고 있던 곳은 동시(東市)의 서북에 접한 평강방(平康坊)의 동북쪽이었다. 왕인유(王仁裕)는 『개원천보유사』에서 "장안에 평강방이 있는데, 기녀가 거주하는 곳이다. 경도의 젊은 협객들이 여기에 모여들며, 아울러 매년 새로 진사가 된 자도 홍전(紅箋)†의 명함을 가지고 그 안에서 노닐며 인사했다. 당시 사람들이 이곳을 풍류의 수택(藪澤)#이라 불렀다"고 하여 그것을 한마디로 개략했다. 앞서 든 『북리지』의 서두에서는 좀더 상세하게, "평강리의 북문으로 들어가 동쪽으로 구부러진 삼곡(三曲)에는 여러 기원(妓院)이 모여 있다. 기생 가운데 쟁쟁한 자는 대부분 남곡(南曲)과 중곡(中曲)에 있었다. 담장을 따라 있는 일곡(一曲)은 하급의 기생들이 사

---

* 현종은 713년 12월부터 연호를 '개원'이라 칭했고 742년 1월부터 천보로 고쳤다. 천보3년부터 '년'(年)을 '재'(載)로 고치고 숙종의 지덕(至德)3재(758년 1월)까지 사용하다가 같은 해 2월 건원(乾元)으로 연호를 바꾸면서 다시 '년'을 사용했다. 그 이유에 대해 가케히 구미코는 요순시대의 용어인 '재'를 사용해 당나라가 요의 후예이며 재현임을 강조했을 것이라고 추정한다.

† 이 붉은 전지는 시를 쓰거나 명함용으로 많이 이용되었다. '紅牋'이라고도 쓴다.

덤불 있는 늪, 습지. 오대 왕인유(王仁裕)의 『개원천보유사』권상 「풍류수택」(風流藪澤)에 따르면, 장안의 젊은이나 새로운 진사(進士)가 평강방에 모여들었고 당시 사람들이 이를 '풍류수택'이라 불렀다고 한다.

는 곳으로, 자못 남곡과 중곡에 무시되고 배척받았다. 남곡 안의 문은 앞쪽으로 십자로와 통했다"고 했다. 장안의 각 방(坊, 속칭 리[里])에서 중앙부의 36방을 제외한 나머지 80여 방에는 한가운데에 직각으로 교차하는 십자로가 뚫려 있고, 그 거리 끝에 동서남북의 방문(坊門)이 있었다. 평강방도 예외가 아니었는데, 북문으로 들어와 동으로 돌아서면 기관(妓館)의 처마가 잇달아 있는 구역으로, 여기에는 북곡·중곡·남곡의 삼곡이 동서 방향으로 세 줄로 나란히 있었던 듯하며, 남곡 기원들은 동서로 통하는 십자로에 맞닿아 있었다는 것을 이 글에서 알 수 있다. 그 가운데 북곡은 대체로 삼사류의 기생들이 사는 곳이고 일류 기생들은 중곡·남곡에 거주하고 있었다는 것도 이 글이 보여주는 대로인데, 이 무리들은 북곡의 여자들을 눈 아래로 내려보며 높은 신분이라도 되는 양 굴었다는 것이다.(한편 북곡을 전곡[前曲]이라고도 부른 것을 보면, 남곡을 후곡[後曲]이라고 불렀을지도 모른다. 한편 남곡 안에는 명가곡[鳴珂曲]이라는 유명한 골목길이 있었다. 소설 『이와전』[李娃傳]에서 정생[鄭生]이 유명한 이와[李娃]를 처음으로 보았다는 곳이 바로 여기이다.)

그럼 이제 좀더 파고들어 기관(妓館)의 모양이 어떠했는지 서술하기에 앞서, 이 구역이 포함돼 있는 평강방(平康坊)이라는 지역이 어떤 곳이었는지를 먼저 이야기하고자 한다. 무엇보다도 이제부터 이야기하는 것을 이해하기 위해서라도 필요하다고 생각되기 때문이다. 먼저 동남쪽을 살펴보면 동시를 낀 장안의 번화함이 절반은 모여 있다 싶은 은성하고 복잡한 거리와 이웃해 있으며, 북쪽으로는 폭주하는 수레와 말로 그 번잡함이 동시와 서시를 능가한다고 하며 "주야로 고함소리와 등불이 끊이지 않으니, 경성 안 여러 방(坊) 중에 더불어 견줄 곳이 없다"(宋敏求, 『長安志』권8)고 일컬어졌던 숭인방(崇仁坊)을 마주하고 있다. 서쪽으로는 국자감(國子監)과 공자묘(孔子廟)를 위시하여 태학(太學)·사문학(四門學) 이하 육학(六學)의 용마루가 나란히 서 있는 무본방(務本坊)과 서로

「괵국부인유춘도」(虢國夫人游春圖). 당 현종은 양귀비를 매우 사랑하여 그녀의 세 자매도 한국(韓國)부인·괵국부인·진국(秦國)부인에 봉하고 자유로이 궁중에 드나들게 했다. 그림은 괵국부인이 성장을 하고 봄나들이 가는 것으로 높게 틀어올린 머리, 풍만한 몸매, 우아한 옷차림에서 당대 귀부인의 모습을 엿볼 수 있다.

바라보며, 남쪽으로는 천하의 사치를 다해 호화로운 건물의 미를 다한 양귀비(楊貴妃) 언니 괵국부인(虢國夫人)의 대저택과 그 오빠인 양국충(楊國忠), 여동생인 한국(韓國)·진국(秦國) 두 부인 등의 관사(館舍)가 있던 선양방(宣陽坊)에 닿아 있다. 평강방의 북쪽 숭인방 사이에 가로로 난 길은 동으로 춘명문(春明門)에 이르고 서로는 멀리 금광문(金光門)에 통하는 경성 교통의 요로로서, 인마의 왕래가 퍽이나 번잡하고 여관 등도 부근에 많이 모여 있었으니, 요컨대 경성에서 1·2등을 다투는 번잡한 구역이었다. 방내에 있는 명사의 저택과 불사·도관 등의 배치를 비롯해 세세한 내용은 『장안지』에 상세히 기술되어 있기 때문에 여기서는 일일이 서술하지 않겠다. 다만 여기서 필요한 부분만 들어보면, 남문의 동쪽에 본래는 보리사(菩提寺)였다가 나중에 보당사(保唐寺)라 불리게 된 명찰이 있고, 남문의 서쪽쯤에 동주(同州)·화주(華州)·하중(河中)·하양(河陽)·양주(襄州)·서주(徐州)·위주(魏州)·경원(涇原)·영무(靈武)·하주(夏州)·소의(昭義)·절서동(浙西東)·용주(容州) 등의 진주원(進奏院)이 있었다. 진주원이란 각지의 절도사 등이 수도에 두고 있는 지서(支署) 같은 것으로, 임지의 역소(役所)와 중앙 관청 사이의 연락을 담당하는 곳이었다. 말하자면 얼마 전까지 일본에 있었던 조선총독부의 도쿄 출장소나 사할린청의 도쿄 지청과 같은 것이다.(이를 저(邸)라고도 부르기 때문에, 절도사를 저장(邸將)이라 하고 천자의 제칙(制勅)이나 정부의 포고 등을 저에서 차례로 번진에 속보하는 것을 저보(邸報) 또는 저초(邸鈔)라고도 하는 것이다.) 이 진주원이 어떤 이유에선지는 전혀 알 수 없지만 이 근처에 많이 모여 있었으니, 북쪽의 숭인방 및 남쪽의 선양방과 합쳐 약 30여 곳의 경저(京邸)가 있었다. 평강방은 대체로 이런 곳이었다.

이제 기녀가 사는 집의 모습을 살펴보자. 『북리지』에 따르면 중·남 두 곡에 있는 것은 모두 건물이 널찍하고 고요하며 각각 세 채의 청사(廳事, 주로 객실)가 있는데, 앞뒤에 화훼를 심고 혹은 괴석(怪石)과 분지(盆池)를 설치했으며, 좌우에 작은 당을 마주보게 세웠고 발(簾)과 인탑(茵榻)과 위황(幃幌) 따위가 그것에 어우러졌다. 여러 기녀들은 모두 채판(彩版)을 걸어두고 거기에 제후(帝后)들의 기일(忌日)을 기록해두고" 있었다고 한다. 문 입구나 마당의 모습은 잘 알 수 없지만, 후세의 예로 미루어보면 석류를 가꾼다든지 천수통(天水桶, 방화용 빗물통) 등도 설치했을 것이다. '괴석'은 태호석(太湖石)* 같은 종류였을 것이며, '분지'는 상정(箱庭)†이나 분경(盆景)# 같은 것을 말할 것이다. '인탑'과 '위황'은 의자나 쿠션, 커튼 종류를 생각하면 틀리지 않을 듯하다. 발은 제법 정교하게 만든 것도 있었기 때문에, 무늬·글자를 넣어 길상(吉祥)의 문자도형 등을 표현한 것을 내걸었을 수도 있다. 심어진 나무 종류도, 백낙천이

---

* 강소성 태호(太湖)에서 나는 돌. 구멍과 주름이 많아, 원림(園林) 안에 가산(假山)을 쌓아 만들고 정원을 장식하는 데 쓴다.
† 나즈막한 상자에 흙, 모래 따위로 산수나 정원 모양을 만들어 넣은 것.
# 쟁반이나 화분에 산수의 풍경을 꾸며 놓은 것.

만년에 옛 친구 소철(蕭徹)에게 보내 평강에서 노닐던 옛일을 회고한 장편시에 "꽃이 무성한 곳은 태노의 집, 대나무 엇갈린 데는 득련의 집이었지"라고 했듯이, 작약과 버들과 대나무 등이 섞여 있었을 것이다. 또한 장방(蔣防)의 『곽소옥전』에 보이듯이 벚꽃을 심고 앵무새 조롱을 건 집도 있었을 것이다. 다만 이 경우는 평강방 밖의 이를테면 산창(散娼)이라고도 할 수 있는 기관이기는 하나, 이것을 근거로 방내 교서(校書)*의 집을 미루어보아도 무리는 없을 것이다.(덧붙이자면 백낙천의 시에 보이는 '태노'와 '득련'은 가기의 이름으로 생각된다.) 채판에 제후들의 기일을 기록해 내거는 것은 아마도 그런 날에는 가무와 음연(飮宴)을 삼가야 했기 때문에 비망록처럼 특별히 기록해서 보기 쉬운 곳에 걸었던 것으로 생각된다.

『북리지』의 문장은 다시 이어져, "기녀의 어미는 대부분 가모(假母)로서, 늙어 은퇴한 기녀가 이것이 된다. ……여러 가모들 또한 남편이 없다. 그들 중 아직 심히 늙지 않은 자는 모두 여러 저장(邸將) 무리를 주인으로 섬긴다. 혹 사사로이 잠자리를 모시는 자를 두기도 하지만, 또한 남편의 예로 대하지는 않는다"고 했다. 지은이는 '가모'에 주를 달아 "속칭 폭탄(爆炭)이라고 하는데, 그 연유는 알 수 없다"고 했으며, 또한 마지막 구절에도 주를 달아 "삼곡 안에서 놀고먹으며 여러 기생에게 빌붙어 사는 자들이 흔히 있는데, 그들을 꼭 묘객(廟客)이라고 부르는 것도 무슨 연유인지 모르겠다"고 했다. 어쨌든 기녀는 빌려오거나 인신매매꾼한테서 사들인 양녀(養女)가 대부분이었기 때문에 기관의 여주인이 가모인 것은 당연하며, 이는 일본에서 가기들이 말하는 '가상'(かあさん)이라는 것이 어머니는 어머니이지만 가모인 것과 마찬가지이다. 당시 이들을

---

* 당나라 기생 설도(薛濤)는 시문에 능하여 여교서(女校書)라 불렸다. 이후 기녀를 여교서라 불렀다.

'폭탄'이란 별명으로 불렀던 것은 오늘날 노폭자(老爆子)라고 부르는 것
과 일맥상통하는 바가 있으니, 그녀들이 애송이 기녀를 편달하고 질타하
는 것이 마치 탄(炭)이 터지는(爆) 듯하다는 데서 나온 말임에 틀림없다.
따라서 꼭 "그 연유는 알 수 없다"고 할 정도로 심오한 뜻이 있는 호칭이
라고는 보이지 않는다. 『북리지』의 저자가 "틀림없이 어린 기녀의 고식
적인 접대를 야단치곤 했기 때문에 그렇게 불렀을 것"이라고 덧붙인 말
이 오히려 타당할 것 같다. 그들 대다수가 일찍이 기생이었던 사람의 후
생인 것도 일본의 사회풍조와 마찬가지로, 한번 패트런(patron)*의 손에
받아들여졌다가도 이내 헤어져서 스스로 기생을 양성하는 업종에 뛰어
드는 경우가 있다는 것은 익히 보아온 일이다. 개중에는 '모 패트런의 아
무개'라는 호칭으로 살아가면서 한편으로 기관의 경영에 매운 솜씨를 발
휘한 자도 있었던 듯하니, 앞에서 인용한 『북리지』의 글에서 보듯이 당나
라 장안에서도 권세와 부귀가 비할 데 없는 절도사의 첩이 되어서도 여
전히 서관(書館, 기관)의 주인을 겸했던 자도 드물지 않았다.(이렇게 보면
평강방과 그 부근에 진주원이 많았던 이유도 알 듯하지만, 그것은 우연히 저장
[邸將]이 이 주변에 번(藩)의 경저[京邸]를 두고 있었기 때문이지, 아무래도
그 반대 이유에서는 아닐 것이다.) 한편 이런 여자들에게 빌붙어 살며 빈둥
거리는 남자들이 있었던 것도 동서고금이 마찬가지인데, 이들을 '묘객'이
라고 한 이유는 손계 스스로도 두 손을 든 만큼, 필자로서도 도무지 그
어원을 알 수 없다. 다만 이런 남자를 가부(假父)라고도 일컬었던 것은
왕연련(王蓮蓮)이라는 기녀의 일화를 기록한 『북리지』의 한 조목에서 증
거를 찾을 수 있다.

이미 서술한 것만 보더라도, 이 사회의 세태에는 때와 장소의 차이는 있

* 특정한 후원을 하는 사람. 특히 여성에 대하여 경제적 지원이나 보증을 서주는 사람을 이른다.

지만 일본의 풍습과도 한편으로 상통하는 부분이 있음을 잘 알 수 있다. 『북리지』에는 또 저간의 사정을 전해주는 기사가 한두 개가 아니다. 예를 들면 여러 여인들이 기녀가 되는 경로를 서술하면서, 걸식하는 유아를 데려가거나 "못사는 마을의 가난한 집에서 고용해 들이는" 것 말고도, 이 세계에는 늘상 "좋지 못한 무리가 있어 은밀히 사냥을 해서" 양가의 자녀를 속여 기적(妓籍)에 집어넣고는, 찾는 자들의 욕망에 편승해 부정한 이득을 노리던 여쾌(女儈, 인신매매꾼)의 부류가 있었다고 하며, 이렇게 양갓집 규수가 한번 이 거리에 몸이 빠지면 거의 스스로 벗어날 수 없었다고 말하고 있다. 또한 자기가 데리고 있는 여자에게 가무와 음곡을 가르치는데, 그 훈련이 매우 엄격하여 "조금이라도 게으름을 부리면 채찍과 주먹이 바로 날아들었다"는 것도 어디나 같다는 느낌을 들게 한다.

평강의 기녀들이 허울 좋은 조롱 속의 새였다는 것 또한 어디나 같다는 생각이 든다. "기생들이 그 동네를 벗어나기란 매우 어렵다. 매번 남가(南街)의 보당사(保唐寺)에서 강석(講席)이 열릴 때면, 대개 '8'자가 들어가는 날이었는데 서로 이끌고 와서 들었다. 모두 가모에게 1민(緡)을 바쳐야만 겨우 그 동네에서 나올 수 있었다. 다른 곳에 갈 때는 반드시 다른 사람을 따라 놀러 가거나 누군가와 약속을 해서 동행했다. 즉 (임시로 그 사람의) 하비(下婢)가 되어 돈을 가모에게 헌납해야 (동반해서 동네를 나올 수 있었다). 때문에 보당사에는 매달 세 차례 8일이 되면 사자(士子)들이 대거 몰려들었는데, 아마도 기녀들과 기약한 바가 있었기 때문일 것이다"라는 기사가 이를 잘 전하고 있다. 우선 보당사에서는 매월 8일·18일·28일에 설교가 있었던 모양인데, 그 법문 듣기를 구실로 여자들이 생업을 쉬고 대가를 치르고는 자유를 얻어 삼삼오오 반나절의 여유를 즐겼던 일을 잘 볼 수 있다. 보당사 이외의 곳으로 나갈 때는 누군가 손님을 만들어 이 사람에게 의뢰하는데, 겉으로 하녀처럼 꾸며서 멀리 나가는 형태를 취하지 않으면 다른 곳에 가는 것은 허용되지 않았다. 이를 당시에 '매단'(買斷)이라 했는데, 아마도 매절(買切)의 의미일 것이다. 이런 형편이었으니, 당나라 시인들이 즐겨 읊었던 "기녀를 데리고 어디에서 노닌다"는 시는 모두 예외없이 이렇게 해서 가능했던 것이다.

그러면 그녀들을 동반한 행선지는 어떤 곳이었을까? 우선 경성에서 가장 인기가 있던 공원인 곡강(曲江) 둔치나 장안 시민의 행락 명승지인 낙유원(樂遊原)의 높은 누대 등을 맨 먼저 꼽아야 하지만, 자은사(慈恩寺)나 서명사(西明寺)의 모란과 당창관(唐昌觀)의 옥예화(玉蕊花) 그리고 현도관(玄都觀)의 복사꽃 등이 활짝 필 무렵에는 그런 곳에도 지팡이를 집고 오르는 이들이 꼬리를 물었을 것이다. 그 중에서 곡강은 사시사철 어느 때나 산책을 하기에 좋았다. 이른봄에는 못가의 버들가지가 녹색으로 물들고 우수 무렵에는 행원(杏園)의 살구꽃이 담홍색 구름과 어우러지며, 여름에는 연못 가득한 연잎이 은방울 같은 이슬을 머금은 사이로 홍백색 꽃이 맑은 향기를 보내는 곳이었다. 3월 상사일(上巳日)에 이곳으로 액을 씻으러 오는 사람들 중에는 평강의 미기(美妓)를 데려오는 풍류객도 분명 많았을 것이다. "3월 삼짇날 날씨는 쾌청하고, 장안의 물가에는 미인이 많구나"로 시작하는 두보의 「미인의 노래」(麗人行)는 양귀비 등을 중심으로 읊은 시이지만, 일반 시민과 짝을 지은 미인에게 적용해 그 현란한 광경을 그린 것으로도 볼 수 있을 것이다.

한편 기녀를 데리고 나가는 경우 모두가 명승지나 사관에서 놀았다고 단정할 수는 없다. 설용약(薛用弱)의 『집이기』(集異記)에 있는 왕지환(王之渙)의 이야기에서 보듯이, 길가의 주루에서 기녀와 만남을 약속해 화로를 끼고 술을 데우며 유행하는 신곡을 부르게 하면서 몇 시간을 보내는 영관(伶官) 같은 사람도 있었을 것이고, 서시의 청룡사(靑龍寺)나 영수니사(永壽尼寺)*의 경내 또는 문 앞에 있었다고 보이는 공연장 등으로

* 2장 「호선무에 대한 짧은 글」 주10) 참조.

발을 돌려 서역에서 건너온 새로운 기술(奇術)이나 곡예 등을 구경하며 하루를 보내는 사람도 있었을 것이다. 이런 일은 지금으로 치면 우선 영화라도 한 편 보러 가자고 하는 것과 같다고 할 수 있다.

이제 기녀의 생활 이야기를 해보자. 한 기관(妓館)의 가기들은 "모두 가모의 성(姓)을 쓰고, 부를 때는 여제(女弟)·여형(女兄)이라고 하여 이것을 항렬로 삼는데 대개 3순(旬) 이내가 아니다"라고 했다. 한집의 친구와 동지는 여장(女將)의 성을 자신의 성으로 삼고 서로 호형호제 하며, 배항(排行)의 순서를 정하여 조일(趙一)이니 소삼(蘇三)이니 하는 식으로 불렀음을 알 수 있다. 일본의 경우라면 가게 이름이나 자리 이름 등이 여기서 여주(女主)의 성에 해당할 것이다. 배항이 "3순 이내가 아니다"라고 한 이상, 한집에 30명 이상의 여인들이 있었다고 생각하지 않을 수 없지만, 필자의 오해일지도 모르므로 여러분의 가르침을 간절히 기다리는 바이다. 여기서 흥미로운 것은 한집에서 서로를 동기간으로 대한다는 것은 그렇다 해도 자매가 아닌 형제로 지칭한다는 점이다. 이는 일본에는 없는 일인 듯한데, 멋없는 필자로서는 이해할 수 없다. 무슨 기치(吉)·무슨 노(奴)·무슨 다로(太郎)처럼 사내 이름을 붙이는 일본의 풍습에 어떤 흔적을 보여주는 편린이 들어 있지 않을까 하는 생각도 들지만, 이는 완전히 억측일 뿐 하나의 설도 아무것도 아니니 그냥 흘려듣기 바란다. 이에 대해서는 『교방기』에 이런 기사가 있다. 한집을 단위로 하는 이야기가 아니라 한 교방을 단위로 한 것이기 때문에 취지는 조금 다르긴 하나, "교방의 여러 기녀들은 기질이 비슷한 사람들끼리 언약을 맺어 향화형제(香火兄弟)가 되는데, 많을 때는 14~15명에 이르고 적어도 8~9명 이하로는 내려가지 않는다. 아랑(兒郎)을 초빙했을 때는 그에게 부인의 호칭을 쓴다. 즉 초빙한 자의 형뻘 되는 기녀는 아랑을 보고 동생의 신부(新婦)라 부르고, 동생뻘 되는 기녀는 그를 형수라고 한다"고 했다. 완전히 남자를 여자로 보고 자신들은 남자인 척하는 것이 자못 이색적이다. 그런 다음 "아랑이 한 여자를 부르면, 그 향화형제들이 대부분 상분(相奔)하며 돌궐의 법을 배운다고 한다"고 했는데, 이는 해석하기가 조금 까다로워 분명하게 말할 자신은 없다. 일단 필자가 대충 생각하고 있는 바를 이야기하겠다. '분'(奔)이 그저 '달린다'(走)는 말이 아님은 잘 알고 있을 텐데, 동료 한 사람이 팔리면 이른바 형제뻘 되는 기녀들이 모두 같은 손님에게 팔린다는 뜻이다. 그것이 어째서 '돌궐의 법'을 배우는 것일까? 돌궐족의 결혼풍습 가운데 형사취수혼(兄死取嫂婚, Levirate), 즉 남편이 죽으면 그 형이나 동생과 재혼하는 습속이 있었는데, 그 오래된 형태로 여러 형제가 한 명의 부인을 공유하는 제도가 있지 않았을까 생각해보면 조금 이해할 수 있을 듯싶다. 예를 들면 수(隋)나라에서 강가(降嫁)하여 돌궐의 계민칸(啓民可汗)의 비(妃)가 되었던 의성(義成)공주는 칸이 죽

여입상(女立像). 당나라 가기(歌妓)의 모습을 전해준다고 생각된다.

자 그 아들 시필칸(始畢可汗)의 비가 되었으며, 이윽고 시필이 죽자 이번에는 그 동생인 처라칸(處羅可汗)의 처가 되었고, 처라가 일찍 죽자 다시금 그 동생 힐리칸(頡利可汗)의 비가 되었다. 이렇듯 한 명의 부인은 형제의 공유물이라는 생각의 흔적이 희미하게나마 여전히 남아 있었던 것이 아닐까 생각되지만, 과연 어떨지는 모르겠다. 다만 이 경우 실제로는 남자가 여자이고 여자는 남자가 되어 있기 때문에 사실은 형사취수혼이 아니라 자매역연혼(姉妹逆緣婚, Sororate: 아내의 사후에 그 자매와 재혼하는 것)의 형태를 취하고 있음은 말할 나위도 없

다. 그런데 이 향화형제의 기녀들에게는 위와 같은 행동에 대해 그들 나름의 독자적인 해석이 있었다. 즉 "우리 형제는 서로를 (깊이) 사랑하고 아끼는 까닭에, 그 부인(이 어떤 몸과 마음의 소유자인지)을 한번 감상해보려는 것이다"라고 말하는 것이다. 아마도 이것이 그들의 본마음으로, 돌궐의 법을 배운다고 한 것은 당시의 농담이었을 것이다. 그리하여 "주자(主者)가 알아도 또한 질투하지 않는다"고 하여 처음 불려간 여인은 이를 이해하고 별로 질투도 하지 않았다는 것이다. 또 "다른 향화와는 통하지 않는다"고 맺고 있어서 다른 7인조나 10인조 동료와는 전혀 다른 그룹으로 거기에 확실한 구분을 두었다고 보인다.

장안의 가기─하

🐝 향화형제에는 으레 우두머리 격의 기녀가 있어서 조장으로서 동료들을 여러 모로 돌보아주었겠지만, 그와는 별도로 평강 삼곡(三曲)의 여러 기녀들을 몇 반으로 나누어 각각을 통솔하는 언니 격의 기녀가 있었다. 이를 도지(都知)라고 하는데, 『북리지』에는 "곡내(曲內)의 기녀 중 두각을 드러내는 자를 도지로 삼는다. 여러 기녀를 나누어 관리하며, 추소(追召)를 균제(勻齊)시킨다"고 하면서, 당시 명기로서 한껏 이름을 날린 정거거(鄭擧擧)나 강진(絳眞)이라는 여인이 도지였다고 말하고 있다. '추소를 균제시킨다'는 말은 잘은 모르겠지만, 아마도 신청이 들어와 불려나가는 기녀를 적절히 안배해 과불급이 없도록 하여, 잘 나가는 기녀와 그렇지 않은 기녀 사이에 조화를 맞추어 불려 나가는 것이 일부에 치우치지 않도록 하는 일을 지칭하는 것 같다. 필자는 일본의 경우에도 이 세계의 일은 생소하지만, 이런 역할을 기녀 무리의 첫째나 둘째인 자가 맡지 않고 별도로 그 국(局)을 담당하는 자가 있다는 것은 잘 알려져 있다.

도지는 또한 주규(酒糾)라고도 불렸는데, 도지가 반드시 주규일 리는 없겠지만 주규에 뽑힐 정도의 여인 중에는 도지로 세워질 만큼 재색이 뛰어난 자가 많았기 때문일 것이다. 주규(또는 석규〔席糾〕)라는 것은 연석(宴席)에서 일체의 일을 지휘하는 자로서, 배반(杯盤) 사이로 술을 돌리는 일을 맡는 동시에 주령(酒令)의 집행관이 되었다.(주령은 놀이 삼아 만든 술자리의 규칙으로, 벌주를 정하거나 숨은 재주를 펼치도록 재촉하는 풍류의 규정이다.) 주규는 굉사(觥使) 또는 굉녹사(觥綠事) 등으로도 불렸는데, 물론 남자도 그 중책을 맡았지만 미모와 지혜가 뛰어난 명기가 뽑히는 것 또한 당연한 일이었다. 기관(妓館)에서의 연음(燕飮)은 낮게 노래하고 작게 읊조리며 홀로 노는 경우가 아닌 한, 일반적인 고회치주(高會置酒)의 자리에서와 마찬가지로 식후에[1] 잔이 도는 데 따라서 아마도 주호자(酒胡子)[2] 등을 가지고 나와 그것이 쓰러지는 방향에 있는 손님에게 어떤 구실을 대서 잔을 비우게 했을 것이다. 또 주주(酒籌)*와 주첨(酒籤)† 따위도 가지고 놀았을 텐데, 누군가 그런 것을 뽑으면 뽑은 사람과 그 문구를 비교하거나 또는 무언가 과장 섞인 말로 술을 권했다는 말에서 보듯이, 술자리는 점점 더 무르익어 갔을 것이다. 이 때 주령의 영관(令官)이자 이른바 상정(觴政)을 주관하는 주규는 잠시 번뜩이는 기지를 발휘해 재치 있게 임기응변의 익살이나 경구(警句)를 아낌없이 펼치면서 자못 주흥을 돋우는 데 힘썼을 것이다. 당대에는 근대만큼 주령이 복잡하고 절묘한 수준까지 이르지는 못했겠지만, 이상과 같은 것 외에도 장구(藏句)·무성악(無聲樂)·구령(口令) 같은 놀이가 행해졌기 때문에 술자리의 상황에 맞게 한층 그 흥취를 발휘하기 위해서는 이 도지 클래스의 주규 언니들의 수완이 크게 기대되었을 것이다. '장구'는 손에 솔방울을 쥐고서 그 수를 맞추게 하는 놀이이며, '무성악'이란 무언으로 갖가지 악기를 연

---

* 술 마실 때 쓰는 산가지
† 주령을 돌릴 때 쓰는 제비.

주하는 흉내를 과장되게 내서 좌중을 웃기는 놀이인데, 먼저 웃는 자가 벌주를 마시는 규정이 있었다. 또 '구령'이라는 것은 이른바 말 빨리하기로서 "주지가 병풍에 주지를 그렸다"거나 "날밀 날쌀 날달걀" 따위의 하기 어려운 말을 재게 지껄이는 것*이며, "난로두뇌호·호두뇌난로"(鸞老頭腦好·好頭腦鸞老) 같은 문구가 있었다.

　기녀에서 연회자리로 이야기가 빗나갔지만, 이렇게 술시중을 들면서 지혜를 발휘하고 나아가 시문(詩文)에서도 당대의 명사들과 경쟁을 벌였던 것을 보면, 과연 장안의 가희(歌姬)들은 지방의 기녀보다 한층 뛰어났던 듯하다. 손계는 그의 저서에서 낙양의 기녀조차 장안의 기녀에게는 한수 뒤졌다고 말하면서, "이 무렵 동락(東洛) 여러 기녀들의 됨됨이를 보면 여러 주(州)의 음기(飮妓)와는 애당초 달랐다. 하지만 숟가락과 젓가락을 내오는 자태나 손님을 맞고 배웅하는 태도에서는 간혹 음기의 습성을 버리지 못한 경우가 있었다"고 하여 지방의 기녀들은 물론 배도(陪都) 낙양의 여인들조차 단지 술과 식사 시중을 전문으로 하는 시녀의 냄새가 나는 곳이 많다며 이를 나무라고 있다. 『북리지』에 이름을 남기고 있는 명기 가운데는 용색과 재예가 모두 일류 기녀로서 부끄럽지 않은 자가 있었을 것이므로, 이런 평가도 참으로 적절한 것이라 생각된다.

　방천리(房千里)의 작품으로 전해지는 『양창전』(楊娼傳)의 주인공 양창, 백행간(白行簡)이 편찬했다고 전해지는 『이와전』의 주인공 이와, 장방(蔣防)의 작품으로 일컬어지는 『곽소옥전』의 곽소옥 등과 같은 기녀는 모두 명기라는 이름에 위배되지 않다고 생각되는데, 설령 소설 속의 인물이라 어디까지를 사실로 인정할지가 문제가 된다고 해도 역시 장안에 이런 여인들이 있었으리라는 것은 충분히 상상할 수 있다. 양창은 "장안에서도 빼어난 미색이었다. 태도가 매우 세련됐으며 또한 화장해 꾸미는

---

* 우리 식으로 하면 "내가 그린 기린 그림은……" 같은 종류이다.

것을 스스로 좋아했다. 왕공과 거인(鉅人)들이 손님을 접대하는 자리에 다투어 불러들였는데, 술을 마시지 않던 자들도 그녀 때문에 반드시 술 잔을 가득 채워 다 마셨다. 장안의 젊은이들이 한번 그녀의 방에 오면, 거의 인생을 망치고 재산을 탕진해 후회하기에 이르렀다. 이런 이유로 양창의 이름은 여러 기적(妓籍)에서도 으뜸이었다"고 한다. 하지만 한 고위관리의 총애를 입고는 죽음으로 그 은혜에 보답하여 의리와 절개가 있다는 평판을 받았다. 이와의 경우는 워낙 인구에 회자되어 새삼스레 언급할 필요가 없으리라 생각되어 여기서는 생략한다. 곽소옥은 당나라의 황족 곽왕(霍王)의 서녀인데 기구한 운명의 파도에 휩쓸려 가기가 된 자로서, 출신을 밝히지 않고 시정에 숨어살아 누구도 그녀가 왕녀임을 알지 못했지만, 그 아름다움을 전하는 말에 따르면 "바탕이 그렇게 농염한 자는 평생 본 적이 없다. 고상한 마음씨며 뛰어난 자태에, 매사가 남보다 뛰어나고 음악과 시서에 능통하지 않음이 없는" 명기였다. 이런 여인들이 많았다면『북리지』의 저자가 서술한 말은 더욱 그럴 듯하다고 머리가 끄덕여진다.

　곽소옥 이야기가 나온 김에 조금 덧붙이고 싶은 것이 있다. 바로 북리(北里), 즉 평강방(平康坊) 이외에도 일반 민간의 손님을 접대하는 가기(歌妓)가 사는 곳이 있었다는 점이다. 평강방에 한 구역을 이룬 삼곡(三曲) 안에 기녀가 모여 있는 것과는 별도로, 장안성 안에는 산창(散娼)이라고도 하는 각각이 독립적으로 세운 기관(妓館)이 있었고, 그곳에 또한 기녀를 두었던 것 같다. 곽소옥은 그 좋은 예로,『곽소옥전』에 따르면 그의 주거지는 승업방(勝業坊)의 고사곡(古寺曲), 즉 옛 절 옆 골목이라고할 수 있는 곳에 있었다. 승업방은 동시(東市)의 정북쪽으로, 서쪽으로는 예의 그 번성함으로 명성이 높은 숭인방(崇仁坊)을 끼고 있으며 서남쪽으로는 평강방과 마주 보고 있기 때문에, 구역 밖의 땅이라고는 해도 그렇게 멀리 떨어진 곳은 아니다. 또 단성식의『유양잡조』(酉陽雜俎)에는

"정공방(靖恭坊)에 기녀가 있었으니 자(字)는 야래(夜來)였다. 어린 나이에 귀엽게 웃었으며 가무가 남보다 월등했다.……"고 했으니, 이곳에도 기가(妓家)가 있었음을 알 수 있다. 정공방은 동시의 동남 구석과 마주 보고 있는 곳으로서, 조로아스터교의 신사(神祠)가 있던 것으로 유명한 구역이다. 이외에도 사료를 열심히 뒤져보면 이런 종류의 실례는 좀 더 모을 수 있겠지만, 지금의 필자로서는 그럴 겨를이 없다. 하지만 이것만으로도 평강방 이외에도 기녀가 사는 곳이 있었음은 확인할 수 있을 것이다. 저 낙빈왕(駱賓王)의 「제경편」(帝京篇)에 "아침에 북리에서 노닐고 저녁에는 남쪽 동네로"(朝遊北里暮南隣)라 한 것을 보면 북리 이외에도 유곽이 있었던 듯하며, 노조린(盧照鄰)의 「장안 고의」(長安古意)에도 "기방에 해질녘 자주색 능라치마 차려 입고, 맑은 노래 한 곡조 뽑으니 입안이 향기롭네. 북쪽 대청에선 밤마다 사람들 달과 같고, 남쪽 거리에선 아침마다 말탄 이가 구름 같구나. 남쪽 거리와 북쪽 대청은 북리로 이어지고, 다섯 거리와 세 대로는 시장을 끼고 있네"라고 했으니 성안의 남쪽에도 홍등가가 있었던 것 같다. 이런 점들을 고려해볼 때 비록 이 두 작품이 한나라 시대를 끌어다 풍유(諷諭)의 뜻을 부친 것이긴 해도, 평강 구역 이외에도 창가(娼家) 골목길이 있는 동네가 있었으리라 여겨진다. 다만 그렇다면 곽소옥의 경우처럼 스스로 상당한 재물을 모은 예전의 기녀가 가모(假母)의 매질에서 도망쳐 비교적 편안하게 손님을 접대했던 곳으로 생각되는데, 과연 어떠했는지는 모르겠다.[3]

과거시험이 실시되는 해 봄, 결과가 발표되면 새로 급제한 진사들은 시험관을 비롯한 여러 관련 관리들을 초대해 곡강(曲江)에서 성대한 연회를 열었다. 이는 당대의 화젯거리 중 하나이며, 그때 예부 등의 관청을 통해 교방(敎坊)의 기녀를 빌려다 연음(燕飮)의 흥을 돋우도록 한 것도 유명한 이야기이다. 그와 동시에 이 항목의 서두에서도 언급했듯이 새로 진사가 된 사람들이 평강의 기생들과 함께 진탕 놀면서 축하주에 취했던 것도 『개원천보유사』나 『당척언』(唐撫言) 등에 보이는 두드러진 일로, 『북리지』에도 그 내용이 전해지고 있다. 아니, 새롭게 등제(登第)의 영광을 안은 사람들만이 아니었다. 이제부터 시험에 응시하고자 하는 수험생, 즉 이른바 거자(擧子) 중에도 이곳에 놀러 오는 사람들이 적지 않았으며, 또 자격은 취득했지만 곧바로 임관의 사령(辭令)을 받지 못하고 잠시 빈둥대고 있던 "아직 조적(朝籍)에 통하지 못했거나 관각(館閣)에 위촉되지 않은" 자 중에도 이곳에 와서 놀던 무리가 많이 있었다. 거자 중에는 몇 번이나 시험을 치고도 방을 내거는 날이면 여전히 자신의 이름을 찾지 못하는, 개중에는 초로의 나이를 넘어 부양해야 할 처자가 고향에 있는 늙고 가난한 조대(措大)*도 있었으며, 막대한 지원 아래 무엇 하나 자유롭지 못한 것이 없는 지방의 부잣집 자제들도 있었다. 후자 중에는 『이와전』의 정생(鄭生)처럼 기녀의 용색(容色)에 사로잡혀 전도를 그르친 자도 드물지 않았을 것이다. 그러나 대체로 이처럼 손님의 질이 좋았던 탓인지, 앞서 서술한 대로 북리의 기녀가 다른 곳에 비해 한층 뛰어났다. 한편 이에 대해 『북리지』 서문에서는 다음과 같이 말하고 있다.

> ……만약 비용을 아끼지 않으면, 수레에서 내리자마자 곧바로 산해진미가 차려진다. 그곳의 여러 기녀 중 다수는 이야기를 잘했으며, 글도 꽤 알고 시를 읊는 자도 있었다. 공경(公卿) 이하가 모두들 그들을 자(字)나 호(號)로 불렀다. 그들이 사람 유형을 분별하고 인물 됨됨이를 비평하여 지위나 격식에 얽매이지 않고 응대하는 것은 참으로 미치지 못할 바였다. ……이 무렵 촉기(蜀妓) 설도(薛濤)의 재치 있는 말솜씨를 (전해) 듣고서, (나는 이것이) 틀림없이 사람들의 과언이라고 생각했

---

* 서생(書生). 원래는 큰일을 조처할 수 있다는 뜻이나, 주로 문인과 독서인을 멸시하여 부르는 말로 쓰인다.

다. (이제) 북리(北里)의 두 세 사람을 살펴보고 (미루어 생각해보니) 설도조차도 그 앞에서는 아주 참담함을 느꼈을 것임을 알겠다.

당대의 명기 설도(薛濤)

이는 조금 앞의 내용과 중복되는 듯하지만, 장안 가기(歌妓)의 특색을 잘 설파하고 있기 때문에 거듭 인용해보았다.

위의 글에서 "비용을 아끼지 않으면"이라고 했는데, 이 곽중(廓中)에서 하룻저녁 실컷 노는 데 어느 정도 경비가 들었는지 꼭 밝히고 싶지만 유감스럽게도 자료가 충분하지 않다. 우선 알 수 있는 것은 『북리지』의 간단한 기록으로, "마실 적마다 대체로 3환(鍰), 촛불을 이으면 그 배가 된다"고 했으며(총론 항목), 또한 "그 곡중(曲中)의 일반적인 가격은 한 자리에 4환(鐶), 촛불을 보면 곧 그 배가 된다. 신랑군(新郞君)은 또 그 경비가 배가 된다. 때문에 이를 복분전(復分錢)이라고 한다"고 했다. 신랑군, 즉 새로 온 손님은 두 배의 비용을 내고 또한 촛불을 보면 그 값을 배로 한다는 점은 흥미롭지만, 정작 중요한 환(鍰) 또는 환(鐶) 같은 화폐단위의 가치를 잘 알 수 없어서 참으로 격화소양(隔靴搔癢)의 느낌을 참기 어렵다. 조금 더 조사해보면 별것 아닐지도 모르지만, 솔직히 나로서는 짐작하기 어려운 것인지라 경제사 전문가의 가르침을 받아야 분명해질 것임을 말해두고 싶다.

『북리지』에는 천수천가(天水遷哥, 자는 강진〔絳眞〕), 초아(楚兒, 자는 윤랑〔潤娘〕), 정거거(鄭擧擧), 아랑(牙娘), 안영빈(顏令賓), 양묘아(楊妙

兒), 왕단아(王團兒), 유낙진(兪洛眞), 왕소소(王蘇蘇), 왕연련(王蓮蓮), 유태랑(劉泰娘), 장주주(張住住) 등 어떤 의미에서 특색 있는 명기의 열전이 들어 있어, 그 일사(逸事)와 성행(性行) 등을 다양하게 설명하고 있다. 어디까지가 사실이고 어디까지가 뜬소문을 듣고 쓴 기록인지 알 수 없지만, 읽다 보면 그 곡중의 풍습과 세태, 기녀들의 기질과 기풍 등을 어느 정도 알 수 있는데, 여기서는 일단 생략하고 한두 가지 빠트린 것만 수습하고자 한다.

첫째, 이런 화류계라면 어디나 있는 일이겠지만, 여기에도 변주(汴州) 출신의 노파 하나가 나름대로 상당한 돈을 쌓아두고 기녀 몇 명을 기르면서 기관(妓館)의 주인 노릇을 하는 한편, 또 여자들의 의상이나 도구류를 갖추고 삼곡의 기녀들에게 임대도 하며 화식(貨殖)에 여념이 없었다고 하는데, 겨우 20자 정도의 기사 안에 그녀가 얼마나 탐욕스러운지 적나라하게 기록하고 있다. 터무니없는 고리대로 여자들에게 일숫돈을 빌려주며 악착스럽게 돈벌이를 했음은 말할 나위도 없다. 이에 이어서 "또한 악공이 있는데 그 곁에 모여 살면서, 간혹 불러들이면 곧바로 온다"고도 써 있다. 여기서 '그 곁'의 '그'는 노파를 가리키는 듯하니, 평소 관계를 트고 있는 노래꾼이나 비파악사, 피리쟁이 무리가 이웃에 살면서 기관(妓館)과 표객(嫖客)*을 위해 중개역할을 하며 일을 처리했다는 것도 대략 알 수 있다.

둘째, 손계는 북리가 대중(大中)연간(847~859) 이전에는 자못 '예측할 수 없는 곳,' 즉 위험한 곳이었다고 전하고 있다. 환락경(歡樂境)이 동시에 온갖 죄악의 온상으로서 어두운 면을 많이 지니는 것은 어느 곳이나 마찬가지이지만, 이곳도 예외일 수 없었다. 간악하고 흉포한 무리들이 파고 들어와 뜻하지 않은 참혹한 사건을 일으키거나, 생각지 못한 위

---

* 화류계에서 노는 음탕한 남자. 오입쟁이.

해가 유객(遊客)에게 미치는 일이 드물지 않았을 것이다.『북리지』에는 금오(金吾) 직책에 있던 왕식(王式)과 박사(博士) 영호호(令狐滈)의 실제 체험담이라는 사건들이 기록되어 있다. 왕식의 사건은 마침 범인이 다른 사람을 왕식으로 착각하는 바람에 왕식이 다행히 곤란한 상황에서 벗어날 수 있었지만 조금만 더 늦었더라면 목이 잘릴 뻔했다는 이야기이다. 영호호의 사건은 헌종(憲宗) 무렵의 명신 영호초(令狐楚)의 아들인 영호호가 수험생 신분으로 이 거리에 출입하던 시절의 이야기이다. 어느 날 영호호가 잘 아는 기관에 갔는데, 기녀가 오늘은 급히 친척들의 모임이 있어서 쉬게 되었다고 하길래 이웃집에 올라 그 모습을 엿보았더니, 앞집 기녀와 그 어미가 취한(醉漢) 한 명을 죽여 집 뒤에 묻고 있었다. 다음날 별 생각 없이 다시 그곳에 찾아가 머물면서 밤중에 기녀에게 그 일에 대해 물었다. 그러자 기녀는 깜짝 놀라 느닷없이 영호호의 목을 누르며 그 어미를 불러들여 그를 죽이려고 했지만, 다행히 어미가 그녀를 타일러 멈추게 하여 무사할 수 있었다는 것이다.(영호호는 다음날 아침 돌아가자마자 바로 경조윤[京兆尹, 수도의 시장]에게 아뢰어 모녀를 체포하도록 했지만 벌써 어디로 도망쳤는지 그 집은 텅 비어 있었다고 하는데, 손계도 매우 놀랍다는 어투로 전하고 있다.) 과연 이러했다면 북리는 뒤숭숭하기 짝이 없던 곳으로서 대중(大中) 이후에는 결코 그렇지 않았다고 할 수 없는데도 특별히 '대중연간 이전에는'이라고 손계가 단언한 것은 당시에 왕식이 좌금오(左金吾) 대장군으로서 장안성 동쪽 절반의 경찰권을 쥐고 그 치안을 책임지고 있었던 점을 꺼려서 말을 흐린 것이 아닌가 싶다.(덧붙이면, 왕식은 무종[武宗] 때의 재상 왕기[王起]의 아들이다.)

끝으로 북리에서 펼쳐진 장안 인사(人士)들의 멋지고 황홀한 연회 광경을 무언가 적당한 사료에 근거해 되도록 그 사료를 통해 직접 전달하면서 이 항목을 마치고자 하는데, 다행히 백낙천의 장편시 한 수가 여기에 안성맞춤이라 여겨져 인용하려 한다. 그 시는「강남에서 기쁘게도 소

구절을 만나, 장안에서 놀던 옛일을 얘기하다 장난삼아 주는 50운」(江南喜逢蕭九徹, 因話長安舊遊戲贈五十韻)이라는 제목의 전체 100구의 오언 장편시로, 일반 『백씨장경집』(白氏長慶集)에는 실려 있지 않은 듯하고 청대 왕입명(汪立名)이 편찬한 『백향산시집』(白香山詩集)에는 오대(五代) 위곡(韋穀)이 편집한 『재조집』(才調集)에서 발췌하여 제19권(즉 보유[補遺]의 권상)에 수록되어 있다. 모두 세 단락으로 구성되어 있는데, 첫째 단락은 젊은 시절 장안에 있을 무렵에 친구들과 서로 이끌어 평강(平康)의 기가(妓家)에서 노닐던 일을 회상하며 추서(追敍)한 부분이고, 둘째 단락에서는 한번 이별한 뒤로 어느덧 세월이 흐르고 세상길 또한 험난함이 많았음을 서술했으며, 셋째 단락에서는 강남에서 오랜만에 이루어진 상봉을 기록하며 오늘을 위로하고 옛일을 생각하면 감개를 견딜 수 없다는 취지를 노래하고 있다. 시로서는 처량하기 짝이 없는 정을 서술한 둘째와 셋째 단락을 더 중시해야 하겠지만, 여기서는 주제가 주제인 만큼 첫째 단락만을 취하여 간단하게 해석해보고자 한다.[4]

> 생각나네, 그 옛날 즐겁게 노닐던 우리
> 자주 어울려 즐거운 연회에 갔었네
> 영락방에서 같이 붙어살기도 하고
> 평강방에서 함께 으늑한 모임도 가졌지
> 사자(師子)를 보려고 전곡(前曲)으로 찾아갔고
> 성아(聲兒)가 내교방에서 나왔네
> 꽃이 무성한 곳은 태노(態奴)의 집
> 대나무 엇갈린 데는 득련(得憐)의 집이었지
> 뜰에는 느지막이 붉은 작약이 피고
> 문에는 한가로이 푸른 버들이 그늘졌었네
> 찾아가는 곳 모두 같은 거리에 있고

자리잡은 곳도 모두 담장 하나 사이였지

그 당시엔 머리를 높게 빗어 올리고

담박한 화장이 유행이었네

머리에 꽂은 꽃은 홍석죽(紅石竹)

어깨의 피(帔)를 물들인 건 자줏빛 빈랑(檳榔)이었지

트레머리 움직일 때면 매미날개 매달린 듯하고

비녀 늘어진 곳엔 작은 봉황새 열지어 날았네

가슴에는 뽀얀 분을 살짝 펴 발랐고

손 덥혀주던 품속은 작은 향주머니 같았지

좋은 짝을 골라 은촛대를 옮기고

낭군을 맞아들여 옥술잔을 들었네

화로 연기에는 사향 향내 가득하고

술 빛깔은 아황주(鵝黃酒)*의 노란빛이었지

자지러질 듯한 피리소리 멎었다 다시 이어지고

성대하던 현악기소리 느려졌다 다시 커지면

빙빙 돌며 춤추는 소매는 눈발이 날리는 듯

노랫소리 맴도는 대들보엔 먼지가 일어날 듯

옛 노래 조소곡(調笑曲)을 거듭해 부르고

새 노래 의양곡(義陽曲)을 연주하곤 했지

다정하기로는 아연(阿軟)을 손꼽았고

말 잘하기로는 추양(秋孃)을 인정했네

바람이 따뜻해져 봄도 저물어갈 무렵

별은 돌았지만 밤이 아직 끝나지 않으니

연회 아직 끝나지 않아 다시 화장을 고치고

* 어린 거위의 털빛 같은 노란색이 도는 좋은 술.

술자리 길어지니 옷도 바꾸어 입었지

짝을 지어 깊숙한 기원(妓院)으로 돌아가

둘씩 나뉘어 동방(洞房)으로 들어갔네

비취새 그려진 비단휘장을 젖히고

원앙새 수놓인 비단자리를 깔았지

자고 가라 다투어 소매를 붙잡던 기녀들

잠에 곯아떨어져 각기 침상을 차지한 뒤면

푸른 창문엔 물 그림자 희미하게 밝고

붉은 벽에는 등불 그림자가 어른댔네

거울을 찾아 화전(花鈿)*을 떼고서는

상대를 불러 겹당(袷襠)†을 풀게 했지

장엽(妝靨)# 붙인 채 넌지시 요염하게 웃으니

속삭이는 입술의 연지도 향기로웠네

새벽 올까 저어하여 종소리 들리도록 앉았다가

날 밝는 것 부끄러워 휘장 뒤에 숨곤 했지

눈썹은 지워져 나비더듬이 모양 옅어졌고

쪽머리 풀려 삼단 같은 머리 길게 늘어졌었네

[후략]

돈황 벽화에 있는 당대의 무악(舞樂) 풍경

---

* 이마 중앙에 붙이는 꽃잎 모양의 장식.
† 저고리 위에 걸치는 소매 없는 옷. 본문 343쪽 그림의 오른쪽 여성이 겹당을 걸치고 있다.
# 화전(花鈿)의 일종으로 보조개 부근에 붙이는 장식.

당사잡초(唐史襍鈔)

투가(鬪歌)

❧바르트부르크의 노래경연은 바그너의 명곡*에 의해 사람들에게 잘 알려져 있고, 툴루즈(Toulouse) 거리에서 트루바두르†가 신성(新聲)을 다투는 모습은 로렌스의 화필을 통해서 지금도 살아 있다. 그것들과 취지는 다르지만, 당나라의 상도(上都) 장안성에서도 때로는 일종의 노래경연이 행해졌다. 언제부터인가 백낙천(白樂天)의 동생 백행간(白行簡)의 작품으로 전해져오는 『이와전』속에 그 사례가 나온다. 물론 소설 속의 한 장면에 불과하므로 당시 그 사람에 의해 그런 이벤트가 반드시 행해졌다고 단정할 수는 없지만, 시정 풍속의 하나로서 당나라 때 적어도 수도에 이러한 관습이 있었음을 살피기는 어렵지 않다.

　『이와전』은 예전부터 인구에 회자되어왔으므로 여기서 줄거리를 풀어 놓는 게 새삼스럽지만, 간략하게 소개해보겠다. 영양(滎陽)에 사는 대성(大姓) 정씨(鄭氏)의 아들이 과거시험을 보려고 장안에 머무르고 있었다. 그런데 어느날 평강(平康)의 명가곡(鳴珂曲)에서 기생 이와를 우연

---

* 오페라「탄호이저」를 말한다.
† Troubadour. 12~13세기 남부 프랑스를 중심으로 활동했던 음유시인이자 작곡가 집단.

히 보고 그 미모에 푹 빠지고 말았다. 결국 기생집에서 유련황망(流連荒亡)*하면서 다른 일은 돌보지 않고, "날마다 광대들을 모아놓고 진탕 놀며 잔치를 즐기다가 주머니가 텅 비게" 되었다. 그러다 계책에 말려들어 이와의 어미 때문에 이와와 멀어지고 그녀에게 버림받은 신세가 되어 한순간에 궁벽한 동네에서 형편없이 살게 되었다. 정생(鄭生)이 빌붙어 살던 집주인은 처음에는 그를 안스러워했지만, 정생이 원망 끝에 큰병이 들고 점차 위독해져 일어나지도 못하게 되자 그를 내쫓아 흉사(凶肆)로 옮겨가게 했다. 흉사란 사람들을 위해 장사(葬事) 일체를 주선하는 집으로, 오늘날의 장의사이다. 제수의 진설(陳設)은 물론 장례행렬에 필요한 의식(儀飾)과 기타 모든 것을 처리하는 곳이라서, 재기(梓器, 관)·거여(車輿)·향화(香華)를 비롯해 부장품인 토우(土偶)·추령(芻靈)·지전(紙錢)까지 없는 것이 없었다. 만가(輓歌)를 구슬프게 잘 부르는 자를 길러 세간의 수요에 응하는 것도 그 업의 일부였다. 당시 장안에는 동·서에 두 시장이 있었고 흉사도 각각에 하나씩 있었는데, 『이와전』의 문면으로 보면 정생이 의탁했던 흉사는 동시(東市)에 있었던 듯하다. 시장 안에는 같은 업종의 상포(商鋪)가 나란히 이어져 있었으므로 흉사 주변에는 말향(抹香, 가루로 만든 향) 냄새가 아련히 감도는 집들이 처마를 나란히 하고 있었을 터이다.

갑작스레 흉사의 허드레꾼으로 전락한 정생은 같은 흉사에 있는 사람의 동정을 사 간신히 목숨을 이어갈 수 있었고, 마침내 병이 다소 나아 지팡이를 짚고 일어날 수 있게 되자 그의 일을 도우며 얼마간의 삯을 받아 자활의 방도를 찾게 되었다. 정생은 흉사 안에서 만가 소리를 들을 때마다 자신의 미진함을 한탄하곤 했지만, 성품이 본래 총명하고 영민했으므로 열심히 연습을 하자 얼마 가지 않아 절묘한 경지에 이르렀고 마침

* 주색 등에 탐닉하여 이 집 저 집 쏘다니며 자기 집에 돌아갈 줄 모르는 것.

곡물가루 음식을 만드는 삼채 토용. ①절구 찧기 ②키질하기 ③맷돌갈기 ④반죽하기 ⑤반죽 얇게 밀어서 굽기 ⑥기다리기 등의 가삿일을 형상화했다. 당대 작품. 1972년 신강 투르판 아스타나 묘에서 출토.

내 장안을 통틀어 그와 견줄 자가 없게 되었다. 당시 두 시장의 흥사는 서로 자신의 업을 과시하며 우열을 다투곤 했는데, 동사(東肆, 동쪽 흥사)는 거여와 관구(棺柩)의 아름다움에서 필적할 자가 없다고 알려졌고 서사(西肆, 서쪽 흥사)는 만가에서 비할 자가 없다고 소문이 나 있었다. 동사의 우두머리는 정생의 노래솜씨가 절묘함을 알고서 후한 보수로 그를 맞아들인 뒤, 흥사의 노인들 중 소리에 뛰어난 자로 하여금 남몰래 정생에게 신곡을 가르치도록 했다. 정생은 다시 그 노래를 잘 부르기 위해 애썼는데, 오랜 시간이 지나도록 자신이 얼마나 잘 아는지 깨닫지 못했다.

그러던 중 두 흥사는 자신들이 매매하는 도구를 승천문(承天門) 거리에 진열해 우열을 가리기로 하여 5만 전을 걸고 자웅을 겨루게 되었다. 이 행사는 두 흉사의 상품을 진열하는 것에 불과했지만, 명기(冥器)라고는 해도 부장품으로 쓰이는 삼채(三彩)*의 토용(土俑)과 니상(泥像) 같은 것은 오늘날 보아도 충분히 예술품으로서 부끄럽지 않고, 또 그 배치는 마치 일종의 공예미술 전람회 같았을 것이다. 게다가 창우(倡優)들의 경연까지 있었으니 그 소문은 저절로 퍼졌을 테고, 경성에서의 인기가 갑자기 치솟자 전에 없던 열광 속에서 온 도성의 남녀는 서로 모여 이야기를 하면서 그 날이 오기를 손꼽아 기다렸을 것이다. 당일의 왁자지껄함은 얼마든지 상상할 수 있는데, 장안 각 방(坊)의 이정(里正)은 경찰 당국에 이를 알리고, 경찰 당국은 다시 경조윤(京兆尹)에게 보고해 허가를 받았다고 하니, 관헌은 당연히 치안유지를 위해 만반의 준비를 갖추었을 것이다. 과연 그 날은 무려 수만의 인파가 몰려들었을 만큼 복잡했다. 『이와전』 본문은 그 모습을 이렇게 전하고 있다.

> 사방의 인사들이 모두 달려가니 거리가 텅 빌 지경이었다. 아침부터 시작해 정오에 이르기까지 상여 등 장례의식 도구를 차례대로 겨루었는데, 서사가 모든 부문에서 지자 서사의 장(長) 얼굴에 참담한 기색이 역력했다.

그래서 서사는 노래로 동사를 이기려 가수를 세웠고, 이에 양사의 노래 경연이 시작되었다.

> 곧 층탑(層榻)을 남쪽 모퉁이에 설치했다. 구레나룻이 긴 자가 쇠방울을 들고 나오고, 그 곁에 몇 사람이 자리를 잡았다. 구레나룻을 휙 쓰다

---

* 당삼채(唐三彩). 녹색·황색·백색 또는 녹색·황색·남색의 세 가지 빛깔의 잿물을 써서 만든 도자기.

듣고 눈썹을 치켜세우며 팔뚝을 내밀더니 이마를 조아린 뒤 올라가 백마사(白馬詞)를 노래했다. 그는 미리 자신의 승리를 확신하고 방약무인한 태도로 좌우를 둘러보았으며, 청중도 일제히 환호성을 지르며 그를 찬양했다. 스스로 이 시대의 독보적 존재라 여기며 누구든 무릎을 꿇릴 수 있다고 생각했다.

이리하여 서사는 노래에서 지금까지의 패배를 설욕하는 듯했는데,

잠시 뒤 동사의 장(長)이 북쪽 모퉁이 위에 올라 연탑(連榻)을 설치했다. 검은 두건을 맨 젊은이가 좌우에 대여섯 사람을 거느리고 삽(翣, 관 옆에 모시는 제구로서 자루가 달린 둥근 부채 같은 것)을 든 채 등장했다. 다름 아닌 정생이었다. 옷매무새를 정돈하고 천천히 위아래를 훑어본 뒤 목청을 가다듬고 곡조를 시작했는데, 언뜻 듣기에는 뛰어난 것 같지 않았다. 이윽고 해로가(薤露歌)*를 불렀는데 소리가 그지없이 청아하게 울려 퍼져 수목(樹木)을 뒤흔드니, 노래가 채 끝나기도 전에 청중들은 감동하여 흐느껴 울었다. 군중의 야유를 듣게 된 서사는 더 수치를 느끼고, 내기에 건 돈을 슬그머니 내놓고는 몰래 도망치고 말았다. 모였던 구경꾼들은 모두 경탄해 마지않았지만 그 젊은이가 누구인지는 알아채지 못했다.

『이와전』의 노래경연 단락은 여기서 끝나지만, 이런 종류의 풍속이 두 흥사의 우연한 경합이었고, 해로가와 호리가(蒿里歌)†의 경연으로만 그쳤을까? 경사의 좌우 두 거리에서 자기 선수를 내보내 궁성 앞 광장이나

---

* 상여가 나갈 때 부르는 노래. 사람의 목숨이 염교(백합과의 풀) 위의 이슬처럼 쉽사리 사라진다는 뜻을 담고 있다.
† 호리(蒿里)는 태산(泰山) 남쪽에 있는 산 이름. 사람이 죽으면 혼백이 여기에 머문다고 한다.

주작대로 주변에서 일반 가요를 번갈아 부르며 경연하는 행사나, 징·북·비파·완함(阮咸) 연주로 승부를 겨루는 성대한 대회는 달리 없었을까? 당대의 필기와 소설 가운데 시정의 잡사를 전하는 것이 적다고는 할 수 없는데, 필자의 과문함 때문인지 이런 내용을 언급한 것은 아직 들은 바가 없다. 다만 한 가지, 단안절의 『악부잡록』에서는 덕종(德宗) 정원(貞元)연간(785~805)에 장안 서시(西市)의 상인이 승천문 거리에서 "널리 승부를 겨루어 성악(聲樂, 음곡[音曲])을 경합한" 일을 전하고 있다. 하지만 불행히도 그 기록은 상세하지 못한데, 비파의 명수 강곤륜(康崑崙, 아마도 사마르칸트 출신의 악공일 것이다)이 동쪽 거리를 대표하는 선수로서 단에 올라 서쪽 거리에서 이를 대적할 자가 없다고 생각할 즈음, 여자로 가장한 불승(佛僧) 하나가 오른쪽 거리에서 뽑혀 등장하더니 마침내 묘기로 왼쪽 거리를 압도하고 떠났다는 정도만 전하고 있다.

동쪽 거리에 강곤륜이 있었는데 비파를 가장 잘 탔으므로 틀림없이 서쪽 거리에서는 대적할 자가 없을 거라고 여겼다. 드디어 강곤륜에게 채루(綵樓)에 올라 한 곡조를 타게 했다. 새로 만든 우조(羽調)의 「녹요」(綠腰, 육요[六么]) 곡이었다. 서쪽 거리에서도 역시 누각 하나를 세우자, 동시(東市)가 이를 크게 야유했다. 곤륜이 곡을 마치자 서시의 누각 위에 한 젊은 여자가 나타났다. 악기를 품고서 "나 역시 이 곡을 연주하겠지만 곡조를 풍향조(楓香調)로 바꾸겠다"고 먼저 말했다. 악기에 채를 대니 소리가 우레와 같고 그 절묘함이 입신의 경지였다. 곤륜은 깜짝 놀라서 바로 절을 하며 스승으로 모시고자 했다. 그 여인이 마침내 옷을 벗고서 모습을 드러내 보이니 바로 승려였다. 아마도 서시(西市)의 호족들이 장엄사(莊嚴寺)의 승려 선본(善本, 성은 단[段])에게 예물을 후하게 주어 동쪽 상점의 소리를 누르고자 했을 것이다.

단안절의 서술은 여기서 그치고 있지만, 동·서 두 시장의 주최하에 장안이 좌우 두 거리로 나뉘어 각각 가수와 악공을 내어 기예를 겨루는 일이 있었다는 것을 충분히 알 수 있다. 층탑을 설치하고 채루를 세웠다고 하니, 장안과 남프랑스로 지역은 달라도 1324년 툴루즈에서 열린 노래경연을 담은 로렌스의 그림에는 당나라 도읍 승천문 가두의 경연을 방불케 하

네 현의 비파를 타고 있는 당대의 여성

는 점이 어딘가 있지 않은가? 큰길 한 귀퉁이, 건물 형태의 길가 나무층계에 모여 있는 젊은 남녀의 복식은 중국과 상통하는 점이 전혀 없다고 해도, 무성한 고목의 가로수 그늘에서 단 위에 오른 검은 옷의 가수는, 노란 꽃과 진녹색 이파리가 빽빽한 홰나무 아래 검은 두건을 쓰고서 빙천(氷泉)이 오열하는 듯한 운율로 온 성안 사족과 서인의 소매를 적시게 한 정생의 모습을 연상시키지 않는가?

각설하고, 낙양에서 출토된 여용(女俑) 중 어떤 것은 가벼운 비단을 두른 가는 허리가 아름답게 흐르는 소프라노 가수로, 양가(兩街)의 남녀를 매료시킨 자태를 묘사했다고 보기에 부족함이 없다. 눈썹을 낮추고 몸을 기울여 눈동자를 응시하며 "노래하려다 미처 하지 못하고 먼 산을 근심하는"(欲歌未歌愁遠山, 송나라 육유[陸游])* 그 아취는, 아무 근거는 없지만 잠시나마 이 여인을 노래경연에 나선 프리마돈나로 볼 자유를 역사가

---

* 「옛날을 그리는 절구시」(感舊絶句)의 한 구절이다.

에게 허락해준다.

"꽃 지는 시절에 그대를 또 만났구려"

✿ 역사에 따르면, 천보14재(755) 겨울 11월, 영주(營州)의 잡호(雜胡) 안녹산이 범양(范陽)에서 반란을 일으켰다고 한다. 얼마 지나지 않아 장 안과 낙양 두 수도가 잇달아 함락되자, 현종은 촉으로 몽진하고 궁궐은 불타고 백관은 사방으로 흩어졌으며 이원(梨園)의 제자와 교방(敎坊)의 미녀들도 대부분 적영(賊營)에 납치되어 위조(僞朝)를 섬기도록 강요받았다. 난을 면한 자들도 강호에 떠돌아다니면서 별안간 세로(世路)의 고난에 직면하지 않을 수 없었다.

난후 15년째인 대종(代宗) 대력(大曆)5년(770) 경술(庚戌), 일찍이 풍진을 피해 성도(成都)에 있었던 두보(杜甫)는 몇 년 전 저 완화초당(浣花草堂)*을 나와 장강(長江)을 내려가 강릉(江陵)을 거쳐 소상(瀟湘)에서 노닐다가, 그 해 초 담주(潭州)에 자주 머물렀지만 또 병마사(兵馬使) 장개(臧玠)의 난이 일어나자 늦봄과 초여름 사이에 난을 피해 형주(衡州)로 옮겼다. 그 조금 전이었을 것이다. 강남에 봄이 무르익어 온갖 꽃이 작별을 고할 무렵, 시인은 뜻밖에도 전부터 알던 악공 이구년(李龜年)과 해후했다. 이구년은 소년가수로서 당대에 명성을 날리며 명황(明皇)의 특별한 총애를 한몸에 받았던 성곡(聲曲)의 명장(名匠)이었다. 안녹산의 군대가 경사(京師)를 압박하자 그는 강호를 떠돌며 엄청난 신산(辛酸)을 겪었지만, 경사스런 날과 빼어난 경관을 만날 적마다 사람들을 위해 노래 몇 곡을 불러 지난날을 추억하게 하고, 좌객(座客)으로 하여금 무상한

---

* 사천성 성도 완화계(浣花溪)에 있는 두보가 살았던 초당.

시세의 변화를 탄식케 했다고 한다. 두보는 그때 이 기이한 조우(遭遇)에 감동하며 칠언절구 한 수를 지어 그에게 선사했다.「강남에서 이구년을 만나」(江南逢李龜年)가 그것이다.

> 기왕(岐王)*의 저택에서 늘상 보았고
> 최구(崔九)의 대청에서도 몇 번 들었소
> 바로 경치 좋은 이곳 강남에서
> 꽃 지는 시절에 그대를 또 만났구려!1)

소릉(少陵, 두보의 자)은 본래 미증유의 대문호로서 특히 수십·수백 운의 장편 행(行)에서 뛰어난 솜씨를 보였다. 하지만 이 시는 그가 지은 칠언절구의 압권으로, 일찍이 세상에서 그의 시에 대해 인정한 난해한 표현이나 까다로운 글자가 하나도 없다. 그러면서도 세변(世變)의 참담함을 글자 속에 잘 갈무리하여 드러내 보이지 않으면서도, 망망(茫茫)한 강남의 늦봄에 복사꽃이 어지러이 붉은 비처럼 떨어지는 풍경만을 말하여 잔잔한 여운을 언외에 남기고 있다.

어양(漁陽)†에 봉화가 오른 이래 영락한 신세로 민간에 유랑하던 악공의 무리는 이구년뿐이 아니었다. 강남에서 만난 기구함 또한 두보의 경우로만 그치지 않는다. 앞서 인용한 단안절의 『악부잡록』에서는 가수 영신(永新)과 일찍이 그의 재능을 아껴 추천했던 장군 위청(韋靑)의 전란 후 해후에 대해 전하고 있다. 영신은 강서(江西) 길주(吉州, 지금의 강서성 길안〔吉安〕시) 영신(永新)현의 악공 집안 딸이었는데, 개원 말 궁액(宮掖)에 뽑혀 들어온 뒤로 본관을 따라 영신이란 이름으로 불렸다.# 내교방

---

* 현종의 아우로서 문학에 특히 관심이 많아 문인·묵객들과 즐겨 사귀었다.
† 하북성에 있는 지명. 안녹산이 이곳에서 반란을 일으켜 장안으로 쳐들어왔다.
# 『악부잡록』에 따르면 본명은 허화자(許和子)이다.

(內敎坊) 의춘원(宜春院)에 배속되어 미모와 총명함으로 명성을 날렸는데, 노래도 잘하고 신곡도 만들 줄 알아 한아(韓娥)*와 이연년(李延年)†의 사후 1천여 년, "오랫동안 사람이 없다가, 영신에 이르러 비로소 그 능력을 계승했다"고 칭송되었다. "하늘 드높은 가을 밝은 달밤에 궁궐의 누대가 문득 청허해지면, 목을 돋우어 내는 소리 한 자락이 거리에 울려퍼졌다"고 평가되었으며, 그 절묘한 기예는 이런저런 일화로 전해오고 있다. 안녹산의 변란 이후 육궁(六宮)#이 뿔뿔이 흩어지자 영신도 한 사인(士人)에게 거두어져 그 자취가 묘연해졌다. 광릉(廣陵, 양주(揚州)) 땅으로 피신한 위청은 밤낮으로 수루(水樓)의 난간에 기대어 영신을 생각하고 있었는데, 하루는 "홀연히 배 안에서 수조(水調)를 노래하는 소리를 듣고는 '이는 영신의 노래이다' 하며, 이윽고 배에 올라 영신과 대면하고는 한참을 울었다"고 『악부잡록』은 전하고 있다. 사건 자체가 반쯤은 소설에 가까워 과연 그런 일이 실재했는지는 확인할 수 없지만, 비슷한 일을 후세에서 찾아보면 백향산(白香山, 백거이의 호가 향산거사(香山居士))으로 하여금 심양(潯陽)의 강두(江頭)에서 「비파행」(琵琶行)을 부로 읊조리게 만든 예☆도 있었다. 장소가 다르고 사람은 달라도 이와 비슷한 만남과 이별의 기연은 그리 드물지 않았을 것이다. 영신의 경우는 어느 해몇 월인지는 모르지만, 가녀린 버들가지에 푸른 새싹이 겨우 움트려 하고 꽃샘추위가 기승을 부리는 아침이라도 좋고, 달은 밝고 바람은 고요한 가을 저녁이라도 좋을 것이다. 적당한 풍물(風物)을 점찍어 그 장면의 광경을 비슷하게 연출하면, 대란 이후 바람에 뒹구는 쑥대처럼 기구한 운명에 유랑하던 숱한 고관들과 나인(內人)들의 정감을 살필 수 있을 것이다.

* 한(韓)나라의 가기(歌妓) 이름.
† 전한 무제(武帝) 때 악부를 담당한 음악가. 서역의 악곡을 바탕으로 한 군악 28곡을 만들었다. 그의 누이는 무제의 총애를 받아 이부인(李夫人)이 되었으나, 누이가 죽은 뒤 한무제에게 처형되었다.
# 후비(后妃)가 거처하는 궁전.
☆ 백거이가 심양 강가에서 옛 장안 기생이 타는 비파소리를 듣고 지은 것이 「비파행」이다.

두보는 이구년과 헤어져 남쪽으로 가 뇌수(耒水)를 거슬러 올라 침주(郴州)로 나와서 친족 최씨에게 의지하고자 했지만 뜻대로 되지 않았고, 그곳을 떠나 북방으로 돌아가려고 하다가 그 해 말 도중에 상강(湘江) 물가에서 세상을 떠났다. 그 뒤 이구년의 행적은 묘연하여 알 수 없다.

안사의 난은 당 왕조의 역사에 한 시기를 구획했다. 그것은 사실이다. 그러나 성당의 문물이 이 난으로 인해 모두 파괴되어 갑자기 나라

시성(詩聖) 두보

전체가 단숨에 난세로 추락했다고 하는 것이 옳을까? 로마는 하루아침에 이루어지지 않았고, 또한 하루 만에 망하지도 않았다. 천보 이후 경락(京洛)의 땅에 왕기(王氣)가 쇠약해져 북중국이 황폐해지면서 유민(流民)들이 도처에 가득하고, 반전(班田)제도가 붕괴되어 공부(貢賦)를 거둘 수 없었으며, 도적이 마을에 출몰하여 교통이 막히니 쓸쓸하고 적막하여 해가 저물면 만리에 사람 그림자가 끊기고, 거리에 닭 울고 개 짖는 소리가 들리지 않으며 논두렁·밭두렁은 주인이 없는 지경에 이르렀음은 부인할 수 없다. 그러나 화란(禍亂)의 땅에서 멀리 떨어진 영남(嶺南)이나 서천(西川)의 오지는 말할 나위도 없고, 강수와 회수의 비옥한 평야는 난을 피하여 오히려 옛날보다 더 풍요로웠으며 오문(吳門)과 유양(維陽)의 번화함은 성당의 문화를 충분히 계승하여, 이후 오랫동안 당나라의 국운을 중흥시킨 재원의 공급지가 되었다. 상경(上京)과 동도(東都)의 두 성 또한 궁궐이 곧 재건되었으며 도읍의 백성들도 돌아와서, 무르익은 문명이 되려 더욱더 번영한 듯한 느낌마저 있다.* 또한 후퇴해 생각해보

---

* 안사의 난 후 북방의 선진기술이 남부로 유입되어 강남은 급속히 발전한다. 수도 장안과 낙양에서 멀리 떨어진 변경이었던 '강남'은 평화와 번영을 구가하는 산자수명(山紫水明)한 지역으로 바뀐다. 따라서 우에키 히사유키는 두보의 「강남에서 이구년을 만나」에 나오는 "바로 경치 좋은 이곳 강남에서"란 시구는 바로 이런 전환기를 표현하고 있다고 지적했다.

이소도(李昭道)의 「명황행촉도」(明皇幸蜀圖). 안사의 난이 일어나 당 현종(玄宗)이 촉으로 피난을 떠난 사건을 묘사한 작품. 좁고 험준한 사천성으로 통하는 산길을 말을 타고 지나는 현종과 시종들의 긴 행렬이 세밀하게 묘사되어 있다. 당대 산수화풍을 반영하는 중요한 그림이다.

면 근래 사회사가와 경제사가들이 자주 지적하듯이, 국운이 성했던 초당 시기라도 제왕의 교화에 배를 두드리며 태평을 구가했던 것은 상층의 귀족과 부호들에 국한되며 농촌과 산골의 평민들은 틀림없이 그 여택에 젖지 못했다. 이런 의미에서 안사의 난이 일어나 결국 당나라의 국기(國基)에 어두운 그림자가 드리웠다고 하는 것은 어쩌면 타당하지 못하다. 그러나 명황 무렵의 번성함을 경화(京華)의 풍광 속에서 직접 겪은 사람들에게는 현종의 행촉(幸蜀)과 만이(蠻夷)의 횡행은 차마 말로 다할 수 없는 천추의 한이었다. 『두공부집』(杜工部集)을 예로 들어 보아도, 수록된 시의 절반은 다름 아닌 이런 정서를 그린 것이다. 칠언율시의 절창이라 일컬어지는 「추흥 8수」(秋興八首)의 경우, 한 수 한 수에 이런 감회가 깃

들여 있음은 잘 알려진 바이다. 지난날의 번영을 그리워하고 잊지 못해 지금의 갑작스런 변화에 눈을 가리는, 그런 인간의 마음을 살피는 데는 백부·천편의 역사서라도 소릉의 이 시「강남에서 이구년을 만나」한 수만 못할 터이다.

왕지환 등의 작은 연회

🦑 당시의 풍조를 논할 때 먼저 분명히 해두어야 하는 바이지만, 정말 유감스럽게도 당나라 도읍 장안에서의 가기(歌妓)의 생활을 상술하고 있는 책은 얼마 되지 않는다. 그러나 민간의 가기에 대해서는 당대 말기의 상황을 기록한 것이기는 해도 손계의 『북리지』 1편이 있어서, 평강(平康) 삼곡(三曲)의 기녀의 일상이나 그 무렵 장안에서 명성을 떨치던 명기(名妓)의 일사(逸事) 등의 일면을 살필 수 있다. 궁원(宮苑)에 속하는 내교방(內敎坊)의 여악(女樂)에 관해서는 최영흠의 『교방기』가 있어 당시 유행한 가곡의 이름과 함께 그들의 평생의 일단을 엿볼 수가 있다. 그러나 기녀의 일생생활과 복식 및 꾸밈새 등에서부터 예능의 수행, 손님을 모시는 법도나 그 세계의 특수한 사정과 풍습까지 상세히 알고자 하는 사람에게는 어느 쪽이나 만족스럽지 않은 바가 많다. 이제 달리 구할 만한 적당한 책이 없으니, 당·오대의 시문과 수필 종류를 널리 섭렵하여 자질구레한 기사나마 주워모아 종합해서 조금이라도 정리된 형태로 짜맞추는 것 외에는 길이 없다. 이런 의미에서 백낙천의 장편시「강남에서 기쁘게도 소구철을 만나, 장안에서 놀던 옛일을 얘기하다 장난삼아 주는 50운」(江南喜逢蕭九徹, 因話長安舊遊戱贈五十韻)과 앞서 인용한 소설 『이와전』의 일부분 등은 특히 좋은 재료일 것이다.

　다음에 들 성당의 시인 왕창령(王昌齡), 왕지환(王之渙), 고적(高適)

세 사람에 관한 에피소드의 경우도 이미 인구에 회자되어 전해지고 있어서 지금 새삼스럽게 진기하다고 하기에는 부족하다. 하지만 이원(梨園)의 영관(伶官)이 여가시간을 얻어 궁궐 밖으로 나와 평강의 미녀로 생각되는 이와 함께 거리의 기정(旗亭, 고급 술집)에서 마시고 노래하며 놀다가 마침 그곳에서 술을 마시고 있던 유명한 시인들을 만나 자리를 함께하고 시끌벅적하게 환소(歡笑)를 나누었다는 이야기의 줄거리를 보면, 시정 운사(韻事)의 일면과 기녀들의 일상생활의 단면을 알 수 있어서 사소하지만 풍속사를 상고할 수 있는 한 증거를 얻게 된다. 예로부터 잘 알려져 있는 이 이야기도 이런 관점에서 보면 또 다른 흥미를 느끼게 되는데, 물론 절반쯤은 소설에 속하므로 그 사실 여부는 당연히 검토할 필요도 없다.*

이 이야기는 설용약(薛用弱)의 『집이기』(集異記)에 나온다.

개원연간, 왕지환은 왕창령·고적과 서로 망형교(忘形交)†를 맺었다. 세 사람은 병란의 먼지 속에서 불우한 처지로 아직 제대로 뜻을 펼치지 못하고 있었는데, 서로 항상 그림자처럼 어울렸으며 노는 곳 또한 거의 같았다. 금방이라도 눈이 올 것 같은 어느 추운 날, 세 사람은 함께 손을 잡고 한 기정에 이르러 술상을 차리게 하고 작은 술자리를 벌이려 했다. 그때 이원의 영관 10여 명이 나타나 누대에 올라 연회를 열었고, 세 시인은 자리를 피하여 구석에서 몸 둘 곳을 몰라 하며 얌전하게 화롯불을 끼고 앉아 그 모습을 엿보았다. 갑자기 기녀 네댓 명이 줄줄이 나와 영관의 자리에 끼여 앉았는데, 모두들 화려하고 요염하며 우아하고 세련되기 그지없었다. 이윽고 음악을 연주하며 노래를 불렀는데, 보아하니 모두 당

---

* 이 이야기는 종래 허구로 여겨져왔다. 예컨대 명나라 호응린(胡應麟)의 『소실산방필총』(少室山房筆叢) 권41에서도 그렇게 보고 있다. 그러나 현재는 담우학(譚優學)의 『당시인행년고』(唐詩人行年考)처럼 개원24년, 즉 736년이나 주훈초(周勛初)의 『고적연보』(高適年譜)처럼 737년에 실재했던 일로 보는 견해가 우세하다.

† 자신의 형체를 잊고 한마음 한뜻이 되는 아주 친밀한 사귐.

시 성곡(聲曲)으로 이름을 날리던 명기(名妓)와 명 악공들이었다. 왕창령 등은 몰래 서로 내기를 걸었다. "우리는 각기 시로 이름을 얻었지만, 누가 가장 뛰어난지 따져본 적이 없다. 오늘 하루종일 여러 영관들이 노래하는 것을 보고 증험해보자. 만약 우리의 시를 노래한다면, 그 중 많이 불리는 사람을 승자로 삼자." 그때 한 영관이 박자에 맞춰 노래했다.

> 찬비 강에 잇닿아 내리던 밤에 오나라 땅으로 들어와
> 그대를 보내는 새벽 초산(楚山)도 외롭구나
> 낙양의 벗들이 안부를 묻거든
> 한 조각 얼음 같은 마음 옥병 속에 간직했다 하게
> ─왕창령, 「부용루(芙蓉樓)에서 신점(辛漸)을 보내며」[2]

왕창령은 "이것은 내 시다"라며 손을 당겨 벽에 '절구 1수'라고 썼다. 그러자 또 한 영관이 노래했다.

> 상자를 열고 눈물로 가슴을 적시며
> 그대의 예전 편지를 보네, 그려!
> 밤의 누대는 어찌 이리 적막한지
> 마치 자운(子雲)*의 거처 같구나
> ─고적, 「단보(單父) 양구소부(梁九少府)를 곡함」

고적은 즉시 손을 당겨서 '나의 절구 1수'라고 벽에 썼다. 이어서 한 영관이 노래했다.

---

* 전한시대 불우했던 문학가 양웅(揚雄)의 자(字). 이후 자운거(子雲居)는 한사(寒士)의 집을 가리킨다.

비를 들고 새벽에 금빛 궁전문 열고

둥근 부채 들고 잠깐 함께 배회하네

옥 같은 내 얼굴 저 까마귀만도 못한가

오히려 그것은 소양전(昭陽殿)*의 햇빛을 받는구나

—왕창령, 「장신궁(長信宮)의 가을노래」†

왕창령은 다시 손을 당겨 '나의 절구 2수'라고 벽에 기록했다.

왕지환의 시는 끝내 영관의 입에 오르지 못했지만, 왕지환은 시로 명성을 얻은 지 이미 오래되었기에 도도하게 굴면서 개의치 않았다. "이 무리는 모두 영락한 악관들이고, 노래하는 거라곤 전부 하리파인(下里巴人)#의 곡조뿐이다. 나의 양춘백설(陽春白雪)☆ 같은 곡이 감히 속물들이 가까이하는 바가 될 성싶으냐"라고 큰소리치면서, 두 사람을 돌아보며 여러 기생 중 쌍으로 쪽을 찐 가장 아름다운 여자를 가리키며 "저 기녀의 창을 기다려보게. 만약 내 시를 노래하지 않으면 나는 평생 자네들과 우열을 겨루지 않겠네. 하지만 만약 내 시를 저 기녀가 노래하면 그대들은 마땅히 술상 아래에 나란히 서서 나를 선생이라 받들며 우러러야 하네"라고 했다. 세 사람이 크게 웃고 떠들며 잠시 기다리니, 드디어 그 기생이 노래할 차례가 되었다. 그녀의 입에서 나온 노래는 왕지환의 칠언절구 「양주사」(涼州詞)♣였다.

황하는 멀리 흰구름 사이로 흐르고

* 한나라 성제의 총애를 받던 조합덕(趙合德)의 거처.
† 「장신궁의 한」(長信怨)으로 된 곳도 있다. 한나라 성제의 총애를 잃고 장신궁에서 늙어간 궁녀 반첩여(班婕妤)의 원망을 노래한 악부시이다.
# 상스러운 속요. 유행가.
☆ 초나라의 가곡. 전하여 고상한 가곡을 뜻하는 말로 쓰인다.
♣ 당대에 유행한 악부의 곡명. 현재의 감숙성 무위(武威)시 즉 양주에서 유행하던 외래 악곡의 가사라는 뜻이다.

한 조각 외로운 성은 만 길 높은 산 위에

오랑캐 피리는 왜 하필 원망조의 절양류(折楊柳)*를 부르는가?

봄 햇살은 옥문관(玉門關)을 넘어오지 못하는데

왕지환이 빙긋이 웃으면서 두 사람을 야유하며 "어떠냐, 촌뜨기들아. 내 말이 틀림없지!"라고 했다. 이 때문에 세 사람은 다시 소리 높여 웃었다.

자리의 한쪽 구석에서 갑자기 환호성이 들려오자, 여러 영관들은 까닭을 몰라 다같이 일어나 몰려와서는 무슨 사정인지를 여쭈었다. 왕창령 등이 이유를 말하자 영관들이 앞다투어 절을 하면서, "속인의 범안(凡眼)이 신선의 하강을 알지 못해 고명하신 여러 선생님들께 대단히 실례를 했습니다. 어떠십니까? 이쪽에 오셔서 합석하실 수는 없으십니까?" 하면서 세 사람을 이끌어, 다시 함께 술잔을 들고 온종일 즐겁게 취했다고 한다.

이 일화를 통해 이원의 악공이 때로 금원(禁苑) 밖으로 나올 수 있었음을 알 수 있다. 또 『북리지』에는 기녀들이 매달 세 번, 8자가 들어가는 날에 가모(假母)에게 1민(緡)을 바치고 자신이 따르는 사인에게 의탁하여 함께 곡강·이원 등지로, 이른바 '원출'(遠出)을 나가 반나절의 즐거움을 다했다고 기록되어 있다. 그들이 놀던 자취가 모란꽃이 만발한 서명사(西明寺)나 옥예화(玉蘂花)로 유명한 당창관(唐昌觀)에 국한되지 않고 도정방(道政坊)과 승도방(昇道坊) 등 여러 방(坊)의 주루(酒樓)와 기정(旗亭)에도 미치며, 풍소(風騷)†의 객과 함께 호박술병으로 신풍(新豊)의 방순(芳淳)을 따르고 유리잔으로 고창(高昌)의 포도주를 기울였으리라는 것도 이 이야기에서 살필 수 있다. 그날 영관과 기녀의 입에 오른 시가는 모두 후인들에게 당대의 절창으로 인정받은 것들이다. 그 중에서

---

* 이별의 슬픔을 노래한 피리곡.

† 풍아(風雅)와 이소(離騷), 즉 시부(詩賦).

도 왕용표(王龍標, 왕창령이 용표위(龍標尉)를 지냈다)는 절구에서 이청련
(李青蓮, 이백의 호가 청련거사(青蓮居士))과 진배없다고 칭해지며, 왕병주
(王幷州, 왕지환이 병주 출신이다)는 또한 절구에서 이름을 일세에 떨친
바 있는데, 이 「양주사」의 경우는 왕어양(王漁洋)이 당대의 칠언절구 중
압권이라 평가했던 것이므로* 위 설화 속에서 이 시가 맡은 역할도 수긍
되는 점이 있다. 고상시(高常侍, 고적)의 경우는 잠가주(岑嘉州, 잠삼은
가주자사(嘉州刺史)를 지냈다)와 함께 변새(邊塞)를 노래한 비장한 곡(曲)
과 송별을 읊은 처량한 조(調)로 당대에 독보적인 존재였는데, 그의 장기
는 오히려 오언·칠언율시였다고 생각된다.

---

* 왕어양(王漁洋)은 청나라 시인 왕사정(王士禎, 1634~1711). 호가 어양산인(漁洋山人)이다. 신운설
　(神韻說)을 제창했으며 『대경당문집』(帶經堂文集), 『거이록』(居易錄), 『지북우담』(池北偶談) 등의 저
　작이 있다. 왕지환의 「양주사」를 당시의 4대 절구 중 하나로 평가한 그의 의견은 심덕잠(沈德潛)의
　『당시별재집』(唐詩別裁集) 권19 「칠언절구」(七言絶句)에 인용되어 있다.

당사(唐史) 관련 소고(小考)들에 대한 보충

나는 지금까지 몇 차례나 당대 문화에 관한 보잘것없는 소고를 이런저런 잡지에 마구 써댔다. 마구 써댔다는 말이 그 실태를 가장 잘 나타내는 표현인 것이, 특별히 깊이 조사도 하지 않고 퇴고도 하지 않은 채 찾아지는 대로 마침 가지고 있는 지식을 뻔뻔스럽게 써 내려간 글들로, 뒤에 더 상고해 덧붙여야 할 자료나 사례가 적잖이 남아 있는 것들뿐이라 해도 좋을 것이기 때문이다. 특히 그 대부분은 학술잡지가 아닌 곳에 기고했기 때문에, 고증과정도 거치지 않고 출전의 명기도 소략한 것이 많다. 한 번은 이를 어떤 형태로든지 보완하고자 마음먹고 있었는데, 이제 본지로부터 글을 한 편 요구받음에 즈음하여 새롭게 원고를 기초할 겨를도 없는 참이라 그 가운데 두세 가지를 기술하여 우선 당면한 책임을 면해보고자 한다. 여전히 다 말하지 못한 점들은 다른 기회에 차차 보완하고자 한다.

투가(鬪歌)

✿❧ 나는 1944년 12월과 1945년 1월의 『문예』(文藝)지에 「쌍괴려잡초」(雙槐廬襍鈔)라는 제목으로 어설픈 수필풍의 소고 네 편을 발표했다. 그

첫째편은 「투가」(鬪歌)라는 제목으로, 당나라 도읍 장안의 노래경연 풍속을 서술하면서 오페라 「탄호이저」와 바르트부르크의 노래경연 등을 연상했는데, 그 자료로 삼은 것은 겨우 소설 『이와전』과 단안절의 『악부잡록』에 나오는 한마디에 불과했다. 두 자료의 노래경연은 모두 동·서두 시장 상인의 주최하에 승천문(承天門) 밖 넓은 거리에서 기예를 겨룬 것으로서, 모두 민간에서 주최한 것이었다. 그런데 『당회요』(唐薈要) 권51 「식량상」(識量上)을 검토해보면서, 당대 초기 궁정에서도 천자의 뜻에 따라 이러한 행사가 치러졌다는 것을 알게 되었다.

고종(高宗) 상원(上元) 원년(674) 9월, 황제께서 함원전(含元殿)의 동쪽 상란각(翔鸞閣)에 행차하시어 대포(大酺)*를 살피셨다. 그때에 경성의 네 현(縣) 및 태상시(太常寺)의 음악을 동·서 두 패로 나누었다. 황제께서 옹왕(雍王) 현(賢)에게는 동쪽 패를 이끌게 하고 주왕(周王) 현(顯)에게는 서쪽 패를 이끌게 하여 힘써 승리를 다투면서 오락을 삼고자 하셨다. 중서령(中書令) 학처준(郝處俊)이 나아가 간언했다. "신이 들으니 예(禮)에 어린아이에게 속이는 일을 보이지 않는다고 했는데, 이는 그에게 거짓으로 기만하는 마음이 생기는 것을 두려워한 까닭입니다. 삼가 생각건대 두 왕은 춘추가 아직 어립니다. 마음과 취향이 아직 정해지지 못했으니, 모름지기 서로 공로를 미루고 아름다움을 양보하여 살피기를 한결같이 해야 할 것입니다. 그런데 이제 갑자기 두 패로 나뉘어, 번갈아 서로 과시하며 다투게 되었습니다. 게다가 배우와 소인들은 언사에 법도가 없으며 한참 흥이 오른 뒤에는 금지하기도 어렵습니다. 아마도 서로 승부를 다투며 나무라고 꾸짖느라 예를 잃을 것이니, 인의를 따르며 화목함을 보여주는 행동이 아닙니다." 그러자 고

---

* 황제가 특별히 민간인들도 볼 수 있도록 허락하는 나라의 큰 잔치.

종이 놀라며 말씀하셨다. "경(卿)의 원대한 식견은 뭇 사람이 미칠 바가 아니도다." 그리고는 마침내 명하여 이를 금지시켰다.

이렇게 해서 이때의 행사는 중지되었던 듯한데, 이 문면을 찬찬히 검토해보면 이전에도 이런 행사가 몇 번 시도되었고 또 실제로 거행되기도 했던 것이 아닌가 짐작되는 면이 있다. 이때는 종실의 두 왕을 나누어 각 반에 소속시키려 했기 때문에 쟁신(爭臣)의 간언에 부딪혀 중도에 그만두게 되었지만, 단순히 태상시의 악인(樂人)이나 이원(梨園)의 영관(伶官) 또는 민간의 명수끼리 벌이는 투가나 연주시합이라면, 천자의 어전에서도 전부터 빈번히 거행되었던 게 아닐까 싶다. 이후에도 하나하나 기록되지 않았을 뿐이지, 천자가 좋아하고 신하 가운데 중지시키는 자만 없었다면 틀림없이 대대로 이와 유사한 일이 개최되었다고 생각할 수 있지 않을까?

이런 현상들과 관계가 있는지는 단언할 수 없지만, 같은 『당회요』 권 34 「잡록」(雜錄)에 보이는 다음 기사는 어쨌거나 많은 사람들이 도성의 방항(坊巷)에 모여 유사한 행사를 시도한 결과가 아닌가 생각된다.

[회창]3년(843) 12월, 경조부(京兆府)에서 상주했다. "근래 방시(坊市)의 취회(聚會)에서 걸핏하면 음악을 연주합니다. 모두 [어사]대·[경조]부 및 군사(軍司)에게 단속되어 매번 보고가 올라오고 있습니다. 이후로는 모두 금지시키기 바랍니다." 이에 따랐다.

시민들의 즐거움 한 가지를 빼앗아버린 것은 애석한 일이지만, 아마도 이는 치안유지나 풍속단속에 관한 어떤 대책이 필요했기 때문일 것이다.

영신(永新)

❀내가 앞에서 언급한 네 편 가운데 "꽃 지는 시절에 그대를 또 만났구려"라는 제목으로, 천보(天寶)의 난 이후 피난을 떠나 강호에서 유리하던 이원의 제자나 교방(教坊)의 성기(聲妓)들이 타향에서 우연히 옛 지인을 만나 지난 시절을 회상하며 세운(世運)의 어긋남을 못내 탄식했던 두 장면, 즉 두보가 강남에서 이구년을 만난 일과 장군 위청이 광릉의 수루(水樓)에서 영신(永新)과 해후한 일을 기술한 것이 있다.

영신은 강서(江西) 길주(吉州) 영신현에 살던 악가(樂家)의 딸이었는데, 개원 말년에 궁액(宮掖)에 뽑혀 들어온 뒤로 본관을 따라 영신이란 이름으로 불렸다. 내교방(內教坊) 의춘원(宜春院)에 배속되어 있던 그녀는 미모와 총명함으로 이름을 날렸는데, 노래도 잘 부르고 신곡도 잘 지어 한아(韓娥)와 이연년(李延年)의 사후 1천여 년, "오랫동안 사람이 없다가 영신에 이르러 비로소 그 능력을 계승했다"고 칭찬받았던 기녀이다. 옛 논고에서 나는 이상의 내용에 뒤이어 『악부잡록』의 글을 인용하여 "하늘 드높은 가을 밝은 달밤에 궁궐의 누대가 문득 청허해지면, 목을 돋우어 내는 소리 한 자락이 거리에 울려퍼졌다"고 평가되었으며, 그 절묘한 기예는 이런저런 일화로 전해오고 있다고 기술했다. 하지만 그 일화에 대해서는 생략하고 아무것도 말하지 않았다. 이제 그 중 하나만을 전하고자 한다.

사건은 당대의 태평시절, 나라에 대전(大典)이 있어 천자가 민·관과 즐거움을 함께하고자 칙명으로 대포(大酺)를 내렸을 때의 일이다. 이 일을 보면 태평성세의 여방(餘芳)으로 군주와 신민이 풍요롭게 즐겼던 당시의 일면을 떠올릴 수 있을 것이다. 『악부잡록』의 노래항목에 이렇게 기록되어 있다.

근정루에서 노래하는 영신

[현종 때] 또 어느 날, 대포를 근정루(勤政樓)에서 여셨다. 구경꾼이 수천 수만 명에 이르니 시끌벅적하여 어룡백희(魚龍百戱)의 소리를 들을 수가 없었다. 황제께서 노하시어 연회를 파하고자 하시니, 중관(中官)* 고역사(高力士)가 "영신에게 누대에 나와서 노래를 한 곡 하도록 하시면 틀림없이 소란스러움을 그칠 수 있을 것입니다"라고 아뢰었다. 황제께서 그 말을 따르셨다. 영신이 이에 귀밑머리를 매만지고 소매를 들면서 바로 만성(曼聲)을 연주하자, 광장이 고요해져 마치 사람이 하나도 없는 듯했다. 기뻐하는 자는 이를 듣고 기운이 솟았으며, 근심하는 자는 이를 듣고 애간장이 끊어졌다.

어룡(魚龍)은 한위(漢魏)시대 이래 성행했던 백희(百戱)의 하나이다. 어룡의 모습을 만들어서 상하로 약동하고 종횡으로 달리다가 마침내 물에

* 궁중에서 일하는 환관.

뛰어들어 온갖 모양으로 변화를 부리는 것인데, 여기서 "소리를 들을 수 가 없었다"고 하는 것은 그 반주음악 소리를 들을 수 없었다는 뜻일 것이 다. 만성(曼聲)은 소리를 길게 끄는 노래이다. 이 사건은 역사적 사실이 아니라고 단정할 수는 없지만, 아마도 전설의 색채를 많이 띤 편이라 생 각된다. 그러나 이런 전승이 생겨나게 된 연유를 살펴보면, 영신의 기예 와 명성을 충분히 증명할 수 있을 것이다.

이와 관련해 현종 때 근정루 아래에서 열린 대포에 군중이 쇄도하여 극도로 소란스러웠던 일이 드물지 않았을 것으로 보이는데, 이를 제재하 는 것과 관계된 유사한 이야기가 전해오고 있다. 적어도 당대 필기소설 에 친숙한 사람에게라면 구태여 보일 필요도 없겠지만, 서론격으로 한 가지만 적어본다. 송나라 왕당(王讜)의 『당어림』 권1에 다음과 같은 기 록이 보인다.

현종께서 근정루(勤政樓)*에 행차하여 대포를 열고 사족과 서인으로 하여금 마음껏 백희를 구경하도록 하셨다. 사람과 물건이 터져나갈 정 도가 되어, 금오(金吾)의 위사(衛士)도 막지를 못했다. 황제께서 〔고〕역 사에게 말씀하셨다. "내가 나라 안에 풍년이 들고 사방에 별일이 없는 까닭에 성대히 연락(宴樂)을 열어 백성과 즐거움을 같이하고자 했다. 그런데 뭇 사람들의 소란스러움이 이와 같으니 무어라 말을 할 수가 없 구나. 네게 무슨 계책이 있거든 이를 멈추어보거라." 역사가 말했다. "신도 멈출 수가 없습니다. 청컨대 엄안지(嚴安之)를 불러서 처리하게 하십시오. 신이 보건대 틀림없이 합당한 방도가 있을 것입니다." 황제 께서 이를 따르셨다. 엄안지가 광장을 두루 돌아다니며 손으로 땅에 경 계선을 긋고는 사람들에게 보이며 말했다. "이 선을 넘는 자는 반드시

*『남부신서』에는 '화악루'(花萼樓)로 되어 있고, 『자치통감』 권214 개원23년(735) 조목에는 '오봉루' (五鳳樓)로 되어 있다.

죽을죄에 처한다." 이로써 하루종일 계속된 대포에서 모두들 그 경계선을 가리켜 '엄공(嚴公)의 경계선'이라 하며 감히 범하는 자가 없었다.

(이 기사는 당나라 정계(鄭棨)의 『개천전신기』(開天傳信記)에서 채록한 것으로 보이니, 겨우 한두 글자만 다를 뿐 같은 글이라고 할 만한 기록이 이 책에 실려 있다. 다만 엄안지가 등장하기 전에 "금오의 위사들이 흰 몽둥이를 비 내리듯 무수히 휘둘러보았지만 제지할 수 없었다"는 구절이 더 있다. 엄안지에 대해서는 역사에 전하는 바가 거의 없으며,『구당서』권86하「혹리전」(酷吏傳) 하(下) 길온(吉溫)의 전기에 그가 일찍이 하남(河南)의 승(丞)이었다는 것과 "성품이 독하고 가혹하여" 치옥(治獄)과 행형(行刑)이 잔인하기 짝이 없어서 사람들이 심히 두려워했다는 기록이 있을 뿐이다. 물론 위에서 인용한 일이 실제로 있었는지는 구태여 따져볼 필요도 없을 것이다. 다만 이렇게 군주와 신하가 연회를 벌였을 때 보이는 혼잡하고 요란한 모습은 이것으로 충분히 증명할 수 있을 것이다.)

당대의 성세를 장식하는 이 궁전 포설(鋪設)의 번잡함은 많은 책에 전해지며, 일찍이 하라다 요시토(原田叔人)도 현종의 천추절(千秋節)* 행사에 근거해 그 실제 상황을 서술했으므로 여기서는 되풀이하지 않겠다. 다만 이때 전각(殿閣) 앞에서 이른바 백희가 새로움을 다투었을 뿐만 아니라 저 투가 등도 함께 행해졌으리라는 것을 덧붙여두고 싶다. 이 글의 처음에 고종이 개최하고자 했던 노래경연이 학처준의 간언에 의해 중지되었던 일을 기술하면서, 그것은 종실의 자제가 참가했기 때문에 취해진 일시적인 조치였고 우창(優倡, 광대 또는 노래꾼)들의 노래경연은 계속 행해졌을지도 모른다고 말했다. 대포연(大酺宴) 때의 성황을 기록한 당

---

* 현종 이전에는 천자의 생일을 축하하는 절일이 없었는데, 개원17년(729) 현종이 자신의 생일인 8월 5일을 천추절이라 명명하고 축하하도록 했다. 이후 당나라와 오대에 천자의 생일을 절일로 하고 전국적으로 축하하는 것이 상례가 되었다. 그리고 이는 민간의 풍속에도 영향을 주었다. 현종은 이후 천추절을 천장절(天長節)로 개명했다.

나라 정처회(鄭處誨)의 『명황잡록』한 조목의 서두에 있는 기사는 이를 충분히 상상케 해준다.

> 현종께서 동락(東洛)에 계실 때 오봉루(五鳳樓) 아래에 크게 포연을 여셨다. 300리 안의 현령과 자사에게 명하여 그들의 성악(聲樂)을 이끌고 궁궐에 이르도록 하셨다. 또 그 승부를 겨루어 상벌을 내리겠다고 말씀하셨다. 이때 하남(河南)의 군수가 명을 내려 악공 수백 명을 수레에 태우되 모두 수놓은 비단옷을 입히고, 수레를 끄는 소는 호랑이 가죽으로 덮거나 또는 무소와 코끼리의 형상으로 꾸며 보는 이의 눈을 놀라게 했다.……

이런 기사는 향토예술 경연이라고 할 만한 것인데, 가창에만 국한되지는 않았겠지만 투가도 포함됐으리라는 것을 어렵잖게 추측할 수 있다. 이것은 맨 앞의 투가 항목에 기술했어야 하겠지만, 이제 여기에 보완해둔다.

원소관등

🌺 나는 또한 1946년 4월 『예림한보』(藝林閒步) 제1호에 실린 「당사만초」(唐史漫抄)[1] 첫 항목에서 '원소관등'(元宵觀燈)이라는 제목으로 등절(燈節)의 떠들썩함의 일단을 서술했다. 정월 15일 밤을 전후로 한 사흘 혹은 닷새 밤 동안 엄한 야간 통행금지가 풀려 시민들이 위아래 할 것 없이 화목하게 어울리며 밤새도록 신나게 즐겼던 정취에 대해서는 아직 인용할 만한 사료를 찾지 못했지만, 공연히 많은 것을 바랄 필요도 없는 것이라서 그 정도로 마무리했던 것이다. 다만 얼핏 보기에 이 연등행사가 2월에도 개최되었던 것이 아닌가 여겨지는 기록이 있어서, 일단 고증을

시도해보려고 한다. 과연 이것이 그대로 받아들여도 좋은 것인지 아닌지, 조금은 쓸모없는 연구라는 비난을 면하지 못할지도 모르지만 기꺼이 감수하기로 한다. 『당회요』권49 「연등」(燃燈)조에

〔현종〕 선천(先天) 2년(712) 2월 호승(胡僧) 파타(婆陀)가 밤에 성문을 열고 등 수백 수천 개를 밝히기를 청했다. 사흘 동안 밤마다 황제께서 연희문(延喜門)에 납시어 등을 보시고 마음껏 즐기셨다. 좌습유(左拾遺) 엄정지(嚴挺之)가 상소했다. "……엎드려 바라건대 낮에 환오(歡娛)를 다하시고 저녁에는 휴식하소서. 이를 힘써서 밤까지 행하시면 성스러운 조정에 보탬이 없을 것입니다. 오직 폐하께서 잘 헤아려 분별하시기 바랍니다."

라고 길게 간언(諫言)한 문장을 인용하고 있다. 그런데 결론부터 말하자면, 호승 파타가 황제에게 연등을 청했던 것은 정월 15일의 일이며, 엄정지가 중지하기를 간언했던 것은 다음 2월의 일이다. 그러니까 그의 간언은 연등의 일에 대한 것이 아니라 그때 열리고 있던 포회(酺會)에 황제가 밤낮을 가리지 않고 임했던 일에 대한 것이었는데 혼선을 일으키고 만 것이다. 같은 『당회요』권34 「논악」(論樂)조에는 "선천……2년 정월, 호승 파타가 밤에 문을 열고 수백 수천 개의 등을 태울 것을 청했다. 그날 밤 태상황(太上皇)께서 안복문(安福門)에 납시어 즐거운 광경을 보시고, 무려 나흘 만에야 그만두셨다. 이 달에 또한 선천 원년(711)의 대포(大酺)를 연이어 여셨다. 태상황께서 여러 누각에 행차하시어 이를 살피셨다. 밤으로 낮을 이으며 그 달이 다하도록 쉬지 않으셨다"고 했고, 2월에 들어서도 연락(宴樂)이 중지되지 않자 좌습유 엄정지가 상소를 올려 간언하여 이에 그쳤다고 한 것이므로, 권49의 기사는 두 가지 사건을 하나로 합쳐버린 것임을 알 수 있다. 다만 권34의 기사에는 정월 15일에

등을 구경했던 것이 태상황(예종[睿宗])의 일로 되어 있고, 또한 그 장소도 안복문으로 되어 있다. 하지만 이는 둘 다 사실로, 황제(현종)는 연희문에서 구경하고 태상황(예종)은 안복문에서 구경했던 것을 권49에서는 전자만을 들고 권34에서는 후자만을 기록한 것으로 해석할 수 있다. 『구당서』 권7의 끝에 (이는 「예종본기」[睿宗本紀]에 속하지만 사건은 이미 현종이 즉위한 뒤의 일에 이어진다) "선천……2년 정월……상원일 밤에 상황(上皇)께서 안복문에 행차하시어 등을 보시고, 나인(內人)을 내보내 소매를 나란히 하고 답가(踏歌)하게 하시며 모든 관리들로 하여금 마음껏 이를 구경하게 하셨다. 하룻밤 내내 하고서야 비로소 파하셨다"라고 했으므로, 안복문에서 관등한 일이 있었음이 확실하다. 또 그에 이어서 "처음에 승려 파타가 밤에 성문을 열고서 수백 수천의 등을 켜기를 청했다. 사흘 동안 밤마다 황제께서 연희문에 납시어 등을 보시고 마음껏 즐기셨다"라고 했기 때문에, 파타의 청으로 연등을 행하고 황제(현종)가 연희문에서 이를 본 일도 사실로 인정해야 할 것이다. (다만 여기서 한마디 해야 할 것은 "하룻밤 내내 하고서야 비로소 파하셨다"와 "처음에 승려 파타가……" 하는 구절에 "2월 병신[丙申], 융주[隆州]를 고쳐 낭주[閬州]라 하고, 시주[始州]를 검주[劍州]라 하고, 기주[冀州]를 나누어 심주[深州]를 두었다"는 21자가 끼여 있어서, 급히 읽다 보면 "처음에……" 운운한 것이 2월의 일인 듯 여겨지지만, 이 21자는 아마도 착간[錯簡]일 것이다. 그렇지 않으면 "처음에……" 운운하는 조사[措辭]가 아무런 의미가 없기 때문이다. 행정구획 변경의 유래와 연등행사 사이에는 원래 아무 관련도 없으며, 앞 단락에 태상황의 안복문 관등사건이 있으므로 승려 파타의 주청[奏請]을 참고로 기술하고자 '처음에'라 썼던 것이라고 보아야 비로소 의미가 있다.)

또 『구당서』 권99 「엄정지전」에서 징험해봐도 내가 위에 서술한 해석 내지 추단(推斷)이 틀리지 않음을 입증할 수 있다. 『자치통감』(資治通鑑) 권200 개원원년(선천2년, 713) 2월 조목의 『자치통감』에 걸맞지 않은 착오나, 『신당서』 권5 「예종기」(睿宗紀)의 미비함, 같은 책 권129 「엄정지전」에 보이는 모순을 호도하는 듯한 의심스러운 기재(記載) 등도 보완할 수 있겠지만, 주어진 지면이 다했으므로 이제 그 상세한 논의는 삼간다.

그렇다면 2월에는 관등행사가 전혀 없었는가 하면, 때에 따라 개최되었다. 개원28년(740) 정월 15일에 대설이 내렸기 때문에 현종이 이후 2월 보름밤에 이를 개최할 것을 명했고, 천보3재(744) 11월의 칙명에 의해 이것이 과거처럼 되돌아갈 때까지 5년 동안은 매년 2월에 개최되었던 것이 그 예이다. 이 점은 『당회요』 권49 「연등」조목에 보인다.

당대의 연음(燕飮) 풍경

올해 봄부터 나는 어느 잡지에 당대 시정(市井)의 사소한 일들을 골라 그에 대한 몇 쪽 정도의 소편(小篇)을 기고해왔는데, 가장 최근에 장안의 가기(歌妓)에 대해 기술하면서 당시의 연음풍속을 잠깐 언급한 적이 있다. 그 무렵의 연석(宴席)에서는 식사와 음주를 별도로 행해서, 요리를 먹고 나서 술을 마시는 것이 관습이었다는 내용을 서술했는데, 여전히 분명히 말하지 않은 점이 있었다. 이제 그것을 좀더 상세히 전하고자 한다.

　상기(常沂)가 편찬했다고 전해지는『영괴지』(靈怪志)의 한 에피소드에서 최부인(崔夫人)이라는 부잣집 미망인이 사위를 맞이하기 위해 성이 정(鄭)씨인 사람을 초대하고 그를 위해 하룻저녁의 연회를 베푸는 대목에 "식사가 끝나자 술을 명했다"는 말이 있다.* 또한 장열(張說)의 작품†이라는『규염객전』(虯髯客傳)에는 장군 이정(李靖)#이 본래 양소(楊素)☆의 시첩(侍妾)으로 왔다가 그에게 의탁한 장 아무개와 함께, 일찍이 길에서 만났던 규염♇의 이인(異人)을 장안에 있는 그의 저택으로 방문해 만

* 이 이야기는『선실지』권10에 나오는데, 주인공이 형양(滎陽)의 정덕무(鄭德楙)로 되어 있다.
† 이빈성(李斌城)은『규염객전』을 대표적인 도교 필기소설로서 두광정(杜光庭)의 작품으로 보았다.
# 571〜649. 태종을 도와 당의 건국에 큰 공을 세운 명장.
☆ 수나라의 장수로 문제(文帝)를 도와 천하를 통일했고 조국공(趙國公)에 봉해졌다.
♇ 규(虯)는 빛깔이 붉고 뿔이 돋쳤다는 용의 새끼. 규염은 그런 규룡같이 꼬불꼬불한 수염을 말한다.

났는데, 이인이 아내와 함께 두 사람을 정성껏 대접하면서 먼저 가기(家妓)에게 음악을 연주하게 하고, 다음으로 "식사가 끝나 술을 돌렸다"고 한 것이 보인다. 또 『유양잡조』의 저자 단성식의 「이질지」(異疾志)에 보면 이런 이야기가 있다. 영인(伶人) 도준조(刀俊朝)의 아내의 목 부위에 이상한 혹이 생기고 괴이한 일이 자주 일어나자 마침내 이를 절개했는데, 갑자기 혹 안에서 커다란 원후(猿猴, 원숭이)가 튀어나와서 어딘가로 도망갔다. 때문에 혹은 없어졌지만 상처가 아물지 않아 난감해하고 있었는데, 다음날 그 원숭이가 황관(黃冠)*의 도사 차림으로 문을 두드리고는 혹 속에 숨어 있었던 이유를 몇 가지 말해준 뒤 봉황산(鳳凰山)의 신에게서 얻어 왔다는 고약을 주었다. 도준조가 이를 아내의 목에 바르자 상처는 금방 나았다. 그래서 이 원숭이를 위해 "닭을 삶아 식사를 준비했으며, 식사가 끝나자 술을 배달해(賖) 마시고자 했다"고 한다.('세'〔賖〕자는 일본에서는 '받는다'라고 풀이하지만, 원래 의미는 외상으로 물건을 산다는 뜻이기 때문에, 여기서는 일단 단골술집에 술을 배달시켰다는 정도로 보았다. 본론과는 관계없는 것이지만 부기해둔다.) 그 외 장독(張讀)의 『선실지』(宣室志)에는, 산동의 허진(許眞)이라는 자가 장안에서 놀다가 옛 친구 한 명을 만나 술을 마시고 만취해 돌아가는 길에 낙마를 한데다 말과 노복까지 놓쳐 난감해하고 있었는데, 우연히 닿은 이(李) 아무개의 집 대문을 두드리면서 하룻밤 묵기를 요청하여 오히려 그 주인에게 잘 대접받았다는 이야기를 기술하면서, "반찬을 준비해 함께 먹고는 식사가 끝나자 술을 몇 잔 마시고서 잠이 들었다"는 대목이 있다. 또한 서억(徐嶷)이 편찬했다고 전하는 『물괴록』(物怪錄)의 「백사기」(白蛇記) 항목에서는 농서(隴西)의 이광(李璜)이라는 청년이 장안의 서시(西市)에서 마주친 한 미

---

* 도사가 쓰는 관(冠). 도교는 두발에 신이 있다고 여겨 삭발하지 않고 머리에 관과 건을 쓴다. 도사의 관을 총칭해 도관(道冠)이라 하는데, 그 종류는 시대·계파·계급·용도에 따라 다르다. 황관이란 명칭은 황제(黃帝)가 만들었다는 전설에 의한 것이다.

인의 저택에 가서 만찬을 대접받았던 일을 서술하면서 "식사가 끝나자 술을 명하여 즐겁게 마셨다"고 했다. 이와 비슷한 이야기는 얼마든지 더 찾을 수 있을 것이다.* 이런 이야기는 모두 가공의 소설로서 저자도 후인들이 가탁한 것이 많이 있다고 확인되지만, 당대의 이야기이며 당시 세간에서 관습적으로 행해지던 습속을 서술하고 있음만은 확실하다.

음식과 술, 이 두 가지를 앞뒤로 배치해 감히 섞이지 않도록 하는 것은 고래의 풍습으로서 반드시 당나라에서 시작된 일은 아니겠지만, 당대에 이 고풍이 여전히 엄존해 있었다는 것은 이러한 이야기 등에서도 짐작할 수 있다.

앞에서 또 연석의 행주(行酒) 습속도 오늘과는 달리 좌객의 술잔에 차례대로 술을 따르면 술을 받은 사람은 그 자리에서 바로 술잔을 드는 것이 당시 풍속이었다고 서술했다. 이 또한 그 증거를 좀더 보충하고자 한다.

당시의 연음하던 모습을 전해주는 글을 보면, 모두 술이 손님 사이를 '일순'(一巡)한다거나 술이 누구에게 '이르렀다'(至) 또는 '미쳤다'(及)고 하여 순차대로 따르면서 마셨음을 알 수 있는데, 잔에 따른 것을 마시지 않으면 다음 손님에게 술을 따를 수 없었던 것이 확인된다. 순서대로 술을 따르는 것이 상례이지만, 때로는 이를 깨는 경우도 있었던 것 같다. 그래서 왕건(王建)의 시에 "술을 권함에 순(巡)에 의하지 않고"(勸酒不依巡)† 같은 구절이 나왔을 것이다. 술을 따른 잔을 한 사람씩 비우는 모습은 임번(任蕃)의 『몽유록』(夢遊錄)에 실린 「장생」(張生)이라는 이야기를 보면 가장 확실히 알 수 있다. 장생은 살림살이가 여의치 않아 잠시 처와 헤어져서 일자리를 찾아 멀리 타향에서 오랫동안 머물고 있었는데, 5년

---

* 같은 이야기가 『태평광기』 권458 「이황」(李黃)에 『박이지』(博異志)의 작품으로 실려 있다. 한편 이 이야기는 명나라 육즙(陸楫)의 총서 『고금설해』(古今說海)에 「백사기」(白蛇記)로 등장한다. 후대에 서호(西湖)의 뇌봉탑(雷峰塔) 백사전설과 『백사전』(白蛇傳)으로 발전한다.

† 「촉 땅으로 사행을 떠나는 이평사를 보내며」(送李評事使蜀)의 한 구이다.

만에 하삭(河朔)에서 고향 변주(汴州)로 돌아가던 도중, 밤에 성안 들판에서 휘황찬란한 등불 아래 대여섯 사람이 연음(宴飮)하고 있는 것을 보게 되었다. 가까이 가보니 그의 처도 그 자리 속에 섞여 있는지라 잠시 백양나무 그늘에 숨어서 이를 엿보았는데, 긴 수염의 장부(丈夫), 흰 얼굴의 소년, 자색옷과 녹색옷의 장자(壯者), 흑색옷과 자색옷의 호인(胡人) 등이 잔을 돌리면서 자신이 마실 차례가 되면 장생의 처에게 억지로 노래를 부르라고 강요했다. 이를 보다 못한 장생이 발 아래 기와조각을 집어들어 긴 수염의 장부에게 던졌다는 줄거리인데, 물론 이야기는 더 전개되지만 지금 필요한 것은 여기까지다. "술이 검은 옷의 호인에게 이르니" "술이 녹색 옷의 소년에게 이르니"라고 일일이 쓴 대목을 보면, 그 행주(行酒)하는 모습을 장생이 아니더라도 선하게 떠올릴 수 있을 것이다. 이준(李濬)이 편집했다고 하는 『척이기』(摭異記)에는 현종(玄宗)이 아직 임치군왕(臨淄郡王)*이던 시절의 한 일사(佚事)가 전해오고 있는데, 술을 따르는 순번이 황제에게 돌아온 것을 "술이 상(上)에게 미쳤다"고 썼다. 이런 종류의 예는 너무 많아 번거로울 정도이기 때문에 이 정도로 해둔다.

술자리에서 흥이 무르익으면 숨은 재주가 나오는 것은 어느 나라 어느 시대나 마찬가지일 것이다. 평상시라면 엄격하게 위의(威儀)를 똑바로 갖추고 있을 현관(顯官)과 요인(要人)의 모임에서도 그런 흥취는 비슷했다. 그런 점들은 특별히 사료라고 할 만한 것이 없어도 안심하고 말할 수 있는 사항인데, 그런 일단을 당대에 문자로 남긴 예는 흔치 않다. 『구당서』권189하에 있는 곽산운(郭山惲)의 열전에 따르면, 중종(中宗)은 여러 차례 근신(近臣)이나 문인(文人)을 불러들여 연회를 열면서, 경우에 따라 여러 신하들로 하여금 숨은 재주를 겨루게 하여 오락거리로 삼았

---

* 693년 9살에 임치군왕으로 봉해진 현종은 710년 위황후(韋皇后)와 종초객(宗楚客)의 음모를 진압한 공으로 평왕(平王)에 봉해졌다.

「연음도」(宴飲圖). 중당시기 그림. 섬서(陝西) 장안남리(長安南里) 왕촌당묘(王邨唐墓) 동벽(東壁) 출토. 섬서성박물관 소장. 중·만당시기 무덤의 벽화 중에는 무덤 주인의 일상생활을 소재로 한 그림이 많다. 그림 중앙에는 큰 주안상이 놓여 있고 상 위에는 술잔과 그릇, 음식이 푸짐하게 차려져 있다.

다. 그때 공부상서(工部尙書) 장석(張錫)은 '담용낭'(談容娘)이라는 무용을 공연했으며, 장작대장(將作大匠, 영선국〔營繕局〕장관) 종진경(宗晉卿)은 '혼탈'(渾脫)의 춤을 추고, 좌위장군(左衛將軍) 장흡(張洽)은 '황장'(黃麞)의 곡(曲)을 추었으며, 좌금오위장군(左金吾衛將軍) 두원염(杜元琰)은 바라문(婆羅門)의 주문을 외웠고, 급사중(給事中) 이행언(李行言)은 '가거서하'(駕車西河)라는 노래를 불렀으며, 중서사인(中書舍人) 노장용(盧藏用)은 도사가 독경하는 모습을 흉내냈다고 전해진다. 문무의 차이는 있지만 모두가 1급의 고위관료였음이 특히 흥미로운데, 문헌이 풍부한 중국에서도 이런 종류의 기사는 그리 많이 전해지지 않을 것이다. 장석이 추었던 '담용낭'이라는 춤은 아직 충분히 조사하지는 못했지만, 수나라 말부터 유행했던 '답요낭'(踏搖娘)이라는 무용과 같은 것이 아닌가 싶다. 만약 그렇다면 술을 좋아하고 얼굴 생김새가 추악한 소낭중(蘇郎中)이라는 자에게 시집간 답요낭이 언제나 만취해 있는 남편에게 얻어맞아 참혹한 꼴을 당하는, 그 원망과 비통함을 하소연하는 형상을 그린 손놀림으로, 춤을 추면서 시종 몸을 뒤흔들기 때문에 답요낭이라 칭해졌다는 명칭의 유래에 대한 속해(俗解)까지 있던 춤이다. 종진경이 추었던 '혼탈'이라는 것은 상세히 설명하진 않겠지만, 짐승의 가죽을 쓰고 그 동물의 모습을 흉내내면서 추는 춤이다. 다음의 '황장'이라는 것도 사슴과 비슷한 동물의 모습을 흉내낸 춤일 것이다.* '가거서하'는 잘은 모르겠지만 어쨌든 당시의 유행가일 것이며, 두원염이 시도한 '바라문 주문'이라는 것은 범어(梵語)의 진언(眞言, 다라니〔陀羅尼〕) 이름을 내걸고 뜻 모를 무언가를 암송했던 것이 아닐까 싶은데, 노장용이 했다는 도사의 독경 흉내와 아울러 생각하면 그렇게 추측할 수 있다.

앞에 서술한 졸고에서는 또한 술을 권하는 도구의 하나로서 주호자(酒胡子)[1]를 들었다. 거기에서도 기술했듯이 주호자란 일명 포취선(捕醉仙)으로도 불리는, 부도옹(不倒翁, 오뚝이)과 비슷한 익살스런 모습의 작은 인형인데, 부도옹이 아무리 넘어뜨려도 곧 일어나 안정을 되찾는 것과는 반대로 엉덩이가 뾰족하게 되어 있어 아무리 세우려 해도 금세 쓰러지도록 만들어져 있다. 술자리에 이것을 가지고 나와 반중(盤中)에 세우면 곧 쓰러지는데, 그 쓰러진 방향에 있는 사람이 술을 마시게 한다는 규칙을 만들어 즐겼던 것이다. 그 형태는 노왕(盧汪, 당나라 사람이지만 어느 무렵의 사람인지는 분명하지 않다) 및 당말의 시인 서인(徐夤)의 시 등을 보면 그 면모의 일부를 추측할 수 있다. 서인의 「주호자」라는 노래에는

　　　붉은 잔치자리에 악기소리 울리면

* 황극분에 따르면 민가 「황장가」(黃麞歌)를 채집하여 용사를 찬양하는 무용으로 새롭게 엮은 것이라고 한다.

너를 써서 즐거움을 삼는다

똑바로 가리키니 어찌 편당이 있으리!

사사로움 없으니 당치 않은 바람도 끊었다네

노래하는 가운데 누구 소매를 가리킬까?

곡조 따라 점점 몸이 가벼워지네

정말 진짜같이도 생겼구나

모직 갖옷에 턱 가득한 수염이

라고 했다. 잘 해석할 수 없는 구도 있지만, 모직 옷을 입고 있으며 '턱 가 득한 수염'이라고 한 것이나 노왕의 시 「주호자」에서 "코는 어째 뾰족하 고 눈은 어째 푸른가"(鼻何尖, 眼何碧)라고 한 것까지 함께 생각해보면, 이 주호자가 페르시아인 등 이른바 호인(胡人)을 본뜬 것임을 알 수 있 다. "장인(匠人)이 여러 가지로 고심하여 비취색 모자와 붉은색 적삼을 솜씨 좋게 장식했다'고 한 것을 보면, 세공에도 상당한 공을 들였을 것으 로 짐작되며 아울러 그 모습의 일단도 상상할 수 있다. 각각의 사람을 똑 바로 가리켜서 치우치는 바가 없고 공평무사하여 미리 누구를 지적하겠 다고 점찍는 일도 없다고 한 서인의 시의 뜻은, 또한 노왕의 시에 "가함 도 마음에 두지 않고, 불가함 또한 얼굴에 드러내지 않네"(可亦不在心, 否 亦不在面)라고 한 구에도 나타나 있다고 생각된다. 즉 어느 방향으로 쓰 러질지도 처음부터 마음에 예정되어 있지 않으며, 또 어느 방향으로 쓰 러지지 않을지도 얼굴에 나타나는 일이 없다는 뜻일 것이다. 또한 노왕 의 시에서 "맘 맞는 이 서로 만나 함께 즐길 일을 생각하고, 주호자 높이 들어 옥쟁반에 얹는다"(同心相遇思同歡, 擎出酒胡當玉盤)고 한 기구(起 句)에서는, 마음이 맞는 붕우 서넛이 서로 만나 한잔 술이 생각날 때 주 호자를 가져와 즐거움을 더하는 광경을 잘 엿볼 수 있다.

당대 북중국의 이색 풍속 하나

한겨울 밤의 전장(氈帳)

❀ 예로부터 중국에는 각 방면으로부터 외국문화가 들어왔는데, 그 중 서역 및 인도 계통의 문화가 역사적으로 가장 중요하게 다루어야 할 것임은 말할 나위도 없다. 그러나 북방민족의 문화가 중국문화에 끼친 영향도 결코 등한시할 수 없다는 것 또한 역사가들이 일찍부터 알고 있는 바이다. 전국시대에 받은 북방민족의 복장 및 전술·전법의 영향이나, 5호16국시대부터 남북조에 걸쳐 의자 같은 것에 걸터앉는 풍속이 일반화되어 예로부터 내려온 좌속(坐俗)이 일소된 것 등은 그 중 커다란 일례이다. 주나라 말기와 진한시대 이래, 미술이나 공예 방면에서 북방계의 의장(意匠)이나 도안(圖案) 등이 받아들여진 일은 새삼스레 말할 나위도 없을 것이다.(예를 들면 흉노를 통해 들어온 스키타이 문화.)

　그런데 여기에 이제까지 그다지 사람들의 주의를 끌지 못했던 당대의 북방문화 수입 가운데 주목할 만한 이속(異俗)이 하나 있다. 그것은 동절기 한파가 극심한 북중국 지방의 일로 생각되는데, 상류층 인사들이 북방 스텝 지역 유목민의 전장(氈帳, 모직천막)을 자기 집 안에 쳐놓고 혹한이 닥치면 그 안에다 화로를 설치해 치주담론(置酒談論)을 즐기는 도구로 삼았다는 사실이다. 본래 추위가 혹심한 몽골 초원 등지에 발달한 펠트 천막이 완벽에 가까운 방한설비였으리라는 것은 쉽게 이해할 수 있지만, 이에 주목한 것은 중국인들 나름의 착안이라고 해야 할 것이다. 당시 장안과 낙양 등지에서는 난각(煖閣)*이라는 것을 설치하기도 하고 항(炕, 난항〔煖炕〕·난상〔煖牀〕) 같은 설비도 있었다고 생각되는데, 방한에 안성맞춤인 전장을 정원 앞에 펼쳐놓고 눈보라 치는 밤에 화롯불의 불꽃을 즐기는 일은 다소 특이한 취미이긴 하지만, 『개원천보유사』 등에 보이는 호사취미와는 또 다른 사치로 보아야 한다.

이 습속이 당대의 문헌에 어느 정도나 기록되어 있는지는 잘 모르겠다. 과문한 나의 관견(管見)에 들어온 것으로는 백낙천의 시 2수가 유일한 자료이다.† 일찍부터 많이들 익혀 외어온 것이라, 가장 인기 있는 『백씨장경집』(白氏長慶集)을 통해서건 『백향산시집』(白香山詩集)을 통해서건 이 시의 존재 자체는 틀림없이 잘 알려져 있겠지만, 위에 서술한 의미에서 이를 다룬 사람은 아직까지 없다고 생각되어 원고를 요청받은 기회에 소개해본다.

푸른 전장

🐲 백낙천의 첫 번째 시는 「푸른 전장」(靑氈帳)이라는 20운의 장시(長

* 난방기구가 설치된 방.
† 『전당시』의 다음 시들 역시 전장(氈帳)을 언급하고 있다. 백낙천의 「밤에 회숙을 초대하다」(夜招晦叔), 「연못가의 소묘」(池邊卽事), 「낙하의 눈 속에서 유씨·이씨 두 손님과 자주 모여 놀다 변주의 이상서에게 부침」(洛下雪中頻與劉李二賓客宴集, 因寄汴州李尚書), 「3년 겨울 일에 따라 지은 작은 당에서 잠자리가 따뜻하게 느껴지니 몸이 노쇠했다는 생각에 속마음을 읊어보다」(三年冬, 隨事鋪設小堂, 寢處稍似穩暖, 因念衰病, 偶吟所懷), 「초겨울의 소묘를 몽득에게 드림」(初冬卽事寄夢得). 그 밖에 왕건(王建)의 「상화가사·종군의 노래」(相和歌辭·從軍行)와 「고종군」(古從軍), 유상(劉商)의 「금곡가사·호가 18박」(琴曲歌辭·胡笳十八拍) 중 제5박(拍), 왕적(王績)의 「정군 이태수에게」(贈李征君太壽), 융욱(戎昱)의 「두산인의 갈대피리 소리를 듣고」(聽杜山人彈胡笳) 등이 있다.

詩)이다. 원문은 권말 지은이주에 싣고,[1] 여기서는 그 대의만 전하는 번역문을 싣는다.(이런 시를 원문의 색채와 음율까지 살리면서 현대어로 옮기는 일은 나로서는 도저히 불가능한데, 다행히 지금은 문학으로서 비평하는 게 아니라 사료로서 그 속에 있는 사실을 찾아내는 것이기 때문에 이런 번역으로도 너그러운 용서를 청할 수 있으리라 생각된다.)

> 천 마리 양의 털을 합쳐 모으고
> 백 자루의 쇠뇌를 펼쳐놓은 듯
> 뼈대는 변방의 버들을 돌려서 튼튼하고
> 색상은 변방의 남색염료로 물들여 선명하다
> 〔원래〕 북방의 제품으로 융적(戎狄)에 의해 시작되어
> 오랑캐 이동 따라 남방으로 옮겨왔다
> 바람이 비켜가니 불어도 흔들리지 않고
> 비를 막아내어 습하면 더 질겨진다
> 정수리 있어 중앙은 솟아올라 있고
> 모서리 없이 사방이 둥글며
> 옆에는 출입구를 내 활짝 열리고
> 안은 밀폐되어 공기가 따뜻하다
> 멀리 〔북방〕 관산(關山) 밖과 달리
> 〔이곳으로 가져와〕 처음으로 정원 문 앞에 들여놓았다
> 〔북방에 즐비할 때완 달리〕 달 밝은 밤 외로운 그림자 드리우고 있지만
> 추위로 고생하는 해에는 가치가 있구나
> 모전을 둘러서 〔안은〕 따뜻하고
> 악기를 연주하면 쟁쟁하게 울린다
> 서리 내린 뒤의 땅에 가장 적합하며
> 눈 오는 날에는 안성맞춤이다

한 옆에 나지막이 노래자리를 만들고

작고 평평한 춤마당 펼쳐〔노래를 하고 춤을 공연하는 것도 나쁘지 않다〕

한가한 때는 발을 걷어 안으로 들어가고

취하면 바로 도포를 끌어 덮고 잠들기도 한다

쇠등불걸이는 옮겨서 등불 뒤에 두고

은빛 향로는 불씨 담아 걸어두니

새벽까지도 난등(蘭燈)은 〔잦아드는〕 불꽃을 간직하고

밤새도록 향연기를 감싸니 새어 나가지 않는다

〔사치스러운〕 수탄(獸炭) 따위 가까이할 필요도 없고

〔비싼〕 여우 갖옷도 집어던져 버린다

벼루도 따뜻하여 얼었던 먹도 녹고

병 속의 물도 미지근해져 봄물처럼 변한다

〔향풀을 모아 만든〕 혜장(蕙帳)은 부질없이 은사를 부르고

띠풀 초가집은 좌선에나 알맞지만

〔이 장막은 그런 근심 없으니〕 빈한한 승려는 분명 경탄하며 선망하고

가난한 선비도 틀림없이 오래 머물고자 하리라

이 장막 안에서 빈객을 맞이하고

죽은 뒤에는 자손에게 남기고자 한다

〔옛날 진나라〕 왕헌지(王獻之)는 가보인 푸른 모포를 자랑했지만

아무래도 이 푸른 전장에는 미치지 못했으리

두세 군데 분명하게 해석하기 어려운 어구도 있지만, 적절한 주석이 달린 것도 없어서 일단 위와 같이 뜻을 이해했다. 오해가 있다면 아무쪼록 여러분의 질정을 바란다. 이 시는 다음에 소개할 한 편과 대비했을 때 대략 백낙천의 중년 이후 아마도 만년의 작품으로 여겨진다. 연보를 살펴보면 백낙천은 헌종(憲宗) 원화(元和)15년(820, 49세)에 충주(忠州)에서

소치되어 상서(尙書) 사문원외랑(司門員外郎)이
되고 주객낭중(主客郎中) 지제고(知制誥)로 승진
했으며, 다음 황제인 목종(穆宗) 장경(長慶)원년
(821)에 중서사인(中書舍人) 지제고로 천직된
이후부터 장경4년(824, 53세)에 태자좌서자(太
子左庶子)가 되어 동도(東都, 낙양)에 분사(分
司)*하기까지는 장안에 거주했다고 보아야 할
것이다. 또 낙양에 거주한 지 4년 뒤인 문종(文

백거이(白居易, 772~846).
자는 낙천(樂天)

宗) 태화(太和)원년(827, 56세)에 비서감(秘書監)에 제수되고 태화2년에
형부시랑(刑部侍郎)에 제수되었으니, 그 동안은 또다시 장안에 있었을
터이다. 태화3년(829)에 태자빈객(太子賓客)으로서 동도에 분사하고 태
화5년에 하남윤(河南尹)이 되었으며, 개성(開成) 원년(836)에는 태자소
부(太子少傅)로서 동도에 재임하고 무종(武宗) 회창(會昌)6년(846) 8월
에 75세로 사망할 때까지 계속 낙양에서 살았기 때문에, 만년에는 오랫
동안 경락(京洛)지역에서 생활했음을 알 수 있다. 그렇다면 뜰 앞에 전장
(氈帳)을 설치하고 겨울을 즐기는 풍속 같은 것을 북중국 상류층의 풍속
으로 이해해도 무방할 것이다. 봄이 빨리 돌아오는 강남 땅에서도 이런
이색적인 풍류가 행해졌다고는 생각하기 어렵다.

전장·화로와 작별하며

❀❁ 백낙천의 또 다른 시 「전장·화로와 작별하며」(別氈帳火爐)[2]는 겨울
철 장막 안의 별천지를 즐긴 뒤 춘풍이 불어오자 이와 이별하는 정을 묘

---

* 당송시대에 중앙의 관원에게 부도, 즉 낙양에서 일하도록 직무를 맡기는 것을 말한다.

사하고 있다. 이 시는 앞의 시와 서로 보완하여 그 속의 정취를 충분히
엿볼 수 있게 한다.

생각난다 지난 동지섣달에
북풍이 세 척(尺)의 눈을 [몰아와서 날씨가 매우 추웠다]
나는 늙어 추위를 견디지 못하니
기나긴 밤을 어떻게 보낼까 [하는 생각에 괴로웠지만]
다행히 푸른 전장이 있어
바람 앞에 손수 펼쳐 세워서 [들어갔다]
또 이 붉은 불꽃의 화로는
[잘 타서] 눈 속에서도 따뜻함을 선사했지
[그래서] 물고기가 연못물에 들어간 것 같고
[또] 토끼가 깊은 굴속에 숨어 들어간 것처럼 [거기에 들어가 잠잤다]
나른해져 칩거한 용이 깨어날 듯하고
따뜻해져 얼었던 피부가 살아나는 듯했다
음울한 저녁을 한참 편안하게 보냈는데
어느덧 따뜻한 시절로 변해 [그것도 필요 없게 되었다]
계절이 바뀌어 하는 수 없는 것이지
결코 [전장의] 은혜를 잊었기 때문은 아니네
[이리하여] 모직 장막은 날이 가매 거두어두고
[전장의] 향과 화톳불도 재가 되어 사라져간다
[전장의 화로여] 이 좋은 계절 봄에 너와 헤어짐은 한스럽지만
겨울 시월이 되면 다시 만나리니
다만 몸만 튼튼하다면
오랜 이별은 아니리라

전장을 해체하고 거두어 보관할 때가 되어 그 감회를 기탁한 시로서, 전
장의 쓰임이 잘 나타나 있다.

　내용은 이것으로 끝이지만, 서방문화의 유입이 많고 서역취미가 전성
기를 맞았던 당대에 북방민족의 생활양식 일단이 중국의 일부 인사들 사
이에 받아들여졌다는 것은 다소나마 흥미롭지 않을 수 없다. 그것이 이
시를 초록하여 동학들과 나누는 이유이다.

온천과 도상(陶像)

여산(驪山) 온천

❀❀ 중국에서 온천이라면 아마도 누구나 첫손에 꼽는 것이 여산(驪山) 온천일 것이다. 그것은 전적으로 당나라 현종과 양귀비의 고사를 통해 인구에 회자하고 있기 때문이기도 하지만, 북평(北平)*의 북쪽에 있는 탕산(湯山)을 제외하면 북중국에는 온천이 드물고 이곳 말고는 온천다운 온천으로 꼽을 만한 것이 거의 없기 때문이다. 여산 온천은 당나라 이후에도 실제로 목욕을 할 수 있는 온천으로서 오랫동안 그 이름이 전해져 왔다. 청나라 강희제(康熙帝)도 순행 도중 이곳에서 입욕을 한 번 했고, 의화단(義和團) 비적(匪賊)사건으로 광서제(光緒帝)와 서태후(西太后)가 몽진했던 때는 환원(環園)이라는 일곽(一郭)을 새로 세워 행궁(行宮)으로 충당한 일도 있다.

---

* 북경은 예로부터 다양한 이름으로 불렸다. 그 역사는 린위탕(林語堂)의 『베이징 이야기』 81쪽 「베이징 연표」에 잘 정리되어 있다. 한편 1912년 1월 1일 남경(南京)에서 성립한 중화민국의 국민정부는 '남경'을 수도로 삼으면서 1928년 6월 '북경'을 '북평'으로 개칭했다. 그러나 1937년 일본의 괴뢰정권 '중화민국 임시정부'가 '북평'에서 성립하면서 다시 '북경'으로 개정되었다가, 1945년 8월 일본이 패망하면서 다시 '북평'이 된다. 1949년 10월 중화인민공화국이 성립하면서 다시 '북경'이 되었다. 이 글은 1947년 11월에 발표된 것이라서 '북평'이라는 명칭을 쓰고 있다.

『잔운협우일기』(棧雲峽雨日記)*의 저자 다케조에 세이세이(竹添井井)
는 1876년 5월 촉(蜀)으로의 여행 도중 이곳에 일박하며 달포의 묵은 때
를 씻어냈고, 구와바라 지쓰조(桑原隲藏)와 우노 데쓰토(宇野哲人) 두
사람도 1907년 10월 장안 방면에서 귀국하던 도중 여산 온천에서 여독
을 풀었다. 다케조에는 "31일 여명에 여산 온천에 가서 목욕하다. 온천
은 〔임동(臨潼)〕 현성의 남문 밖에 있는데, 곧 당나라 화청궁(華淸宮)의
유적지로서 짜임새가 화려하다. 남녀가 공간을 달리하여 목욕한다. 가장
뒤에 있는 탕이 어홍(御泓, 황제의 어탕〔御湯〕)으로, 벽돌을 겹쳐 덮어서
궁륭교(穹窿橋)처럼 되어 있다. 어홍 바닥에는 흰 돌을 깔았는데 사방 30
자(尺) 정도이며, 맑고 투명하여 거울로 삼을 만하다. 온도가 몸에 딱 맞
으며, 맛을 보니 조금도 냄새와 맛을 느낄 수 없었다.[†] 내가 북경을 출발
한 지가 이미 달포 가량 되었는데, 객점에 욕탕이 없어서 얼굴과 몸에 때
가 끼어 더럽고 냄새가 코를 찔러 구역질이 날 지경이었다. 여기에 이르
러 씻고 머리를 여러 번 감았더니 매우 상쾌해졌다"고 술회했다. 그리고
"습한 김이 모락모락 피니 해는 늦게 떠오르고, 바람 찬 화청지에 새벽
새소리 구슬프다. 무엇보다 멀리서 온 초췌한 나그네라, 온천은 거울처
럼 수염과 눈썹을 비춘다"(濕烟縷縷日昇遲, 風冷華淸曉鳥悲. 最是遠來憔
悴客, 溫泉如鑑照鬚眉)라는 칠언절구 한 수로 그 감회를 표현했다. 구와
바라는 그의 『옹주와 예주 여행일기』(雍豫二州旅行日記)에서 이렇게 서
술하고 있다. "산바람 소리 삽상하고 따뜻한 물소리 졸졸거리니, 전부 옛
시절을 말하는 듯하여 감개무량함을 금할 길 없다. 행대(行臺, 여관)에

---

* 1876년 5월 북경을 출발, 하남을 거쳐 섬서에서 사천으로 들어가 촉(蜀)의 잔도(棧道)를 지나고 성
  도와 중경을 구경한 뒤 삼협으로 내려와 8월 21일 상해에 돌아오는 3개월 반에 걸친 여행의 한문일
  기와 한시를 엮은 것.
† 화청지 온천은 지하 1,000m 정도에서 올라오기 때문에 온도가 섭씨 43도로 일정하다. 또한 무색투
  명하고 석회·탄산망간·탄산나트륨 등의 광물질이 포함되어 있어 관절염·근육통·소화불량·피부병
  에 효과가 있다고 한다.

여산(驪山) 온천 전경

도착해 먼저 온천에서 목욕을 했다. 행대는 담장 둘레가 200칸 남짓이
다. 그 중에 온천은 전부 다섯 홍(泓)인데, 화청지(華淸池)가 가장 크다.
너비는 약 네 칸이며, 사방에 돌을 쌓고 홍의 바닥에도 돌을 깔았는데 청
징(淸澄)하기가 모습을 비출 듯하며, 온도도 몸에 적당하다. 무색무미하
며, 오직 미미하게 유황기가 있다. 못 위에 누각을 지어 '화청지상가석
루'(華淸池上佳夕樓)라고 편액을 달았다. 내가 연경(燕京, 북경의 옛 이
름)을 떠난 지 거의 4순(旬, 10일), 객사(客舍)가 전부 목욕을 할 수 없게
되어 있어서 먼지와 때가 쌓여 견디기 어려웠다. 이제 화청지를 만나 세
수하고 목욕하기를 몇 차례. 심신이 이미 쾌창해짐을 느낀다."[1]

　당대 화청궁의 호화로움은 많이 전해지고 있지만, 그 구조와 규모에
대한 구체적인 내용은 자세히 알려지지 않은 듯하다. 그래서 당대의 그
모습을 전해주는 기록 2편을 인용해 이에 대해 말해보고자 한다. 앞의 것
은 이른바 소설로 분류되는 책의 한 항목이므로 다소 과장은 있겠지만,

어탕(御湯) 당시의 면모를 그려보기에는 충분할 것이다. 후자는 실제 목격자의 이야기이므로 대충은 믿어도 좋으리라 생각된다.

첫 번째는 당나라 정처회(鄭處誨)의 『명황잡록』 중 한 구절이다.

현종께서 화청궁에 행차하셨다. 새로이 탕지(湯池)를 넓혔는데 규모가 아주 크고 화려했다. 안녹산이 원양(苑陽, 지금의 북평〔北平〕)에서 백옥석(白玉石)으로 물고기·용·오리·기러기를 만들고 또 석량(石梁)과 석연화(石蓮花)를 만들어 헌상했는데, 조각이 정교해 거의 사람의 솜씨가 아니었다. 상께서 크게 기뻐하시어 탕 속에 진열하라 명시고, 또한 석량은 탕 위에 걸쳐놓게 하셨는데 석연화는 물 위로 살짝만 나왔다. 상께서 이 일로 하여 화청궁에 행차하시어 그곳에 이르러 옷을 벗으시고 들어가려 하셨다. 그러자 물고기·용·오리·기러기가 모두 비늘을 떨치며 날개를 드는 모습이 흡사 날아 움직이려는 것 같았다. 상께서 심히 두려워하시어 마침내 철거하라 명하셨다. 그 연화는 오늘날에도 여전히 남아 있다. ……또한 일찍이 화청궁 안에 긴 목욕탕 수십 칸을 설치했는데, 무늬가 있는 돌로 빙 둘러서 벽돌담을 쌓고 은(銀)으로 아로새긴 칠선(漆船)과 백향목(白香木)으로 만든 배를 그 속에 놓아두었다. 배를 젓는 노는 모두 주옥(珠玉)으로 꾸미고, 또 탕 속에 슬슬(瑟瑟)과 침향(沈香)을 쌓아서 산을 만들어 이로써 영주(瀛州)와 방장(方丈)을 본떴다.

'영주'와 '방장'은 물론 봉래(蓬萊)와 함께 진한시대 이래 중국인들 사이에서 동방의 신선산(神仙山)으로 믿어졌던 선향(仙鄕)이다. '슬슬'은 이란 방면에서 생산되던 보석인데, 혹시 에메랄드가 아닐까 생각되지만 확실하지 않다.[2]

위의 기사는 『태평광기』 권236에서 인용한 『명황잡록』의 문장에 근거한 것으로, 『당인설회』(唐人說薈)본에 있는 글도 다르지 않다. 위에서 '오늘날에도'라는 말은 정처회가 문종(文宗) 태화(太和)연간(827~835)에 진사(進士)였기 때문에 그 무렵 전후를 가리키는 것으로 보아도 좋을 것이다.

두 번째 기록은 『가씨담록』(賈氏談錄)의 서두에 보이는 기사이다. 『가씨담록』은 오대 남당(南唐, 937~975)에서 지제고(知制誥) 중서사인(中書舍人)을 지냈으며 송나라에 출사하여 한림학사(翰林學士)·참지정사(參知政事)까지 지냈던 장계(張洎)가 남당의 신하였을 때, 국주(國主) 이욱(李煜)*의 명을 받아 송나라에 사신으로 가면서 회신역(懷信驛)의 여관에서 송나라의 좌보궐(左補闕) 관직에 있던 가황중(賈黃中)의 견문담을 필록한 것이다. 가황중은 당나라 덕종(德宗)의 유명한 재상 위국공(魏國公) 가탐(賈耽)의 후예로, 장계의 서문에 따르면 '호고박학'(好古博學)했고 『송사』(宋史)의 본전(本傳, 권265)에 따르면 "대각(臺閣)의 고사를 많이 알고" 있었던 사람이다. 그렇기 때문에 『사고전서총목제요』(四庫全書總目提要)에서 일컫듯이, 그가 기록한 내용은 "모두 사실의 고증에 보태기에 충분"하다고 보아도 틀리지 않을 것이다. 그 본문에서 이렇게 말했다.

여산의 화제궁(華濟宮)은 훼손되고 피폐한 지 이미 오래되어, 지금 남아 있는 것은 오직 에두른 담장뿐이다. 천보(天寶)〔연간〕에 심었던 송백(松柏)이 암곡(岩谷)에 빽빽하여 바라보면 울창한 것이, 난리통을 겪었는데도 잘려나가지 않았다. 조원각(朝元閣)은 북산(北山)의 봉우리 위, 터가 가장 높다란 곳에 있다. 그 다음 앞의 남쪽은 바로 장생전(長生殿)의 옛 터로써 동남쪽에는 탕천(湯泉)이 전부 열여덟 곳 있다. 첫

* 남당의 제3대 군주. 재위 961~975.

째 장소는 어탕(御湯)으로서 주위 둘레가 몇 길(丈)인데, 백석으로 쌓아서 맑고 투명하기가 옥과 같다. 사면에서 모두 물고기·용·꽃·새의 모습이 숨었다 나타났다 하는데, 수만 가지 형태를 모두 기록할 수 없다. 사면의 석좌(石座)에서는 계단으로 내려와야 하는데, 그 중에 백석련(白石蓮) 한 쌍이 있으며 천안(泉眼)*과 옹구(甕口) 안에서 물이 솟아나와 이 백석련 위에 뿌려진다. 어탕의 서남쪽 모퉁이는 곧 '비자탕'(妃子湯)으로서 탕은 다소 좁다. 탕의 곁에 붉은 석분(石盆)이 네 곳 있으며, 연꽃 봉오리를 흰 돌 표면에 만들었다. 나머지 탕은 잇달아 서로 연결되니, 아래쪽 돌에 보이지 않는 구멍을 뚫어 밑으로 흐르는 물이 이로부터 나온다. 동남쪽으로 수십 걸음을 가면 다시 석표(石表)가 세워져 있는데, 물이 석표로부터 나와 석분(石盆)에 쏟아진다. 가황중의 말에 따르면, 이는 후인이 설치한 것이다.

이 조목은 『수산각총서』(守山閣叢書)에 수록된 『담록』(譚錄)에 근거했다.[3] "물고기·용·꽃·새의 모습이 숨었다 나타난다"는 것은 물론 '욕조의 릴리프(부조[浮彫])'일 것이다. 위 글을 보면 가황중이 직접 봤던 무렵에는 당말의 대란을 거친 뒤여서 성당(盛唐) 시기의 장관은 죄다 사라지고 남아 있는 것은 오직 송백(松柏)과 궁원(宮垣)뿐이지만, 이를 앞에 든 『명황잡록』의 내용과 대비하면 그 성대했을 때의 모습을 대략 그려볼 수 있다.

이와 관련해 『명황잡록』은 현종이 양귀비 이하를 데리고 여산의 이궁(離宮)에서 함께 노닐던 당시의 화려한 노부(鹵簿, 천자의 행렬)에 대해서도 기록하고 있다. 이에 그 서문을 인용한다.

* 샘물이 솟는 구멍.

양귀비가 말을 타는 그림

상께서 장차 화청궁에 행차하시고자 하니, 양귀비 자매가 서로 뒤질세라 수레와 의복을 꾸몄다. 독거(犢車) 하나를 만드는데, 황금과 비취로 꾸미고 간간이 주옥(珠玉)을 섞어 수레 한 대의 비용이 수십만 관(貫)에 그치지 않았다. 무게가 너무 많이 나가 소가 끌지를 못하니, 상에게 아뢰어 각기 말을 타겠다고 청하였다. 이리하여 다투어 명마를 사들여 황금으로 재갈을 만들고 조수(組綉)*로 장니(障泥)를 만들어, 〔양〕국충(楊國忠)의 자택에 모여 같이 금중(禁中)에 들어가고자 했다. 번쩍번쩍 빛이 나니 구경꾼들이 담을 이루었다. 양국충의 자택에서 〔장안〕성 동남 모퉁이까지 이르는 사이에 마부와 거마(車馬)가 가득 넘쳐났다.

양국충의 자택은 동시(東市)의 서쪽 선양방(宣陽坊) 동북에 있었기 때문에, 그곳에서 성의 동남 모퉁이까지 수레와 말이 길을 메웠다면 그 행렬은 매우 성대했을 것이다. 하지만 동남 모퉁이는 곡강(曲江)의 이궁(離宮)과 임천(林泉)이 있는 곳 부근으로 성 밖으로 나가는 문도 없기 때문에, 아마도 이 기사에는 뭔가 잘못된 부분이 있는 것 같으며, 혹시 곡강

---

* 화려하게 수놓은 비단.

에 유행(遊幸)했을 때 황제의 행차를 따르던 모습과 혼동한 것이 아닌가 생각된다. 어찌 됐건 양씨 일족이 천자를 따라 문을 나설 때면 언제나 이렇게 화려한 광경이 펼쳐졌으므로, 『양태진외전』(楊太眞外傳)*에서 일컫듯이 "호종(扈從)할 때마다 매 집안(양씨 일족은 다섯 집안)이 한 대(隊)가 되는데, 각 대마다 한 가지 색의 옷을 입어 다섯 가족이 합하여 서로 비추면 온갖 꽃이 활짝 핀 듯했다. 길에 떨어진 비녀와 신발, 슬슬(瑟瑟)과 주취(珠翠)가 길가에 번쩍거려 한 움큼씩 집을 수 있을 정도였다. 한번은 어떤 사람이 몸을 굽혀 그 수레를 엿보았더니, 향기가 며칠 동안 사라지지 않았다"라고 하는 풍취도 있었을 것이다.[4]

육우(陸羽)의 도상(陶像)

🦋 중국에서는 『다경』(茶經)의 찬자로서, 또 차를 달여 마시는 법의 집대성자로서 알려져 있는 육우(자는 홍점[鴻漸])의 도상(陶像)을 차 가게 앞에 장식하여 일종의 간판으로 이용했다고 전해온다. 서양에서는 의원에서 히포크라테스의 상으로 장식을 하기도 했지만 그것은 실내 깊숙이 안치하는 것이었지, 그 집이 의사의 집임을 표시하기 위해 문머리에 둔 것은 아니었을 것이다. 상점에서 자기들이 다루는 상품이나 그와 관련 있는 것을 점포 밖에 내걸어 초패(招牌, 간판)와 망자(望子, 주기[酒旗])로 쓰는 것은 널리 각국에서 행해지는 일로서 아마도 중국이나 일본에 국한된 일은 아닐 것이다. 하지만 차 가게에서 그 은인이라고도 할 만한 육우의 상을 만들어 그를 제사지내는 한편 아울러 업으로 삼고 있는 곳의 표지로 사용했다는 것은 이례적이라 할 것이다. 당말 무명씨가 찬한

* 송나라 악사(樂史)의 전기소설(傳奇小說).

『대당전재』(大唐傳載)에서는 다음과 같이 말한다.

> 육홍점(陸鴻漸)은 차를 즐겼으며, 『다경』 세 권을 찬하여 대대로 전한
> 다. 차를 파는 집에서는 항상 진흙을 구워 그의 형상을 만들어서 부뚜
> 막의 솥 위에 두고, 좌우의 다신(茶神)으로 여긴다. 물건의 교역이 있을
> 때면 차로 그 형상에 제사를 지내고, 없으면 솥의 끓는 물을 이것에 붓
> 는다.

이상은 『수산각총서』 수록본[5]에 근거한 것이며, 『당인설회』본의 문장[6]
은 다음과 같이 조금 차이가 있다.

> 육홍점은 차를 즐겨서, 처음으
> 로 차를 달이는 법을 창제했다.
> 오늘날에 이르러 차를 파는 집
> 에서는 그의 형상을 도기로 만
> 들어 주석 그릇들 사이에 두고
> 는 마땅히 차가 잘 되리라 믿는
> 다. 태화(太和)〔연간〕에 이르러
> 또 어떤 노승이 육우의 동생이
> 라고 자칭하며 항상 이렇게 풍
> 자의 노래를 불렀다. "황금의
> 누대를 부러워하지 않고, 백옥
> 의 술잔을 부러워하지 않으며,
> 아침에 삼성(三省)에 드는 것
> 을 부러워하지 않고, 저녁에
> 어사대(御史臺)에 드는 것을

육우(陸羽)

당 황실에서 사용했던 금은제 다기들

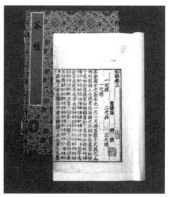

차 관련서로 유명한 육우(陸羽)의 『다경』

부러워하지 않는다. 오직 서강(西江)의 물을 부러워하여, 일찍이 진릉성(晉陵城) 아래를 향하여 왔네." 육홍점은 또한 『다경』 두 권[세 권의 오자일 것이다]을 편찬하여 세상에 행해진다. 지금 육홍점의 형상을 만드는 자들은 그를 지목하여 다신(茶神)으로 삼고, 교역이 있으면 차로써 그것에 제사를 지내며 없으면 솥의 끓는 물을 이에 붓는다.

또 이 문장의 첫 부분에는 육우의 내력을 기술한 대목이 더 붙어 있다. 즉 육우는 어느 무렵 태어났는지는 알 수 없고 경릉(竟陵, 호북성 소재) 용개사(龍蓋寺)의 승려 육(陸) 아무개가 방죽 위에 버려진 갓난아기를 주워다 기른 것이 바로 육우인데, 다 자라서는 "총명다문(聰明多聞)하고 학식이 풍부하며 문사가 해박해서, 그 박식한 담론은 동방만천(東方曼倩, 즉 동방삭[東方朔])의 무리와 같았다"고 하는 수십 글자가 더 있다. 그리고 이어서 뒤에 다른 승려가 나왔기 때문에 '또'라는 한 구절이 들어갔을 것이다. '진릉'(晉陵) 운운한 부분에서 '서강'(西江)이 주강(珠江) 등을 지칭하는 것이 아님은 분명하지만, 과연 실제로 어떤 하천을 가리키는지 나로서는 알 수 없다. 『다경』에서도 차를 달일 때 물을 잘 선택해야 한다는 것은 상세하게 말하고 있지만 구체적으로 어느 곳의 물이 좋은지에 대한 것까지는 서술하지 않았다. 또 장우신(張又新)의 『전다수기』(煎茶水記)에서는 유백추(劉伯芻)가 천하의 일곱 군데의 물을 품평한 것과, 장우신 자신이 우연히 보았던 이계경(李季卿)의 필록(筆錄)에 실려 있는 육우의 품수기(品水記)를 인용하고 있지만, 거기에도 진릉 부근에 그렇게 뛰어난 물이 있었다고 생각할 수 있는 기사는 없다.(진릉은 강소성 무진〔武進〕 부근이다.) 그보다도 흥미로운 것은 다상(茶商)에 거액의 거래가 이루어져 이익을 얻었을 때는 차로 이것에 제사를 지내며, 이익을 얻지 못했을 때는 "솥의 끓는 물을 이에 붓는다"고 한 구절인데, 데루테루보즈(照る照る坊主)*에 제사를 지내는 일이나 환희천(歡喜天)†의 상(像)을 뜨거운 물로 데우는 습속 등과 함께, 광범위한 중국민속 연구의 한 문제로서 충분히 탐구해야 할 필요가 있을 것이다. 당대의 차 가게에서 육우의 도상으로 장식을 했던 것은 물론 장사의 수호신으로서 그를 '제사지내는' 것이 중심이었지만,# 그 도상이 간판처럼 여겨졌던 것이 우연한 결과이기는 해도 그런 의미에서의 해석 또한 배제할 수는 없다고 여겨진다.

---

* 날이 맑기를 빌며 처마 끝에 매다는 종이인형.
† 부부화합과 풍년을 관장하는 불교의 수호신.
# 이교(李喬)의 『中國行業神崇拜』(中國華僑出版公司, 1990)에 따르면 다업(茶業)의 '육우'(陸羽), 주류업의 '두강'(杜康), 장채공(醬菜工)의 '채옹'(蔡邕) 등 당대에 이미 행업신(行業神), 즉 직업의 수호신이 상당수 있었다고 한다.

당대의 여인

「당대의 여성」이라는 제목으로 무언가 이야기를 해달라는 요청을 받았다. '여성'이라고 하면 조금 어려운 느낌이 들지만, '당대의 부인' 또는 '당대의 여인' 정도의 내용으로 채워보고자 한다. 한데 이야기하고 싶은 내용이 많아 무엇을 먼저 말해야 좋을지 실은 매우 망설여졌다. 역사상 두드러진 족적을 남긴 유명한 여인에 대해 한 사람 한 사람의 행적이나 업적을 얘기하는 것도 한 방법일 것이다. 예를 들면 정치가로서 걸물이라는 평판이 높았던 측천무후(則天武后)라든가, 그 아름다움으로 성(城)을 기울이고 나라를 기울였다고 이야기되는 양귀비(楊貴妃), 또는 어현기(魚玄機)나 화예부인(花蘂夫人)이나 설도(薛濤) 같은 여류작가·규수시인이라고 하는 사람들의 일을 얘기하면 좋을 것이다. 음악·무용 방면에도 여인 가운데 많은 천재가 배출되었으며 갖가지 흥미로운 일화를 남기고 있기 때문에 그런 점에서 이야깃거리를 뽑아낼 수도 있을 것이다.

그러나 이런 여인들의 삶을 하나하나 이야기하기에는 도저히 시간이 부족하다. 여기서는 당대 부인의 생활 전반에서 특히 눈에 띄는 특색이라 할까, 다른 시대 여성의 생활과 비교해 크게 다른 점을 한두 가지만 서술하는 데 그치려고 한다. 다만 사료 관계상 자연스레 수도 장안의 여인이 중심이 되리라 생각되니, 그런 점은 미리 유념해주기 바란다. 그 대

측천무후는 집권기간 동안 세습적인 지위를 누리던 귀족계급의 특권을 없애고 대대적으로 과거제도를 실시하여 관리를 등용했다.

신 장안 주위의 명물로 생각되었던 특정 계급의 여인들에 대해서도 서문으로 조금 덧붙여둘 작정이다.

당대 여인들의 생활을 가볍게 훑어볼 때 우선 눈에 띄는 특색은, 용장활발(勇壯活發)이라 하면 조금 지나칠지도 모르겠으나 남자 이상의 시원시원하고 활달한 면이 있었다는 점이다. 중국의 여인이라고 하면 매사에 매우 소극적인, 그저 얌전하기만 한 사람처럼 생각하기 쉽지만 당시 사람들은 의외로 모던한 기질이 있어서, 말괄량이라고 하면 지나치다고 할지 모르지만 상당히 자유롭고 해방된 기분을 가진 사람들이 많았다. 이는 당이라는 시대가 대체로 활기찬 시대로서, 문(文)에 비해 무(武)가 존중되고 군인과 무관이 우대받고 중용되었기 때문에 역대로 유례가 없던 기풍이 형성된 결과로도 생각된다. 원래 한(漢)족, 즉 중국인은 문을 숭상하고 무를 비하하는 경향이 강한 민족이었는데, 당대에 이르러서는 일찍이 볼 수 없었던 풍조가 나타나게 되었다. 이는 오랫동안 북방의 몽골 방면에 자리잡고 있던 용맹한 유목민족과 피가 섞이고 그 습관까지 받아들이면서 어느새 거기에 동화되었기 때문으로 생각된다. 그 원인이야 어쨌든 당대는 무가 존중되고 씩씩한 것을 애호한 시대였으며, 그것이 연장되어 여인들의 취향에까지 스며 들어갔던 것이다. 그것이 표면적으로 나타난 현상에는 여러 가지가 있지만, 특히 눈에 띄는 점은 우선 다음과 같다.

1. 여인들이 외출할 때 얼굴을 드러내고 다닌 것.
2. 그때 여인들이 말을 즐겨 타고 다녔고 이와 관련해 남장이 유행한 것.

당대 궁중 여인들

3. 일부 여인들 사이에서 짙은 화장을 꺼리고 극히 엷은 화장을 선호했
   으며, 오히려 화장기 없는 편을 세련된 품격으로 생각한 것.
4. 여인들 사이에서도 스포츠가 성행하여 '타구'(打毬)처럼 씩씩한 경
   기를 시도하는 이가 많았고, 또 여자이면서도 궁시(弓矢)를 차고서
   사냥하러 가는 것을 오락으로 삼은 사람들이 많아진 것.

첫째는 외출할 때 장옷 같은 쓰개를 사용하지 않았다는 것이다. 당대 초
기에는 여인들이 밖으로 나설 때 멱리(冪䍦)라는──글자도 대단히 어렵
다──머리 꼭대기에서 치마 쪽까지 전신을 덮는 얇은 비단쓰개를 푹 뒤
집어써서 결코 남에게 얼굴을 보이지 않았다.* 멱리가 한물가서 쓰지 않
게 되었을 때도 여전히 유모(帷帽)라는 것으로 얼굴만은 가리고 있었다.
유모는 오모자(烏帽子) 같은 것의 가장자리에 깁(紗)이나 얇은 옷감으로

---

* 근래의 복식사 연구서에 따르면 이는 토곡혼(吐谷渾, 선비족의 한 갈래)과 관련이 있으며 남자들도
  쓰던 것이다. 아울러 부녀들의 기마복장이었다.

당대 여자승마도

만든 짧은 장막을 늘어뜨린 것으로, 베일이 붙은 모자라고도 할 수 있다. 그런데 당나라 중기 현종 무렵에는 이 유모도 쓰지 않고 여인들이 완전히 맨 얼굴로 태연히 나다니게 되었다. 뿐만 아니라 그때까지 없었던 외국풍의 모자—이는 페르시아풍의 것으로 확인되었다—, 오늘날 젊은 여성들이 테니스를 칠 때나 스컬(scull)*을 탈 때, 또는 산에 오를 때 쓰는 흰 피케(piqué) 모자와 꼭 닮은 남성용 모자를 쓰고 사뿐사뿐 걸음을 옮겼다. 이는 사소하지만 풍속상의 커다란 변화로서 기억해야 할 것이다.

이런 형세가 더욱 진전된 것이 두 번째로 지적한 승마 풍습이다. 중국에서 여자가 말을 타고 다니는 것은 결코 예로부터 있었던 풍습이 아니다. 한나라의 왕소군(王昭君)†이 말 위에서 비파를 안고 울면서 몽골의 난폭한 사내들이 사는 곳으로 시집가는 모습을 그린 그림을 흔히 볼 수 있지만, 그것은 여자가 말을 타게 된 뒤에 그려진 것이다. 남북조 말경 이전이라면 그려질 리가 없는 형상으로, 남북조 말경부터 여자들의 승마가 북방 습속의 수입과 함께 슬슬 나타나기 시작했다.(여담이지만 왕소군은 실제로는 수레를 타고 갔으며, 비파를 탄 것도 실은 수행한 시녀였지 왕소군 자신이 아니었다.) 여자가 말을 타는 이 풍습은 당대에 들어 갑작스레 성행하게 되었고, 현종 무렵부터는 한층 세간에서 유행하게 되었다. 그 유행의 원천은 궁중에서 임금을 섬기던 여인들, 즉 궁녀들이었는데, 이

* 좌우의 노를 한 사람이 젓는 좁고 긴 경기용 보트.
† 전한 시대의 궁녀. 원제(元帝) 때 입궁했으며 B.C. 33년 흉노 호한야선우(呼韓邪單于)의 화친 요구에 응하여 자청해 시집갔다. 그가 죽은 뒤 다시 그 아들의 부인이 되었다.

것이 일반사회의 여인들 사이에 퍼지게 된 것이다. 양귀비의
언니들이 다투어 명마를 구입해서 금빛 찬란한 황금 마구를
장만하고 눈이 휘둥그레질 만큼 화려하게 수놓인 비단 진흙
받이를 장식해서 이를 과시하며 도읍의 대로
를 거닐던 모습은, 당시 장안의 시민들을 적잖
이 놀라게 했을 것이다. 더욱이 여인이 말을 타
는 경우는 대체로 이른바 '가로타기'로서 안장에
비스듬히 걸터앉는 것이 통례였는데, 이 당시의 풍습
은 남자처럼 이른바 '세로타기,' 즉 문자 그대로 말
에 '올라타는' 것을 시도하는 경우가 많았다. 당시
만들어진 도자기류나 진흙인형 중에는 이렇게 말에
올라탄 여인의 모습을 묘사한 것이 많이 있다. 자,

말을 탄 당대 여성

이렇게 되자 여자 복장으로는 다소 불편함이 있게 마련이라 여자들의 남
장이 유행하게 된다. 즉 의복도 신발도 남자와 같은 것을 착용한, 아리따
운 남장 여인이 장안과 낙양 거리에 드물지 않게 된 것이다.

　여인들의 이런 승마 풍속은 당시 시인들이 작품 속에서 즐겨 읊었지
만, 그 중에서도 양귀비의 자매 괵국부인(虢國夫人)을 읊은 두보의 시
〔「괵국부인」〕가 가장 유명할 것이다.

　　　　괵국부인이 황제의 은총을 입어
　　　　동틀 무렵 말을 타고 궁문을 들어온다

밤이 희끄무레하게 샐 무렵, 말 위에 앉아 느긋하게 고삐를 잡고 궁성 문
을 들어와 입궐한다는 것이다. 그런데 이 시는 이어서

　　　　도리어 화장이 안색을 더럽힐까 꺼려

타구(打毬) 놀이를 하고 있는 당 현종과 양귀비

옅게 눈썹을 칠하고 황제를 배알한다

라고 노래하고 있다. 이는 당시 일반적인 풍습이었던 짙은 화장을 꺼려서 덕지덕지 화장을 진하게 하면 오히려 자연스런 아름다움을 해친다는 생각에서 연하게 눈썹만 그렸다는, 현란함이 극에 달하면 평탄함을 좋아하게 된다는 하나의 반동으로서 엷은 화장의 유행을 이야기한 것으로 여겨진다. 더욱이 이 시의 경우는 자신의 맵시에 대해 자신만만하여, 나는 아무것도 바르지 않아도 이 정도라는 괵국부인의 당당한 기품까지 읽어낼 수 있음은 물론이다. 어쨌거나 백분(白粉)을 칠하고 연지를 펴바르며 입술연지를 칠하고 이마나 뺨에 화전(花鈿)을 붙이는 짙은 화장은 지나치게 야한 면도 있으므로, 분킨(文金) 다카시마다(高島田)*도 좋지만 미즈카미(水髮)†의 이초가에시(銀杏返し, 은행틀기)도 한번 해보고 싶다는 기분에서 이렇게 엷은 화장을 진정한 화장으로 생각하는 취향이 일어났을 것이다. 이것이 세 번째 기풍이다.

　네 번째는 스포츠를 즐기는 여인들이 차츰 나타난 일이다. 당시 여인들의 오락도 여러 가지가 있었다. 직접 해보면서 즐기는 것, 다른 사람이

* 뒷머리를 아주 높고 화려하게 빗어올린 여자의 머리모양.
† 기름을 바르지 않고 물로 다듬은 머리.

경기하는 것을 보거나 들으면서 즐기는 것 등 다양하게 있었다. 그 가운데 실외의 유희나 오락으로서 여자도 한 패에 끼였던 것이 타구(打毬)와 사냥이다.

타구란 오늘날 폴로라고 하는 것인데, 말을 타고 달리면서 골프 클럽처럼 생긴 긴 막대로 작은 공을 때려 적의 진지에 집어넣음으로써 승부를 가리는 씩씩한 게임이다. 예로부터 페르시아의 국기(國伎)라고도 할 만한 이 경기는 이 나라에서 널리 동서양으로 퍼진 것으로, 오늘날 유럽에서 행해지고 있는 것도 역시 페르시아에서 건너간 것이다. 중국에서도 당대부터 알려지게 되었고 태종 등은 이 경기를 가장 좋아했다고 하는데, 상무(尙武)의 기상이 드높았던 당대에 타구가 환영받았던 것은 당연한 일로서 특히 군인이나 귀족자제 사이에서 유행했다. 그래서 궁정의 정원을 비롯해 황족의 고급주택이나 문무대관의 저택 및 별장 등에는 드넓은 그라운드가 있었다. 기름을 붓고 땅고르기를 하여 평탄하기가 숫돌 같다고 일컬어진, 오늘날의 테니스코트처럼 공을 들여 만든 어엿한 구장(毬場)이 곳곳에 있었다. 그리하여 때로는 국제시합도 행해졌는데, 당나라 황족과 티베트 선수 사이의 경기에서 당군(唐軍)이 대승했던 일도 전해지고 있다.* 원래 타구는 남자의 놀이였는데, 씩씩한 기풍이 강했던 당대에는 주로 궁녀 사이에서이긴 했지만 이를 시도하는 부녀자가 점점 많아졌다. 이를 시로 읊고 글로 지은 작품도 여럿 있는데, 가뿐한 차림에 아름답게 치장한 궁녀들이 천자의 어전에서 그날의 공식경기를 행하니, 딸가닥딸가닥 말발굽소리가 뒤섞인 가운데 금색의 공이 번개처럼 어지럽게 나는 모습을 상상하기에 충분하다. 또 당시의 토우(土偶, 흙으로 만든 인형) 중에는 말 위에서 몸을 돌려 회심의 일타(一打)를 시도하며 고

---

* 봉연(封演)의 『봉씨문견기』(封氏聞見記) 권6 「타구」(打毬)에 따르면, 이는 현종이 임치왕(臨淄王)이 었을 때의 일화이다. 중종 재위시 티베트에서 금성공주(金城公主)를 맞이하러 왔을 때 티베트 사신이 시합을 청하여 당나라 선수들을 연거푸 이겼다. 이에 중종이 임치왕과 다른 황족 3명이 티베트 선수 10명을 상대하도록 해서 비로소 이겼다고 한다.

삐를 꽉 죄는 여인의 모습을 생생하게 잘 재현해낸 것이 있어서, 그 흥취를 잘 전해준다. 그러나 뭐니뭐니 해도 타구는 상당히 격렬한 운동이어서 아무리 성질이 괄괄한 사람이 많았다고 해도 모든 여인의 놀이로서는 지나치게 힘든 감이 있기 때문에, 말 대신 당나귀를 타고 하는 사람들도 있었으며, 또한 도보로 행하는 방식을 창안해낸 사람도 나타났다. 이는 몇 해 전 일본에서 베이비 골프라는 것을 역시 여성들이 즐겨 했던 것과 같은 일이라고 생각된다.

다음으로 여인들의 야외오락으로 꼽아야 할 또 한 가지에 사냥이 있었다. 사냥은 여자의 몸에 궁시(弓矢)를 차고 말 위에서 새나 토끼 등을 쏘아 잡는 것 말고도, 매를 데리고 나가 놓아서 사냥감을 잡는 매사냥도 있었다. 두보나 장적(張籍)의 시 등에 이를 노래한 것이 있는데, 필시 그들은 은안장을 얹은 백마를 탄 귀공자들과 서로 겨루며 하루의 사냥을 즐겼을 것이다.

> 수레 앞 재인(才人)들은 활과 화살 차고
> 백마는 황금재갈 씹어댔지
> 몸을 돌려 하늘 향해 구름을 쏘면
> 한 방에 바로 쌍쌍이 날던 새 떨어뜨렸네
> ──두보, 「강가에서 슬퍼하다」(哀江頭)의 일부

이 시는 보통의 사냥을 묘사했지만,

새 매를 처음 놓으니 토끼 이미 살이 올라

대낮에 군왕께선 궁궐에 계신 일 드물구나

어스름 저녁 궁궐 문이 잠기려 하니

미녀들 말을 달려 앞을 향해 돌아오네

— 장적, 「궁사」(宮詞)의 첫 머리

이 시에 나타난 것은 매사냥이다.(재인이란 여관[女官]의 한 계급이다.)

　이상은 당대 여인들의 일반적인 기풍(氣風)이라고도 할 만한 것으로, 장안과 낙양 등 대도시의 상류계급이나 유산계급 일부에 치우친 감이 있을지도 모르겠으나, 그 무렵 여성들의 한 경향은 엿볼 수 있을 것이다. 이에 덧붙여 반드시 장안으로 한정할 수는 없지만 적어도 장안 명물의 하나였던 조금 색다른 여인들에 대해 한 가지만 얘기하겠다. 그것은 당시의 시가 등에 '호희'(胡姬)라는 말로 나타나 있는 외국 여인이다.〔2장·3장 참조〕 '호'는 옛날 진한시대에는 북방 알타이계의 특정 종족을 가리키는 명칭이었는데, 어느 사이엔가 점차 지시하는 범위가 넓어져서 동서남북 어느 방면이든 외국인을 가리키는 말로 바뀌어 쓰였다. 그런데 당대가 되면 그 중에서도 중앙아시아의 소그디아나 지방에 사는 페르시아 계통의 이란인을 특히 '호'라고 지칭하는 용례가 저절로 생겨나기 시작했다. 지금의 사마르칸트를 중심으로 한 지방에서 한편으로는 농사를 짓고 다른 한편으로는 당시 세계 여러 나라를 동분서주 두루 돌아다니며 국제 무역에서 활동했던 이른바 소그드인이 그 핵심을 이룬다. 이들은 상인으로서는 물론, 서방 여러 종교의 선교사로서, 또는 천문역법 등의 학장(學匠), 회화·공예·음악 등에 능통한 예술가, 구경거리·곡예·요술 등의 예인으로서 많은 수가 중국에 들어와 있었다. 그런데 그 중에는 장안 주위의 술집이나 카페라고도 할 만한 가게에서 술자리를 주선하며 유행가 한 자락이라도 부르면서 손님의 비위를 맞추던 곱슬머리에 푸른눈의 여인들도 섞여 있었다.

그녀가 바로 '호희'이다. 이백(李白)의 「소년의 노래」(少年行)에

오릉(五陵)의 공자가 금시(金市)의 동쪽을
은안장 백마에 얹고 봄바람에 건너간다
낙화 두루 밟고서 어디로 놀러 가나?
웃으며 들어가네, 호희의 술집 안으로

이라 한 것은 호녀를 노래한 대표적인 시가이다. 이백은 이외에도 '호희'
를 노래한 시가 두세 수 더 있으며, 잠삼(岑參)·하조(賀朝)·양거원(楊巨
源)·시견오(施肩吾)·장효표(章孝標)·온정균(溫庭筠) 등의 작품 중에도
호녀를 제재로 했거나 언급한 것이 있다. 이를 보면 이런 여인들이 상당
수 중국에 와 있었다는 것과 당대 시정의 풍물에 하나의 색채를 더해주
고 있는 풍취를 알아차릴 수 있다. 커트 글라스나 마노(瑪瑙) 술잔에 서
역의 명물인 포도주를 따르고 소그드의 짧은 노래로 도시의 나이어린 자
제들을 사로잡았던 호희, 그것은 과연 당대라는 정취를 전하고도 남음이
있다고 말하지 않을 수 없다.

다음으로 이것이야말로 장안이나 낙양의 전유물은 아니었지만, 특히
천하제일이라고 일컬어지던 장안의 명물로 평강(平康)의 가기(歌妓)를
들 수 있다. 당시의 가기에는 궁중에 전속되어 있던 궁기(宮妓)나 개인이
데리고 있던 가기(家妓), 중앙·지방의 관청이나 군영(軍營)에 소속되어
있던 관기(官妓)·영기(營妓) 같은 부류가 있었지만, 그 중에서 가장 유명
한 것이 장안의 평강방(平康坊)에 일곽(一廓)을 이루고 있던 민간의 기
녀이다. 당말의 상황에 정통한 사람의 설에 의하면, 낙양의 가기는 다른
지방에 비하면 꽤 상등의 부류에 속했지만 그래도 여전히 촌티가 다소
남아 있어 장안의 여자들에 비하면 그 미모와 재조(才藻) 그리고 품위 어

느 모로 보나 현격한 차이가
있어서 동류선상에 놓고 말할
수 없었다고 한다.* 이는 아마
도 성당(盛唐) 무렵부터 그러
했을 것이다. 그들이 사는 곳은
장안의 왼쪽 거리, 즉 동시(東
市)의 서쪽 평강방의 동북쪽인
데, 경성의 유흥가(歌吹海)†이
자 풍류의 수택(藪澤)이라 불
리면서 문무대관과 권세가 및
부호들은 물론이고, 문관시험
을 치러 여러 지방에서 상경한

당대의 가기

청소년이나 새로 급제한 진사(進士) 등까지 모두 이곳에서 노닐며 갖가
지 일화를 남겼다. 이에 대해 말하자면 이루 다할 수 없을 만큼 온갖 것
이 많이 있지만, 내가 따로 썼던 것도 있어서[3장 참조] 여기서는 이만 그
치고자 한다.

참으로 재미도 없는 이야기를 순서도 없이 늘어놓아서 필시 듣기 거북
한 부분도 있었겠지만, 이런 사소한 면에서도 당대 문화가 지닌 특색의
하나, 즉 동서 문화를 각 방면에 걸쳐 두루 받아들여 중국에 하나의 세계
적·국제적인 문화가 만들어지고 매우 짙은 이국취미가 있었다고 하는 점
이 조금이라도 이해되었다면 다행이겠다. 나의 이야기는 여기서 마친다.

---

* 손계(孫棨)의 『북리지』 「해론삼곡중사」(海論三曲中事)에 나오는 말이다.
† 노래와 음악이 넘치는 곳, 즉 유흥가라는 뜻의 이 말은 남송 시인 육유(陸游)의 「겨울밤 빗소리에 장
  난삼아 써본 시」(冬夜聽雨戱作詩)에 나온다.

당대의 도서(圖書)

중국의 도서에 대해 무언가 써달라는 요청을 받았는데, 제목이 너무 거창하여 짧은 글 한 편으로는 어느 것도 담을 수 있을 것 같지 않아서, 우선 시대를 당대로 한정하여 이것저것 전적(典籍)에 관한 잡다한 것들을 서술해보고자 한다.

먼저 다루어보고 싶은 것은 당대에도 이미 책방이 있었다는 사실이다. 물론 큰 도회지에서의 일이긴 하지만, 책을 늘어놓고 파는 가게가 있었다. 이는 언뜻 대수롭지 않은 듯도 싶지만, 고찰해보면 문화사에서 상당히 중요한 일이라고 할 수 있다. 서양의 경우는 아직 자세히 조사해보지 못해서 잘은 모르겠지만, 유럽에는 8세기·9세기 무렵까지 서사(書肆, 책방) 같은 것은 아직 없었던 것 같다.

당대에 서사가 있었다는 증거로는 무엇보다도 백낙천(白樂天)의 동생 백행간(白行簡)이 쓴 작품이라고 일컬어지는 『이와전』(李娃傳)에 보이는 장안의 책방을 들 수 있다. 『이와전』은 당연히 소설로서 지은이를 백행간이라고 한 것도 물론 가탁이지만, 이야기의 배경에 사용된 사물은 당나라 중기 무렵의 실제 세태를 반영한 것으로 보아도 무방하리라 믿는다. 소설 속에서 이와가 자신의 정인(情人) 정생(鄭生)에게 재기를 위해 과거에 응시할 것을 권하며 그의 수험준비를 위해 그와 함께 '분전(墳

典)*을 파는' 시중 점포에 가서 필요한 서적을 사주었다고 하는 것을 보면, 당시 장안의 방항(坊巷) 안에 서점이 있었음은 확실하다. 그리하여 일시에 백금(百金)의 책을 구입했다고 하니, 서사의 장서(藏書)도 상당한 양이었음을 짐작할 수 있다. 또한 동도(東都) 낙양에도 책방이 있었음을 여온(呂溫)의 시를 통해 알 수 있다. 여온의 친구 최인량(崔仁亮)이 정원(貞元)14년(789)에 낙양의 남시(南市) 안에 있는 '책을 파는 점포'에서 상관소용(上官昭容)이 지은 『연신기』(硏神記)라는 책을 샀다는 내용이 여온의 시 「상관소용 서루의 노래」(上官昭容書樓歌)에 나온다. 상관소용은 본명이 완(婉)이며, 측천무후의 총애를 받았던 여류 재인(才人)으로 소용(昭容, 여관〔女官〕의 한 계급) 반열에 있었기 때문에 이렇게 칭해졌다. 상관은 성이다. 그 밖에 장적(張籍)의 칠언율시 「봉상에 가는 양소윤을 보내며」(送楊少尹赴鳳翔)에도 어디에 있는 것인지는 명확하지 않지만 서포가 나온다. 주하(周賀)가 요합(姚合)에게 보낸 한 편의 시에도 책을 사는 일이 나오는 것을 보면, 이 역시 서사에서 산 것으로 생각된다. 또한 원진(元稹)이 『백씨장경집』 서문에서 서술하고 있듯이 원진과 백거이 두 사람의 시가(詩歌)가 왕성하게 저잣거리에서 팔리고 있었다면, 그것은 순수한 책방이 아니더라도 책을 다루는 점포를 통한 일이므로 일종의 서사가 이미 발달해 있었다고 보아도 무방할 것이다. 특히 중당부터 만당에 걸쳐 역서(曆書) 등을 비롯한 음양잡설(陰陽雜說)·점몽(占夢)·상택(相宅)·오위(五緯)·구궁(九宮) 등 민간의 신앙 및 풍습에 결부된 속서(俗書) 종류나 자서(字書)·운서(韻書) 종류의 인쇄가 행해지면서 대량으로 산출되었던 이들 서적의 유포에는 상식적으로 책방의 존재를 고려하지 않을 수 없다. 송나라 섭몽득(葉夢得)은 당대의 책 『유빈가훈』(柳玭家訓)의 서문을 인용하며, 그 저자가 중화(中和)3년(883) 여름

---

* 3분(墳, 책)과 5전(典), 즉 3황5제의 전적을 뜻하는 말로, 고대의 전적을 나타낸다.

성도(成都)의 중성(重城) 동남쪽에서 위에 기술한 책들을 열독(閱讀)한 것이 서사에서였다고 쓰고 있다. 이것이 참으로 그 서문에 명기되어 있는 것인지 아니면 섭몽득의 추찰(推察)에 불과한 것인지와는 별개로, 이를 서점에서의 일로 해석하는 것이 반드시 근거 없는 일은 아니라고 여겨진다.

시선(詩仙) 이백

어느 시대에나 애서가는 많지만, 당대에도 애서가·장서가로서 이름을 남긴 사람이 적지 않았다. 이함용(李咸用)이 "명류의 옛 문집, 옷을 전당 잡혀 샀다"(名流古集典衣買)고 노래한 것〔「지인에게 부치다」(寄所知)〕은 이백이 '천금의 준마'를 '소첩과 바꾸며'(千金駿馬換少妾)라고 읊조린 것〔「양양의 노래」(襄陽歌)〕과 함께 사람들에게 자주 언급되는데, 책에 눈이 먼 사람에게는 '옷을 전당 잡혀 사는' 것쯤은 아무 일도 아니었을 것이다. 당시 장서가 풍부하기로 유명했던 것으로는 궁중비각(宮中秘閣) 말고 개인 수집에서도 자못 볼 만한 것이 있었던 듯하다. 『신당서』와 『구당서』에 산견되는 것만 골라보아도, 오긍(吳兢)은 1만 3천여 권의 책을 모아두었다 하고, 장예(蔣乂)의 집에는 1만 5천 권의 장서가 있었다고 하며, 위술(韋述)은 책 2만여 권을 쌓아두고 모두 손수 교정을 가하여 궁중의 책도 이에는 미치지 못했다고 전해진다. 또한 이계(李磎)의 집에는 장서가 1만 권에 달해 이서루(李書樓)라고 불렸다 하며, 위처후(韋處厚)와 전홍정(田弘正)의 집에도 각각 1만여 권, 소변(蘇弁)의 집에는 2만 권의 책이 수집되어 있었다고 한다. 무명씨의 편찬으로 전하는 『대당전재』(大唐傳載)에 따르면, 유백추(劉伯芻)라는 사람도 2만 권의 책을 모았다고 하며, 두겸(杜兼)이라는 사람도 일찍이 만 권의 책을 모았는데 각 책의 권말에는 반드시 "사람을 사서 베끼고 손수 교정했다"고 써 있었다고 한다. 만당의 작가 장호(張祜)의 시

구 "주씨 서쪽 재실의 만 권의 책"(朱氏西齋萬卷書)에서도 주씨가 누구
인지는 자세히 알 수 없지만 당시에 유명했던 사람 중 한 명임에 틀림없
을 것이고, 앞서 언급한 최인량 같은 이도 장서가로서 패권을 다투었으
리라고 생각된다. 최인량의 서고(書庫)를 여온은 이렇게 노래하고 있다.

> 멋진 누대와 값진 서가가 하늘 가운데 있어
> 기이함 봉하고 신비함 감춘 책이 1만여 권
> 수정 편질(編帙)에 초록빛 전축(鈿軸)*
> 운모(雲母)로 마름질한 황금의 책
> 바람이 꽃 위의 이슬 불어 화창할 때
> 비단창엔 붉은 휘장이 높이 걸렸네
> 향낭엔 연기 자욱해 자수무늬 아롱지고
> 취조(翠鳥) 깃털로 책상 닦으니 유리처럼 푸르구나
>
> ——여온, 「상관소용 서루의 노래」

고아(高雅)한 서루의 홍취가 잘 엿보인다. 최인량의 장서는 보존도 용의
주도하게 이루어진 것으로 보이는데, 앞서 언급한 『연신기』 같은 책도
"종이 위에 향이 많아서 좀이 슬지 않았다"고 기록되어 있다.

당시의 서적은 대부분 사본(寫本)이었다. 그러다 보니 거의가 권자본(卷
子本)†이었다. 물론 오늘날 돈황에서 발견된 자료에 의해 알려진 것처럼
다소의 선장본(線裝本, 실로 제본한 책)도 있었으며, 점엽본(粘葉本)# 등

---

* 금·은·옥·조개 등을 박아 넣은 권축.
† 필사하거나 찍어낸 비단 또는 종이를 이어 붙인 다음 한 끝에는 둥근 축, 다른 끝에는 죽심(竹心)을
　가늘게 깎아 책가위로 덮어싸고 그 중앙에 책끈을 달아 보존할 때는 둘둘 말아 매어두는 형태의 장
　정이다. 우리말로는 '두루마리'라고 하며, '권축장'(卷軸裝)이라고도 한다.
풀로 붙인 장정이다. 일반적으로 '호접장'(蝴蝶裝)이라고 한다.

도 얼마간 만들어졌던 것으로
생각된다. 그러나 물론 대다수
는 권축(卷軸)이었다. 이 권축
으로 만들어진 도서를 서가에
배열할 때, 좀 신경을 쓰는 사
람은 책을 몇 권씩 이른바 경
질(經帙)에 싸서 안배했을 것
이다. 일본 쇼소인(正倉院)*의
황실 소유품이나 스타인이 서
역(西域)의 모래더미 속에서
발굴해낸 것에서 보듯이, 이
경질에도 온갖 사치를 부려 정
교하게 만든 것이 있었으므로
상류층 장서가들 사이에서는

돈황 장경동에서 발견된 선장본 『금강반야바라밀경』. 선
장본은 책장을 넘기기도 편하고 쉽게 떨어지거나 찢어지
지도 않는다. 떨어지거나 찢어져도 다시 장정하여 원래의
모습을 되살리기도 용이했다.

틀림없이 훌륭한 경질이 사용되었을 것이다.(일본에서 예로부터 경질이라
고 해온 것은 대부분 불경을 썼지만, 유독 불전에만 사용되었을 리는 없다. 일
반적인 권자본에도 적용되었을 것이다.)

그런데 권축을 서가에 배열할 때 온갖 신경을 써서 사치를 부린 것이
바로 아첨(牙籤)이다. 아첨이란 권축(卷軸)의 축단(軸端)에 드리운 상아
또는 골제(骨製)의 작은 명찰로, 여기에 서명·권명 등을 새겨 찾아보기
에 편리하도록 만들었다. 한퇴지(韓退之, 한유[韓愈]의 자)의 시에 "업후
의 집에는 책이 많아, 서가에 꽂혀 있는 것이 무려 3만 축. 하나하나 아첨
을 매달았는데, 새롭기가 마치 손 하나 대지 않은 듯"(鄴侯家書多, 挿架三
萬軸. ――牙籤懸, 新如手未觸)하다고 한 것이나, 요합(姚合)의 시에 "바

* 나라(奈良)의 동대사(東大寺)에 있는 보물창고로 7·8세기의 예술품이 소장되어 있다.

권축(卷軸)장정으로 된 『제민요술』(齊民要術)

다 그림으로 옥축을 꾸미고, 서목은 아첨에 기록한다"(海圖裝玉軸, 書目記牙籤)고 한 것은 모두 이 아첨을 지칭한 것이다. 또 어떤 사람은 책의 종류에 따라 아첨의 색을 바꾸어 한눈에 어떤 부(部)에 속하는지 알 수 있게 했다. 위에 나온 업후(鄴侯, 재상 이필〔李泌〕)의 장서가 그 예로서, 경(經)·사(史)·자(子)·집(集)에 각각 다른 색의 표찰을 매달았다고 하는데, 이는 현종시대(712~756) 궁중서적의 배가(排架) 양식을 모방한 것으로 보인다. 『당육전』(唐六典)이나 『구당서』「경적지」(經籍志)에 따르면, 개원연간에 궁중의 서적을 갑·을·병·정 네 부(部)로 나누고 각 부마다 한 서고에 수장하여 총 네 서고를 만든 뒤 익주(益州, 사천〔四川〕)에서 생산된 마지(麻紙)에 정서하게 했는데, 갑〔經〕부의 책에는 홍색, 을〔史〕부의 책에는 청색, 병〔子〕부의 책에는 벽색, 정〔集〕부의 책에는 백색의 아첨을 붙였다고 한다. 이필 집안의 4색 표찰은 아마도 이를 근거로 했을 것이다. 이런 아패(牙牌)로 장식한 책을 죽 늘어놓은 서가 사이로 훈풍(薰風)이 불어오면, "바람이 첨패에 부는 소리, 방안 가득 쟁그렁거린다"(風吹籤牌聲, 滿室鏗鏘然, 피일휴〔皮日休〕의 「두 곳에서 노닐며 지은 시」〔二遊詩〕에 대한 육구몽〔陸龜蒙〕의 화답시 2수 중 하나)는 풍정(風情)이 더해진다. 그 홍·백·청·벽색의 아편(牙片)이 쟁그렁 울리는 풍취는 상상만 해도 상쾌함의 극치처럼 느껴진다. "가득 쌓인 패찰은 푸른 아첨으로 가지런하고, 옥색 종이의 금색 글자는 맑은 노을에 한가롭네"(萬蘊千牌次碧牙, 縹牋金字閑明霞)라고 한 정빈(鄭賓)의 시구에 이르면, 저묵(楮墨) 향기에 완전히 사로잡혀 머뭇거리며 차마 떠나지 못하는 경지

점엽본(粘葉本)으로 된 『반야바라밀경』(돈황 발굴)

에 끌려 들어가게 된다.

이 무렵 책의 장황(裝潢),* 즉 권자본(卷子本)의 제작은 축(軸)·대(帶)·질(帙)·첨(籤) 네 가지를 갖추어 선미(善美)를 다해야 비로소 완전해진다. 앞서 이미 질과 첨에 대해 언급했기 때문에 축과 대에 대해서도 한마디 해두고자 한다. 앞에 인용한 여온과 요합의 시구에서도 볼 수 있었듯이 권물(卷物)의 축에도 나전(螺鈿)이나 옥 또는 상아를 사용한 정교한 것이 있었는데, 수나라 때 이미 홍벽(紅碧, 감색)의 유리로 만든 축이 있었던 것을 보면 당대에 당연히 수정이나 유리로도 축을 만들었으리라고 생각된다. 정미(精美)함의 극치를 보여주는 일본 이쓰쿠시마(嚴島)†의 헤이케 노쿄(平家納經)# 등은 축이나 기타 장식에서 수당시대 권자의 화려한 양식을 잘 계승했다고 볼 수 있을 것이다. 대(帶)란 한 권을 말아 묶는 끈으로, 거의 비단 히라히모(平紐)나 우치히모(打紐)☆로 제한되어 있

---

* '장'(裝)은 권자의 겉을 보호하면서 꾸미는 것이고, '황'(潢)은 종이를 염색하여 벌레를 막는 것이다. 염색은 일반적으로 황벽(黃蘗)을 사용한다.

† 히로시마 현 서남쪽에 있는 주위 31km의 작은 섬. 항해의 안전을 주관하는 신을 모시고 있으며 헤이씨(平氏) 일족의 영화를 보여주는 이쓰쿠시마 신사가 있는 것으로 유명하다.

다이라노 기요모리(平淸盛)가 일족 헤이씨의 평안을 빌고자 1164년 이쓰쿠시마 신사에 헌납한 불경들로, 발원문을 포함해 33권이다. 화려한 장식으로 유명한 이 경은 국보로 지정되어 있다.

☆ 히라히모는 꼰 실을 몇 가닥 늘어놓고 풀로 굳힌 끈, 우치히모는 여러 가닥을 꼬아 만든 끈.

는 듯한데, 일본 쇼소인(正倉院)에 전해지는 나라(奈良) 왕조의 유품이 당대 그것의 면모를 전하고 있다고 한다면, 그 직조 솜씨는 더없이 정치하고 염색도 자못 고아(高雅)하다 할 수 있다. 재력이 풍부한 장서가가 축이나 대에도 비용을 아끼지 않았으리라는 것은 충분히 짐작할 수 있는데, 그 가장 좋은 예로서 당나라 제실(帝室)의 서화 수장을 다시 한번 들고자 한다. 앞서 개원연간에 궁중의 책에 붙인 아첨(牙籤)에 대해 서술했지만, 4부의 책 각각에 장정(裝釘)의 재료와 색채를 바꾸었던 것은 첨만이 아니라 축이나 대도 마찬가지였다. 즉 경부의 책은 '전백아(鈿白牙)의 축에 황대(黃帶),' 사부의 책은 '전청아(鈿靑牙)의 축에 표대(縹帶),' 자부의 책은 '조자단(雕紫檀)의 축에 자대(紫帶),' 집부의 책은 '녹아(綠牙)의 축에 주대(朱帶)'를 했다. 앞에 기술한 것처럼 여기에다 홍(紅)·녹(綠)·벽(碧)·백(白)의 아패(牙牌)를 드리웠으니 틀림없이 눈부신 볼거리가 연출되었을 것이다. 이러한 체재의 서적이 개원 말에는 장안과 낙양의 궁중 집현서원(集賢書院)에 정(正)·부(副) 각각 2부씩 분장(分藏)되었는데, 총 12만 5,960권이라고 주기(注記)되어 있다. 이렇게 그 양에 있어 절정에 달했던 당나라 왕실의 장서는 이후 안사의 난을 거치면서 여러 경위로 이합집산을 하게 되는데, 이것은 당나라 초기 수서(蒐書) 사업의 한 측면과 함께 여기서는 생략하기로 한다.

장서의 목록도 물론 있었다. 그 필두는 역시 궁중 장서본의 카탈로그이지만, 민간의 개인 장서가 중에도 정세(精細)한 목록을 편찬한 사람이 상당수 있었던 듯하다. 『정관정요』(貞觀政要)의 찬자 오긍(吳兢) 같은 사람은 그의 서재(西齋)의 장서가 1만 3,400여 권이었다고 하는데, "일찍이 그 권제(卷制)를 기록하여 오씨서재서목(吳氏西齋書目)이라 불렀다"고 전해지는 것을 보면 서목 제작 방면에서 걸출한 성과를 이룬 인물이었던 듯하다. 나는 10여 년 전 이 서목에 대해 기술하면서 이른바 근래의 함가(函架) 번호가 붙은 목록처럼 쓴 적이 있지만(『오사카 마이니치 신문』

1930년 4월 30일자), 그렇게 분명히 단정짓는 것은 조금 지나친 생각인 듯해서 철회하고자 한다. 주어진 지면이 거의 다했기 때문에 목록에 관련된 일도 이 정도로 그친다. 마지막으로 색다른 장서가 한 사람의 이야기로 이 글을 마치고자 한다. 중당의 고관으로 병부상서까지 지낸 유공작(柳公綽)이란 사람에 대한 이야기이다. 이 사람은 경·사·자·집의 각 책을 모두 세 본씩 갖춘 뒤, 가장 좋은 한 본은 서고에 잘 모셔 영구 보존용으로 삼고, 그 다음 한 본은 평상시에 들춰보고 참고하는 책으로 썼으며, 마지막 한 본은 후진 자제들의 학습용으로 공급했는데, 각각 구별을 하여 세 가지가 서로 섞이지 않도록 힘썼다고 한다.(이 이야기는 송나라 전역[錢易]의 『남부신서』[南部新書] 정집[丁集]에 들어 있는데, 아무래도 지어낸 이야기라고는 할 수 없을 듯하다.) 세간에는 참으로 별난 수서가도 있는 듯하지만, 이 유공작과 같은 뜻을 실현하며 그 비용을 아끼지 않는 사람이 과연 있을까? 이것을 이야깃거리로 전하며 붓을 놓고자 한다.

위 글에서 채 쓰지 못한 것이 한두 가지 있어 여기에 간단히 보충해두고 싶다. 『대당전재』에 따르면, 여남(汝南)의 원덕사(袁德師)라는 사람이 낙양에 있는 누사덕(樓師德)의 고원(故園)을 사서 서루(書樓)를 하나 세웠다고 하는데, 이 사람 또한 장서가로 꼽아도 좋을 것이다. 『수산각총서』(守山閣叢書)본 『대당전재』에는 원덕사(袁德師), 『연감유함』(淵鑑類函) 권350의 인용문에는 원사덕(袁師德)으로 되어 있는데, 어느 것이 올바른지는 알 수 없지만 혹시 사덕 쪽이 올바르고 자신과 이름이 같기 때문에 누씨의 고원을 산 것이 아닌가 싶기도 하다. 또한 이 책에는 유백추(劉伯芻)와 함께 역시 2만 권의 책을 수장하고 있던 인물로 소병(蘇幷)을 들고 있는데, 이는 본문에서 언급한 소변(蘇弁)을 잘못 쓴 것으로 생각된다.

본문에서 들었던 개인 장서가에 관한 기사의 전거는 다음 페이지의 표와 같다.

	『구당서』	『신당서』
오긍(吳兢)	권102	권132
위술(韋述)	권102	권132
장예(將乂)	권149	권132
전홍정(田弘正)	권141	권148
이계(李磎)		권146,「이용전」(李鄘傳) 부록
위처후(韋處厚)	권159	권142
소변(蘇弁)	권189	권103,「소세장전」(蘇世長傳) 부록
유공작(柳公綽)	권165	권163
유백추(劉伯芻)	권153,「유내전」(劉迺傳) 부록	권160
두겸(杜兼)	권146	권172

오긍의 장서에 대해 『구당서』에는 "오긍의 집에는 모아놓은 책이 자못 많다. 일찍이 그 권제(卷制)를 목록으로 작성하여 오씨서재서목(吳氏西齋書目)이라 불렀다"고 할 뿐 그 수를 제시하지는 않았지만, 『연감유함』(권194)에서 인용한 『홍서』(鴻書)에는 "오긍의 서재(西齋) 1만 3,400여 권"이라고 되어 있다. 『신당서』에는 장서에 대한 기록이 없다.

위술의 장서에 대해서는 『신당서』와 『구당서』에서 모두 전하고 있다. 『신당서』에는 "모아둔 책이 2만 권인데, 모두 손수 교정하여 황묵(黃墨)이 자세하고 신중하니 궁중 안 비부(秘府)의 책도 그에 미치지 못한다"고 했으며, 『구당서』에 따르면 서적 외에 "고금에 걸친 조신(朝臣)의 초상, 역대 저명인의 그림, 위·진 이래의 초서와 예서 수백 권, 고연(古硏, 옛 벼루)·고기(古器)·약방(藥方)·격식(格式)·전보(錢譜) 종류, 당대 명공(名公)의 품제(品題)에 이르기까지 갖추어지지 않은 것이 없었다"고 한다.

소변에 대해서는 『신당서』에서 "모아놓은 책이 2만 권에 이르며, 손수 교정하여 당시 비부(秘府)와 대등하다고 일컬어졌다"고 했으며, 『구당서』에도 대략 같은 내용의 기록이 있다. 장예는 "추위와 더위가 아무리 심해도 손에서 책을 놓지 않았으며, 백가(百家)에 능통한데다 역대의 연혁에 정통했다. 집에 수장한 책이 1만 5천 권"이라고 전해지며(『구당서』
『신당서』도 대략 같다). 전홍정은 "성품이 충효(忠孝)하고 공명(功名)을
좋아했다. 서루(書樓)를 세워서 책 만여 권을 모았다"고 칭해진다(『구당
서』『신당서』도 대략 같다). 이계는 이식(李栻)의 아들이자 이용(李廊)의
손자인데, 『구당서』에는 전(傳)이 없지만 『신당서』에 "집에 있는 책이 만
권에 이르며 이서루(李書樓)라고 불렸다"고 기록되어 있다.

위처후도 "성품이 학문을 좋아해 집 안의 책을 교정한 것이 만 권에 이
르렀다"(『신당서』)고 하며, 『구당서』에서는 "만 권을 넘는데 대부분 스스
로 간교(刊校)한 것이었다"고 했다.('刊'은 '출판간행'의 뜻이 아니라 '깎다'
의 뜻으로 오류를 바로잡는 것을 말한다.) 두겸에 대해서는 『구당서』에 그
의 전기가 없고, 『신당서』에는 "집에 모은 책이 만 권에 이르렀다. 책 끝
에 '팔아먹으면 불효가 된다'는 말을 써놓아 자손을 경계했다고 한다"고
기록되어 있다. 유백추에 관해서는 『신당서』와 『구당서』의 전기 어느 쪽
에도 그의 장서에 대한 내용이 없어, 이에 대해서는 『대당전재』의 전승에
의거하는 수밖에는 도리가 없다. 원사덕에 대해서도 마찬가지이다.

유공작이 책을 세 본씩 갖추고 있었던 일은 『남부신서』뿐 아니라 『신
당서』에도 간단하게 기술돼 있다. 『신당서』는 많은 소설과 항담(巷談) 따
위를 사실(史實)로서 채택했다는 이유로 평판이 나쁘지만, 본문에도 썼
다시피 이 이야기는 완전히 허구의 것이라고는 생각되지 않는다. 이와
관련해 이야기해야 할 것이 그의 아들 유영(柳郢)의 일사(逸事)이다. 『구
당서』에 따르면 그는 세 차례 큰 진(鎭)을 다스렸을 정도로 대관(大官)이
었음에도 불구하고 성품이 청렴하여 집에 재산을 남겨두지 않아 "마구간
에는 명마가 없고, 옷에서는 향기가 나지 않는" 형편이었다. 그렇지만
"공직에서 물러나서는 책을 펴놓고 밤낮으로 쉬지 않아, 구경(九經)*과

---

*『주례』『의례』『예기』『좌전』『공양전』『곡량전』『역경』『서경』『시경』. 또는 『역경』『시경』『서경』
『예기』『효경』『춘추』『논어』『맹자』『주례』.

양계(梁係)의 「산음서필도」(山陰書筆圖, 臺北의 古宮博物院 소장)

삼사(三史,『사기』『한서』『후한서』)는 한 번씩 베껴 쓰고 위·진 이래 남북의 역사는 두 번씩 베껴, 그렇게 손수 베껴 쓰고 문(門)을 나눈 것이 총 30권으로『유씨자비』(柳氏自備)라 불렸다. 또한 석전(釋典)에 정통하여『유가』(瑜伽)나『지도』(智度)의 대론(大論)은 모두 두 번씩 베꼈고, 나머지 불서는 대개 요의(要義)를 적어두는 데 그쳤지만 작은 해서(楷書)로 자세하고 신중하게 써서 한 글자도 함부로 한 게 없었다"고 전해진다. 덧붙여 유영의 부친 유공작은 유공권(柳公權)의 형이자, 본문에서 잠깐 언급했던『유빈가훈』(柳玭家訓)의 찬자 유빈(柳玭)의 조부이다. 유공권이 서예가로서도 명성이 있고 「대달법사현비탑비」(大達法師玄秘塔碑) 등의 필자로서 유명하다는 점은 부언할 필요도 없을 것이다.

　당말 오문(吳門, 소주[蘇州])에 서수구(徐修矩)라는 사람이 있었는데, 대대로 준재(俊才)가 배출된 집안에서 자자손손 만 권의 책이 전해져 그의 대에 이르렀다. 서수구와 친교가 있던 시인 피일휴(皮日休)는 그의 장서를 빌려 읽는 것을 낙으로 삼았다. 그는 또 한 사람 임회(任晦)라는 친구와도 서로 자주 왕래하며 임천(林泉)의 아름다움을 모아놓은 그의 정원에서 쉬는 것을 좋아했다. 피일휴는 이 두 사람의 집에서 노닌다는 뜻의 장편시「두 곳에서 노닐며 지은 시」(二遊詩)를 지어 두 사람에게 주고 아울러 창화(唱和)*의 벗인 육구몽(陸龜蒙)에게 보냈다. 이 시는 서수구를 읊은 것과 임회를 노래한 것 두 편으로 이루어져 있는데, 육구몽은 곧바로「습미(襲美, 피일휴의 자)의 '두 곳에서 노닐며 지은 시'에 화답해 바침」이라는 시 두 편을 지어 화답했다. 그 증시와 답시 모두에 '서수구를 읊은 시'가 있어 서수구의 서루를 묘사하고 있다. 본문에서 육구몽의 시 일부를 인용했는데, 그 앞 시구에 "서가에 거의 만여 축, 빽빽하기가 창을 꽂아놓은 듯"(揷架幾萬軸, 森森若戈鋋)하다고 했으며, 피일휴의 시에는 "축은 무심히 두어 푸른색 나전이 벗겨졌고, 아첨은 오래되어 붉은 상아가 부러졌네. 권질을 푸니 운향†을 띠고, 책장을 펼치니 계수나무 조각이 향긋하네"(軸閑翠鈿剝, 籤古紅牙折. 帙解帶芸香, 卷開和桂屑)라는 시구가 있다. 이 구를 보면 당시 운초(芸草)나 계수나무 조각을 서적에 끼워 충해를 방지했음을 알 수 있다.(『전당시』 석인본 권22·23 참조)

　본문에서 업후(鄴侯) 이필(李泌)의 장서에 대해 기술했는데, 그 증거로 든 한퇴지(韓退之)의 시는 『창려선생집』(昌黎先生集) 권7에 들어 있는「수주에 책 읽으러 가는 제갈각을 보내며」(送諸葛覺往隨州讀書)라는 제목의 칠언고시이다. 수주에는 당시 이필의 아들 이번(李繁)이 자사(刺史)로 부임해 있었는데, 아마도 부친의 장서가 그대로 보존되어 있었을 것이다. 제갈각(諸葛覺)이 읽으러 간 것은 바로 그 책이다.

한편 유종원(柳宗元)의 시문집 『유하동집』(柳河東集) 권11에 「동명장 선생 묘지명」(東明張先生墓志)이라는 글이 실려 있다. 장씨는 이름을 밝히지는 않았지만 과거에 급제하여 장안의 위(尉)에 제수되었다가 1년 만에 사직하고 황로(黃老)의 방술을 배운다며 동명관(東明觀)에 들어간 지 30여 년 만에 득도했다는 도사이다. 묘지명에 "경적(經籍)과 도사(圖史)를 모아 인각(麟閣)에 대등했으며"라고 한 것을 보니, 그도 남부끄럽지 않을 민간의 장서가였던 모양이다. 여기서 '인각'을 한나라의 기린각(麒麟閣)으로 해석하면, 그 기린각은 공신의 도상을 그린 곳이기 때문에 뜻이 잘 통하지 않는다. 하지만 미앙궁(未央宮) 안의 기린전(麒麟殿)을 지칭하는 것으로 보면, 기린전은 『삼보황도』(三輔黃圖)*에서 일컫는 대로 "양웅(揚雄)이 비서(秘書)를 교정한 곳"이기 때문에, 이를 난대(蘭臺) 및 석거(石渠)와 같은 종류로 보아 궁중의 책을 수장하는 곳으로 해석해도 무방할 것이다.(동명관은 장안 보녕방〔普寧坊〕의 동남쪽에 있는 매우 장엄하고 아름다운 도관〔道觀〕이다. 『양경신기』〔兩京新記〕 권3 참조)

---

* 장안을 중심으로 한 삼보 지역의 진한시대 역사와 지리, 풍속 등을 기록한 육조시대의 책.

당대 잡사(雜事) 두 가지

『세계미술전집』*의 제8권 「수당편」(隋唐篇)이 나왔으니 그 월보(月報)에 무언가 관련이 있는 글을 써달라는 요청을 받았다. 공교롭게도 그때 건강이 좀 좋지 않아 병상에 있었지만 마감날짜까지는 회복하여 어떻게든 쓸 수 있으리라는 생각에 그만 그 일을 떠맡아버렸다. 그런데 용태가 생각만큼 가볍지 않아 약 한 달을 이불 안에서 보낸 후 가까스로 병상에서 일어나 다시 붓을 좀 잡을 수 있게 되었지만, 이번에는 마감날짜가 가차없이 다가와 어느덧 내일 모레가 되고 말았다. 처음에는 편집부의 주문대로 당대의 미술에 관한 일화와 잡사 같은 것을 그 무렵의 필기나 소설 종류에서 뽑아내어 거칠게나마 한 편 써낼 속셈이었지만, 이제는 아무래도 그것조차 여의치 못한 상황이다. 어쩔 수 없이 베갯머리에 있던 책 두세 권을 뒤져 조금이라도 미술이나 시정(市井)의 풍속에 닿을 법한 것을 찾아서 우선 당면한 책임을 다해보고자 한다.

당대의 회화나 조각에 대해서는 설사 완전히 다 알지는 못하더라도 상당히 자세하게 알 수 있다. 남아 있는 작품의 경우, 회화 쪽은 불행히도 얼

* 일본 헤이본샤(平凡社)가 1950년 6월에서 1955년 8월에 걸쳐 발행한 전 29책의 미술전집.

마 되지 않아서, 일본에서 소장하고 있는 이진(李眞)의 그림(「眞言五祖像*」)을 제외하고는 서쪽 변경의 굴원(窟院) 등지에 남아 있는 시골풍의 그림 등이 간혹 있을 뿐이지만, 조각은 상당한 걸작이 전해지고 있어서 실물에 대한 감상이나 연구에서 감히 빼놓을 수가 없다. 공예품의 경우는 뭐니뭐니 해도 쇼소인(正倉院)이 엄존해 있어서, 그 황실 소유물을 통해 당대의 정치한 예술의 한 면모를 엿볼 수 있다. 근래 중국에서 출토된 이런 유의 유물이 (대부분 거울이나 장신구 종류인데) 서구에도 팔려 나가고 일본에도 약간 건너오고 있지만, 쇼소인에 전해오는 우품(尤品)의 찬란함에 비하면 도저히 동일선상에서 논할 만한 것이 못된다.

그런데 건축의 경우는 도무지 재료가 없다. 남아 있는 실물은 물론, 그토록 문헌이 풍부한 중국에서도 그 구조나 공정의 상세한 내용을 전하고 있는 것은 전무하다고 할 정도이다. 물론 이는 내가 과문한 탓일지도 모르지만, 그런 기술을 담고 있는 서적에 대해 결코 들은 바도 없다. 송대에 이르면 다행히 『영조법식』(營造法式)† 같은 책이 남아 있어서 건축 관련 지식의 보고 역할을 해주지만, 당대에는 그 100분의 1도 전해주는 책이 없다. 산서성 대동(大同)에 당대의 건조(建造)와 관련 있다는 불사(佛寺)가 남아 있기는 하지만, 현재 나는 이에 대해 상세히 알지 못한다. 중국영조학사(中國營造學社)#의 간행물에 이 절에 대한 조사보고가 있으

---

* 일본 교토의 교왕호국사(教王護國寺), 즉 동사(東寺)에 있는 진언칠조상(眞言七祖像) 중 금강지(金剛智)·선무외(善無畏)·불공(不空)·일행(一行)·혜과(惠果)의 다섯 폭을 말한다. 이 그림은 홍법대사 공해(空海)가 당나라에서 가져온 것인데, 영정(永貞)원년(805) 궁정화가였던 이진의 지도 아래 그려진 것이라고 한다. 진언이란 밀종(密宗)을 말한다.

† 북송시대 이계(李誡)가 편찬한 토목건축 관련서. 1097년 발간되었으며 현재 34권이 남아 있다.

\# 전통건축을 연구한 중국 최초의 학술단체. 1930년 주계검(朱啓鈐)이 창립, 양계초(梁啓超)의 아들로 유명한 건축가이자 건축사학자 양사성(梁思成) 등이 차례로 1931년에 입회했다. 1932~1937년에 137개 현과 시를 탐방해 1,823곳의 건축을 조사했으며, 206개 건축의 상세한 도면을 그리고 1,898매의 측량도를 완성했다. 전통건축을 학술적으로 연구하고 그 성과를 『중국영조학사회간』(中國營造學社匯刊) 등을 통해 발표했다. 당대 건축에 관해서는 양사성이 1932년 3월 『영조학사회간』 3권 1기에 발표한 「우리가 알고 있는 당대의 불사와 궁전」(我們所知道的唐代佛寺與宮殿) 등이 있다.

자은사(慈恩寺) 대안탑(大雁塔)

리라 생각되지만, 너무 다급해서 이를 한번 검토해볼 겨를도 없다. 장안의 유적(遺蹟)에 남아 있는 자은사(慈恩寺)의 대안탑(大雁塔)이나 천복사(薦福寺)의 소안탑(小雁塔)은 어느 정도까지는 당대의 건축물이라 해도 괜찮을지 모르나, 후대의 수리와 복원으로 그 면모가 상당히 손상되었으며, 설령 그렇지 않다 해도 어쨌거나 특수한 건축물에 속하기 때문에 큰 흥미의 대상이 되지는 못한다. 우리가 가장 알고 싶은 것, 즉 윤환(輪奐)*의 미를 다투고 단벽(丹碧, 단청)이 서로 비추며 오채(五彩)가 찬란했을 궁전·누각이나 불사·도관(道觀) 종류에 대해서는, 어디까지나 대안탑 기벽(基壁)에 있는 선각(線刻)의 불전도(佛殿圖)나 정토변상(淨土變相) 등에 보이는 극락세계의 전각(殿閣)과 누문(樓門)의 모습으로 추측하거나, 혹은 일본의 도쇼다이지(唐招提寺)† 같은 건물을 통해 그려

---

* 건물이 장대하고 미려함. 또는 그런 건물.
† 나라(奈朗)에 있는 절. 중국에서 온 당나라의 감진대사(鑑眞大師, 688~763)가 당의 건축을 모방해 세운 절로서 율종(律宗)의 총본산이다.

볼 수밖에 없다. 이런 방법이 미덥지 못하다는 한계는 있지만 문헌에 기재된 것이 절대적으로 부족한 이상 어쩔 수 없다. 물론 한때 극도의 사치로 사람들의 눈을 놀라게 하고 목요(木妖)*로까지 일컬어졌던 황가(皇家)의 궁실이나 왕후귀족의 대저택에 대해서는 전적(典籍)에 전하는 바가 적다고 할 수 없지만, 그 내용이 너무나 추상적이어서 금은주옥(金銀珠玉)을 아로새기고 유리칠보(瑠璃七寶)를 상감하며 벽에 향을 섞고 회랑에 에메랄드를 깐다는 따위의 쓸데없는 서술이 대체로 많다. 이제『장안지』(長安志) 한 편을 살펴보면, 동서 양가(兩街)에 있었던 대저택들의 규모에 관한 지식도 꽤 얻을 수 있고 그 기술적 바탕이 되었던 전거(典據) 같은 것도 어렵지 않게 찾아볼 수 있다. 하지만 지극히 간단한 것이라도 플랜(plan, 설계도 또는 평면도)이나 엘리베이션(elevation)†을 보는 것은 전혀 불가능하다. 십오륙 년 전 당나라 장안성의 일부를 이루는 오늘날의 서안 성내에서, 송나라 초에 제작된 석각(石刻)의 장안 성방도(城坊圖) 및 흥경궁(興慶宮) 누각원(樓閣園) 지도가 발견되었는데, 그 탁본#이 어느 정도 도움이 되기는 하지만 여전히 매우 미진하다.

　회화의 경우는 먼저 장언원(張彦遠)의『역대명화기』(歷代名畵記)가 있는데, 당나라의 일만을 기록한 것은 아니지만 당대에 관한 가장 유력한 기록임은 틀림없다. 여기에 사문(沙門) 언종(彦悰)의『후화록』(後畵錄), 이사진(李嗣眞)의『후화품』(後畵品), 주경현(朱景玄)의『당조명화록』(唐朝名畵錄)을 짝지우고 벽화 사료로서 단성식(段成式)의『사탑기』(寺塔記)를 더하며, 당말의 사정을 보충해주는 것으로 송나라 곽사(郭思, 자는 약허〔若虛〕)의『도화견문지』(圖畵見聞誌) 앞부분을 이용한다면, 다소의 유품과 아울러 당대의 미술을 어느 정도는 충분히 논할 수 있다. 하

* 저택이나 궁전을 건축하면서 사치를 다하는 것을 가리킨다. 요(妖)는 비정상적인 현상을 말한다.
† 건축에서 건물 수직면의 외관을 나타내는 도면.
# 송나라 여대방(呂大防)의「장안도비」(長安圖碑)를 말한다. 1934년 북평(北平)연구원의 하사기(何士驥)가 섬서성 민정청(民政廳) 이문내원(二門內院)에서 발굴했다.

지만 건축의 경우는 위에서 서술한 대로 문적(文籍)의 기재가 빈약해 그저 공평하지 못한 운명을 탄식할 수밖에 없다.

그러므로 당대의 건축에 대해 조금이라도 실마리가 될 만한 지식을 찾고자 한다면, 앞으로도 정사(正史)나 정서(政書) 종류는 물론 단편적인 필기나 소설까지 구석구석 더욱 똑똑히 읽어내면서 짧은 말 안에서도 유용할 듯한 것을 끄집어내 축적해가는 것 외에 달리 방법이 없을 것이다. 게다가 그렇게 해서 과연 어느 정도의 성과를 올릴 수 있을지는 물론 예단할 수 없지만, 순서상 누구든 먼저 그렇게 해야 하지 않을까 생각된다.

그런 의미에서 마침 곁에 있는 책의 한 구절이 그 작은 디딤돌이 되지 않을까 싶어 여기에 한번 뽑아내 본다. 이 구절은 글이 지나치게 간략하기 때문인지, 아니면 오랫동안 전해오면서 자구에 하나둘 와탈(訛脫)이라도 있었는지, 나로서는 제대로 독해할 수 없는 부분도 있어서 독자 여러분과 함께 살펴보고 가르침을 받고자 한다. 그 책은 당말 희종(僖宗, 873~888년 재위) 무렵의 사람 참료자(參蓼子), 즉 고언휴(高彦休)가 저술한 『당궐사』(唐闕史)인데, 문제의 부분은 하권 마지막의 '동도분사'(東都焚寺)라는 항목이다. 그 내용은 동도, 즉 낙양의 명찰 성선사(聖善寺)에 어떤 불가사의한 일이 있었는데, 그것이 전조였는지 2년 뒤 황소(黃巢)의 난에 소실돼버리고 말았다*는 것에 불과하지만, 이 성선사의 건축공사와 관련하여 주목할 만한 기사가 있어 한번 읽어보려는 것이다.

성선사는 큰 절이었던 것 같은데, 서송(徐松)의 『당양경성방고』(唐兩京城坊考)에도 보이지 않아 지금 그 위치를 확실히 알 수는 없다.† 성선사는 "체구(締構, 얽어 만듦)가 천하에 으뜸이다"라고 써 있는 것을 보면

* 875년에 황소의 난이 일어났고, 880년 낙양이 함락됐으며 이듬해 881년 성선사가 불타 없어졌다.
† 주일량(周一良)은 『당대밀종』(唐代密宗)(上海遠東出版社, 1996)에서 『당회요』(唐會要) 제48권을 인용, 이 절은 705년 낙양의 남쪽 장선방(章善坊)에 건립되었고 이듬해 '성선사'로 개명되었다고 고증하고 있다.

상당히 훌륭한 절이었음에 틀림없다. 그 기사를 보면, "내 일찍이 수사기(修寺記)를 살펴보니, 전기(殿基)는 땅을 파서 샘에 미쳤고 무명조개의 재를 향토(香土)에 섞어 채웠다고 한다. 기울거나 가라앉는 데 대비하는 방법이다"라고 했다. 이 책의 저자가 일찍이 이 절의 건축에 관한 책을 보았고 기초공사에 대한 기록이 거기 나와 있었다는 것이다. 땅을 파서 물이 솟는 부근까지 파 내려가고, 거기에 무명조개의 껍질을 부수어 태운 재와 향토를 뒤섞어 땅 판 곳에 채웠는데, 이는 건물이 기울거나 침하하지 않도록 기초를 단단히 하기 위해서였다는 의미이다. 조개껍질로 만든 재라면 석회 같은 것일 텐데, 아마도 시멘트와 같은 작용을 하는 게 아니었을까? 향토라는 것은 어떤 향료를 흙에 섞은 것을 지칭할 터인데, 위에 세우는 것이 불사이기 때문에 신앙의 측면에서 향을 섞은 것이지 특별히 흙을 단단히 하는 효과를 노렸던 것은 아니리라 생각한다. 그 다음에는 건부(乾符)연간(874~879) 초에 "상유고객, 역원추제전옥지표"(嘗有估客, 瀝願帚除殿屋之表)라 했는데, 아마도 어떤 상인이 전당(殿堂)을 소제하고 싶다는 바람을 피력했다는 의미인 듯하다. 그 다음 "공도집금삼십만"(工徒集金三十萬)이라는 구절은 알 수가 없으니, 무언가 탈자(脫字)가 있는 게 아닌가 싶다. 공도(工徒)를 불러모으고 또 비용으로 전(錢) 30만을 준비했다고 이해해야 하는 것인지 분명하지 않다. 그런데 한층 더 중요한 그 다음 부분이 해석하기가 매우 까다롭다. 본문은 "以挺埴疊脊峻十有三尺, 每瓦邸鐵貫之, 具率以木者, 神功異績不可殫記, 咸此類也"인데, 불민(不敏)한 나로서는 어떻게 읽어야 좋을지 확신이 서지 않는다. 찰흙(埴)을 이겨서 깎아지른 듯한 절벽처럼 13척 높이로 쌓고, 기와(라고는 해도 지붕을 이는 기와는 아닐 것이다)의 파편이나 토기의 파편 등을 작은 산처럼 쌓고서 그 하나하나를 철(鐵)로 꿴다. 그래서 그것을 어떻게 하는지 더 이상은 알 수 없고, 또한 앞의 점토(粘土) 성채 같은 것과의 관계도 모르겠다. 어쨌든 그런 것을 만들어 "구솔이목자"(具率以木

者) 한다는 것인데, 그게 어떤 것인지 전혀 들어오지 않는다.* 그러나 그
것들이 "신공이적"으로서 "이루 다 기록할 수 없으니, 모두 이런 유이다"
라고 단언하고 있는 것을 보면 무언가 특별한 공사였음에 틀림이 없다.
한문에 통달한 사람이라면 혹시 곧바로 해석할 수 있을지도 모르겠으나,
나로서는 이 짧은 시간에는 아무래도 적당한 풀이를 할 수가 없다. 그럼
에도 불구하고 감히 여기에 이 구절을 인용한 것은, 앞에서 계속 말했듯
이 건축공사의 시공 등에 관해서는 문헌의 기재가 극히 빈약하기 때문에
마침 마주치게 된 책의 한 구절이지만 중지를 모아 한번 풀이해보려는
염원에서 나온 일이다. 그런 만큼 제발 독자 여러분의 지혜를 빌릴 수 있
기를 바란다.

　그러면 다음으로 당대 장안의 임천(林泉)에 대해 써보려 한다. 이에
대해서는 예전부터 조금씩 조사는 해왔지만, 아직 자료가 정리되지 않아
지금 여기서 체계적으로 글을 쓸 수는 없다. 가능한 것은 겨우 점묘(點
描) 정도일 것으로 사료되니, 아무쪼록 양해를 바란다.

　당대에는 장안뿐 아니라 낙양에도 궁성이 있었기 때문에 그 부속 금원
(禁苑)이 양도(兩都)에 존재했으며, 또한 광대한 지역을 차지하는 불사
와 도관이 도처에 늘어서 있고 왕후와 귀인의 저택도 그 사이에 줄지어
있었다. 하나같이 광대한 정원을 끼고서 빼어남을 다투었기 때문에, 양
도에서는 임천의 아름다움으로 이름을 날리던 원유(園囿)를 적잖이 찾아
볼 수 있었다. 천자의 궁원(宮苑)은 지나치게 광대하여 정원의 개념을 벗
어나 있지만, 개인 저택의 원림도 낙양 교외에 있었던 이덕유(李德裕)의
평천산장(平泉山莊) 같은 것은 상당히 규모가 컸던 듯하며, 그에 미치지
못하더라도 장안의 남교(南郊) 망천(輞川) 주위에 있었던 왕마힐(王摩

---

* 참고로 『唐五代筆記小說大觀』(上海古籍出版社) 하권에 수록된 『당궐사』(唐闕史)에서는 이 구절을 다
음과 같이 읽고 있다. "每瓦邸鐵貫之具, 率以木者, 神功異績, 不可殫記, 咸此類也." 즉 "기와를 잇고 쇠
를 꿰는 모든 도구는 전부 나무로 만들었으니……"라고 해석하는 듯하다. 저자의 방식보다 훨씬 타
당한 구두(句讀)라고 생각된다.

詰, 왕유〔王維〕의 자)의 별업(別業) 역시 그의 시나 세상에 전하는 망천산 장 그림을 통해 상상해보면 상당히 광대했던 듯하다. 장안 시중에는 그 렇게 큰 정원은 도저히 있을 수 없었겠지만, 경성 제일의 승지(勝地)라는 명성을 구가하며 사계절마다 조망객을 모은 장안 사녀들의 둘도 없는 행 락지였던 동남쪽 모퉁이의 곡강(曲江) 같은 곳은, 그 옆에 잇달아 있는 행원(杏園) 및 부용원(芙蓉園)의 경승과 함께 먼저 첫손에 꼽아야 할 명 원(名園)이었다. 저 멀리 북쪽 구릉 위에 위치한 낙유원(樂遊園) 역시 사 시사철 인파로 번잡하던 곳이지만, 이는 일종의 유원지 같은 곳으로 원 림의 아름다움을 감상할 만한 장소는 아니었던 듯하다. 시내에 사관(寺 觀)과 대저택이 있는 곳이면 반드시 뛰어난 원림과 임천이 있었으므로 일일이 다 기록할 수는 없지만, 『장안지』 등에 특별히 열거된 것만 해도 대략 다음과 같이 꼽을 수 있다.

　개화방(開化坊)에는 모란으로 유명했던 영호초(令狐楚)의 저택이 있 고, 숭인방(崇仁坊) 서남 모퉁이의 현진관(玄眞觀)에는 축산(築山)을 만 들고 연못을 판 명원이 있었다. 친인방(親仁坊)에는 검남(劍南)·동천(東 川) 절도사 풍숙(馮宿)의 저택 남쪽에 산정원(山亭院)과 커다란 연못이 있었는데, 거위와 오리를 비롯해 여러 종류의 날짐승을 많이 길렀다고 한다. 또 영녕방(永寧坊)에는 나중에 안녹산에게 하사되고 그 이후에는 사천감(司天監)의 부지가 되었던 영녕원(永寧園)이 있었다. 이 영녕방에 는 한때 백낙천(白樂天)의 주택도 있었는데, 양빙(楊憑)에게서 양도받은 이 집은 "대와 나무, 연못과 건물에 임천(林泉)의 운치가 있다"고 일컬어 졌다. 진창방(進昌坊, 晉昌坊)의 동쪽 절반을 차지하는 대자은사 정원은 "물과 대나무 깊고 그윽하여 서울의 으뜸"이라고 일컬어지던 명소이며, 같은 방의 서남 모퉁이에 있는 초원사(楚園寺) 경내도 "물과 대나무 그 윽하고 고요해 자은사와 비슷하다"고 하던 명승지였다. 수정방(修政坊) 에는 종정시(宗正寺, 절이 아니라 관청의 이름이다)의 정자가 있었는데, 모란꽃과 더불어 진사시험에 합격한 자가 축하연을 베풀던 곳으로 유명하다. 신창방(新昌坊)에는 이부상서 배향(裵向)의 죽원(竹園)이 있었고, 안업방(安業坊)에서는 당창관(唐昌觀)이 옥예화(玉蘂花)로 평판이 높아 바로 밑에 있는 숭업방(崇業坊) 현도관(玄都觀)의 붉은 복사꽃과 좋은 짝을 이루는 명소였다. 또한 안업방에는 좌용무군(左龍武軍) 통군(統軍)인 귀성군왕(歸誠郡王) 정회원(程懷遠)의 별택(別宅)이 있었는데, "지수림목(池樹林木)이 빼어나다"고 노래되었다. 영달방(永達坊)에는 탁지부(度支部)의 정자가 있었는데, 이곳도 이름난 모란이 많아 새로 진사가 된 자들이 잔치를 여는 장소의 하나였다. 홍화방(興化坊)의 진국공(晉國公) 배도(裵度) 저택의 정원에서는 연못에 배를 띄우고 놀았다고 하며, 선의방(宣義坊)에 있는 이봉길(李逢吉)의 집은 "정원의 숲이 매우 무성하다"고 일컬어졌다. 삼장법사 현장(玄奘)이 머물렀던 절로서 왕우군(王右軍, 왕희지[王羲之]는 우군장군[右軍將軍]을 지냈다)의 글자를 모은 성교서비(聖敎序碑)가 있는 홍복사(弘福寺, 이후에 흥복사[興福寺])는 과원(果園)과 만화지(萬花池)로 유명했다. 연수방(延壽坊) 동남 모퉁이 배손(裵巽)의 저택은 "토지가 널찍하고 평탄하며 물이 맑고 나무가 무성해 경성의 으뜸"이라고 칭해지며, 연강방(延康坊) 마린(馬璘)의 집에 있는 연못정자와 함께 항상 사람들의 입에 오르내렸다. 연복방(延福坊)의 서북 모퉁이에 위치한 아무개 부인의 저택 안에는 "산지원(山池院)이 있어 시내와 비탈길이 자연스럽고 숲이 울창하니 경성에서 이를 칭송했다"고 하는 명원이 있었으며, 소행방(昭行坊) 남쪽의 여주자사(汝州刺史) 왕흔(王昕)의 저택 정원에는 영안거(永安渠)의 물을 끌어다 연못을 만들었는데 "100무(畝)에 걸쳐 대와 나무가 둥글게 에워싸고 있고 연꽃이 무더기로 예쁘게 피어 있다"고 전해진다.

이런 원림이 서 있는 풍경은 어떠했을까? 그 아름다움을 예찬한 시문의 많은 부분에서 그 구체적인 짜임새를 한번 떠올려볼 수는 있지만, 유감스럽게도 가산(假山)과 연못과 나무와 돌의 배치를 알려주는 기록은 부족하다. 이제 잠시 각 원림의 실제를 떠나서, 이런 정원에는 어떤 수목을 심고 어떤 물고기와 새를 놓아 기르고 어떤 건축물을 세웠는지 종합적으로 일별해보자. 나무에는 소나무, 버드나무, 매화, 복숭아나무, 살구나무, 등나무, 작약(芍藥), 노귤(盧橘), 비파[枇杷]나무), 부용(芙蓉) 같은 종류가 있고 대나무도 있었으며, 연못에는 연꽃이 있고 향부자가 있고 마름이 있었으며, 오솔길 주위에는 이끼가 푸르고 쑥 등이 우거져 있었다. 그 사이에서 나비가 춤추고 꾀꼬리가 지저귀며, 학이 연못가에서 날개를 쉬고, 연못 안에서는 물새가 무리지어 놀고 있었는데, 그 가운데로 귀현(貴顯)의 집에서는 용두익수(龍頭鷁首)의 화려한 유람선이 오갔다. 도처에 괴석(怪石)이 있고 작은 다리가 있으며 수전(水殿)·계당(禊堂)* 같은 것이 점점이 떠 있고, 정자에는 거문고와 바둑판이 있어서 주인은 손님을 대동하여 그 속에서 유유자적(悠遊自適)하는 것이 당시 장안과 낙양 등지에 있던 임천(林泉)의 대체적인 모습이다. 특별히 사치를 심하게 부린 것은 아니었지만, 재상까지 지내고 만년에 낙양 이도방(履道坊)의 저택†으로 물러나 유유자적한 생애를 보낸 백낙천의 정원은 일반 상류 인사의 표본이라고도 할 만하다. 그 정원의 풍취는 주인이 직접 쓴 「지상편」(池上篇, 829)과 그 서문에 유감없이 전해지고 있는데, 이를 인용할 지면이 없는 것이 한스럽다.

---

* 계(禊)제사를 지내는 정각(亭閣). 계제사는 요사(妖邪)를 떨어버리기 위한 제사로, 물가에서 지낸다.
† 824년 백거이가 53세 때 구입했다. 1992~1993년에 발굴이 진행되었다.

감람(橄欖)과 포도

감람과 올리브

❀ 소주(蘇州)에 섭천사(葉天士, 이름은 계(桂))*라는 명의(名醫)가 있었다. 이름이 원근에 알려져 그의 집은 늘 문전성시를 이루었다.

어느 날 그가 가마를 타고 회진에 나섰는데, 길을 막으며 치료를 요청하는 자가 있었다. 천사가 가마를 멈추고 일단 진찰을 해보았더니, 여섯 맥이 모두 평탄하고 고른 것이 아무런 병의 징후가 보이지 않았다. 아무데도 나쁘지 않은 듯하다고 말하자, "선생께서도 모르시겠습니까? 저의 병은 이른바 가난이란 병입니다. 선생이라면 어떤 어려운 병이라도 치유해주시리라 믿고 이렇게 소원을 말씀드렸습니다"고 했다.

천사는 "그랬는가? 그렇다면 가벼운 치료로 고쳐주겠네"라고 대답하고는 길 옆에 떨어져 흩어져 있던 감람(橄欖) 열매를 많이 주워 모아 "이것을 가지고 돌아가 심게. 그리고 싹이 나면 알려주기 바라네" 하고는 가마를 돌렸다.

그 뒤 천사는 환자를 진찰하고 처방전을 쓸 적마다 몇 가지 약의 끝에 반드시 '감람의 싹'을 더해 넣는 것을 잊지 않았다. 이리하여 오문(吳門,

---

* 섭계(葉桂). 1667~1746. 청대의 명의로 천사(天士)는 자이고, 호는 향암(香岩)이다. 열병 치료에 뛰어났으며, 소주의 민간에 많은 일화가 전한다.

소주〔蘇州〕에서 감람 싹의 수요가 급작스레 증가해 값이 폭등했다. 일찍이 가난병의 치료를 청했던 사내가 상당한 재산을 모으는 데는 1년도 걸리지 않았다고 한다.

감람

이 이야기는 청나라 우응지(牛應之)의 『우창소의록』(雨窓消意錄) 4권에 보인다고 하는데, 나는 아직 그 원문을 읽을 기회를 얻지 못했다. 앞의 글은 오우치 하쿠게쓰(大內白月)의 『어목집』(魚目集)*에 초록된 내용에 근거해 그 대의를 엮은 것이다. 그런데 저자 우응지가 어떤 경력의 인물인지는 오우치도 전혀 모른다고 하며, 그 책 역시 박람강기(博覽强記)한 친구 두세 명에게 물어보았지만 아직 읽었다는 이를 보지 못했다. 그러나 여기서는 굳이 이를 문제삼지 않기로 한다. 내가 더 이야기하고 싶은 것은 감람에 관해서이다.

이것은 본래 마키노 도미타로(牧野富太郎)† 등의 영역으로 설사 수필이라도 나 같은 사람이 붓을 들이댈 제재는 아니지만, 마키노 선생이 다년간 입이 아프도록 역설하고 있는데도 불구하고 여전히 잘못된 사실이 많이 전해지고 있어서 한마디 언급해야겠다는 생각이 든 것이다. 나는 소주에 감람이 많이 심어져 있고 그 열매가 주워 모을 수 있을 정도로 수북이 떨어져 있었는지는 알지 못한다. 그러나 여기서 감람이라고 한 이상, 오우치가 옮긴 번역이 틀림없는 한 감람이라고 하지 않으면 안되며, 그렇다면 이는 어디까지나 감람이지 올리브라고 풀이해서는 안된다. 식물학을 거

* 도쿄의 三笠書房에서 1934년 8월 발간된 중국 수필 번역집.
† 1862~1957. 일본의 식물학자. 소학교를 중퇴했지만 독학으로 식물분류학을 연구, 1888~1891년 전 11권의 『일본식물지도편』(日本植物志圖篇)을 자비로 출판했다. 1889년 일본인 최초로 일본식물에 학명을 붙인 이래 신종 1천여 가지와 신변종 1,500여 가지 식물을 명명했다. 일본 식물분류학의 최고 권위자로, 1927년에 이학박사, 1950년에 일본 학사원(學士院) 회원이 되었다.

론할 필요도 없이, 감람은 감람과의 Canarium속에 속하고 올리브는 목서과(木犀科)의 Olea속에 속하는 전혀 별개의 것이다. 그것이 언제부터인가 혼동되어 올리브를 감람이라고 옮기게 되었기 때문에 감람까지 올리브가 되어버렸다. 근래 이것이 차츰 바로잡혀 가는 것을 볼 수 있는데, 새로 번역된 『신약성서』에서 기존의 감람산(橄欖山)을 올리브 산으로 고친 것이 그 한 예이다. 하지만 『구약성서』의 번역은 아직 예전 그대로여서 「창세기」 8장 11절을 보면 여전히 "비둘기가 저녁에 이르러 그에게 돌아오다. 보라, 그 입에 감람의 어린 잎이 있노라"라고 옮겨져 있다. 일고(一高)*의 휘장은 잣나무에 감람이라고 하는데, 미네르바(아테나)의 속성으로서의 의미라면 이 역시 올리브여야 할 것이다. 옛날 이 학교에 『감람』이라는 단가(短歌) 잡지가 있었는데, 이것도 의미하는 바는 올리브가 아니었을까?

올리브는 오늘날에는 이미 올리브로 통하기 때문에 억지로 역어나 역자를 갖다 붙일 필요는 없겠지만, 만약 꼭 한자(漢字)로 쓰고 한어(漢語)로 나타내고자 한다면 올바른 역어나 역자가 따로 있다. 바로 제돈(齊墩)이라는 말이 올리브의 올바른 한명(漢名)이다. 엄밀히 말하면 이 단어는 소아시아와 그리스 방면에서 올리브를 부르는 토어(土語) 제이툰

올리브

(Zeitun)의 음역으로 순수한 한어는 아니지만, 적어도 당나라 말부터 오늘날까지 천년 이상이나 하나의 중국어로서 사용되어온 이상 엄연한 한

---

* 구제(舊制) 제일고등학교. 지은이가 나온 일제시대의 명문 고등학교로, 흔히 '일고'라 불렸다.

어로 인정해도 무방하다. 이는 포도(葡萄)나 목숙(苜蓿) 등의 경우와 마찬가지이다.

올리브가 당대부터 제돈이란 이름으로 중국에 알려져 있었다는 것은 단성식의 『유양잡조』에 그 말이 나온다는 점으로 알 수 있는데, 이 사실은 1907년 무렵부터 미나카타 구마구스(南方熊楠)에 의해 세계 학계에 널리 소개되었고, 마키노 박사 또한 오래전부터 누누이 언급하고 있기 때문에 이미 일반에게 상당히 알려져 있다. 설령 식물학자들의 주장에 어둡다고 해도, 동양사학 연구자라면 미국의 중국학자 고(故) 라우퍼 박사의 명저 『시노 이라니카』(Sino-Iranica)를 통해 반드시 알고 있어야 하는 사항이다. 그러한 의미에서 견실(堅實) 그 자체의 학풍을 갖추고 한 자 한 구에도 소홀하지 않았던 구와바라 지쓰조 박사가, 더욱이 위에 말한 『시노 이라니카』에 대해 상세한 비평문을 발표했던 그가, 일본 동양학계의 세계적 자랑거리인 그의 명저 『포수경의 사적』(蒲壽庚の事蹟)에서 몇 차례나 올리브를 여전히 감람으로 쓰고 있는 일은 유감스럽기 그지없다.[1]

단성식은 올리브에 대해 어떤 기록을 남기고 있을까? 그 전문을 인용해보자. 『유양잡조』 권18에 다음과 같이 나와 있다.

> 제돈나무는 파사국(波斯國)에서 난다. 또한 불림국(拂林國)에서도 난다. 불림에서는 제치수(齊虒樹)라 부른다. 키는 두세 길, 껍질은 청백색이며, 꽃은 유자와 비슷하고 지극히 향기가 난다. 열매는 양도(楊桃)와 비슷하며 5월에 익는다. 서역 사람들은 눌러서 기름을 만들며, 이것으로 병과(餠菓)를 지지는데 중국에서 거승(巨勝, 호마[胡麻])을 사용하는 것과 같다.

여기에 치밀한 교감기를 쓰지는 않겠지만, 이 글을 해석하는 데 있어 먼저 본문의 글자와 구두(句讀)에 대해 해야 할 이야기가 있다. 치(虒)자는 많은 판본에 허(廬)로 씌어 있는데 아마도 이는 베껴 쓰는 과정에서 생긴 오류일 것이다. 원문의 음주(音注)에 '탕·혜의 반절'(湯兮反)이라 했으므로 음이 ti이어야 한다는 것이 이를 뒷받침해 준다. 라우퍼가 음이 ti라는 것을 기록하면서도 여전히 여기에 신경을 쓰지 않은 것은 그야말로 천려일실이다. "껍질은……" 구절은 원문이 "皮靑白花似柚極芳香"으로, 라우퍼가 이를 "나무껍질은 녹색이고 꽃은 희며, 유자꽃과 비슷해 향기가 매우 높다"고 번역한 것도 올바르지 않다. 당연히 "皮靑白, 花似柚……"라고 구두를 달아야 하니, 현재 『유양잡조』의 이 항목 바로 앞에 있는 페르시아의 몰수(沒樹, 桃金孃 즉 Rhodomyrtus tomentosa의 종류)에 대해 기록한 글에서 "皮靑白色, 葉如槐而長, 花似橘而長……"이라 한 것도 참조해야 할 것이다. 이 점은 마키노 박사가 올바르게 읽고 있다.[2] 『태평광기』권406에서 인용한 이 조목의 자구에도 교정해야 할 것이 한두 가지있지만, 활자에 없는 글자가 포함되어 있어서 지금은 언급하지 않겠다. 한편 앞의 글에 보이는 양도(楊桃, starfruit)는 일명 오렴자(五斂子), 학명이 Averrhoa carambola라고 하는 괭이밥과의 상록관목으로, 원산지는 동인도이지만 중국에서도 복건이나 영남 방면에서 산출되었던 듯하다. 노파심에 주기(注記)를 더해둔다.

　다음은 그 글자에 대한 훈고이다. 라우퍼 박사의 깊고 넓은 학식에서 나온 훈석(訓釋)을 기초로 하고 여기에 개인적인 의견을 조금 더해보면, 제돈이란 두 글자는 당대의 발음이 dzi-tun, zi-tun 또는 zei-tun에 가까우니 바로 중기 페르시아어 zeitun의 음역으로 곧 올리브이다. 불림국(시리아와 소아시아 지방)에서 이를 제치라고 하는 것은 이 두 글자의 발음이 당시에 dzi-ti, zi-ti 또는 zei-ti에 가까우며, 히르트가 일찍이 비정했듯이 틀림없이 아람어의 zaitā, 히브리어의 zayith 등을 본뜬 것이라고 여겨지는데, 그 어형은 오히려 가까운 이웃의 인도-유럽어족인 그루지

아어·오세트어*·아르메니아어 등에 전해지고 있는 어형에 한층 가까운 면이 있다. 즉 그루지아어 및 오세트어에서는 zeti이고 아르메니아어에서는 zeit이기 때문에 한역음은 어쩌면 불림국 영내에 거주하는 인도-유럽계 민족의 입에 올라 있던 어형에 근거한 것인지도 모른다. 제돈의 원어인 페르시아어의 zeitun은 같은 셈어의 차용이면서도 아라비아어에 이와 같은 어형이 존재하기 때문에 틀림없이 그로부터 전용(轉用)된 말일 것이다. 어차피 페르시아·아르메니아·그루지아 등의 인도-유럽 민족은 올리브의 재배를 그 명칭과 함께 일찍부터 셈족으로부터 전해 받아 알고 있었다는 사실을 이로써 알 수 있는 것이다.

라우퍼는 다시금 올리브가 태곳적부터 메소포타미아의 셈족에게 알려져 있었음을 언급하고 또한 그 남부 유럽 연해지역으로의 이식에 대해 설명하며, 다시 방향을 바꾸어 이란에서의 분포와 품종을 언급하고, 또 전환하여 건륭(乾隆, 1736~1795)의 『사체청문감』(四體淸文鑑)†을 통해 올리브에 해당하는 서장어·몽골어·만주어를 논했다. 여느 때처럼 박대(博大)한 내용을 피력하고 있는데, 마지막에 올리브를 감람으로 번역하는 것의 잘못을 상세히 밝히면서 위진교체기부터 중국에도 감람이 존재했지만 올리브가 재배된 적은 없었다는 취지를 충분히 논증했다. 그리고 송나라의 마지(馬志)가 『개보본초』(開寶本草)에 수록#한 파사감람(波斯橄欖)이라는 것조차 올리브라고 할 수 없는 이유를 누누이 설명하고 있는데, 여기서는 지면이 부족해 감람 자체의 원산지나 어원에 관해 많은

---

* Ossetic language. 러시아 카프카스 지방 북부의 오세트족이 사용하는 언어.

† 청대에 제작된 어휘대조사전. 여러 민족의 정치·경제·사회·문화·풍속·종교신앙과 각 지역의 산물에 대한 어휘를 포괄하는데, 만주어·서장어·몽골어·한자어 네 종의 문자를 수록하고 있다.

마지는 북송의 도사이자 의사로 972년 유한(劉翰)과 함께 송 태종의 병을 고쳐 어의가 되었다. 태종은 973년 유한과 마지 등에게 명하여 『개보신상정본초』(開寶新詳定本草) 20권을 편찬하게 했다. 이 책은 송대 최초의 관찬(官撰) 본초서(本草書)이자, 세계 최초로 인쇄된 약물학 관련서였다. 그리고 이듬해 다시 이를 수정·보완하여 목록을 포함한 『개보중정본초』(開寶重定本草) 21권을 편찬하게 했다. 이 책은 새로운 약 134종을 포함해 모두 984종의 약물을 수록하고 있다. 『개보본초』는 『개보신상정본초』와 『개보중정본초』 양자를 모두 포괄하나 현재는 주로 후자를 가리킨다.

것을 시사해주는 그 의견을 도저히 소개할 수가 없다. 상세한 것은 『시노 이라니카』의 415쪽 이하를 살펴보기 바라면서 여기서는 모두 생략한다.

소주의 명의(名醫) 이야기에서 뜻밖에 올리브는 감람이 아니라는 논의로 발전하여, 올리브를 한자로 표현한 제돈(또는 제치)이라는 고래의 관용어가 있다는 점까지 이야기해보았다. 그런데 또 한 가지, 일본의 학자들은 오노 란잔(小野蘭山)* 이래 이 제돈을 잘못 알아서 에고노기(일명 지샤노기 Styrax japonica)로 보았고 그 잘못이 아직도 고쳐지지 않고 있다는 성가신 문제가 남아 있다. 그러나 이 논의는 완전히 다른 이야기이므로 마키노의 책에 양보하고 이쯤에서 붓을 놓기로 한다.[3]

포도와 포도주

🪸 다음으로 포도(라기보다 포도주)에 대해 조금 생각해본 바가 있어서 서술해보려 한다. 말할 것도 없이 포도는 적어도 기록상으로는 중국에 들어온 외래식물 가운데 첫손에 꼽힐 만큼 인기가 좋았는데, 여기서는 그 원어가 무엇인가 따위의 문제는 언급하지 않겠다. 다만 요즈음에도 포도가 그리스어 bótrys의 음역이라는 설[†]이 서과(西瓜, 수박) 역시 그리스어 sikúa의 와전이라는 설[#]과 함께 새로운 연구성과인 양 버젓이 유행하고 있는데, 실은 이것이 아주 낡디낡은 구설로서 취하되어야 한다는 점을 확실히 말해두고 싶다. 이는 이란 민족이 중앙아시아에서 서아시아에 걸쳐 살고 있었음을 망각하고, 그들이 유형·무형의 여러 문화의 생산자이자 중개인으로서 동방에 대해서도 중요한 출하자인 동시에 운송인이

---

* 1729~1810. 에도 시대의 본초학자.
† Tomaschek이 1877년에 최초로 제안했고, K. Kingsmill이 1879년에 따르고 Hirth가 1917년에 강조한 설이다.
# Hirth의 설이다.

「포도나무」(1229). 이스탄불 토프카피 궁전 미술관 소장. 포도나무의 뿌리·잎사귀가 매우 사실적으로 묘사되어 있다.

었다는 점을 가벼이 여긴 것으로서, 무엇이든 서방의 냄새를 풍기는 것만 있으면 곧바로 그리스나 아시리아에 결부시키는 나쁜 버릇에서 나온 것이다.

어쨌든 이 케케묵은 문제는 잠시 접어두고, 당대에 포도주가 중국의 인사들 사이에서 상당히 널리 애음(愛飮)되었다는 것은 숨길 수 없는 사실이다. 당 태종(太宗)이 고창국(高昌國)을 평정한 뒤 후세에도 유명한 카라호자의 명산물인 마유포도(馬乳葡萄)[4]라는 우량종을 얻었고, 이를 어원(御苑)에 이식함과 아울러 그것으로 술을 만드는 법까지 전해받아 스스로 적당히 안배함으로써 향긋하고 맛 좋은 녹주(綠酒)를 빚어낸 일도 새삼스레 언급할 것이 없다. 측천무후도 금중(禁中) 보현당(普賢堂) 포도의 아름다움을 감상하고, 그 열매가 드리워질 무렵이면 보현당에 행차하는 것이 일상사였다고 하니, 궁중에서는 여전히 포도 재배가 계속되었을 것이다.(다만 보현당이 장안의 대명궁〔大明宮〕 안에 있었는지, 측천무후가 즐겨 찾던 낙양의 황궁 안에 있었는지는 지금 알 수 없다.) 그러나 민간의 수요를 충족시킨 포도주의 공급지로서 포도를 많이 심었던 곳은 어디일까? 당대 못지 않게 포도주를 애호했던 원대에 중국 내지에서 전적으로 이를 생산한 곳은 산서(山西)의 태원(太原)이었다. 이는 원나라 제실의 수라 조리법을 기록한 『음선정요』(飮膳正要)나 마르코 폴로의 여행기를 통해서 세상에 잘 알려진 사실이므로, 여기서 새삼스레 되풀이할 필요는 없을 것이다. 이 태원의 포도나 포도주는 그 유래가 틀림없이 매우 오래되었다고 생각되지만, 이를 대략 어느 시대까지 거슬러 올라가 살필 수 있는지는 불행히도 이와무라 시노부(岩村忍)의 논고[5]에서도 들을 수가 없었다. 그런데 최근 이타바시 도모유키(板橋倫行)가 잡지 『도원』(桃源) 제2호에 기고한 「중국 포도주사고」(中國葡萄酒史考)라는 흥미진진한 글에 따르면, 과연 내가 생각했던 대로 오대 무렵까지 거슬러 올라갈 수가 있다. "문헌상에서 우리는 폴로 무렵에서 거슬러 올라가 오대 후한(後漢) 고조(高祖)의 천복(天福)8년(943)까지 태원의 포도주 재배를 더듬어 조사할 수 있다"고 그는 쓰고 있다. 그 증빙자료는 틀림없이 『신오대사』(新五代史)·『구오대사』(舊五代史)나 『자치통감』 등에서 구할 수 있으리라 생각되는데, 나에게는 지금 그럴 겨를이 없다. 그런데 한걸음 더 나아가 당대에도 그런 일이 있을 수 있음을 입증할 수는 없을까? 바로 이 점에 대해 여기서 여러분의 가르침을 청하고자 한다.

첫째로 들고자 하는 사료는 극히 자질구레하긴 하지만 가장 유력한 것이다. 『신당서』 권39 「지리지」(地理志)의 북경(北京) 태원군 항목 아래에 그 지역의 공물로서 '포도주'를 들고 있다. 이는 포도주가 이 지역의 명산물로서 인정받고 있었음을 말해주는 것이다. 다음으로 백낙천(白樂天)의 장시 「북도[태원]의 유수 배영공에게 바친다」(寄獻北都留守裵令公)가 있다. 이 시는 일찍이 낙양에 재임했던 배영공에게 인정을 받았던 백낙천이 북도 태수로서의 그의 공적을 찬양한 송사(頌辭)인데, 그 가운데 "강족의 피리는 양류곡을 불고, 연 땅의 미녀는 포도주를 따른다"(羌管吹楊柳, 燕姬酌葡萄)는 구절이 있고, 거기에 "포도주는 태원에서 난다"는 작가의 주가 달려 있다. 이것도 한 구절이지만, 당대의 태원이 포도주 생산지였다는 사실을 충분히 확증해준다. 이렇게 보면 다음에 드는 유우석(劉禹錫)의 시도 같은 사실을 말해주는 것으로 활용할 수 있을 듯하다. 즉 유우석의 오언장시 「포도의 노래」(葡萄歌)는 야생의 포도를 옮겨와서 정성들여 키운 결과 미과(美果)가 열렸음을 서술하며,

> 한 손님이 분음(汾陰)에서 이르러
> 대청에 앉자 두 눈을 휘둥그레 뜨네
> 스스로 말하기를, 나는 진(晉) 땅 사람이라
> 이를 심기를 옥을 심듯 한다오
> 이를 빚어서 맛난 술을 만드니
> 사람이 마시기에 부족하다오

라고 이어진다. 산서성 분수(汾水) 유역에서 와서 스스로 나는 진인(晉人, 산서인[山西人])이라고 하는 객은 태원 부근 사람일 것이다. 그 사람이 눈앞에서 타지의 포도를 보고 놀라는 한편, 또 그로 인하여 향토의 풍정을 전하며 화제로 삼고 있는 내용으로 보인다. 이 역시 태원 방면에서 포도가 생산되었다는 증거의 하나로 볼 수 있을 것이다.

다음으로 명·청 시대의 유서(類書)에 자주 인용되는 『하동비록』(河東備錄)이라는 책의 한 구절이 있다. 이 책은 언제 어떤 사람이 편찬한 것인지도 모르고, 그 내용이 무엇인지도 짐작이 가지 않는다. 산서의 별칭인 '하동'이란 말을 앞에 붙인 것을 보면, 무언가 이 지역과 관련된 일을 모아놓은 책이 아닐까 싶다. 어쨌든 이 책 가운데 "양염(楊炎)이 포도를 먹으면서, '네 만약 떫지 않으면 마땅히 태원의 윤(尹)을 내릴 텐데'라고 했다"는 구절이 인용되어 있다. 전후가 완전히 생략되어 어떤 일인지 다 알 수는 없지만, 재상 양염이 입에 넣은 포도가 우연히 아주 떫었고 그래서 만약 포도가 맛있었다면 상(賞)으로 태원의 윤에 임용했을 것이라 말

했다는 듯하다. 이런 해학 속에서 이 과일이 그 지역의 명산물임을 말하고 있다고 보이므로, 그다지 유력한 증거는 아니지만 덧붙여 보았다.

　이상의 네 가지 증거로 태원의 포도 및 포도주가 이미 당나라 때 그 명성을 날리기 시작했다고 말할 수 있으리라 믿지만, 해박한 여러분의 가르침을 기약하고자 한다. 한편 당대 다른 지방의 포도 재식(栽植)이나 야생 상황 등에 대해서는 라우퍼와 이와무라, 이타바시 등의 언급에 누락된 사료가 있어서 소개해보고 싶기도 하지만, 주어진 지면이 마침 다했고 또 하필 병중이라 침상에서 원고를 계속 쓰기도 지치니 이쯤에서 일단 붓을 놓기로 한다.

서역 상호(商胡)가 비싼 값에 보물을 구하는 이야기
─당대 중국에 널리 유포된 일종의 설화에 대하여

당대 또는 오대의 소설이나 수필을 보면, 당대의 일로서 다음과 같은 형식의 이야기가 여러 차례 나온다.

> 한 사람이 어느 기회에 어떤 보물을 손에 넣는다. 이 보물은 대개의 경우 얼핏 보기에 매우 하찮아 보이므로 당사자는 이것이 보물임을 알지 못한다. 그러다 어떤 기회에 그것을 중국에 와 있던 서역 상인에게 보이자, 상인은 대단히 귀하게 여기며 엄청난 값을 치르고 이를 사간다.

이런 것을 이야기의 큰 줄거리로 하는 설화를 보게 된다. 물론 이는 많은 비슷한 이야기를 비교하여 대체로 공통된 특징만을 추출한 결과이며, 각각의 이야기를 자세히 검토해보면 세세한 점에서는 상당히 다르다. 첫째, 보물을 손에 넣는 경로도 가지가지여서, 처음부터 가지고 있던 경우도 있지만 우연이나 요행으로 손에 넣는 경우도 있다. 또 대여섯 가지 사례에서는 다른 사람을 위해 어떤 일을 해준 사례로서 받는다. 그 경우 상대는 병호(病胡), 즉 외국인으로서 중국에 와 있는 동안 병에 걸린 자인데, 이런 사람을 여러 모로 돌보아준 보답으로 선물을 받게 된다는 줄거리도 서너 개 보인다. 드물게는 처음부터 진보(珍寶)라는 설명을 듣고서 받는 이야기도 있다.

둘째, 호인에게 이 보물을 팔 때는 구매자인 호인 쪽에서 값을 끌어올려 비싸게 산다는 것이 대부분의 이야기에 공통되는 특징인데, 더러는 이 부분이 보이지 않는 경우도 있다. 그러나 그런 경우에도 마찬가지의 경위가 있었던 결과 중가(重價)를 아까워하지 않고 산다는 것으로 되어 있다. 때로는 호인이 값을 깎거나 그만큼의 큰돈을 내지 않는 것으로 되어 있기도 하지만, 그것은 어떤 특수한 사정 때문으로, 그런 일만 없었다면 중가를 치를 상황이었다는 이야기가 자주 보인다.(제14화 참조) 또 제16·17·18화처럼 호인에게 보물을 파는 대목이 완전히 빠져 있는 것도 있는데, 이는 어떤 사정으로 표준형의 마지막 한 절이 탈락한 것이라 생각된다.(제16·18화에서는 보물을 얻은 사람이 역사상 실재했던 인물로 되어 있는데, 모두 고위관료였으므로 보물을 호인에게 팔아 이익을 얻는 일이 걸맞지 않다고 생각했을지도 모른다.)

셋째, 소유주가 자신이 판 것이 보물임을 알아차리고 그 까닭을 묻자 호인이 설명을 해주는 단락이 있는 것도 많으며 빠져 있는 것도 적지 않다. 그 까닭은 대개 보물에 비상한 마력이나 불가사의한 영능(靈能)이 있다는 것으로, 사막에서 즉시 맑은 물을 얻을 수 있다거나, 이를 일종의 미끼로 하여 더 많은 보물을 모을 수 있다거나, 혹은 그 신묘한 힘으로 파도를 뒤집거나 산을 깨트려 더 많은 보물이 있는 곳으로 쉽게 들어갈 수 있다는 식이며, 자세히 보면 더 다양하다. 이 물건이 서역의 무슨무슨 나라에 대대로 전해오던 보물이며 본국에서 사라진 이래 큰 포상을 내걸고 그 행방을 수색 중이라는 식으로 구성된 이야기도 두세 개 있다.

넷째, 여기서 더 나아가 호인에게 보물을 파는 경우도 적지 않지만 호인 쪽에서 보물의 소재를 감지(感知)하여 팔 것을 요구하는 줄거리의 이야기도 상당수 있다. 전자의 경우 상호(商胡)라면 틀림없이 이런 물건을

살 것이라고 생각하거나 또는 사
줄 거라고 누군가 알려주는 식의
이야기도 주목해야 하겠지만, 후
자와 같이 상호에게 일종의 보물
을 감득(感得)하는 능력이 있는
것처럼 기술되어 있는 것도 유념
해야 할 내용이다. 그 밖에도 꼼
꼼히 따져보면 사소한 부분에서
각 이야기 사이의 차이를 더 확인
할 수 있지만, 대체적인 줄거리는
서두에 서술한 것으로 귀착된다.

그런데 이런 이야기들이 설화
학(說話學)에서 어떤 의미를 갖
는지, 다른 나라 다른 민족에도
비슷한 이야기가 있는지 하는 의
문이 당연히 일어나겠지만, 필자
는 불행히도 그 방면의 학문에는

당대 여행자 차림의 대식(大食, 아라비아) 상인

전혀 문외한이라 대답할 자격이 없다. 그와 관련해선 해당 분야의 전문
가에게 일체의 해명을 맡기는 것 외에 방법이 없지만, 내 좁은 소견으로
보기에 이런 유의 이야기는 달리 물을 만한 곳도 별로 없는 듯하다. 그래
서 해석을 기대해볼 만한 설화학자에게 다소 참고가 될지도 모르고 또
단순한 이야기로서도 버리기 어려운 점이 있어서 필자가 수집한 것만을
여기에 번역해 싣고자 한다. 가령 역사가의 입장에서 볼 때 이들 설화가
당대의 사실을 어떻게 반영하고 있는지, 아니면 역으로 이들 설화 안에
서 당대의 사실(史實)을 어느 정도나 펴낼 수 있는지 하는 점에 대해서는
마지막에 한두 가지 비견(卑見)을 덧붙여 독자 여러분의 질정을 바라고

자 한다. 이제부터 먼저 이야기의 실례를 든다.

제1화
장안 보리사의 승려가 호인에게 '보골'을 판 이야기

장안 평강방(平康坊)에 보리사(菩提寺)라는 절이 있었다. 이임보(李林
甫)의 자택이 그 동쪽 이웃에 있어서, 이임보는 생일만 되면 이 절의 승
려를 자택에 불러 재(齋)를 올리며 탄불(嘆佛) 행사를 했다. 한번은 어
느 승려가 안장 일구(一具)를 보시받아 그것을 팔아 7만 전을 얻은 일
이 있었다. 몇 년 뒤 이임보의 저택에서 탄불을 할 때 다른 승려가 주인
의 공덕을 열렬히 찬미하면서 많은 시주를 받기를 바랐지만, 몇 촌(寸)
길이의 썩은 못 같은 것만 받게 되자 크게 실망했다.(하지만 이것은 화려
한 상자 안에서 향기로운 비단 보자기에 싸여 귀하게 취급되고 있었다.) 그
승려는 며칠 동안 수치스러워하고 한탄하다가, 역시 대신이 자기를 속
일 리 없다는 것을 깨닫고는 서시(西市)로 가지고 가서 상호(商胡)에게
보였다. 상호는 그것을 보고 놀라 말했다. "스님께서는 어떻게 이것을
손에 넣으셨습니까? 이걸 팔 때 반드시 값을 잘못 매기지 않도록 하십
시오." 그래서 시험삼아 100민(緡)을 요구하자 호인은 크게 웃으며 "그
럴까요" 했다. 그래서 한껏 높이 부를 심산으로 500민이라고 하자, 호
인은 "이것은 천만 민의 가치가 있습니다" 하면서 그만한 돈을 내놓았
다. 승려가 이것이 무엇이냐고 묻자 '보골'(寶骨)이라 대답했다고 한다.

이 이야기는 단성식의 『유양잡조』 속집 권5에 수록된 「경락사탑기」(京洛
寺塔記)에 '석문고사'(釋門故事)에 실린 내용이라 게재되어 있다. 『태평
광기』 권403에도 '보골'이라는 제목으로 전재(轉載)되어 있다.(단 서로
간에 다소 글자의 차이가 있으며, 또 『태평광기』에는 중대한 오탈자가 있다.

필자는 『태평광기』 판본 중 가장 좋다고 일컬어지는 명대 담개[談愷]의 각본
[刻本]을 비롯해 같은 명대 허자창[許自昌]의 간본, 청대 황성[黃晟]의 간본,
상해 소엽산방[掃葉山房]의 석인본[石印本] 등을 참조해보았는데, 여러 판본
이 모두 이 오탈자의 오류를 범하고 있다. 즉 『유양잡조』 속집에 있는 "상호는
그것을 보고 놀라 말했다. '스님께서는 어떻게 이것을 손에 넣으셨습니까? 이
걸 팔 때 반드시 값을 잘못 매기지 않도록 하십시오.' 그래서 시험삼아 100민
을 요구하자"라는 구절이 빠져 있는 것이다. 그뿐이라면 그래도 괜찮겠는데,
뒤에 게재할 제19화 속에 뒤섞여 있어서 이야기의 줄거리도 몹시 이해하기 어
렵게 되어 있다. 지금까지 아무도 지적하지 않았던 문제인지라 노파심에 덧붙
여 둔다.) 평강방은 장안의 왼쪽 거리 동시(東市)의 서북에 해당하며 명
가의 저택이나 유명한 불찰(佛刹)이 있던 곳으로도 이름이 높지만, 수도
제일의 유흥가이면서 아름다운 기녀들이 모여 살던 곳으로도 명성이 자
자했다.

제2화
두릉의 위씨가 선녀에게 받은 보물을 호인에게 팔아 부자가 된 이야기

두릉(杜陵, 장안의 동쪽 교외)의 위엄(韋弇)이라는 자가 개원(開元)연간
에 진사시험에 낙방하고 촉(蜀)으로 놀러 갔다. 촉은 명승지가 많고 또
마침 늦봄 호시절이라, 위엄은 친구 몇 명과 매일 화주(花酒)*의 연회
를 열며 지내고 있었다. 하루는 누군가 추천을 해서 촉군의 남쪽 10리
쯤 되는 정씨(鄭氏)의 정자에 지팡이를 끌고 갔다. 그곳은 "하늘 끝에
걸린 듯 높다랗고 사방은 모두 가파르기 짝이 없으며, 문에는 화벽(花
闢)을 사용하고 섬돌에는 연촉(烟矗)을 한" 풍취여서, 위엄은 이곳만

---

* 기원에서 기생을 데리고 술을 마시며 잔치한다는 뜻.

바라볼 뿐 다른 곳은 볼 겨를이 없을 정도로 참으로 이른바 진외(塵外)의 선경이었다고 한다. 여기서 일행은 10여 명의 선녀를 만났는데 모두가 "극히 절색이었"으며, 그녀들을 따르는 시녀 10여 명 또한 "수놓인 비단자락이 아득해 거의 알아볼 수가 없었다"고 한다. 이곳이 어디이며 당신들은 누구냐고 묻자, "여기는 옥청궁(玉淸宮)으로 우리는 옥청(玉淸)의 여인입니다. 당신을 맞이하여 한번 모시고 싶어서 임시로 정씨의 정자를 만들어 유인했는데, 이곳은 실은 선부(仙府)입니다. 선부인 까닭에 함부로 세간의 사람을 머무르게 해서는 안되지만 당신이 계시는 것은 조금도 지장이 없습니다. 부디 느긋하게 계시기 바랍니다" 했다. 그로부터 술과 음악을 명하여 정자 안에서 연회가 시작되었는데, "사죽(絲竹)을 함께 연주하니 바람이 나부끼듯 싸늘한 것이, 현(玄)을 능가하고 명(冥)을 넘어서 인간의 성곡(聲曲)이라 느껴지지 않"는 점이 있었다. 술자리가 무르익자 뭇 선녀들이 말했다. "듣자니 대당(大唐)의 천자가 신선을 숭상한다는데, 우리에게 신악(新樂) 한 곡이 있으니 제목이 '자운'(紫雲)입니다. 원컨대 이를 성주(聖主)에게 전해주십시오. 당신은 당나라 사람이니, 우리를 위해 이를 천자에게 진상해줄 수 있겠지요?" 위엄이 대답했다. "나는 일개 유생(儒生)이오. 장안 안에 있어도 한갓 진토(塵土) 사이에 구구하게 있는 자일 뿐, 천자의 궁문을 멀리서 바라보기는 해도 직접 볼 수는 없소. 또한 나는 음악의 도(道)에 심히 어두운 자요. 이런 자에게 그런 부탁을 하시니 어떻게 가능하겠소?" 그러자 뭇 선녀들은 "당신이 할 수 없다면 우리는 꿈으로써 천자에게 전하겠습니다" 했다. 그래도 좋다고 하자, 다시 "우리에게 세 가지 보물이 있습니다. 이제 당신에게 드리고자 하니, 이것이 있으면 당신의 부는 왕후를 대적할 수 있을 것입니다. 부디 받아주십시오" 하면서 좌우에게 명하여 그 보물을 끄집어냈다. 처음에 나온 것은 한 개의 잔이었는데, 그 색이 옥같이 푸르고 맑게 빛나 속이 훤히 보였다. 위엄을 돌아보면서 "이는 벽요배(碧瑤杯)입니다" 했다. 다시 베개를 하나 내놓았는데, 옥과 비슷하고 살짝 붉은 기가 감도는 것으로, 부침(麩枕)이라고 했다. 또한 작은 함을 하나 끄집어내며 이는 자옥함(紫玉函)이라고 했다. 그 색은 자줏빛이면서 또 옥과 비슷한데 투명하기는 옥을 넘어서는 감이 있었다. 이럭저럭 보물을 모두 받은 위엄은 배사(拜謝)하고 헤어져 떠났는데, 채 1리도 못 가 정자가 있던 곳을 뒤돌아보니 아득히 자취도 없이 사라진 뒤였다. 불가사의한 일이라, 아무리 생각해봐도 그곳이 어디쯤이었는지 알 수가 없었다. 그는 마침내 그 보물을 가지고 장안에 돌아왔다. 이듬해 위엄은 다시 시험에 낙방하고 동쪽에서 놀다가 광릉(廣陵)에 이르렀을 때, 이 보물을 시장에 가지고 갔더니 어떤 호인이 이를 보고 절하며, "이는 천하의 기보(奇寶)입니다. 천만년이 지나도 손에 넣을 수 있는 사람은 없을 거라 생각했는데, 그대는 어떻게 이것을 가지게 되었습니까?" 하고 물었다. 위엄이 차근차근 저간의 사정을 알려주고 덧붙여 이것이 도대체 어떤 보물이냐고 묻자, 이것이 바로 옥청의 삼보(三寶)라고 하면서 드디어는 수천만의 값을 치르고 사 갔다. 위엄은 그 돈으로 대저택을 세우고 광릉에 거주하는 호사(豪士)로서 끝내 벼슬길에 나아가지 않고 세상을 마쳤다고 한다.

이 이야기는 장독(張讀)의 『선실지』(宣室志)에 나오며, 『태평광기』 권403에도 전재되어 있다. 이야기의 전반부는 이 글의 주요 내용과 깊은 관련이 없기 때문에 다소 생략했다. 위엄이 처음에 놀던 곳은 물론 성도(成都)이며, 광릉은 말할 것도 없이 양주(揚州)이다.(한편 이 이야기는 오대시대 두광정[杜光庭]의 저작으로 전해지는 『신선감우전』[神仙感遇傳]에도 실려 있는데, 『선실지』의 이야기와 문자와 용어 면에서는 왕왕 차이가 있지만 줄거리는 거의 같다. 다만 『신선감우전』에는 마지막에 약속대로 선녀가 현종의 꿈속에 나타나 '자운'의 비곡[秘曲]을 전하는 한 단락이 더 붙어 있다.)

제3화

임천의 잠씨가 흰 돌을 호인에게 팔아 부자가 된 이야기

임천(臨川)의 잠(岑)씨라는 사람이 일찍이 산 속 계곡에서 놀다가 물 속에서 커다란 연밥만한 흰 돌 두 개를 보았다. 달려가 가지고 돌아와서 건상(巾箱) 속에 간직해두었는데, 그날 저녁 꿈에 흰 옷의 미녀 두 사람이 나타나, 자신들은 자매인데 곁에서 모시러 왔다고 했다. 깨어나서는 이것이 두 돌 때문에 나타난 괴이(怪異)임을 알았다. 그 일이 있은 뒤로 항상 이것을 의대(衣帶) 안에 묶어두었는데, 그 뒤 예장(豫章)에 이르렀을 때 페르시아(波斯)의 호인이 혹시 보물을 갖고 계시지 않느냐고 물었다. 갖고 있노라 대답하고 그 자리에서 두 돌을 꺼내 보이자, 호인은 3만 전(錢)에 사겠다고 했다. 잠씨는 이를 보물이라 여겼지만 특별히 용도가 없었기 때문에 기뻐하며 돈을 받고 이를 주어버렸다. 그는 이 돈을 밑천으로 삼아 마침내 부자가 되었지만, 유감스럽게도 그 돌의 이름과 용도는 듣지 못하고 말았단다.

이는 남당(南唐) 서현(徐鉉)의 『계신록』(稽神錄)에 나오는 이야기로 『태평광기』 권404에 인용되어 있다. 임천은 강서 파양호(鄱陽湖)의 남쪽에 있으며, 본래 무주(撫州) 땅으로 오늘날에도 임천(臨川)현의 치소(治所)가 있는 곳이다. 예장은 그 서북에 있는 호서(湖西)의 대도(大都)이면서 강서(江西)의 성성(省城)인 남창(南昌)의 옛 이름이다.

제4화

소금배지기가 구슬을 얻어 호인에게 판 이야기

소주(蘇州)의 화정현(華亭縣, 송강〔松江〕)에 육사관(陸四官)의 묘가 있었다. 원화(元和, 806~820) 초년 묘 앞에 소금배 수십 척이 묶여 있었는데, 그 배를 지키던 자가 어느 날 밤비가 그친 뒤 묘 앞에 불처럼 밝게 빛나는 것이 있음을 보았다. 이를 엿보니, 길이는 몇 길이고 크기는 서까래에 닿을 만큼 큰 어떤 것이 입에 둥그런 불을 넣고 놀리고 있었는데, 자칫 그 불을 삼킬 것 같은 모습이었다. 뱃사람은 그것이 무엇인지도 모른 채, 대나무 장대로 멀리서 때리자 그것이 놀라 풀 속에 숨어버렸다. 그러나 둥그런 불은 아직 본래 자리에 남아 있었고, 나아가 이를 살펴보니 지름 1촌 정도의 구슬이었다. 어찌나 빛이 나는지 눈이 부실 정도였다. 이것을 손에 넣은 뱃사람은 너무 빛이 나서 다른 사람들이 눈치 챌까 두려워 옷으로 감쌌지만, 빛은 여전히 밖으로 새어나왔다. 그때 보물은 더러운 것을 싫어한다는 얘기가 생각나서 속옷을 벗어 감쌌더니, 마침내 빛이 더는 새어나오지 않았다. 그 후 아무도 그 일을 아는 사람이 없었다. 양주(揚州)의 호점(胡店)에 이르러 이를 팔아 돈 수천 민(緡)을 얻었는데, 호인에게 이것이 뭐하는 구슬이냐고 묻자 호인은 대답도 하지 않고 떠나버렸다고 한다.

이 이야기는 『원화록』(原化錄)에 나오는 것으로서 『태평광기』 권402에 보이는데, 『원화록』은 아마도 황보(皇甫) 아무개가 찬한 『원화기』(原化記)일 것이다.

제5화
낙안의 임욱이 늙은 용을 돕고 얻은 구슬을 호인에게 고가에 판 이야기

건중(建中)연간(780~783)에 낙안(樂安)에 임욱(任頊)이라는 자가 있었다. 천성이 독서를 좋아하고 지저분한 세속의 일을 달가워하지 않아서 깊은 산 속에 살며 그렇게 삶을 마치기를 바랐다. 하루는 산 속에 한

수많은 호상과 여행자가 '사막의 배' 낙타를 몰고서 천리길을 마다 않고 실크로드를 횡단하며 동방과 서방의 문화·무역 교류에 공헌했다.

노인이 찾아왔는데, 몸에 누런 옷을 두르고 용모도 그다지 비천하지 않았으나 어째 마음에 근심이 있는 듯 기운이 없어 보였다. 임욱이 그 까닭을 묻자, "그대에게 제발 의뢰하고 싶은 일이 있소. 실은 나는 인간이 아니라 용으로서 이 서쪽의 커다란 연못에 살고 있는데, 지금 어떤 위험에 몰려서 생사의 기로에서 방황하고 있소. 당신이 아니면 도와줄 수 없는 일이니 이해해주기 바라오" 했다. 임욱이 "저는 시서예악(詩書禮樂)을 알 뿐 어떤 불가사의한 술수에 정통한 자가 아니니, 도저히 당신을 구해줄 수가 없습니다"라며 사양하자, "아니, 별다른 술수를 요하는 일이 아니오" 하면서 이런이런 일을 해주면 좋겠다고 했다. 임욱이 이를 받아들여 노옹이 알려주는 대로 하자, 연못의 물을 말려 용을 죽인 뒤 잡아먹음으로써 선과(仙果)를 얻고자 하던 도사를 물리치고, 노인으로 변신해 도움을 요청한 늙은 용을 도울 수 있었다. 산 속으로 돌아가자, 그날 저녁 꿈에 전날의 노인이 나타나 깊은 감사의 말을 하면서, 뭐라 사례할 방법이 없어 그 마음의 일단으로서 이제 구슬 하나를 바치니 연못가에 가서 찾으라 했다. 임욱이 가서 찾아보았더니 지름 1촌의 구슬 한 알을 연못가 풀 속에서 얻을 수 있었다. 그 광채가 거의 쳐다볼 수 없을 정도로 투명하게 반짝이는 명주(明珠)였다. 임욱이 나중에 이것을 가지고 광릉의 시장에 갔더니 어떤 호인이 보고, "이는 진정 여룡(驪龍)의 보물이다. 세인들이 얻을 수 있는 것이 아니다"라며 수천만 민(緡)의 값을 치르고 사갔다고 한다.

이 이야기는 『선실지』에 실려 있고 또 『태평광기』 권421에도 전재되어 있다. 이야기의 전반부, 특히 늙은 용을 돕는 부분은 원문에 더욱 상세히 나와 있지만, 이 글의 목적에는 그다지 필요하지 않다고 생각해 초역(抄譯)하는 것으로 그쳤다. 낙안은 당나라의 군(郡)으로 오늘날의 산동성 혜민(惠民)현 지역이다.

제6화
장안 서명사의 승려가 호인에게 진보 '청니주'를 판 이야기

측천무후 때 서국(西國)에서 헌상한 진기한 물건 가운데 청니주(青泥珠)라는 것이 있었다. 엄지손가락 정도의 크기로 옅은 청색을 띠고 있었는데, 무후는 그것이 진귀한 물건이라는 것을 알지 못하고 서명사의 승려에게 시주해버렸다. 승려는 이를 금강신(金剛神)의 이마에 끼워넣어 두었는데, 그 후 법회가 열렸을 때 청문(聽聞)하러 온 호인 중에 자못 이를 주목하는 자가 있었다. 이 호인은 10여 일 동안 청문을 와서는 이것만 쳐다볼 뿐, 도무지 설교에는 귀를 기울이지 않았다. 승려는 무언가 이유가 있다고 생각해, 이 구슬을 사들일 생각이 있는지 물어보았다. 호인은 정말로 파신다면 많은 돈을 내겠노라고 했다. 승려는 처음에 전(錢) 천 관(貫)을 요구했지만, 호인은 지나치게 싸다고 했다. 점점 값을 올려서 만 관에 이르렀는데도 아직도 싸다고 해서 마침내 10만 관을 불러서 이를 팔았다. 호인은 이 구슬을 얻자 허벅지의 살을 갈라 그 속에 넣고 서국으로 돌아갔다. 승려가 무후에게 이 일을 아뢰자, 무후는 칙령을 내려 이 호인을 찾아오도록 했다. 며칠이 걸려 찾아낸 뒤 사자가 구슬이 어디 있는지를 묻자 호인은 이미 삼켜버려서 뱃속에 있다고 말했고, 사자는 그의 배를 도려내려 했다. 호인은 어쩔 수 없이 허벅지 속에서 구슬을 꺼내 내밀었다. 무후는 그를 불러 큰돈을 내고 구슬을 사들인 뒤, 도대체 무엇에 사용하는 것인지 물었다. 호인은 "서국에 청니박(靑泥泊)이라고 부르는 소택(沼澤)이 많이 있는데, 거기에는 진보(珍寶)라고 할 구슬이 꽤 있습니다. 다만 진흙이 깊어 좀처럼 채취할 수 없는 것이 유감인데, 만약 이 구슬을 박(泊) 속에 던지면 진흙이 모두 물로 변해 그 진보를 얻을 수가 있습니다"라고 대답했다. 그래서 무후는 그것을 보배로 간직했고, 현종의 시대까지도 여전히 보존되어 있었다고 한다.

이 이야기는 대부(戴孚)*의 『광이기』(廣異記)에 나오며, 『태평광기』 권402에 인용되어 오늘날에 전해지고 있다. 서국이라는 곳이 어디인지는 알 수 없지만, 이와 동시에 헌상되었던 물건에 비루박의천왕(毗婁博義天王)의 턱뼈와 벽지불(僻支佛)의 혀가 있었다는 기록이 있는 것을 보면 천축인지도 모른다. 비루박의천왕은 아마도 비루박차(毗婁博叉)의 와전인 듯한데, 이는 범어 Virūpākṣa의 음역으로 용왕의 수호신의 하나이며 중국에서는 24천존(天尊)의 하나로서 존숭(尊崇)되고 있다. 또한 벽지불이란 범어 Pratiyêka buddha의 약칭 음역으로서 정확하게는 필륵지저가불(畢勒支底伽佛)이라 하는데, 독각(獨覺)·원각(圓覺)·연각(緣覺)†의 의미가 있다. 이는 수업(修業)의 어떤 단계에 주어진 칭호이지 어떤 부처의 고유명사는 아니다.

---

* 757년 진사. 저자는 어떤 착오로 대군부(戴君孚)라고 했는데, 『광이기』의 저자 이름은 대부(戴孚)이다. 『문원영화』(文苑英華) 권737에 실린 고황(顧況)의 「대씨광이기서」(戴氏廣異記序)에 나오는 "초군(譙郡)의 대부(戴孚) 선생은 심오한 이치에 매우 정통했는데, 대안도(戴安道)의 후손으로……"가 그에 관한 최초의 기술이다. 참고로 남송(南宋) 왕응린(王應麟)의 『옥해』(玉海) 권57에서도 "당나라의 고황(顧況)에게 「대씨광이기서」(戴氏廣異記序)가 있다"고 하며 "대부(戴孚)의 20권"이라고 주를 달고 있다. 이하 원저의 대군부는 일괄적으로 대부로 고쳤다.

† 12인연의 이치를 관찰하여 진리를 깨닫는 일. 12인연이란 과거의 업에 따라 현재의 고(苦)를 받고 현재의 업을 따라 미래의 고를 초래하여 중생 윤회의 상(相)을 이루는 열두 가지 인연. 무명(無明)·행(行)·식(識)·명색(名色)·육근(六根)·촉(觸)·수(受)·애(愛)·취(取)·유(有)·생(生)·노사(老死).

제7화
부풍의 여관주인이 문 밖의 네모난 돌을 호인에게 판 이야기

페르시아(波斯)의 한 호인이 부풍(扶風)의 여관에 와서는, 문 밖에 있는 네모난 돌에 주목하여 수일 동안 서성대면서 좀처럼 떠나지 않았다. 주인이 이유를 묻자, 자신은 이 돌로 비단을 다듬질하고 싶다며 전(錢) 2천으로 사고자 했다. 이에 주인은 크게 기뻐하며 돈을 받고 돌을 호인에게 팔았다. 호인은 돌을 싣고 봉외(封外)로 나가더니 그것을 갈라 지름 1촌 정도의 구슬을 얻은 뒤, 칼로 겨드랑이를 째 그 속에 구슬을 감추고 귀국길에 올랐다. 배를 타고 바다에 떠 가기를 10여 일에 배가 갑자기 뒤집히려고 했다. 뱃사람은 해신이 배 안에 보배가 있음을 알고 가지러 온 것임을 깨닫고서, 누군가 틀림없이 보물을 지니고 있을 것이라며 배 안을 샅샅이 뒤졌다. 그러나 해신에게 바쳐야 할 보물을 찾지 못하고 결국 이 호인을 희생으로 삼아 바다에 빠트리려 하자, 호인은 두려워하며 겨드랑이를 갈라 구슬을 꺼내 주었다. 뱃사람이 주문을 외우며 "이 구슬을 바라신다면 받아주시기 바랍니다"라고 바다에 말하자, 해신은 털투성이 한쪽 손을 내밀어 구슬을 받고는 바다 속으로 들어가 버렸다고 한다.

이 이야기도 『광이기』에 나오며 마찬가지로 『태평광기』 권402에 인용되어 오늘날 전해지고 있다. 부풍은 장안 서쪽에 있는 읍이다.

제8화
장안 대안국사의 승려가 큰돈을 받고 '수주'를 호인에게 판 이야기

장안의 대안국사(大安國寺)는 예종(睿宗)이 아직 상왕(相王)이었던 시절*의 옛 저택이다. 그는 존위에 오른 뒤 여기에 도량(道場)을 세웠는데, 상왕 시절에 일찍이 보주(寶珠) 하나를 시주한 일이 있었다. 그때 이것을 상주고(常住庫)에 넣어두게 했는데, 절의 승려는 이것이 억만 전이나 나가는 것이라는 이야기를 들었기 때문에 궤 안에 넣어두긴 했지만, 각별히 귀한 것으로 생각하지는 않았다. 현종(玄宗) 개원10년 (722) 이 절의 승려가 어떤 필요에서 보물을 팔려고 궤를 열어 조사했을 때, "이 구슬은 값이 억만 전이다"라는 봉함을 발견하게 되었고, 그래서 무엇이 들어 있는지 모두 모여 열어보았다. 그러자 나온 알맹이는 돌의 파편처럼 생겼는데 색은 붉었고 밤이 되자 어렴풋이 빛이 났으며 크기는 몇 촌 정도였다. 절의 승려들은 "이것은 평범한 물건이다. 이 따위가 무슨 억만의 값어치가 있겠는가!"라고 이구동성으로 결론을 짓고는, 한번 시험삼아 팔아보기로 했다. 그래서 시중(市中, 장안의 동시 또는 서시)에 갖고 나가 승려 한 명으로 하여금 팔리는 것을 감독케 하고 어느 정도의 값을 부르는지 알아보았다. 며칠 동안 그렇게 하고 있자 와서 물어보는 귀인(貴人)들이 있었지만, 실물을 살펴보고는 "이는 하찮은 돌이다. 조약돌을 고르는 곳은 아닐 터인데, 이런 것으로 함부로 값을 요구해서야……"라면서 모두 냉정하게 비웃으며 가버렸다. 승려 역시 부끄럽게 여기고 있던 중, 열흘 뒤 어떤 사람이 오더니 그 구슬이 밤에 빛이 난나는 것을 알고는 수천 민을 지불해도 좋다고 말을 꺼내는 바람에 [혹시나 하는 마음에] 점점 값을 올리게 되었다. 한 달여 뒤에 서역의 한 호인이 절에 와서 보물을 구했는데, 이 구슬을 보고는 크게 기뻐하면서 머리 위로 떠받들며 자못 진중히 여겼다. 호인은 신분이 귀한 사람이어서, 통역을 내세워 구슬값이 얼마인지 묻기 시작했다. 승려가 1억만 전이라고 하자, 호인은 무언가 미련이 있는 듯 한참 이 돌을 쓰

---

* 그는 676년에 상왕이 되었고 684년 황제로 즉위했다.

다듬고 어루만지다가 발길이 떨어지지 않는 몸짓으로 돌아갔다. 그리고 이튿날 다시 이 호인이 와서 통역을 통해 승려에게 말했다. "이 구슬은 참으로 분부하신 대로 억만의 가치가 있습니다. 그러나 고국을 나온 지 오래되었기 때문에 지금 4천만밖에 마련이 되지 않습니다. 그래서 살 수가 없는데 어떻게 하시겠습니까?" 승려는 기뻐하며 호인을 데리고 절의 주지를 배알하여 이 일을 청하니, 좋다고 허락이 내렸다. 호인은 그 다음날 전(錢) 4천만 관(貫)을 바치고 이 구슬을 샀는데, 그러면서 구슬의 값이 참으로 부족하여 대단히 미안하니 억지로 승낙하지는 마시라고 했다. 승려가 호인에게 당신은 어떤 분이며 저 구슬은 무슨 효능이 있는가 하고 묻자, "나는 대식국(大食國)의 사람인데, 우리 국왕이 정관(貞觀, 627~649) 초년 중국과 우호를 맺으면서 이 구슬을 공물로 바쳤습니다. 그러나 그 뒤 우리나라에서는 이 구슬이 아무래도 아쉬워 되찾고 싶은 염원이 간절했던지라, 만약 이를 찾아 돌아오는 자가 있으면 재상 자리를 주겠다며 사람을 모으기 시작한 지가 벌써 70~80년입니다. 이제 요행히 이를 손에 넣어서 기쁘기 그지없습니다. 이는 수주(水珠)라고 하는 것입니다. 군대가 행군할 경우, 휴식하는 지역에서 땅을 2척 정도 파고 이 구슬을 묻으면 곧바로 샘물이 솟아 수천 명의 기갈을 해결할 수 있습니다. 때문에 예전에는 행군할 때 물이 부족하여 괴로워한 적이 한번도 없었는데, 이 구슬을 잃고 난 뒤에는 군대가 항상 물이 없어 괴로워하고 있다고 합니다" 했다. 승려가 이 이야기를 믿지 않자 호인은 흙을 파고 구슬을 묻도록 명했다. 잠시 있으니 샘물이 솟아 나오는데, 맑고 찬 색을 띠면서 부근에 흘러 넘쳤다. 승려는 손으로 물을 떠서 마시고는 그제야 그 영이(靈異)함을 깨달았다. 호인은 곧 구슬을 갖고 어디론가 떠났는데, 가는 곳을 알 수 없었다고 한다.

이 이야기는 우숙(牛肅)의 『기문』(紀聞)에 나오며, 현재는 『태평광기』 권

402에 인용되어 남아 있다. 대안국사(大安國寺)는 장안의 왼쪽 거리 북단의 여러 방(坊) 중 중앙인 장락방(長樂坊)에 있었던 큰 절이다. 대식은 아라비아를 지칭하는 것으로 장황하게 설명할 필요는 없을 것이다.

제9화
위생이 '보모'를 호인에게 팔아 거부가 된 이야기

안사의 난 무렵에 위생(魏生)이라는 자가 있었다. 훈척(勳戚) 집안이어서 젊을 때부터 왕가(王家)의 친구로서 집에 거만(巨萬)의 부를 쌓고 있었다. 그러나 무도한 무리들과 사귀다가 궁핍에 빠져 사족(士族)들의 배척을 받았는데, 난이 일어나자 아내를 데리고 영남(嶺南) 땅으로 도피해 있었다. 몇 년 뒤 난이 평정되었을 무렵 향리로 돌아가고자 배를 타고 건주(虔州) 경계에 이르렀을 때, 마침 폭우가 그친 뒤라 강가 언덕에 올라 주위를 바라보고 있자니 문득 모래섬 사이에 한 줄기 지기(地氣)가 피어올라 곧바로 수십 길 솟아 있는 것이 보였다. 그곳을 찾아가 보니 돌 사이에 돌조각이 하나 있었는데, 손바닥만한 크기에 모양은 도자기 비슷한 것이 반은 파랗고 반은 붉은 색으로 뚜렷이 구별되었다. 시험 삼아 가지고 돌아와 이를 그대로 책장 속에 넣어두었다. 한데 고향집에 돌아와 보니 알던 사람들은 모두 흩어져 한 사람도 없고, 또한 벼슬길에 나아가자니 밑천으로 할 만한 금전이나 물품도 없었다. 하는 수 없이 셋방살이를 하면서 근근이 생계를 유지하고 있었는데, 시사(市肆)의 많은 외국상인 중 이전부터 면식이 있던 자들이 모두 그를 불쌍히 여겨 재백(財帛)을 나누어 도와주었다. 어느 날 호객(胡客)이 '보회'(寶會)를 개최했다. 이는 호객의 법으로서 매년 한 차례씩 여는 동향인의 큰 모임인데, 각자 보물을 가지고 모여서 서로 살펴본 뒤 보물이 많은 자가 모자를 쓰고 상좌에 앉으며, 이하 그 수의 다소에 따라 순차대로 줄지어 앉는 풍습이다. 이 '보회'에 호인이 위생을 불러 참관시켰다. 위생은 문득 예전에 주웠던 돌조각을 기억해내고 이를 품에 넣어 갔지만, 전혀 내색을 하지 않고 시치미를 뗀 체 자리 끝에 앉아 있었다. 식사가 끝나자 여러 호인들이 각자 보물을 내놓기 시작했다. 상좌에 앉아 있던 자가 명주(明珠) 네 과(顆)를 내었는데, 지름이 1촌을 넘는 우물(尤物)이라 나머지 호인들이 모두 일어나 머리를 조아리고 절을 하는 등 소동을 벌였다. 그 다음에도 두세 개씩 보물을 내놓았는데, 어느 것 하나 보물로서 심상(尋常)한 것이 없었다. 이리하여 순서가 자리 끝에 이르자, 위생이 자리한 것을 본 호인들은 모두 웃으며 위생을 놀리면서 "그대도 보물이 있는가" 했다. 위생은 "있소이다" 하고는 품속에 넣어 온 것을 꺼내 보이면서 "내 것은 이런 것이오" 하며 웃었다. 그러자 30여 명의 호인들이 모두 자리에서 일어나더니 위생을 거들어 일으켜서는 상석에 앉히며 예배가 부족해 송구하다는 듯 행동했다. 위생은 처음에는 자기를 놀리는가 싶어 부끄럽고 두렵다는 생각을 했지만, 나중에 그들이 진정인 것을 알고는 크게 놀랐다. 그 중의 늙은 호인 가운데는 이 돌을 보고 눈물을 흘리는 자까지 있었다. 마침내 일동은 위생에게 이 보물을 팔기를 부탁하면서 값은 요구하는 대로 내겠다고 했다. 위생이 큰소리치듯이 백만을 요구하자, 무리들이 모두 성을 내며 무슨 까닭에 우리 보물을 그렇게 무시하느냐면서 받아들이지 않았다. 차츰 값을 올려 천만 전에 이르자 그제야 좋다고 하여 거래가 성사되었다. 위생이 이 보물이 무엇인지 은밀히 호인에게 묻자, 호인이 말했다. "이는 아무개 본국의 보물로서 난리 끝에 분실하게 되었는데, 그로부터 벌써 30년이나 지났습니다. 우리 왕께서는 몹시 간절하게 이것을 구하여, 만약 손에 넣는 자가 있으면 재상으로 삼겠다고 말씀하셨습니다. 이제 이것을 가지고 돌아가면 모두 후한 상을 받을 수 있으니, 그 가치는 결코 수백만에 그치지 않습니다." 그렇다면 그것은 어떤 쓸모가 있느냐고 물으니, "이는 보모(寶母)라고 하는 것인데, 매달 보름날 왕이 해안에 나가 단을 세우고 제사 지낸 뒤 이 보물을 단상에 두고 하룻밤이 지나면 명주(明珠)와 보패(寶貝) 부류가 저절로 모여듭니다. 그래서 이를 보모라 합니다" 했다. 위생은 이리하여 재화를 얻어, 재산이 그 선친의 배가 되었다고 한다.

이 이야기는 황보씨의 『원화기』에 나오며, 『태평광기』 권403에 인용되어 오늘날 전해지고 있다. 위생의 향관(鄕貫)은 이 이야기 안에는 명시되어 있지 않지만, 왕가의 친구였고 안사의 난을 피해 영남으로 도피했다는 것을 보면, 장안이나 낙양 주위 사람이 아니었을까 생각된다. 또한 시사의 호객(胡客) 중에 면식이 있는 자가 많았다는 것도, 다른 비슷한 줄거리의 이야기에 비추어 보건대 아무래도 장안 주위의 이야기로 여겨진다. 그러나 이야기로서는 어디라도 상관이 없다. 장안이든 낙양이든 남창이든 양주든, 건주 이북 지방으로 호인의 왕래가 잦던 지역이라고 해두면 그만일 것이다. 건주는 지금의 공(贛)현으로 강서성의 서남 구석에 위치하며, 광동성 경계에 가까운 곳이어서 영남(광동지방)에서 북으로 돌아가거나 북방에서 영남으로 향하는 사람들의 배가 머무르던 곳이다.(이 수상교통로에 대해서는 이고〔李翶〕의 『내남록』〔來南錄〕에 상세히 기술돼 있다. 이는 『설부』〔說郛〕 등에 수록되어 있으니 참조하기 바란다.)

제10화
풍익의 엄생이 '청수주'를 얻어 호인에게 판 이야기

풍익(馮翊)의 엄생(嚴生)이라는 자는 집이 한남(漢南)에 있었는데, 어느 날 현산(峴山)에서 놀다가 어떤 물건을 얻었다. 모양은 탄환 비슷했으며 색이 검고 큰데다 빛이 났는데, 잘 살펴보니 맑고 투명하기가 살

얼음 같았다. 갖고 와서 다른 사람에게 보였더니 어떤 사람이 구슬이라
고 하여, 엄생은 탄주(彈珠)라는 이름을 붙이고 항상 상자 안에 넣어두
었다. 그 뒤 장안에서 노닐다가 춘명문(春明門)에서 호인 한 명과 마주
쳤는데, 그 호인이 말을 멈추고는, "당신의 주머니에 기보(奇寶)가 있
습니다. 바라건대 한번 볼 수 있겠습니까" 했다. 엄생이 탄주를 꺼내 보
여주자, 호인은 구슬을 높이 받들며 기뻐하면서 "이는 천하의 기보입니
다. 30만 전으로 사고 싶습니다" 했다. 엄생이 이 보물에 어떤 쓸모가
있으며, 또 당신이 그렇게 고가의 물건이라 하는 이유가 무엇이냐고 묻
자, 호인이 말했다. "나는 서국의 사람이며, 이것은 우리나라의 지보(至
寶)입니다. 우리나라에서는 이를 청수주(淸水珠)라 부르니, 탁한 물 속
에 넣어 두면 차가운 빛을 발하면서 물을 맑게 만듭니다. 이 보물을 잃
어버린 지 3년쯤 되었는데, 우리나라의 우물과 샘이 전부 탁해져 사람
들이 모두 병에 걸리고 말았습니다. 때문에 산을 넘고 바다를 건너 중
하(中夏)에 와서 이를 찾았던 것인데, 이제 당신에게서 얻을 수 있게 되
었습니다." 그러면서 호인이 항아리에 탁한 물을 붓도록 명한 뒤 구슬
을 집어넣자, 갑자기 물이 연해지더니 맑고 깨끗해져 가느다란 터럭 같
은 미세한 것도 변별할 수 있을 정도였다. 그리하여 엄생은 구슬을 호
인에게 주고, 그 값을 받아 떠났다고 한다.

이는 장독의 『선실지』에 실려 있는 이야기인데, 『태평광기』에도 물론 채
록되어 권402에 전한다. 풍익은 이른바 삼보(三輔)의 하나로 지금의 섬
서 대려(大荔)현에 해당한다. 한남은 호북의 선성(宣城)현으로 본래 양
양부(襄陽府) 관할 아래 있었다. 현산은 양양(襄陽)현의 남쪽에 있으며,
진(晋)나라 양호(羊祜)*가 여러 번 올랐던 산으로서 그의 사후에 그를 기

---

* 221~278. 서진의 대신으로 오를 멸망시키고자 노력했으나 성공하지 못하고 두예(竇乂)를 대신 추
천한 바 있다.

려 세운 비가 있는 것으로 유명하다.(이 비는 그를 추억할 때면 비창의 감개를 견딜 수 없다는 뜻에서 타루비(墮淚碑)*라 불린다.) 장안의 춘명문은 동벽의 북쪽에서 두 번째에 있는 문으로, 일본의 교토(京都)로 말하면 산조구치(三條口)†와 같은데, 동쪽에서 뻗어나온 큰 도로가 서울로 들어가는 출입구로서 왕래가 지극히 많았던 곳이다.

제11화
사인 아무개가 진주를 얻어 호인에게 판 이야기

함양(咸陽) 악사(岳寺) 뒤에 북주(北周) 무제(武帝)의 관(冠)이 있었는데, 그 위에 관주(冠珠)가 박혀 있었다. 크기는 서매(瑞梅)만했지만 역대로 특별히 이를 보물로 생각한 일이 없었다. 측천무후 시대에 어떤 사인(士人)이 절을 지나다가 이 구슬을 보고 장난 삼아 훔쳤는데, 마침 대단히 더운 때였기 때문에 절의 문에 이르러 옷을 갈아입고, 벗어놓은 옷으로 구슬을 싸서 금강신상(金剛神像)의 다리 아래 넣어두고는 그만 도로 가져가는 것을 잊어버렸다. 다음날, 양주(揚州)로 대금(貸金)을 징수하러 가기 위해 여행길에 오른 그는 진류(陳留)에 다다라 여관에 묵었다. 밤에 호인들이 보물 겨루기를 하는 소리를 듣고는 옷을 걸고 함께 어울려 앉아서 보고 있었다. 그러다가 관 위에 박혀 있던 그 구슬에 대해 이야기하자, 여러 호인들이 놀라면서 오랫동안 중국에 그 보물이 있다고 들어오다가 지금 마침 그것을 구하러 온 것이라고 했다. 사인이 하지만 이를 잊고 와버렸다고 하자, 호인들은 탄식하고 한스러워 하면서, "만약 여기로 갖고 와준다면 비단으로 사례를 하겠다. 지금 양

---

* 양호는 형주(荊州)를 잘 다스려 백성들에게 존경받았는데, 즐겨 현산(峴山)에 올라 술을 마시고 시를 지었다. 그가 죽자 백성들이 현산에 비를 세우고 이를 보며 눈물을 흘리니, 두예가 이를 타루비라고 명명했다.
† 동서로 나 있는 아홉 거리 중 세 번째 거리의 입구.

주로 가시는 듯한데 그 대금이 얼마나 되는가[그것만이라도 지불하겠다]" 했다. 사인이 500민(緡)뿐이라고 하자, 여러 호인들이 곧 500민을 갖고 와 그에게 주면서 되돌아가 구슬을 가지고 와달라 했다. 사인이 금강신상의 다리 아래에 와서 보니, 구슬은 여전히 그 자리에 있었다. 가지고 돌아와 호인에게 보이자 호인들이 기뻐 손뼉 치며 10여 일간 마시고 즐기더니, 그 뒤 비로소 샀다면서 사인에게 얼마를 바라느냐고 물었다. 사인이 목에 힘을 잔뜩 준 뒤 1천 민이라고 하자, 호인이 크게 웃으면서 그건 지나치게 이 구슬을 욕보이는 것이라고 하더니, 무리와 그 값을 5만 민으로 정하고 함께 돈을 내어 이를 샀다. 그러고는 사인을 모시고 다 같이 바닷가에 가서 한번 그 구슬의 값어치를 보자고 했다. 사인이 호인들과 함께 동해 바닷가에 가서 보니, 대호(大胡)가 은냄비에 제호(醍醐)를 끓이고 또한 금병(金瓶)에 구슬을 담아 이를 제호 속에 넣고 중탕했다. 7일째 되는 날, 두 노인과 그 도당 수백 명이 보물을 가지고 나타나더니 호인 곁에 와서 그 구슬을 팔라고 요구했다. 호인은 짐짓 이에 집착하는 듯한 낯빛을 보이며 말을 듣지 않았다. 며칠 뒤 다시 그들이 여러 가지 보물을 가지고 와서 산처럼 쌓아놓고는 구슬을 사고 싶다고 했다. 하지만 호인은 여전히 팔지 않았다. 30여 일이 지나자 노인 일행은 흩어져 떠나버리고, 깨끗하고 품행이 단정한 화려한 생김새의 두 용녀(龍女)가 나타났는데, 이들을 주병(珠瓶) 속에 투입하자 구슬과 합쳐져 고약(膏藥) 비슷한 것이 만들어졌다. 사인은 구슬을 사러 온 사람들이 모두 누구냐고 물었다. 그러자 대호는 "이 구슬은 대보(大寶)이며 두 용녀가 이를 호위하고 있습니다. 뭇 용들이 이 두 여인을 애타게 사랑하기 때문에 여러 가지 보물로 [이 구슬을] 구입하고자 하는 것입니다. 나는 널리 세상을 떠돌아다니고 싶은 바람뿐 감히 세상의 부를 바라는 것은 아닙니다" 하면서, 그 고약 같은 것을 발에 바르고 배를 버리고는 물 위를 걸어가 버렸다. 다른 여러 호인들이 저마다 큰

소리를 치면서, "공동으로 이 구슬을 샀는데 어째서 혼자만 이익을 차지한단 말인가. 저 사람이 이미 가버렸으니 우리는 도대체 어디로 돌아가야 좋단 말인가" 했다. 한 호인이 끓인 그 제호를 배에 칠하면 순풍을 타고 집에 돌아갈 수 있다고 말하자, 여러 호인들이 모두 그 말대로 했다. 그러나 그 대호가 간 곳은 끝내 알 수 없었다고 한다.

이 이야기는 대부(戴孚)의 『광이기』에 나오며, 『태평광기』권402에 수록되어 있다. 함양의 악사가 어디인지 지금은 잘 알 수 없지만, 문면(文面)에서 생각해보면 진류까지 하루쯤 걸리는 곳에 있는 절로 생각된다. 또한 전본(傳本)의 문자에 무언가 잘못이 있는지 문장의 뜻이 분명하지 않은 곳이 한둘 있고, 여러 판본 간에 글자의 차이도 있지만 적절한 것을 따라서 일단 위와 같이 번역해둔다.(제호는 우유라고 생각하면 될 것이다.)

제12화
오군의 육옹이 뱃속의 이상한 벌레를 호인에게 판 이야기

오군(吳郡)에 육옹(陸顒)이라는 자가 있었다. 육옹은 유년시절부터 면(麵)을 즐겼는데, 먹으면 먹을수록 몸이 마르는 것이었다. 장성한 뒤 본군(本軍)에서 예부(禮部)로 천거되어 시험에 응했지만 낙제를 했다. 그래서 〔장안의〕 태학(大學) 학생이 되었는데, 그로부터 몇 달 뒤 호인 몇명이 술을 들고 〔육옹을 면회하고 싶다며〕 태학 문 앞에 찾아왔다. 자리에 앉자 육옹에게 말했다. "저는 남월(南越) 사람으로서 만맥(蠻貊) 속에서 나고 자란 자입니다. 당나라 천자께서 천하의 영재를 불러모으고 또한 문물(文物)로써 사방 오랑캐를 동화(動化)시키고자 하심을 알고서, 바다를 건너고 산을 넘어 중화에 왔으니 장차 태학에서 문물의 빛을 살피고자 합니다. 당신의 그 높다란 관(冠)과 가지런한 옷자락, 무게

있는 모습과 엄숙한 위의(威儀)는 참으로 당 왕조의 유생(儒生)임에 부
끄럽지 않습니다. 그래서 한번 교제를 하고자 합니다." 육옹이 감사하
며, "저는 다행히 태학에 적(籍)을 두고는 있습니다만 달리 이렇다 할
재능도 없습니다. 그런데 어떻게 그대는 이다지도 저를 아끼고 돌보아
주시는지요"라고 말한 뒤, 같이 연회에 참석해 실컷 놀고는 헤어졌다.
육옹은 남의 말을 잘 믿는 선비였다. 호인들이 자신을 속이는 일 따위
는 없으리라 생각하고 있었는데, 열흘 남짓 뒤에 뭇 호인들이 재차 재
화를 지참하고 와서는 육옹을 위해 축수(祝壽)를 올렸다. 육옹이 무언
가 다른 뜻이 있는 게 아닌가 의심하여 굳이 사양하며 물리쳤더니, 호
인이 말했다. "당신이 장안에 사시는 것을 뵈니 무언가 크게 두려워하
면서 춥고 굶주린 기색이 보였습니다. 때문에 재화를 지참하여 당신을
위해 노복과 말이 하루를 지낼 만한 비용을 대주려는 것에 불과합니다.
오로지 당신께서 교제를 해주었으면 하는 바람뿐 달리 아무런 뜻도 없
습니다. 아무쪼록 의심하지 마십시오." 육옹은 어쩔 수 없이 재화를 받
기로 했다. 호인이 떠나고 나자 태학의 학생들이 이 얘기를 듣고 함께
와서 육옹에게 일렀다. "호인은 대체로 이익을 탐하며 제 몸을 돌보지
않는 자들이다. 소금이나 쌀 같은 사소한 것 때문에도 싸우다 상대를
죽이기까지 한다. 무엇하러 일부러 재화를 들여 친구를 위해 축수하는
따위의 일을 하겠는가? 게다가 태학 안에는 학생이 아주 많지 않은가?
어째서 그대 한 사람에게만 그렇게 융숭한 대우를 할 리가 있겠는가?
그대는 교외에 몸을 숨겨 그들이 다시 오는 걸 피하는 편이 좋겠다." 육
옹은 결국 잠시 위수(渭水) 가에 가서 살기로 하고, 두문불출하며 지내
고 있었다. 그런데 겨우 한 달 남짓하여 뭇 호인들이 또다시 그 집 문에
이르렀[고 만나고 싶어했]다. 육옹은 크게 놀랐지만, 호인은 기뻐하며
"지난번에는 당신이 태학 안에 있어서 하고 싶은 말씀을 여태껏 드리
지 못했습니다. 이제 당신이 물러나 교외에 계시니 저희의 바람을 이룰

수 있겠습니다" 했다. 자리에 앉자 호인이 육옹의 손을 잡고 말했다. "우리가 온 것은 우연이 아닙니다. 당신에게 좀 부탁할 일이 있습니다. 아무쪼록 허락해주셨으면 합니다. 게다가 우리가 부탁할 일은 당신에게는 물론 아무런 폐가 되지 않지만 우리에게는 커다란 혜택이 있는 일입니다." 육옹이 무슨 말인지 먼저 들려달라고 하자, 호인이 "당신은 면을 즐겨 드십니까" 했다. 그렇다고 하자 호인이 말했다. "면을 먹는 것은 당신이 아니라 당신 뱃속에 있는 벌레 한 마리 때문입니다. 이제 내가 약을 한 알 당신에게 드릴 텐데, 당신이 그 약을 드시면 틀림없이 벌레를 토해내게 될 것입니다. 그러면 그 벌레를 비싼 값에 파시기 바랍니다. 어떻습니까?" 육옹은 만약 정말로 그런 것이 있다면 물론 따르지 않을 이유가 없다고 답했다. 그러자 호인은 광택이 나는 자색(紫色)의 약 한 알을 꺼내 육옹에게 먹도록 했고, 잠시 후 그는 드디어 벌레 한 마리를 토해냈다. 길이는 2촌 남짓하며 색은 파랗고 개구리 비슷한 형태를 하고 있었는데, 호인은 "이는 소면충(消麵蟲)이라는 실로 천하의 진기한 보물"이라고 했다. 육옹이 어떻게 그것을 알았느냐고 묻자, 호인이 말했다. "우리는 매일 아침 보물의 기운이 하늘에 뻗치며 태학 안에 있는 것을 보고, 그 안에 당신이 계신 줄 알게 되었습니다. 그런데 한 달여 전부터 새벽에 이를 살피니 위수 가로 옮겨 있는 것을 발견했는데, 정말로 당신은 여기로 거처를 옮기고 계셨습니다. 또한 이 벌레는 천지중화(天地中和)의 기를 받아 그것이 응결되어 만들어진 것입니다. 때문에 면을 즐겨 먹는데, 아마도 〔면의 원료인〕 맥(麥)이 가을 초에 파종하여 다음해 늦여름에야 비로소 결실을 맺으므로, 〔마침 1년 걸려서 봄·여름·가을·겨울〕 사계절의 모든 기를 받아 성숙하는 것과 마찬가지인 까닭에 자연히 〔맥을 원료로 하는〕 면을 즐기는 터일 것입니다. 한번 그것에 면을 먹여 그 모습을 살펴보십시오." 육옹이 면 1두(斗) 남짓을 벌레 앞에 가져가자 벌레는 곧바로 이를 다 먹어버렸다. 육옹이 다시

"이 벌레는 무엇에 사용하는 것입니까?"라고 묻자, 호인이 말했다. "무릇 천하의 진기한 보물은 모두 중화의 기를 품부(稟賦)하고 있습니다만, 이 벌레는 바로 중화의 정수입니다. 그 근본을 잡고 그 말단을 취하면 아무리 먼 곳의 것이라도 이르게 할 수가 있습니다." 잠시 후 호인은 이 벌레를 통에 넣고 다시금 금함(金函)에 넣어 자물쇠로 채우고는 육옹에게 침실로 가져가도록 한 뒤, 내일 다시 오겠다며 되돌아갔다. 다음날 아침이 되자 호인은 열 대의 마차에 금옥과 비단을 가득 싣고 와 육옹에게 바치고 그 금함과 바꾸어 돌아갔다. 육옹은 이때부터 부자가 되어 저택과 원림(園林)을 가꾸며 편안하게 살면서 날마다 흰쌀밥에 고깃국을 먹고 좋은 옷을 입고서 장안 안을 유유자적하며 생활하니, 호사(豪士)라 불리고 있었다. 1년 남짓 지났으리라 생각될 무렵, 뭇 호인들이 다시 육옹에게 와서 말했다. "당신 혼자만 우리와 함께 바다 속에서 놀지 않겠습니까? 우리도 바다 속의 보물을 찾아 천하에 이름을 빛내고자 하는데, 어떻습니까? 당신은 호기심도 없는 분이야 아니겠지요?" 했다. 육옹은 이미 돈도 있고 또 본디 한가해 할 일도 없던 차라, 서둘러 호인들과 함께 바닷가에 가보기로 했다. 가보니 호인들은 그곳에 작은 오두막을 짓고서 살고 있었다. 거기에서 유고(油膏, 기름덩어리)를 은으로 된 세발솥에 넣고 그 아래에 불을 지피고는 예의 벌레를 솥 안에 넣고 이레 동안 달구었는데, 그동안 잠시도 〔솥 아래의〕 화톳불을 꺼트리지 않았다. 그러자 홀연 푸른 저고리를 입고 가르마를 둘로 탄 동자 하나가 바닷물 속에서 나타났는데, 붉은 소반을 받들고 있었다. 소반 안에는 지름이 1촌쯤 되는 구슬이 매우 많았다. 그것을 호인에게 헌상하자 호인이 큰소리로 꾸짖었고, 그 동자는 겁에 질려 소반을 높이 받든 채 가버렸다. 잠시 있자 다시 용모가 아주 요염한 옥녀 한 사람이 흰 비단옷을 두르고 옥귀고리를 차고서, 옷자락을 펄럭펄럭 나부끼며 바다 속에서 나와 자옥(紫玉)의 소반을 받들고 가까이 왔다. 소반

안에는 구슬 수십 알이 있었는데, 다가와서 이를 호인에게 바쳤다. 호인이 또 이를 욕하자 옥녀 또한 소반을 받들고 가버렸다. 갑자기 이번에는 한 선인이 나타났는데, 요벽관(瑤碧冠)을 쓰고 신선의 옷을 걸친 채 진홍색 상자를 받들고 있었다. 상자 안에는 지름 2촌 남짓 되는 구슬이 하나 있었는데, 기이한 빛이 허공에 넘쳐 수십 걸음 밖까지 빛날 정도였다. 선인이 이 구슬을 호인에게 바치자 호인은 웃으며 이를 받고 기뻐하며 육옹에게 "지극한 보배가 왔습니다"라고 했다. 곧 화톳불을 끄게 하고, 솥 안에서 벌레를 끄집어내 금함 안에 넣었는데, 그토록 오래 달구었음에도 불구하고 그 벌레는 조금도 다치지 않은 듯 뛰어오르는 게 처음과 같았다. 호인은 그 구슬을 삼키고 나서, 육옹에게 "당신은 우리를 따라 바다 속으로 들어갑시다. 두려워하지 마십시오" 했다. 육옹이 호인의 허리띠를 잡고 바다에 들어가니, 바닷물이 모두 시원하게 열리기를 수십 걸음, 물고기 종류는 어느 것이나 기가 죽어 물러섰다. 용궁에서 노닐며 교룡(蛟龍)의 방에 들어가니 진주와 진기한 보물이 산더미같이 쌓여 있었는데, 마음대로 골라 가질 수 있어서 불과 하룻저녁 동안 엄청난 양을 얻을 수 있었다. 호인은 육옹에게 "이것으로 억만의 재산을 이룰 수 있다"고 말했다. 그러면서 또 진패(珍貝) 몇 품(品)을 육옹에게 주었다. 이를 남월에서 팔자 금 10일(鎰)을 받을 수 있어서 그는 더 큰 부자가 되었다. 육옹은 그 뒤로 끝내 벼슬을 하지 않고 민월(閩越) 땅에서 늙었다고 한다.

위 이야기는 『선실지』에 실려 있고, 『태평광기』에는 권476에 채록되어 있다. 다만 원본으로서 오늘날에 전해지는 것, 예를 들면 명나라 상준(商濬)의 『패해』(稗海)에 수록된 것과 『태평광기』에 기록된 내용 사이에는 자구(字句)에 다소의 들고남이 있으며, 또한 『태평광기』의 여러 각본(刻本) 사이에도 차이가 있다. 지금은 내가 옳다고 믿는 바에 따랐다. 또한 이야기의 줄거리와 관련 없는 구절은 한두 군데 생략했는데, 이는 만약 그 구절을 번역한다면 여기에 필요도 없는 주석을 달아야만 하기 때문이다. 이야기에 보이는 오군(吳郡)은 소주(蘇州)이며, 본군(本軍)은 이 경우 본관(本貫), 즉 향리를 지칭한다. 호인은 자신이 남월 사람이라고 했는데, 남월(광동·광서) 방면에 와 있던 서호(西胡)로 보아야 하며, 그렇지 않으면 "바다를 건너고 산을 넘어 중화에 왔다"는 구절의 뜻이 죽어버린다. 이 지방에는 서역의 상호(商胡)로서 임시로 이주해 있는 자들이 많았기 때문에 "만맥(蠻貊) 속에서 나고 자랐다"고 해도 무방할 것이다.

제13화
최위가 동굴에서 '양수주'를 얻어 큰돈을 받고 호인에게 판 이야기

정원(貞元)연간 번우(番禺, 광주〔廣州〕)에 최위(崔煒)라는 자가 있었는데, 가산(家産)은 돌보지 않고 호협(豪俠)을 벗삼다가 마침내 가산을 탕진하고 말았다. 어느 날 한 부자를 위해 그의 친족 대신 인신(人身) 제물로 바쳐질 뻔했다가 도주하던 중 우물 속으로 떨어졌다. 다행히 마른 잎이 쌓여 있어 다치지는 않았는데, 새벽이 되어 잘 살펴보니 그곳은 커다란 동굴로 깊이가 100여 길이나 되어 아무리 해도 빠져 나갈 방법이 없었다. 그때 백사 한 마리가 가로누워 있는 것이 보였다. 최위는 가지고 있던 쑥으로 뱀의 혹을 없애주고, 뱀의 인도에 따라 동굴 깊숙한 곳에 있는 궁전으로 들어갔다. 여기서 최위는 궁전의 주인인 황제의 칙명에 의해 국보인 양수주(陽燧珠)를 얻었는데, 궁녀는 이를 호인에게 보이면 10만 민(緡)에 살 것이라고 말했다. 그럭저럭 번우에 돌아와 자신이 빌려 쓰고 있던 집에 가보니, 그동안 벌써 3년의 세월이 흘러 방에는 먼지가 두텁게 쌓여 있었다. 얼마 후 페르시아 상점에 가서 구슬을 팔자, 100명의 노호(老胡)가 보자마자 엎드려 예배하며, "당신은 남월왕(南越王) 위타(尉陀)의 무덤 안에 들어갔음에 틀림없다. 그렇지 않고는 이 구슬을 갖고 있을 리가 없다"고 하면서 천만 민을 갖추어 이 와 바꾸었다. 최위가 호인에게 어떻게 그것을 알았느냐고 묻자, 호인은 말했다. "이는 우리 대식국의 국보 양수주이다. 옛날 한나라 초엽 조타 (趙陀, 남월왕 위타)의 명을 받은 이인(異人)이 산을 넘고 바다를 건너 와서 훔쳐 달아난 지 약 천년이 되었다. 그런데 우리나라에 선술(仙術) 에 통달한 이가 있어 내년이면 반드시 이 보물이 돌아온다고 하기에, 왕께서 우리를 불러 큰 배를 준비하여 번우에 가서 수색하게 하셨는데 과연 오늘 이를 얻게 되었다." 그리고 옥액(玉液)을 내어 이를 씻으니 그 빛이 온 방안을 비출 정도였다. 호인은 황급히 배를 띄워 대식국으 로 돌아갔고, 최위는 이 돈을 얻어 크게 가산을 일으켰다고 한다.

이 이야기는 정분(鄭賁)이 찬집(纂集)했다고 전하는 『재귀기』(才鬼記)에 실려 있다. 실제로는 구슬을 얻기 앞뒤로 긴 이야기가 있으며, 구슬을 팔 고 나서도 이에 조응하는 이야기가 붙어 있지만, 전문이 상당히 긴데다 가 이 글의 주제와 직접적인 관계도 없어서 우선은 생략했다. 『재귀기』는 『당인설회』에도 수록되어 있기 때문에 전문을 보기는 어렵지 않다. 또한 일본어 번역도 있기 때문에 참고하기에 편하다.* 한편 이 이야기는 배형 (裵鉶)의 『전기』(傳奇)에도 보인다.

제14화
아무개 사인이 '파산검'을 호인에게 판 이야기

한 사인(士人)이 땅을 갈다가 검을 얻었다. 그것을 갈고 씻어 시장에 가

---

* 『국역 한문대성』 3 『진당소설』(晉唐小說)에 수록되어 있다. 참고로 이 책 『재귀기』는 위서이다.

져가니, 어떤 호인이 사겠다고 했다. 처음에는 전(錢) 1천(민〔緡〕)을 내겠다고 했다가 차츰 값을 끌어올려 100관(貫, 100민)까지 올렸는데도 사인이 승낙하지 않았다. 호인은 사인의 뒤를 따라 그의 집까지 와서는 검을 어루만지며 아주 연연해했다. 마침내 100만 전(1천 민)까지 끌어올린 뒤 거래가 이루어져, 값을 갖고 검을 가지러 내일 오기로 약속했다. 마침 그날 밤은 달이 좋았다. 사인은 그의 부인과 둘이서 검을 가지고 나와서 함께 살펴보고 웃으면서 "이런 게 그만큼이나 값어치가 있는 것인가" 하며 감탄했다. 마침 정원에 비단을 다듬이질하는 돌이 있었는데, 별 생각 없이 검을 그쪽으로 돌리자 갑자기 돌이 반으로 갈라졌다. 날이 밝자 호인이 돈을 가지고 왔다가, 검을 잡고 보면서 탄식하기를 검광(劍光)이 이미 다했다. 어째서 이런 일이 생겼느냐 하면서 더 이상 사지 않으려 했다. 사인이 따지자 호인은 말했다. "이는 파산검(破山劍)이라는 것으로 오직 한 번밖에 쓸 수 없습니다. 나는 이것을 가지고 보물산을 깨트리고자 했던 것인데, 이제 빛살이 갑작스레 다한 것을 보니 무언가 건드린 게 아닌가 의심스럽습니다." 사인 부부는 후회하고 뉘우치며 호인에게 지난밤의 일을 이야기했다. 호인은 전 10천(10민)으로 이를 사갔다고 한다.

이 이야기는 대부의 『광이기』에 나오며, 『태평광기』 권232에 채록되어 있다. 어느 곳의 이야기인지도 알 수 없고, 파는 쪽에서 값을 올린다는 내용이 이례적이긴 하지만, 유사한 이야기의 하나로 꼽아야 할 것이다.

제15화
장안의 아무개가 이웃집 호인에게 얻은 보주를 고가로 호상에게 판 이야기

거인(擧人) 아무개가 경성(장안)에 살고 있을 때 그 이웃에 떡을 파는 독신의 호인이 있었다. 몇 년 뒤 이 호인이 갑자기 병에 걸렸다. 아무개는 그를 문병하고 탕약 시중까지 들었지만 끝내 낫지 않았다. 죽음에 임하여 그는, "나는 본국에서 큰 부자였는데 난리 때문에 결국 도망쳐 이곳에 왔습니다. 본래 동향의 어떤 사람과 약속을 하여 이곳에서 만나기로 했기 때문에 오랫동안 이곳을 떠날 수 없었습니다. 이번에 뜻밖에도 당신의 친절을 받고 보니 뭐라고 사례의 말씀을 드릴 수가 없습니다. 내 왼쪽 팔꿈치 안에 구슬이 있는데 다년간 애지중지하고 있었습니다만, 이제 죽으러 가는 자에게는 필요가 없습니다. 여기서 특별히 이를 바칠 터이니, 부디 그것으로 내가 죽은 뒤 장례식과 매장 등의 일을 조처해주십시오. 하지만 당신은 이를 받더라도 특별히 사용할 길도 없고, 또한 요즈음에는 이것이 무엇인지 감식할 줄 아는 이도 없습니다. 다만 시사(市肆) 사이에 서국(西國)의 호객(胡客)이 찾아왔다는 말을 듣거든 곧 그에게 가서 물어보십시오. 틀림없이 고가를 요구할 수 있을 것입니다" 하고는 죽고 말았다. 아무개가 그의 왼쪽 팔꿈치를 갈라보니 과연 탄환(彈丸) 크기의 구슬 하나가 나왔는데, 크기는 해도 광택도 없는 것이었다. 아무개는 이웃사람을 위해 장례를 치러주고, 일을 끝내고 나서 이 구슬을 팔고자 했지만 그 값을 물어볼 만한 사람을 만나지 못한 채 3년이 지나갔다. 그러다 홀연 새로운 호인이 성내에 도착했다는 말을 듣고서 구슬을 갖고 가 팔려고 했다. 호인은 이를 보고 크게 놀라며, "당신은 어떻게 이 보주(寶珠)를 얻었습니까? 이것은 요즈음 세상에 있을 수 있는 게 아닙니다. 제발 어디에서 손에 넣었는지 들려주십시오" 했다. 아무개가 예전에 있었던 일을 이야기하자 호인이 울면서 말했다. "그 사람은 저와 동향 분입니다. 원래 서로 약속하여 이 보주를 찾으러 나왔던 것인데, 오다가 해상에서 바람을 만나 여러 나라를 흘러 다녔기 때문에 이곳에 5∼6년 늦게 도착한 것입니다. 이내 자취를 뒤쫓아 행방을 찾고자 했는데, 아! 이미 돌아가셨다고는 생각지도 못했습니다." 그러고는 마침내 그 구슬을 사들였다. 아무개는 구슬이 커서 진기한 것이라 생각되지 않았기 때문에 그저 50만 전을 요구했지만, 호인은 부르는 대로 값을 내겠다며 더 올리라고 했다. 아무개가 도대체 이것의 용도가 무엇인지 묻자, 호인은 구슬을 바다에 넣었다가 꺼내어 기름 1석(石)을 두 말(斗)들이 솥에 끓이고 이 구슬을 깎아 넣은 뒤 그것을 몸에 바르고 바다에 들어가면 젖지도 않고 용신(龍神)이 두려워하므로 보물을 취하는 데 매우 편리하다고 답했다고 한다.

이 이야기도 본래 황보씨의 『원화기』에 나오며, 역시 『태평광기』 권402에 인용되어 오늘날 전해지고 있다. 마지막 부분에 오탈(誤脫)된 문장이나 잘못된 문자가 있는 것 같으며 조금 의미가 통하지 않는 부분도 있지만, 임시로 위와 같이 대의(大意)를 채록해두었다.

제16화
병든 호인을 불쌍히 여긴 이면이 보주를 얻은 이야기

사도(司徒) 이면(李勉)은 개원(開元) 초년 준의(浚儀)의 위(尉)가 되었다. 이윽고 임기가 다 되어 변수(汴水)를 따라 광릉(廣陵)에서 노닐려고 가던 도중 수양(睢陽)에 이르렀을 때, 홀연 늙고 병든 페르시아의 호인이 채찍을 지팡이 삼아 짚고 이면이 있는 곳에 이르러 말했다. "이향(異鄕) 사람입니다만, 병이 나서 매우 위태로워 강도(江都)로 돌아가고자 합니다. 어른께서는 원컨대 인자함을 베푸소서." 이면은 그를 불쌍히 여겨 뱃고물에 태우고 죽을 주게 했다. 호인은 더없이 참괴(慙愧)한 생각에 견딜 수 없어 하더니, 잠시 후 입을 열었다. "나는 본디 왕가의 친척으로 신분이 높은 사람이었습니다만, 장사를 한 지 지금 이미 20여 년이 넘었습니다. 집에 아들 셋이 있으니, 아마도 틀림없이 나를 찾아서 오는 자가 있을 것입니다." 오래지 않아 배가 사수(泗水)의 상류에 멈추었을 때, 호인은 병이 악화되자 다른 사람들을 물리고 이면에게 아뢰었다. "우리나라에서는 근래 대대로 내려오던 보주(寶珠)를 잃어, 이를 찾을 사람을 모으고 있습니다. 우리 집은 대대로 공상(公相)의 가문이라서 나는 가문을 빛내고 그 지위를 얻고자 하였기 때문에, 이때야말로 나라에 보답할 절호의 기회라 생각하여 고향을 떠나 그것을 찾아다녔습니다. 다행히 최근에 이를 얻었으니, 갖고 돌아가기만 하면 곧 부귀를 누리게 될 것에 틀림이 없습니다. 그 구슬은 값이 100만에 달하기 때문입니다. 다만 나는 이런 보물을 품고 고향에 가는 것이 위험하다고 생각해 살을 갈라 감추어두었는데, 불행히도 병에 걸려 이제 곧 죽게 되었습니다. 당신의 은의에 감격한 나머지 삼가 이제 이것을 드립니다." 그러고는 칼을 빼서 넓적다리를 갈랐는데, 구슬이 나옴과 동시에 숨이 끊어지고 말았다. 이면은 결국 자기 옷과 이부자리로 그를 싸서 회수(淮水) 가에 묻었는데, 매장할 때 남몰래 구슬을 호인의 입 안에 넣어놓고 그곳을 떠났다. 유양(維陽)에 이르러 기정(旗亭, 술집)을 눈여겨보니, 문득 뭇 호인들이 좌우로 늘어서서 오길래 서로 말을 나누다 보니 곁에 한 호추(胡雛)가 있는데, 그 기질과 용모가 모두 죽은 호인과 흡사했다. 그래서 이면이 이것저것 물으며 이야기해보니, 과연 죽은 사람이 했던 얘기와 부합했고, 계속 사정을 캐물어 보니 역시 세상을 떠난 호인의 아들이 틀림없었다. 이면이 그가 묻혀 있는 곳을 가르쳐주니, 호추는 울부짖으며 묘를 파내고 구슬을 꺼내 떠나갔다고 한다.

이 이야기는 설용약의 『집이기』에 나오며, 오늘날은 『태평광기』 권402에 게재되어 남아 있다. 이야기에 보이는 준의는 오늘날 하남성 개봉(開封)현의 서북에 있으며, 송나라 때는 상부(祥符)현에 속했다. 강도와 유양은 모두 양주(揚州)이며, 호추란 호아(胡兒)를 일컫는 말로 당대의 문헌에 드문드문 보인다.

이관이 병든 호인을 불쌍히 여겨 구슬을 얻은 이야기

어디 사람인지 분명치 않은 이관(李灌)이라는 자가 있었는데, 성격이
아주 조용했다. 늘 홍주(洪州) 건창(建昌)현에 머무르며 배를 [파양호
(鄱陽湖)] 기슭에 대었는데, 그 기슭에 있는 작은 봉실(蓬室)* 아래에
한 병든 페르시아(波斯)인이 있었다. 이관은 죽어가는 그를 가련히 여
겨 탕과 죽을 끓여주었지만, 며칠 있다가 죽어버리고 말았다. 숨을 거
둘 즈음 그는 자기가 누운 곳에 있는 검은 담요를 가리키며, "이 속에
지름 1촌의 구슬이 있습니다. 이것으로 은혜에 보답하고자 합니다"라
고 했다. 그가 죽은 뒤 그 담요를 보니 희미한 빛이 감돌고 있었고, 담
요 안을 살펴보니 구슬이 있었다. 이관은 관을 사서 그를 묻으면서 남
몰래 구슬을 호인의 입 안에 넣어두고 나무를 심어 묘의 표지로 삼았
다. 그 뒤 10년이 지나 다시 이 옛 고을을 지나게 되었는데, 그때 양평
(楊平)이라는 사람이 그곳의 관찰사였다. 그런데 얼마 전 외국에서 부
첩(符牒)이 내려와 건창(建昌)의 여관에서 죽은 호인[의 소지품 등]에
대해 탐사를 하면서, 호인에게 먹을 것을 주었던 집들까지 모두 고문을
당하고 한 지가 벌써 1년이나 되었다고 했다. 이관이 [그 이웃들이] 어
떤 죄를 저질렀느냐고 묻자, 이러이러한 사정으로 [호인이 보물을 갖고
있었을 터인데 그것이 없어 찾고 있는 것이라며] 그 일의 본말을 상세히 말
해주었다. 이관은 현의 관리에게 [자신이 겪었던 일의 전말을] 이야기하
고 함께 묘에 가서 나무를 잘라보았다. 나무의 뿌리는 이미 서로 엉켜

---

* 쑥으로 인 집. 누추한 집을 뜻한다.

한 뭉치가 되어 있었지만, 관을 꺼내 죽은 호인을 살펴보니 그 모습이 살아 있는 듯했다. 이관은 그의 입 안에서 구슬 하나를 끄집어내 돌려주고 그날 밤으로 배를 저어 떠났는데, 가는 곳을 알 수 없었다고 한다.

이 이야기는 이항(李亢)의 『독이지』(獨異志)에 나오며, 『태평광기』 권 402에 인용되어 전해지고 있다. 건창은 홍주(洪州, 남창[南昌])의 북쪽으로서 파양호의 기슭이 서쪽으로 약간 들어와 있는 오지 부근에 자리하는데, 최근까지 건창이란 이름을 보존해오다가 지금은 영수(永修)현이라 불리고 있다. 현의 성은 호수에 임해 있는데, 위에 든 글의 서두에 "배를 기슭에 대었다"고 한 것은 일단 호숫가에 댄 것으로 보는 게 좋을 듯하다. 성 아래를 흐르는 강도 있기는 하지만 말이다.

제18화
이약이 병든 호인을 불쌍히 여겨 야광주를 얻은 이야기

병부 원외랑(員外郎) 이약(李約)이 언젠가 강을 건너다가 한 상호(商胡)와 서로 노를 가까이 하고 앉게 되었다. 상호는 병에 걸려 있었기 때문에 이약을 보고는 두 딸의 신상에 대해 부탁했는데, 두 딸은 모두 절세의 미인이었다. 또한 그는 큰 구슬 하나도 이약에게 남겼다. 이약은 모두 '예예' 하며 그의 말에 따랐다. 얼마 안 있어 상호는 죽었는데, 그가 남긴 재보(財寶)는 몇 만에 가까웠다. 이약은 그대로 모두 관가에 보내고, 또한 두 딸을 위해 좋은 짝을 구해주었다. 처음 상호를 염(殮)할 때 이약은 자신이 받은 야광주(夜光珠)를 상호의 입 안에 넣어두었는데, 이를 아는 사람은 아무도 없었다. 이후 죽은 상호의 친척이 와서 유산을 정리했는데, 이약이 관사(官司)에 청하여 시체를 꺼내어 점검시켰더니 야광주는 과연 그대로 남아 있었다고 한다.

이 이야기는 이작(李綽)의 『상서고실』(尙書故實)에 보이며, 앞의 두 이야기의 변형으로도 볼 수 있다. 『태평광기』는 권168에 이 이야기를 싣고 있으며, 앞의 두 이야기를 기록한 곳(권402)에는 앞서 든 두 이야기를 나열한 뒤 "또 『상서고실』은 병부원외랑 이약이 한 호상을 장사지내며 구슬을 입에 물린 이야기를 싣고 있는데, 이 두 이야기와 대략 비슷하다"는 주를 다는 정도로 그쳤다. 이 이야기는 또한 송나라 왕당(王讜)의 『당어림』 권1에도 보인다.

한편 다음 이야기는 그 형태가 상당히 무너져 있어서 위에 든 여러 설화들 사이에 무조건 넣어서는 안된다고 생각되지만, 잘 고찰해보면 역시 같은 부류로 분류할 수 있지 않을까 여겨진다. 이 이야기의 경우, 사는 사람의 위치에 있어야 할 호인이 파는 사람이고, 사는 사람이라고도 할 수 있을 역할은 중국인인 당나라의 관리가 맡고 있다. 그리하여 주요한 매매 과정이 거금을 바치게 한다는 형태로 변형되어 있는 것이 가장 다른 부분인데, 부록으로 여기에 제시하고자 한다. 다만 이 이야기는 대부의 『광이기』에 나온다고 『태평광기』 권403에 인용되어 있는데, 잘못된 문자나 빠진 자구가 상당수 있어서 글의 뜻이 자못 통하지 않는 부분도 있고, 앞서 든 '보골'(寶骨) 이야기(제1화) 속의 문구가 중간에 뒤섞여 있는 등, 대단히 잘못되었다고 말할 수밖에 없다. 지금은 일단 뜻을 조금 더해 번역해두고, 만약 오해가 있다면 훗날 바로잡고자 한다.

제19화
홍주의 호인이 진기한 보물 대신 거금을 바친 이야기

[당나라 숙종] 건원(乾元)연간(758~760)에 [안사의 난이 평정되어 장안과 낙양] 두 서울을 회복할 수는 있었지만, 식량공급이 여의치 않았다. 감찰어사(監察御使) 강현간(康玄間)이라는 이가 강회(江淮)의 탁지(度

支)로서 그 지방의 행상과 백성에게서 금품을 징발해 씀씀이를 보조했
는데, 녹사참군(錄事參軍)인 이유연(李惟燕)이라는 자가 강현간의 명
에 따라 홍주(洪州)에서 징발을 담당했다. 홍주는 강회 사이의 한 도시
인데, 페르시아의 호인이 이에 응하여 전(錢) 1만 5천 관(貫)을 나서서
내기로 했다. 그는 겨드랑이 아래에 두 주먹을 합친 정도 크기의 작은
병 하나를 끼고 있었는데, 굉장히 소중한 것인 듯했지만 그게 뭐냐고
물으면 지어내서 말하고 사실대로 답하지 않았다.〔그러나 그것을 제공하
겠다고 말했던 듯하다.〕 전 백만을 바치면서 〔용서를 빌었던 것 같은데, 이
유는 그만큼 모금에 응할 힘이 있으면서도 앞서는〕 1만 5천 관밖에 못 내
겠다고 한 것이 많은 사람을 속이는 일이 되었기 때문이다. 그가 말을
어긴 것을 힐난하자 호인은 뭐라고 거짓 변명을 꾸며대며 그곳을 떠나
갔다. 호인이 양주(揚州)에 이르자, 그 지역의 장사(長史) 등경산(鄧景
山)이 그 사실을 알고서 호인에게 사정을 물어보았다. 호인은 병 속에
있는 게 자말갈(紫抹羯)이라는 것으로, 이것을 손에 넣은 사람은 귀신
의 보호를 받아 불에 들어가도 타지 않고 물을 걸어도 빠지지 않으니
거의 값을 매길 수 없는 보물이라며 저 보통의 명주(明珠)와 잡보(雜
寶)는 미칠 바가 아니라고 대답했다. 이에 다시 호인에게서 1만 관을
징발했지만 기꺼이 그 재물을 내주며 조금도 유감스러워하지 않았다.
그 병 속에는 구슬 열두 과(顆)가 있었다고 한다.

홍주는 앞에서도 서술했듯이 예장, 즉 오늘날의 남창이다.
　이상과 같은 이야기는 잘 찾아보면 아직 더 있을 것이다. 다른 이야기
속에 일부만 삽입되어 있는 경우도 많이 있다. 여기서는 너무 번잡할까
싶어 일일이 열거하지 않겠지만, 예를 들면 당나라 소설 「두자춘전」(杜子
春傳)에서 페르시아의 늙은 장사꾼이 두자춘에게 돈을 빌려줄 때, 빌려
주는 사람 쪽에서 금액을 끌어올려 꾸어주는 것 등은 그 한 예에 불과하

다. 다만 여기서 여담으로 한마디 덧붙여두고 싶은 것은 이런 이야기 줄거리가 일본에도 흘러 들어와, 일본을 무대로 하고 서역의 호인이 중국인이 되고 중국인이 일본인으로 되어 있는 이야기가 두세 가지 있다는 점이다. 지금 필자가 알고 있는 것은 ①『곤자쿠 이야기』(今昔物語)* 권26에 실려 있는 「진제이(鎭西) 사다시게(貞重)의 종자가 웅덩이에서 옥을 사들인 이야기」 제16, ②『우지슈이 이야기』(宇治拾遺物語)† 권14에 실려 있는 유사한 이야기, ③야나기타 구니오(柳田國男)의 『일본 옛날 이야기집』(日本昔話集) 상편에 수록되어 있는 「나가사키(長崎)의 어석(魚石)」 이야기이다. ①은 『우지슈이 이야기』 권14에도 「한이 없는 구슬 값」으로 제목이 바뀌어 ②의 앞에 실려 있다.(『국사대계』〔國史大系〕본『곤자쿠 이야기』pp. 1201~03, 『국문총서』〔國文叢書〕본『우지슈이 이야기』pp. 295~97, pp. 297~99. ③은『일본아동문고』본『일본 옛날 이야기집』〔소화 5년〕상권 pp. 174~77, 춘양당〔春陽堂〕『소년문고』본 상편 pp. 154~57 참조) 이들 이야기에서는 호인의 역할을 하는 것이 당인으로, 중국인이 일본인으로 되어 있다. 한편 조선의 패사(稗史)와 야사(野史)에도 비슷한 이야기가 두세 가지 있다는 것을 손진태(孫晉泰)의 가르침으로 알 수 있었는데, 그것을 옮겨 싣는 것은 다음 기회로 미루고 싶다.(거기에는 호인이 여진인으로, 한인이 조선인으로 되어 있다.) 먼저『곤자쿠 이야기』의 이야기를 들면, 줄거리는 다음과 같다.

지쿠젠(筑前)#의 관리 중에 사다시게(貞重)라는 사람이 있었다. 그는

* 일반적으로『곤자쿠 이야기집』(今昔物語集)이라고 한다. 헤이안(平安) 후기(12세기 초엽)에 성립된 편자 미상의 설화집으로, 본래 31권이었으나 28권이 현존한다. 인도(天竺)·중국(震旦)·일본(本朝) 3부로 나뉘며, 1천여 가지 설화를 수록하고 있는 일본 최대의 고대 설화집이다.
† 가마쿠라(鎌倉) 초기의 설화집. 1213~1219년 사이에 성립된 것으로 추정되며, 편자는 미상이다. 전 15권으로 귀족설화·불교설화·민간설화 등 197가지 설화가 실려 있으며, 불교적 색채가 강하다.
# 현재의 후쿠오카 현 서북부에 해당하는 옛 국명.

도읍으로 올라갈 때, 우지토노(宇治殿) 이하 지인에게 줄 지방특산물을 조달하기 위해 당인(唐人)에게 좋은 태도(太刀) 열 자루를 전당잡히고 6~7천 필(疋)어치의 돈을 빌렸다. 그 돈을 다 쓴 뒤 서국(西國)으로 내려갈 무렵, 나루에서 배에 올랐는데 다른 배를 타고서 옥을 팔러 온 자가 있었다. 사다시게의 사인(舍人)이 보니 크기가 콩만한 진주였다. 사인이 입고 있던 수이칸(水干)*을 주고 이를 사자, 진주를 파는 상인은 좋은 값에 팔았다고 생각했는지 급히 배를 저어 떠나가 버렸다. 서국에 다다르자 당인이 다가오기에 사인이 옥을 사지 않겠느냐고 했더니, 당인이 옥을 받아 손 안에 넣고서 세게 흔들어 보고는 진기한 것이라 생각했는지 값이 얼마냐고 물었다. 사인은 당인이 탐내는 기색을 간파하고 열 필이라고 말했다. 당인이 망설이다가 열 필에 사겠다고 말하자, 사인은 이것이 상당히 값진 물건임을 눈치채고 그렇다면 더 받아야지 하는 생각에 급히 되물렀다. 당인은 아쉽게 생각하여, 사다시게의 뱃사공에게 아무렇지도 않은 척 귓속말을 해서 옥을 되사들일 계책을 전했다. 뱃사공은 사다시게가 있는 곳으로 와서 가신 중에 옥을 지니고 계신 분이 있는데, 그분을 뵙고 싶다고 말했다. 사다시게가 지니고 있는 것을 꺼내 보이라고 하자, 사인은 마지못해 옥을 꺼내어 뱃사공에게 보였다. 뱃사공은 잠시 손 안에 넣고 세게 흔들더니, 그 자리에서 이를 갖고 당인이 있는 곳으로 뛰어갔다. 그리고 다시 왔을 때는 사다시게가 전당잡힌 태도 열 자루를 가지고 와서 아무쪼록 받아달라고 하고는, 이유도 말하지 않고 어딘가로 가버렸다. 일동은 망연자실하여, 그것이 태도 열 자루보다 값진 물건이란 말인가 하고 서로 놀라워했으며, 이것도 사다시게의 복운(福運)이 가져온 결과라 이야기했다고 한다.

---

* 에도 시대 귀족의 평상복.

이 이야기도 형태는 상당히 흐트러져 있지만, 이를 찬찬히 잘 살펴보면 호인이 스스로 값을 끌어올려서 보물을 사는 줄거리를 어렴풋이 읽어낼 수 있다. 한편 『우지슈이 이야기』의 이 이야기 다음에 실려 있는 또 다른 비슷한 이야기는 내용이 좀 길어서 여기서는 생략하지만, 그 일부는 앞에서 든 여러 설화 중 제7화와 비슷하며, 또한 사는 사람이 파는 사람의 바람 이상으로 값을 내는 부분도 들어 있다. 「나가사키의 어석」 이야기의 줄거리는 대강 다음과 같다.

> 나가사키(長崎)의 이세야 규자에몬(伊勢屋久左衛門)이라는 사람에게 각별한 사이의 당인(唐人)이 있었다. 당인은 흙광의 돌담에 쌓여 있는 푸른 돌을 자주 눈여겨보더니, 이를 자신에게 넘기라고 했다. 규자에몬은 필요 없는 물건이니 드려도 좋지만, 지금 이 돌을 끄집어내면 담이 무너지니 일간 공사를 하게 되면 남겨뒀다가 다음 번 건너오셨을 때 드리겠다고 했다. 당인은 100냥을 내면서 부디 지금 팔 수 없겠느냐고 부탁하며, 다시 건너올 수 있을지 어떨지 모르기 때문이라고 했다. 100냥을 주겠다는 말에 주인은 이것이 틀림없이 뭔가 귀한 물건이라는 생각이 들었고, 갑자기 팔기가 아까워져 거절했다. 당인은 300냥까지 내겠다고 했지만, 결국 소망을 이루지 못했다. 당인이 서쪽으로 돌아간 뒤 주인은 이 돌을 끄집어내서 옥을 가는 공인에게 감정시키고 갈아보았지만 조금도 별난 점을 알아챌 수 없었다. 그래서 반으로 갈라보니 물이 나오고 붉고 작은 붕어〔두 마리〕가 튀쳐나오더니 죽어버렸다. 〔이것이 귀한 이유였는가 후회하며〕 몹시 아쉬워했는데, 이듬해 당인이 다시 건너왔기에 그 이야기를 했더니 그는 눈물을 흘리며 장탄식을 했다. 그의 말에 따르면, 그 돌은 이전부터 이름은 듣고 있었지만 보기는 처음인 큰 보물로서 '어석'(魚石)이라고 하는 것이다. 서서히 돌을 갈아 물이 있는 근처에 도달하면 물 속의 물고기를 들여다볼 수 있는데, 이 물

고기 한 쌍이 노는 모습을 보고 있으면 마음이 저절로 느긋해져 양심연명(養心延命)의 효험이 있다. 그래서 우리나라의 귀인이 큰돈을 아끼지 않고 구하는 것이기 때문에, 이를 되팔아 큰 이익을 보고자 해서 이번에는 3천 냥을 준비해 건너온 것이라며 그 돈을 보여주었다. 결국 그는 뜻을 이루지 못하고 귀국했다고 한다.

이는 줄거리만 적은 것인데 당대의 유사한 이야기의 한 변형으로서, 앞서 기술한 제14화 '파산검' 이야기와 다소 비슷한 점이 있다.

그런데 이러한 갖가지 이야기를 설화학에서 어떻게 보는가 하는 문제는 처음에 말했듯이 나로서는 가능하지 않은 일이므로 일절 언급할 수가 없다. 그 계통도 뭐라고 할 수는 없지만 호인(胡人)이 나옴에도 불구하고 서역(西域)계의 이야기가 아니라 중국에서 발생한 이야기로 생각된다. 서역인이 등장하는 것은 마침 당대에 그들이 중국 각지에서 무역을 목적으로 왕래하고 있었음을 반영하는 것이며, 이 점은 사적(史籍)의 기록을 보완하는 것으로서 흥미로워 보인다. 호인이 큰돈을 지불하는 자금력이 있는 것도 그들 중 일부가 거부(巨富)를 쌓은 대상인이었음을 의미한다. 이의산(李義山, 이상은[李商隱]의 자)의 저작이라 일컬어지는 『잡찬』(雜纂)*에 모순된 어구 중 하나로 거론했던 "가난한 페르시아인"(窮波斯) 같은 항목의 실례를 제공하는 것이라고도 할 수 있다. 그러나 서역 상인이 나오는 이상, 서역의 전승이 얼마간 거기에 붙어 있지 않다고는 할 수 없다. 그러니 어쩌면 본국이 멸망할 즈음 대대로 내려오던 보물이 사라졌다는 이야기 같은 경우, 사산(Sasan)조(226~651)가 멸망할 때 크테시폰(Ctesiphon)의 함락에 즈음하여 많은 재보가 사라진 일 등의 그림자를 간직하고 있을지도 모르겠다. 또한 보물의 마력에 대해서도 페르시아 방

---

* 술자리의 흥을 돋우는 유희문자를 모아놓은 책. 루쉰(魯迅)은 중화(中和) 연간에 똑같이 의산이라는 호를 썼던 이취금(李就粲)의 작품이 아닌가 추측하고 있다.

면에서 믿어지고 있던 일들과 연결될 수 있을지도 모른다. 이 점은 일찍이 J. Ruska의 *Steinbuch des Qazwīnī*나 G. F. Kunz의 *The Magic of Jewels and Charms*와 *The Lore of Precious Stones* 등을 참고하여 다소나마 얻은 바가 있었지만, 아직 세상에 내놓을 정도로는 완성하지 못했다.

위의 글에서 인용한 여러 이야기의 출전 원전들의 내력에 대해서는 『신당서』「예문지」, 송나라 진진손(陳振孫)의 『직재서록해제』(直齋書錄解題) 권11, 송나라 조공무(晁公武)의 『군재독서지』(郡齋讀書志) 권13, 청나라의 『사고전서총목제요』 권141~44를 참고하기 바란다.

한편 본문에 덧붙였어야 했는데 빠트린 것으로는 유관사(劉貫詞)가 용신(龍神)의 부인에게 계빈국(罽賓國)의 '진국완'(鎭國椀)*이라는 것을 받아, 장안의 서시에 갖고 가서 호객에게 판 이야기(『태평광기』 권421에서 인용한 『속현괴록』(續玄怪錄)), 의홍(義興)의 요생(姚生)이 장공동(張公洞)에서 도사로부터 얻은 '용식'(龍食)이라는 신령한 먹을거리를 시사(市肆)의 고호(賈胡)가 보고 크게 놀란 이야기(『태평광기』 권424에서 인용한 『일사』(逸史)), 홍주(洪州)의 노부소(盧傅素)가 생질의 화신인 검은 망아지를 시장 한모퉁이에서 호인 장군의 간절한 부탁을 받고 판 이야기(『태평광기』 권426에서 인용한 『하동기』(河東紀)) 등이 있다. 이렇게 빠트린 이야기들은 이 책에 새로 수록한 「호인매보담 보유」(p. 295)에 모두 들어 있다. 또한 위에 기술한 여러 설화들에 나오는 '구슬'(珠)은 일본에서 말하는 구슬이 아니라 대부분 진주이다.

---

* 나라를 편안하게 보호하는 주발이라는 뜻.

다시 호인채보담(胡人採寶譚)에 대하여

1928년 11월, 나는 『민족』(民族)* 제4권 제1호에 「서역 상호(商胡)가 비싼 값에 보물을 구하는 이야기」라는 제목으로 당대에서 오대 무렵에 걸쳐 중국에 유포되었으리라 생각되는 일종의 설화군에 대해 언급한 적이 있다. 그때 이런 유의 설화가 송대 이후에도 존재했는지에 대해서는 일절 서술하지 않았는데, 실은 내가 과문하여 그에 대해서는 전혀 아는 바가 없었기 때문이다. 그 후 송대의 이야기로 소동파(蘇東坡, 소식〔蘇軾〕의 호가 동파거사〔東坡居士〕)의 서생이 하찮은 물건을 호인에게 팔아 큰돈을 얻었다는 전승 한 가지를 찾아냈는데, 이를 적어두었던 종이쪽지를 잃어버려 이제는 어떤 책에 나왔는지 기억할 수가 없다.(따라서 지금 서술하는 이야기의 줄거리에도 잘못 생각한 부분이 있을지도 모른다. 어쨌거나 후에 다시금 찾아 바르게 소개하겠다.) 그렇지만 당대에 어느 정도 비슷한 이야기가 많이 전해지고 있었다는 점에서, 그 이후에도 이런 계통의 이야기가 조금 더 있었으리라 생각되었다. 잘 조사해보면 의외로 명대나 청대의 수필에도 이와 비슷한 이야기가 나오지 않는다고 단정할 수 없으리라 생각했다. 그런데 근래 중국에서 출판된 『민간』(民間)이라는 월간 민속학잡

* 일본 민속학의 창시자 야나기타 구니오가 1925년 창간하여 주재했던 잡지.

지를 보니, 이 일군의 이야기가 「회회탐보」(回回探寶)라는 명칭 아래 얼마 되지는 않지만 실려 있었다. 1931년 9월의 제4집(제1권)부터 1932년 8월의 제12집까지 실로 21편의 비슷한 이야기가 게재되어 있으며, 게다가 그 하나하나가 실지의 채집기록으로서 현재 절강성 소흥(紹興)과 항주(杭州) 등지에 구전되어 유행하고 있는 것이라는 데 이르러서는 놀라지 않을 수 없었다. 뿐만 아니라 그 중에는 내가 은근히 예상했던 대로, 「파산검」(破山劍)이나 「나가사키의 어석」 같은 식의 실패담이 다수 발견된다. 그러니 내가 일찍이 품고 있던 의문에 대해 새로운 자료가 나타났으며, 만족스런 해답이 주어졌다고 보기에는 조금 섣부르다고 해도 어쨌든 그 비슷한 이야기가 늘어난 사실만으로도 이를 소개할 책임이 있다고 생각되었다. 이것이 내가 지금 억지로 짬을 내어 이 글을 쓰는 이유이다.

먼저 편의상 이들 이야기의 제목과 채집자, 출신지, 게재지 등을 표로 정리해본다.

번호	제목	채집자	향관	채집지	호수·발행연월
①	정풍침 (定風針)	임융보 (林融甫)	강산(江山)	강산	(제1권) 제4집 (1931년 9월)
②	야명주 (夜明珠)	같음	같음	같음	같음
③	월중계 (月中桂)	같음	같음	같음	같음
④	시진종 (時辰鐘)	같음	같음	같음	같음
⑤	청산금우 (靑山金牛)	손선농 (孫善農)	소흥(昭興)	소흥(?)	같음, 제7집 (1931년 12월)
⑥	백촉 (白燭)	왕백용 (王伯鏞)	같음	같음(?)	같음
⑦	군 (裙)	왕중감 (王仲坎)	같음 가교향(柯橋鄕)	같음(?)	같음
⑧	오귀 (烏龜)	위빈신 (魏斌臣)	화사(華舍)	소흥	같음, 제8집 (1932년 1월)
⑨	사어 (沙魚)	심요정 (沈耀廷)	소흥	같음	같음

⑩	황과 (黃瓜)	한용경 (韓蓉卿)	같음(?)	같음	같음
⑪	비취검 (翡翠劍)	왕중감	같음, 가교향	같음	같음, 제10집 (1932년 6월)
⑫	야명주	같음	같음	같음, 가교향	같음
⑬	정요침 (定妖針)	예소천 (倪少天)	같음, 같음	같음, 같음	같음
⑭	환혼권 (還魂圈)	같음	같음, 같음	같음(西鄉)	같음
⑮	대귀각 (大龜殼)	정몽괴 (丁夢魁)	소흥	소흥	같음, 제11집 (1932년 7월)
⑯	청총/정풍주 (青葱)/(停風珠)	같음	같음	같음	같음
⑰	연관 (煙管)	효천 (曉天)	같음	같음	같음, 제12집 (1932년 8월)
⑱	경신단 (輕身丹)	왕중감	소흥 가흥교	소흥(가흥교)	같음
⑲	옥랍촉 (玉蠟燭)	왕금성 (王金聲)	소흥(?)	소흥	같음
⑳	두부포 (豆腐布)	같음		항주	같음
㉑	백촉(白燭)	심요정	소흥	소흥	같음

이 21조목의 이야기를 훑어보면, 당대에 유행한 이야기와 거의 같은 줄거리도 있고 시간의 경과에 따라 자연스레 진화·발전한 것으로 여겨지는 이야기도 있어서, 그 사이 설화 변천의 경로 비슷한 무언가를 가늠하게 하는 점이 있다고 생각되므로 적어도 나로서는 일방적이지 않은 흥미를 느끼게 된다. 그럼 이 이야기들을 일단 두세 그룹으로 나누고 그 개요를 아주 간략하게 말해보겠다.

A. 당대의 것과 대강의 줄기를 같이하는 이야기

⑪비취검(翡翠劍)

어느 백성의 집 담장 위에 파가 심어져 있었는데, 몇 년이 지나도록 말라 죽지도 않았지만 자라지도 않았다. 그곳에 느닷없이 회회(回回)가 한 사람 찾아왔다.(회회는 아라비아인을 지칭하지만, 그렇다고 반드시 민족적으로 아라비아인이나 무슬림일 거라고 생각할 필요는 없다. 서역의 상호〔商胡〕로서 중국에 보물을 사러 오는 일을 하는 자를 전부 회회라 불렀다.) 그 파를 은 200냥으로 살 테니 팔지 않겠느냐고 묻자, 그 백성은 생각지도 않은 돈을 벌게 되었다며 그 가격으로 회회에게 파를 팔아넘겼다. 그런데 그것은 파가 아니라 비취검(翡翠劍)이라는 것이었으며, 그 검을 산 회회는 뒤에 어떤 부자에게 되팔아 2,500냥을 벌었다고 한다. 회회는 장사수완이 좋아서 그때까지도 상당히 큰 돈벌이를 해왔지만, 이번 같은 경우는 파천황(破天荒)*의 이야기였다.

⑬ 정요침(定妖針)

회회가 어떤 마을에 왔다가 거기 자라고 있는 아주 작은 나무 한 그루를 이리저리 보면서 자못 유심히 살폈다. 무언가 그 안에 보물이 있음을 깨닫고 그 백성 집에 가서 "저 작은 나무는 댁의 것입니까? 은 500냥을 드릴 터이니 저것을 파시지 않겠습니까?"라고 물었다. 그 백성은 "나으리, 농담하지 마시오. 저것이 제 나무임에는 틀림이 없지만, 저런 것이 그렇게 비싼 값이 나갈 리가 없소"라고 하며 상대하지 않았다. 회회가 결코 농담이 아니며 자신은 진지하게 말하는 것이라고 설득한 까닭에, 그 백성은 알 수 없는 노릇이라 여기면서도 좋은 돈벌이라고 생각해 팔기로 결정했다. 백성은 하늘에서 떨어진 이 500냥으로 오랫동안 즐거운 나날을 보냈다고 하는데, 이 나무 안에는 정요침(定妖針)이라는 것이 있었으며, 회회가 보물로 여기고 욕심을 냈던 것은 바로 그

* 이전에는 아무도 하지 못한 일을 처음으로 해냄을 이르는 말. 중국 당나라의 형주(荊州) 지방에서 과거급제자가 없어 천지가 아직 열리지 않은 혼돈한 상태라는 뜻으로 '천황'이라고 불렸는데, 유세(劉蛻)라는 사람이 처음으로 합격하여 천황을 깼다는 데서 유래한다.

것이었다.

이상의 두 예에는 보물의 용도가 설명되어 있지 않다. 비취검 또는 정요침이라고만 했을 뿐, 그것이 어떤 힘을 갖고 있는 보물인지는 보여주지 않은 것이다. 또한 물건을 사는 쪽에서 가격을 끌어올린다는 내용이 보이지 않으므로, 아직 그런 쪽으로 발전하지 않은 당나라 시대의 표본적인 형태 그대로 머물러 있는 예라고 생각된다.

⑭ 환혼권(還魂圈)

어느 날 회회가 아무개의 집 근처를 지나다가 지붕 위에 커다란 시권(柴圈)*이 하나 있는 것을 발견하고 찬찬히 살펴보더니, 그것이 보물임을 알아차리고 사려고 했다. 집에 들어가니 여자가 있길래 "어떻습니까? 저 시권을 팔 수 없습니까?" 하자, "팔 수 없소, 팔 수 없소" 하며 여자는 손을 흔들며 거절했다. 회회는 한 손을 흔들며 팔지 않는다고 말하는 것을 보고는 500냥이 아니면 안된다는 뜻으로 착각하여 "500냥? 좋아요, 좋아요"라며 돈을 꺼냈고, 여자는 괜찮은 돈벌이라 생각해 이를 팔아버렸다. 하늘이 선사한 것과도 같은 이 돈을 손에 넣고 여자는 크게 기뻐 어쩔 줄 몰라하며, 모든 근심이 구천(九天)의 구름 밖으로 날아가 버렸다. 그 시권은 실은 환혼권(還魂圈)이라는 것이었다고 한다.

이 이야기에도 앞의 두 이야기처럼, 이 '환혼권'이 어떤 보물인지에 대한 설명이 없다(대충 어떤 것인지 추측은 할 수 있지만). 흥정의 어느 단계에서 한 손을 흔들며 거절한 것이 500냥을 요구하는 것으로 잘못 해석되었는데, 이는 오해이기는 하지만 회회 쪽에서 말하면 파는 사람 쪽에서 일

---

* 나무로 만든 새나 닭 같은 것을 가두어 두는 조롱.

정한 가격을 요구하는 형태가 되므로 그런 방향으로 한 걸음 나아간 형태의 이야기로 볼 수 있을 것이다. 손을 흔드는 것이 다른 의미로 해석된다는 이 모티프는 아래에서 소개하는 이야기에서도 한두 차례 보이는데, 이는 일반 설화에도 자주 보이는 바로서 이 회회채보 이야기에만 특별히 관련된 것이 아님은 말할 나위도 없다.

① 정풍침(定風針)

회회가 어느 날 한 민가에서 방아공이를 발견하고는 그것을 사고 싶다고 말했다. 주인은 '이는 분명히 보물을 사는 회회상인이 틀림없다. 그가 찾아낸 것을 보면 이 공이는 단순한 공이가 아니다. 싸게 팔지는 말아야지'라고 생각해 상당히 높은 값을 불렀는데, 회회는 은 1만 냥을 내고 마침내 그것을 샀다. "이런 것을 사서 도대체 무엇에 씁니까?"라고 주인이 묻자, 회회는 "거참, 이는 커다란 보배입니다. 우리가 항해를 할 때 거센 바람이 불고 큰 파도가 일어나 배가 위험에 빠지게 되더라도, 이 보물만 있으면 바람이 즉각 그치고 파도도 곧바로 고요해지는 공덕(功德)이 있습니다. 정풍침(定風針)이라는 것이 바로 이것입니다'라고 대답했다 한다.

이 이야기는 파는 사람이 회회의 특성을 잘 알고 있어서 자기 쪽에서 높은 값을 부른다는 점이 새로운 형식인데, 그 뒤는 당나라 때 있던 일반적인 이야기와 마찬가지이다.

② 야명주(夜明珠)

어떤 부자의 아들 중에 경망스러운 자가 있었다. 부친에게 100냥을 받아 여기저기 다니며 노는 동안, 어떤 성 안에서 면을 먹었는데 대단히 맛있었다. 그래서 면가게 주인에게 이 면을 80냥어치 사고 싶으니 사흘

안에 준비해달라고 주문을 했다. 사흘 뒤 주문대로 만들어졌기에 아들
은 커다란 항아리 세 개를 사 와서 면을 담고 배에 실어 자기 집으로 운
반해 가려 했는데, 절반도 가지 않아 면이 부패하기 시작했는지 썩는
내가 진동하여 견딜 수 없었다. 밤에 보니 커다란 지네 한 마리가 면을
훔쳐 먹다가 (잘못해서 국물 안으로 떨어졌는지) 빠져 죽어 있었다. 어찌
되었든 집까지 가져와서 사람들에게 이 면을 사라고 했지만 누구 하나
살 리가 만무했다. 그런데 어느 날 회회가 와서 이를 사겠다며 얼마냐
고 물었다. 아들이 한 손을 내밀자 회회는 이를 5천 냥이라고 생각하
고, 그만큼의 은을 지불한 뒤 세 항아리를 모두 갖고 갔다. 아들은 덕분
에 큰 벌이를 할 수 있었다. 회회가 어째서 이런 것을 사갔는가 하면 문
제는 바로 그 지네로, 그 머리에 있는 한 알의 야명주(夜明珠)가 달처럼
빛나 한 성을 두루 비추며, 또한 갈증을 풀어주어 입이 마른 사람이 이
구슬을 입 안에 넣고 있으면 곧바로 갈증이 멈추기 때문이었다.

이 이야기에는 당나라 『선실지』에 보이는 육옹(陸顒)의 이야기(14장 제
12화 참조)와 마찬가지로 면과 벌레가 나온다. 물론 양자 모두 나타나는
방식도 다르고 그 역할이나 의미도 전혀 다르지만, 이 이야기는 『선실지』
의 이야기에서 무언가 암시받은 바가 있지 않을까? 한번 고찰해볼 필요
가 있는 문제다.

B. 당대 '파산검' 이야기의 변형으로 생각되는 이야기

'파산검' 이야기는 보물을 호인에게 인도하기 전에 주인이 모르고
그 보물의 힘을 소모해버려, 정작 호인이 돈을 갖고 교환하러 왔을 때는
값어치가 대단히 떨어져버린다는 줄거리이다. 이것이 일전(一轉)하여 파
는 사람의 친절에서 나온 행동이 역시 자기도 모르게 그 보물의 힘을 제

거해버려, 보물이 전혀 무가치하게 되어서 사려던 사람이 그냥 가버린다는 줄거리로 바뀐 것이 여기에 소개하고자 하는 (B)그룹이다.

⑦ 군(裙, 속치마)

어느 날 보물을 찾으러 온 회회가 어떤 집 앞마당을 지나다가 대나무 울타리 위에 너덜너덜한 속치마가 걸려 있는 것을 보았다. 회회는 이것이 보물임을 알아차리고 그 집 안사람에게 은 500냥에 사고 싶다고 말했다. "뭐, 500냥? 팔고말고!"라며 그 집 여인은 크게 기뻐하며 대답했다. 그런데 회회는 제법 여러 곳에서 보물을 산 뒤라 그때 마침 돈이 부족했다. 그래서 여인에게 내일 돈을 갖고 오겠다고 말하고 돌아갔다. 여인은 이 속치마가 전에 자신이 출산할 때 사용한 것이라 피가 묻어 더러웠기 때문에 조금 깨끗하게 한답시고 강가에 가서 깨끗이 빨아버렸다. 다음날 회회가 와서는 큰소리로 "이제 필요 없소. 모처럼의 보물이 씻겨나가 없어져버리고 말았소" 했다. 여자는 친절이 원수가 되었다며 "농교반졸(弄巧反拙, 잘하려다 망쳐버렸네!), 농교반졸!" 하면서 애석해했다고 한다.

④ 시진종(時辰鐘)

회회가 어느 집에서 둥근 돌을 하나 찾아냈다. 이 돌을 100냥에 팔지 않겠냐고 하자, 주인은 이것이 보물임을 눈치 채고 천 냥이 아니면 안 된다고 했다. "좋소. 하지만 내일 와서 사겠소" 하고 회회는 돌아갔다. 주인은 '이건 보물임에 틀림없는데 먼지투성이가 되어 조금도 광채가 없다. 잘 씻고 닦아서 번쩍번쩍하게 광을 내두면 회회가 필시 놀라 기뻐할 것이다' 하는 생각에, 그 돌을 아주 깨끗이 씻어 잘 닦아놓고 회회를 기다렸다. 내일 회회가 오면 틀림없이 높은 가격에 살 것이라 기대하고 있었는데, 이튿날 회회가 약속대로 와서 돌을 보고는 "망했다, 망했어, 이젠 필요 없다!"고 큰소리를 질렀다. "아무 데도 깨지지 않았소. 본래 그대로의 돌이 아니오" 하자, "이 돌에는 열두 개의 작은 구멍이 있고 구멍 하나가 한 시각을 나타내는데, 어느 시각에는 어느 구멍에서 날개 달린 작은 개미가 튀어나와 시각을 알려준다. 날개 달린 개미가 튀어나오는 구멍을 보면 시각을 알 수 있는 시계와 같은 것이다. 그런데 이제 보니 작은 구멍이 모두 닳아버렸고 날개 달린 개미도 죽어버렸다. 더 이상 아무런 쓸모도 없다"고 회회가 답했다. 주인은 이를 듣고 굉장히 후회했지만 어쩔 도리가 없었다고 한다.

⑰ 연관(煙管, 담뱃대)

뱀을 잡아 먹고살던 거지가 있었다. 그가 가지고 있는 더러운 연관(煙管)을 한 회회가 1천 냥에 사겠다고 했다. 1,500냥이 아니면 안된다고 해서, 결국 다음날 회회가 돈을 갖고 사러 오기로 약속하고 헤어졌다. 그런데 그날 밤 거지는 조금 욕심이 나서 '이렇게 더러운데도 높은 값을 받을 수 있으니, 말끔히 소제해두면 더 비싸게 팔 수 있겠지' 생각하고 더러운 연관을 깨끗이 씻었다. 다음날 회회는 기뻐하리라 생각한 것과 달리 모처럼의 보물이 씻겨나가 버렸다며 연관을 사지 않고 돌아가 버렸다. 그래서 거지는 돈벌이를 놓치고 변함없이 뱀을 잡으며 살아갔다고 한다.

이 ⑰의 이야기에서는 파는 사람의 친절한 마음이 욕심으로 바뀌어 있다. ④시진종 이야기도 한 걸음 이 영역에 발을 들여놓았다고 생각되는 면이 없지는 않지만, 원문에서는 뚜렷하게 나타나지 않는다.

⑯ 청총(靑葱, 파)/정풍주(停風珠)

어느 날 회회가 대선사(大善寺) 앞 한 상점의 차양 아래에서 한 동이의 파(靑葱)를 보고 100금에 사고 싶다고 했다. 주인이 팔려고 하자 회회는 지금 돈을 갖고 있지 않으니 다시 오겠다며 돌아갔다. 주인은 만일 도둑이라도 맞으면 곤란하다고 생각해 점포 안에 이를 간수했는데, 다음날 회회가 와서는 "이제 이것은 필요 없다"고 계속 말했다. 이유를 묻자, 그 속에 거미가 한 마리 있었는데 이미 달아나 이웃 상점의 간판 속으로 들어가 버렸다고 했다. 이웃 주인이 뜻밖의 좋은 기회로 여겨 이를 회회에게 팔겠다고 하자, 회회는 내일 500금에 사러 오겠다며 돌아갔다. 주인은 이 간판이 너무 더럽다고 여겨 부지런히 씻어두었다. 다음날 이렇게 깨끗이 만들어두었노라고 회회에게 보여주자, 회회는 보자마자 "필요 없다, 필요 없다" 하면서 거미는 이미 도망쳐 대선사 탑 위에 있다고 했다. 회회는 이제 이 거미를 잡을 기회가 없음을 알고서, 대선사 화상에게 그것을 잡는 법을 가르쳐주고, 또한 그 뱃속에 정풍주(停風珠)라는 것이 있다는 것도 알려주고 떠났다. 화상은 그의 가르침대로 하여 이 보물을 얻었다고 한다.

이것도 같은 유형의 이야기로 보아도 무방할 것이다.

C. 보물이라는 말을 듣고 갑자기 팔기 아까워져서 상대를 속이고 그 용도와 용법을 알아내 스스로 시도하여 성공한다는 줄거리의 이야기

이 유형의 예는 스물한 가지 이야기 가운데 하나밖에 없다.

⑧ 오귀(烏龜)
어느 늙은 어부가 하루는 아들과 함께 큰 강에 물고기를 잡으러 나갔다. 그물을 몇 번이나 던졌는데도 도무지 물고기가 잡히지 않더니, 오귀(烏龜, 검은 거북) 한 마리가 그물에 걸렸다. 오귀는 누구도 좋아하지

않는 것이기 때문에 처음에는 내버렸는데도 계속 그것만 걸려들었다. 아들이 집에 가지고 가서 밥알이라도 조금 주면서 길러보자고 아비에게 제안해 그렇게 하기로 했다. 그런데 다음날 회회가 와서 이를 3천 냥에 팔지 않겠냐고 했다. 어부가 대체 이 오귀를 어떻게 할 것이냐고 묻자, 내일 사들인 뒤에 이야기하자며 헤어졌다. 어부는 그날 밤 거북을 술항아리에 넣고 뚜껑을 잘 덮어두었다. 그러고는 다음날 회회가 왔을 때 무척 아쉽다는 표정을 지으며 어젯밤 그만 거북을 놓쳐버리고 말았다고 하면서, 도대체 그것이 무엇에 쓰는 것이냐고 물었다. 회회는 도망쳤으니 어쩔 수 없다고 생각해, 실은 그 거북에 소금을 먹이면 똥을 싸는데 그것이 모두 진주라고 설명했다. 회회가 돌아가고 나서 어부는 서둘러 거북을 꺼내어 그대로 시험해보았고 과연 많은 진주를 얻어 벼락부자가 되었다고 한다.

D. 스스로 시도해 실패한다는, C이야기의 변형

이런 종류의 이야기는 대단히 많다. 개요만 하나하나 소개하는 것도 번잡한 일이기 때문에 그 특징만을 전달하고자 한다. 요컨대 줄거리는 대체로 같다. 보잘것없는 하찮은 물건을 회회가 와서 터무니없이 비싼 가격에 산다고 하자 갑자기 미심스러워져 그 이유를 물어보니, 그것이 커다란 보물이며 그 보물의 힘으로 큰 벌이를 할 수 있다고 한다. 그래서 서둘러 팔아버리는 것은 어리석다고 생각해, 회회가 다음날 온다는 것을 다행으로 여기며 미리 자신이 그 보물의 힘을 시험해본다.(혹은 아무리 해도 팔지 않는다고 해 회회가 어쩔 수 없이 단념하고 돌아간다. 그 뒤에 스스로 이를 시험해본다는 형태도 많다.) 하지만 용법을 충분히 들어두지 않은 등의 이유로 크게 실패하고, 결국 게도 구럭도 놓치고 말았다는 것이 그 주지(主旨)이다.

㉑ 백촉(白燭) 이야기에서 보물은 마른 돼지의 뱃속에 있는 백랍촉(白蠟燭)으로, 이것에 불을 밝히면 어마어마한 재물과 보배가 날아들지만, 그 돼지를 잡는 방법을 알지 못해서 이를 얻지 못한다.

⑲ 옥랍촉(玉蠟燭) 이야기에서는 한 백성의 뱃속에 있는 옥랍촉이 보물이며, 줄거리는 ㉑과 마찬가지이다.

⑱ 경신단(輕身丹) 이야기는 흰 닭의 뱃속에 경신단이라는 것이 있는데, 주인 여자가 그 효능을 듣고 닭의 배를 단칼에 갈라보지만 아무것도 없었다는 내용이다.

⑳ 두부포(豆腐布) 이야기에서 보물은 항주(杭州)의 두부가게에서 오랫동안 잊고서 비를 맞게 점포 밖에 내버려둔 두부포라는 것인데, 그 힘으로 서호(西湖) 가에서 금우(金牛)를 잡아올 수 있었지만, 그 포를 그만 잃어버려 도중에 금우를 놓치고 만다는 내용이다.

⑥ 백촉 이야기의 보물은 ㉑과 비슷한 것으로, 그 용도는 선상에서 이를 밝히면 바라는 만큼 용신(龍神)이 보물을 내준다는 것이다. 하지만 배에 가득 돈을 얻었는데도 초를 불어 끄고 다시 한 번 더 사용하고자 했기 때문에, 이를 시기한 용신이 보낸 군대에 쫓기고 풍랑에 견디지 못해 배가 침몰한다는 줄거리이다.

⑤ 청산금우(靑山金牛) 이야기에서는 열매를 거의 맺지 못하는 벼의 마른 줄기가 보물인데, 청산의 금우를 놓치고 잡지 못하는 것으로 되어 있다.

⑩ 황과(黃瓜) 이야기의 보물은 시든 노란 오이로, 이것은 보물산을 여는 열쇠이다. 이 이야기는 완전한 실패로 끝나지 않고, 충분하다고는 할 수 없지만 다소의 성공을 거두는 것으로 끝난다.

③ 월중계(月中桂) 이야기는 (B)형과 (D)형이 결부된 형태로, 녹투성이의 낡은 도끼가 보물이다. 이 도끼를 갈면 한층 효력을 발휘하리라 생각한 것이 실패의 원인인데, 달 속의 계수나무를 자르는 도중에 월궁(月

宮)의 정원사에게 발각되어 붙잡혀서 끝내 살해되고 만다는 내용이다.

⑫ 야명주(夜明珠) 이야기에서는 밝은 달을 감상하던 어느 백성의 아들 머리에 갑자기 혹이 생기는데, 그 속에 있는 야명주가 바로 회회가 찾는 보물이다. 이 이야기에서는 아들을 팔아야 할 상황이 되자 부친과 모친 사이에 파느니 마느니 하고 다툼이 일어난다. 아이도 싫다고 해서 양친이 아이를 팔면 어떻게 할 것이냐고 물어보자, 회회는 머리를 쪼개 혹에서 보물을 끄집어낼 것이라고 답한다. 아들이 하늘을 우러러 울부짖으며 당치도 않다, 팔 수는 없다고 하여 어떤 실패를 저지르기 전에 이야기가 끝난다. 이 이야기를 이 유형에 넣으면 어떨까 싶어 일단 수록해둔다.

E. 이상의 어느 유형에도 속하지 않는 이야기

그런데 위에 든 21항목의 이야기 속에는 회회(回回)가 보물을 찾는다는 점에서 이 그룹에 들어 있기는 하지만, 그 특징상 이미 소개한 19항목의 이야기와는 확연히 다른 것이 두 가지 있다. 지금은 편의상 함께 다루지만 서로 비슷한 이야기는 아니다. 참고할 수 있도록 그 줄거리만 서술하고자 한다.

⑮ 대귀각(大龜殼)

부채가게가 있었는데 장사가 너무 안돼 완전히 막다른 지경에 이르러 있었다. 아무런 수입도 없어서 집 안의 집기를 전당잡히거나 팔아치우며 간신히 연명하고 있었는데, "놀고먹으면 산도 빈다"(坐食山空)고 이미 이러지도 저러지도 못하는 처지가 되고 말았다. 그런데 어느 날 고(高) 아무개 등 여러 사람이 찾아와서 "한번 해외로 물건을 팔러 가서 큰돈을 벌어보지 않겠나? 자네도 함께 가세, 자금은 고 선생이 낸다네"

하며 부채가게 주인을 꾀었다. 부채가게 주인은 이제 아무것도 팔 게 없어서 과일가게에 가 밀감을 한 광주리 사서 그것으로 장사를 하기로 했다. 그들 일행은 이윽고 어느 이름 모를 이국의 해안에 도착해 배를 정박했다. 다른 사람들은 모두 뭍에 올라 각자 물건을 팔러 갔는데, 부채가게 주인만은 혼자 배 한 귀퉁이에 눌러앉아 밀감을 늘어놓고 살 사람을 기다리고 있었다. 그때 외국인이 지나가다가 이를 진귀하게 여겨 사고 싶어했는데 말이 통하지 않아 한 손을 내밀자, 외국인은 금화 다섯 개에 밀감 하나라는 뜻으로 해석하고 밀감을 사갔다. 그런데 대단히 맛이 좋고 향도 뛰어나 좋은 평판을 얻게 되자 사람들이 앞다투어 사러 오는 바람에 부채가게 주인은 금세 적으나마 돈을 벌게 되었다. 그러고 나서 다시 다른 항구에 배가 정박하자 다른 무리들은 장사를 하러 상륙 했지만, 부채가게 주인은 더 이상 팔 것이 없어 풀이 죽은 채 해안가의 작은 언덕에 올라 정처없이 주위 경치를 둘러보고 있었다. 그런데 언덕 꼭대기의 조금 평평한 곳에 커다란 거북 등딱지가 하나 있길래 뒤집어 보니 작은 새의 둥지가 하나 있었고, 놀란 새는 날아서 도망쳐버렸다. 부채가게 주인은 진기한 것이라고 생각해 그것을 가지고 산을 내려왔 다. 그 뒤로 몇 개의 항구를 경유하여 어느 날 큰 시장에 배가 도착했 다. 예전처럼 부채가게 주인은 홀로 배에 남아 이 거북 등딱지를 유심 히 살펴보고 있었는데, 마침 지나가던 회회가 5만금으로 이를 사겠다 고 했다. 부채가게 주인은 기뻐하며 이를 팔았다. 하지만 회회가 그 등 딱지 안에서 진주 열여덟 알을 골라내면서 해주는 이야기를 듣고는 자 신의 무지를 크게 후회했다고 한다.

⑨ 사어(沙魚, 상어의 이칭)
어느 바다에 엄청나게 큰 상어(沙魚)가 살면서 항해 중인 배를 삼키곤 했기 때문에 사람들이 두려워하고 있었다. 어느 날 대담하기 짝이 없는

휘주(徽州)의 배 한 척이 이 사어를 해안의 항구 가까이 유인하여 얕은 여울로 유도해 왔는데, 바다 조수가 밀려나가자 사어는 오도가도 못하게 되었고 게다가 물까지 말라 끝내는 죽고 말았다. 하지만 마을 사람들은 여전히 이 물고기를 두려워하며 쉽사리 건드리지 못했다. 그런 와중에 회회 몇 사람이 찾아와 그 눈알과 위를 집어갔으며, 잘은 모르지만 그것으로 큰 벌이를 했다고 한다.

이 속고(續稿)는 일단 여기서 맺기로 한다. 그저 설화 몇 개를 소개한 것에 불과할 뿐 아무런 새로운 설도 제기하지 못한 부끄러운 글이지만, 설화학에 흥미 있는 동학들에게 무언가 자료를 제공할 수 있었다면 기대 이상으로 다행이겠다.

호인매보담(胡人買寶譚)* 보유

머리글

1928년 11월, 나는 야나기타 구니오(柳田國男)가 주재하던 『민족』 제4권 제1호에 「서역 상호가 비싼 값에 보물을 구하는 이야기」라는 제목으로 '당대 중국에 널리 유포된 일종의 설화에 대하여'라는 부제를 달아, 당대에서 오대 무렵까지 중국에 유포되어 있었다고 보이는 일종의 설화군에 대해 서술한 바 있다. 그 뒤에도 이 일군에 속할 비슷한 이야기를 두세 가지 알게 되어 1941년 4월 위의 소고(小稿)를 졸저 『장안의 봄』에 재록할 즈음,[1] 권말에 그들 설화의 주제와 출전을 열거했지만 그 전문은 인용할 여유가 없었다. 처음 『민족』에 졸고를 기고했을 때는 이런 유의 설화가 송·원·명·청 시대에도 환골탈태한 모습으로 전해지고 있었음에 틀림없다고 생각했지만, 아직 그것을 찾지는 못했기 때문에 언급을 자제하고 다만 이런 설화의 계통을 잇는 일본 내 이야기 세 편을 지적하고 그 두 편의 개요를 소개하는 데 그쳤다.[2] 하지만 그 뒤 중국의 민속학잡지 『민간』을 보고, 그 제4집(1931년 9월)에서 제12집(1932년 8월)에 걸쳐[3]

---

* 저자는 같은 모티프의 이야기를 처음에는 '호인채보담'(胡人採寶譚)이라고 했다가 이 글에서 '호인매보담'(胡人買寶譚)으로 바꾸었다.

비슷한 이야기 21편이 간간이 게재되어 있는 것을 알게 되었다. 더욱이 그 이야기들이 문헌에서 초출(抄出)된 것이 아니라 오늘날도 절강(浙江)의 소흥(昭興)·항주(杭州) 등지에서 전해지고 있는 것을 채집·기록한 것임을 알고는 깜짝 놀라서 곧바로 『민속학』(民俗學) 제5집 제10호(1933년 10월)에 이를 소개했다.[4] 그 뒤 전쟁 전 오랫동안 북경에 있었던 동학 나오에 히로지(直江広治)를 통해 북중국 각지에는 이런 이야기가 오늘날도 민간에 다수 전해지고 있다는 것을 알고 다시 한번 놀라게 되었다. 그때 나는 훗날 상세한 내용에 대해 가르쳐달라고 할 생각이었으나, 오늘날까지 그 뜻을 이루지 못했다. 나오에가 빨리 스스로 붓을 들어 세상에 알려주기를 간절히 기다린다. 이제 『민족』에 투고한 졸고를 완성한 뒤에 더 알게 된 비슷한 이야기 몇 조목을 모아 보유 1편을 만들어, 동호인들이 통람할 수 있게 하는 한편 구고(舊稿)에 대한 우인의 간절한 가르침에 보답하고자 한다.

한편 1951년 에드워드 샤퍼는 「당대의 설화에 보이는 이란 상인」이라는 논문을 발표하여,[5] 나의 이른바 '호인매보담'(胡人買寶譚)과 같은 부류의 것만을 자료로 하여 당대 중국에서 이란 상인의 활약에 대해 논했다. 그런데 그의 논문이 기초하고 있는 것은 전부 『태평광기』에 인용된 이야기뿐, 내가 일찍이 열거한 것도 세 편이나 빠뜨렸으며, 또한 여기에 보기(補記)하려고 하는 것도 반 이상 언급하지 않았다. 게다가 샤퍼는 호인 매매와는 관계가 없고 단지 당대 중국에 이란 상인이 있었다는 것만을 입증하는 자료를 8개 항목이나 들고 있는데, 그 8가지는 우리도 이미 알고 있던 것으로서 간과한 게 아니라 당면 목적과 무관하므로 굳이 인증(引證)하지 않았던 것이다. 그런 자료라면 더 많이 열거할 수도 있고 또 그럴 필요도 있겠지만, 이는 샤퍼의 논문을 소개하고 비평할 다른 기회로 미루기로 한다. 또한 일본의 나카다 가오루(中田薫) 박사도 1934년에 역시 호인의 매보담을 주요자료로 하여 「당대 법에서 외국인의 지위」

라는 논문을 초(草)했는데,[6] 이는 순전히 재당 외국인의 법적 지위를 논하는 재료로서 이들 설화를 원용(援用)한 것일 뿐 특별히 설화로서 이를 소개하거나 고증했던 것은 아니다. 쓸데없이 조금 길어졌지만 이상을 머리말로 기술해둔다.

제1화
유관사가 계빈국의 보물 '진국완'을 호인에게 판 이야기

낙양의 유관사(劉貫詞)라는 자가 소주(蘇州)에서 걸식을 하고 있을 때, 낙수(洛水) 용신(龍神)의 아들 채하(蔡霞)를 만나 그의 고향집에 서간을 전해달라는 부탁을 받고, 여비를 받아 위수(渭水, 낙수의 잘못일 듯) 강가에 있는 집에 이르러 채하의 모친과 누이동생을 뵙고 서간을 건네주었다. 그 편지는 채하가 까닭이 있어 고향땅을 피해 오랫동안 타향에 떠돌며 소식을 끊었던 것에 대해 사죄하고, 아울러 유관사의 궁핍한 형편을 도와주라고 요청하는 것이었다. 모친은 계빈국(罽賓國)*의 옛 국보 진국완(鎭國椀)을 꺼내 유관사에게 주었다. 그때 채하의 누이는 "계빈국에서는 이것을 재이(災異)를 진압하는 데 사용했지만, 당나라에서는 아무런 소용도 없습니다. 전(錢) 10만을 받지 못할 것 같으면 팔지 마세요. 그 이하의 값이라면 팔지 않아도 좋습니다"라고 말했다. 유관사가 그것을 가지고 몇 걸음 가다가 손 안의 주발을 살펴보니, 평범한 황색 구리주발에 불과했고 가격도 비싸야 3환(鐶) 내지 5환 정도에 불과할 것 같았다. 아마도 그 누이의 망언이겠지 생각하면서 시장에 나가

---

* 계빈은 한대와 위진남북조시대에는 인도의 카슈미르(Kashmir) 지방, 즉 현장의 『대당서역기』 권3에 나오는 카슈미르국(迦濕彌羅國)을 번역한 말이었으나 이후에는 다른 국가를 가리키게 되었다. 『수서』(隋書)의 계빈은 조국(漕國, 漕矩吒 Ghazni)이며, 당대의 계빈은 『대당서역기』 권1의 카피시국(迦畢試國, Kapisi)을 가리킨다. 그 지역은 오늘날 아프가니스탄 경내의 Begram으로서 카불 북쪽 62km 지점이다. 현장은 "여러 나라의 진귀한 보물이 이 나라에 많이 보인다"고 했다.

보았더니, 700전이나 800전을 내겠다는 자도 있고 500전을 내겠다는
자도 있었지만 10만 전에 사겠다는 자는 없었다. 하지만 용신(龍神)이
신의를 귀하게 여기는 만큼 사람을 속이는 일은 절대 없으리라고 생각
해 매일 시장에 가지고 갔다. 1년 남짓 되었을 때, 서시의 점포에 온 호
객(胡客) 하나가 그 주발을 보고 크게 기뻐하며 값을 물었다. 관사가
200민(緡, 20만 전)이라고 하자, 호객은 "물건은 당연히 그 정도 값어치
가 있으니, 200민 정도에 그칠 것이 아니다. 그러나 이는 중국의 보물
이 아니니 가지고 있어도 무익할 것이다. 100민이면 어떻겠는가?"라고
말했다. 결국 유관사는 이 값에 주발을 호객에게 넘겼다. 호객이 물었
다. "계빈국에서는 이 주발로 사람의 환액(患厄)을 크게 몰아냈는데,
이를 잃고 나서 나라에 기근이 계속되고 병란도 일어났다. 듣자니 용자
(龍子)가 훔쳐간 지 벌써 4년에 가깝다고 하며, 국왕은 나라의 반년분
조세를 내걸고 이를 찾고 있다. 그대는 이것을 어떻게 손에 넣었는가?"
호객이 묻는 대로 유관사는 일의 경위를 상세하게 알려주었다. 그러자
호상이 말했다. "계빈국에서는 그 나라를 수호하는 용이 채하를 뒤쫓고
있다. 채하가 까닭이 있어 고향 땅을 피해 있다고 한 것은 그 때문이다.
영물의 세계에서는 법이 엄하기 때문에 자신이 이 주발을 되돌려주는
게 두려워, 그대를 빙자해 옛 집에서 꺼내온 것인 양 꾸민 것에 불과하
다. 누이가 그대를 은근하게 대했던 것은 물론 친절해서가 아니다. 그
어미인 노룡(老龍)이 그대를 삼켜버릴까 염려가 돼서 채하가 누이에게
그대를 지키도록 했기 때문이다. 이 주발이 이미 발견되었으니 채하도
틀림없이 귀향했을 것이다. 50일 뒤, 조하(漕河)*와 낙수에 물결이 솟
구치고 파도소리 철썩이며 날이 어두워지면, 그것이 바로 채하가 돌아
온 조짐이다." 유관사가 어째서 50일 뒤인가를 묻자, 호객은 "내가 이

---

* 운하의 이름. 강소성 진강(鎭江)현에서 오(吳)현을 거쳐 절강성 항(杭)현에 이른다.

것을 가지고 영(嶺, 중부 중국과 남부 중국을 나누는 이른바 오령〔五嶺〕)을 지나면 채하가 돌아올 것으로 생각되기 때문이다"라고 대답했다.(영을 넘을 때까지 약 50일이 필요했다고 생각된다.) 유관사가 이를 기억해두었다가 그 기일이 되어 가보니(낙수 부근일 것이다) 과연 그대로였다.

이 이야기는 『속현괴록』(續玄怪錄)에 나오는 것으로 『태평광기』 권421 「유관사」(劉貫詞) 조에 보인다. 여러 가지 부가된 요소는 있지만, 호인매보담의 일종임은 틀림없을 것이다. 유관사가 용모(龍母)를 만났을 때 용모가 그를 삼켜버리고 싶어하는 감정을 여러 번 드러내자 용매가 이를 제지하고자 자못 애쓰는 부분이 조금 생생하게 기술되어 있지만, 직역으로는 뜻을 살릴 수 없겠다 싶어 과감히 생략하기로 했다. 호객의 마지막말에 해당하는 대목부터는 노파심에 몇 마디를 원문에 부가했음을 밝혀둔다.

제2화
구용현의 좌사가 호인에게 '소어정'을 판 이야기

구용(句容)현(강소성 강녕〔江寧〕현. 남경의 동남쪽)의 좌사(佐史, 속관〔屬官〕) 중에 생선회를 좋아해 수십 근씩 먹어치우는 자가 있었다. 현령이 그에게 회 100근을 먹게 했더니 이를 다 먹어버리고는 얼마 안 있어 속이 울렁거린다면서 물건 하나를 토해냈다. 그 형태는 삼베신의 바닥과 비슷했다. 현령이 이것을 생선회가 있는 곳에 두었더니 생선회가 〔녹아〕 모두 물이 되어버렸다. 〔현령은 진기한 것이라 여기고〕 말단 관리를 시켜 이를 양주(揚州)에서 팔도록 하면서 "만약 사려는 자가 있거든 값을 높이 올려 얼마나 가는지 알아보아라"라고 명령했다. 〔말단 관리가 양주에 갔더니 과연〕 어떤 호인이 사겠다고 했는데, 1천 문(文, 1관〔貫〕)에서 시작해 300관까지 불렀지만 〔말단 관리가 정작 팔려 하지 않고 가격만 올리는 것처럼 보였기 때문에) 호인은 바로 그것을 돌려주었다. 관리가 "이것은 구용 현령의 것이오. 그대가 만약 꼭 사고 싶다면 현령에게 가서 구하도록 하시오"라 하자, 호인은 관리를 따라 현령이 있는 곳으로 갔다. 호인은 "이것은 '소어정'(銷魚精)이라는 것으로 사람 뱃속의 괴병(塊病)을 고칠 수 있다. 본국의 태자가 이 병을 앓고 있는데, 부왕이 병을 고치는 자에게 상으로 천금을 내리겠다고 했다. 내가 만약 이를 얻는다면 큰 이익을 얻을 수 있다"고 했다. 현령은 결국 그 반을 그에게 팔았다.

이 이야기는 『태평광기』 권260에 「소어정」이라는 제목으로 『광이기』에서 인용했다고 되어 있으며,* 『유양잡조』의 「이질지」(異疾志)에도 들어 있다. 다만 문장에 다소의 차이가 있는데, 『태평광기』에서 인용한 『광이기』 쪽이 조금 상세하다.† 여기에 양주가 등장하는데, 양주에 호점(胡店)이 있었음은 내가 구고(舊稿)에서 든 설화에서도 누차 보았던 바이며, 당나라 때 이 지역에 호인 특히 호상으로서 왕래·거주하는 자가 많았다는 것에 대해서는 다른 곳에도 증거가 많이 있다. 다만 페르시아인의 점포가 있었음을 명기한 것에 대해서는, 일찍이 구와바라 지쓰조가 "다만 나는 아직 『태평광기』 안에서 양주의 페르시아(波斯) 호점에 대한 기사는 직접 검출하지 못했다"고 했지만(『포수경의 사적』 1935년판 p.19), 페르시아 호점은 『태평광기』 권17에서 인용한 『선전습유』(仙傳拾遺)의 「노생과 이생」(盧李二生) 이야기에 나옴#을 말이 나온 김에 덧붙여 둔다.

---

* 이는 저자의 착오이다. 『태평광기』 권220에 「구용좌사」(句容左史)란 제목으로 나온다.
† 이검국(李劍國)의 『서록』(敍錄)에 의하면, 『이질지』는 『태평광기』 중 기이한 질병에 관한 편을 뽑아 단성식의 이름을 가탁해 만든 위서라고 한다. 한편 『이질지』는 『합각삼지』(合刻三志) 「지요류」(志妖類), 『당인설회』 9집, 『당대총서』(唐代叢書) 권10, 『손매당총서』(遜敏堂叢書)에 수록되어 있으며, 이 「구용좌사」는 내용이 얼마간 삭제되어 있다.
# 이 이야기의 출전은 두광정(杜光庭)의 『선전습유』가 아니라 노조(盧肇)의 『일사』(逸史)이다.

제3화
강노자란 자가 빙잠사로 짠 직물을 페르시아인에게 고가에 판 이야기

강노자(康老子)라는 이는 장안의 부잣집 아들이었지만, 정신이 빠져 생계를 돌보지 않고 항상 노래꾼들과 함께 놀며 돌아다니다가 어느덧 가산을 탕진하고 말았다. 때마침 한 노파가 낡은 비단깔개를 팔러 왔기에 반 천(500문)을 주고 이를 손에 넣었다. 얼마 후 한 페르시아인이 이를 보고는 크게 놀라며 "어디서 이걸 얻었는가? 이것은 빙잠사(氷蠶絲)로 짠 것으로, 더울 때 자리에 펼치면 온 실내가 청량해진다"고 하면서 즉시 천만(1만 관)으로 사겠다고 했다. 돈이 생긴 강노자는 다시 노래꾼들과 환락을 좇으면서 [날을 보냈으며] 한 해만에 돈을 다 써버리고는 곧 죽었다. 그 뒤 악인(樂人)들은 이를 애석해하며 '강노자'라는 곡을 만들었다. 별칭으로 '득지보'(得至寶)라고도 한다.

이 이야기는 단안절의 『악부잡록』에 보인다.[7] 줄거리는 정환고(鄭還古)의 작품으로 전해지는*「두자춘전」(杜子春傳)의 내용과 비슷한 구석이 있다. '노래꾼들…'이라고 옮긴 부분은 원문에 '여국악유처'(與國樂游處)라 되어 있는데, '국악' 안에는 노래하는 사람뿐 아니라 악기를 연주하는 사람도 있었을 것이다. 여기서는 임시로 대의를 취했을 뿐이다. 빙잠사(氷蠶絲)는 수잠사(水蠶絲)라고 한 판본도 있지만, 부진(苻秦)†의 왕가(王嘉)의 『습유기』(拾遺記)에 빙잠이라는 것이 있는데 그 고치로 짠 옷감은 물에 넣어도 젖지 않고 불에 던져도 타지 않는다고 한 것을 보면 빙(氷)이 맞을 것 같다. 어느 것이든 이는 시라토리 구라키치(白鳥庫吉)가 상세히 고증했듯이,[8] 대진국(大秦國)의 명산물로서 『위략』(魏略) 및 『신

---

* 이복언(李復言)이 찬술한 『속현괴록』에도 수록되어 있어 이복언의 작품이라는 설도 있다.
† 전진(前秦). 군주의 성이 부(苻)이다.

당서』의 「서역전」(西域傳) 불름국(拂菻國) 항목에 기술돼 있는 해서포(海西布)이다. 이는 바다에서 나는 키조개(Pinna)속의 패류에서 생기는 섬모(纖毛)로 짠 포백(布帛)인데, 석면으로 짠 불가연성의 화완포(火浣布)와는 반대로 물에 적셔도 젖지 않는 포(布)를 가리키는 것이 틀림없다. 그러나 지금은 단순한 설화로서의 '강노자' 이야기를 문제 삼고 있는 것이기 때문에, 빙(수)잠사라는 직물의 실체가 무엇인지는 구태여 문제 삼을 필요가 없다. 그저 희대의 진물(珍物)이라고만 해두면 될 것이다.

제4화
낭주의 막요가 상처난 코끼리를 도와주고 받은 상아를 호상이 다투어 사들인 이야기

낭주(閬州, 사천성〔四川省〕의 옛 보령부치〔保寧府治〕. 지금의 낭중〔閬中〕현)에 막요(莫徭)라는 농부(?)가 있었다. 어느 날 풀을 베러 들에 나간 그는 우연히 죽정(竹丁, 큰 대나무 가시)에 발이 찔려 괴로워하고 있는 커다란 코끼리를 발견하고는 그 죽정을 뽑아 없애고 환부를 치료해주었다. 코끼리는 아주 기뻐하며 새끼 코끼리에게 거대한 상아를 꺼내 오게 하여 막요에게 사례의 뜻으로 주었다. 막요가 이것을 가지고 홍주(洪州, 강서성 남창부치, 옛날의 예장〔豫章〕)에 이르니, 소식을 전해들은 호인들이 서로 사겠다며 주먹다짐을 벌이는 지경이 되어 관청에 그 중재를 요청했다. 관리는 차라리 이를 측천무후에게 바칠 것을 권하면서, 그들이 앞다투어 구하는 이유를 물었다. 호인에 따르면, 상아 속에는 용 두 마리가 서로 피하면서 서 있는 모습을 하고 있는데 이것을 잘라서 간(簡)을 만들 수 있고, 또 그 가치가 수십만 전이라고 했다. 측천무후는 막요가 그렇게 큰돈을 받는 것은 분수에 지나치다는 이유를 대면서, 낭주에서 매년 그에게 50천(50관)을 연금으로 주도록 명령했고, 이로써 막요는 죽을 때까지 그 돈을 받게 되었다.

이는 『태평광기』 권440에 인용된 『광이기』의 「낭주 막요」라는 이야기의
대의이다. 이야기의 전반부는 로마의 노예 안드로클레스(Androcles)*와
사자의 이야기와 흡사한 점이 있는데, 이미 예전에 「그리스-로마 설화
의 동전(東傳)」이라는 우고(愚稿)[9]에서 그 줄거리를 아주 상세히 소개한
적이 있기 때문에 여기서는 그 대의만을 들었다. 이 이야기는 호인매보
담으로서는 대단히 불완전한 형태이며 또 겨우 이 설화의 한 부분에 불
과하지만, 일단 여기에 채록해두기로 했다. "잘라서 간(簡)을 만들 수 있
다"고 한 간(簡)은 여기서는 홀(笏) 같은 것을 가리키는 듯하다.[10]

제5화
천수의 조욱이 선녀에게 얻은 유리주를 호인이 억지로 사들인 이야기

천수(天水, 감숙성 천수현)의 조욱(趙旭)이라는 자가 어떤 기회에 월궁
(月宮)에서 일하는 선녀를 만나 큰 환대를 받고 '진보(珍寶)인 기려(奇
麗)한 물건'까지 얻었다. 세밑 무렵 그의 노복이 진보 중 유리주(琉璃
珠)를 훔쳐 시장에 내놓았더니, 어떤 호인이 그것을 받들어 예를 표하
며 그 값으로 100만[전]을 내려고 했다. 노복이 그 가치가 너무 큰 데
놀라 팔지 않으려 하자, 호인이 그를 몰아붙여 서로 치고받게 되었다.
관가에서 이들을 취조하여 노복이 실상을 모두 털어놓았지만, 조욱은

---

* 겔리우스가 『아테네 야화』(Noctes Attica)에서 알렉산드리아의 학자 아피온의 저서에서 인용한 이
야기의 주인공이다. 주인에게서 도망친 노예인 안드로클레스는 산중의 동굴에서 상처가 곪아 죽게
된 사자를 구해주고 친구가 된다. 그 후 체포된 그가 원형경기장에서 맹수와 싸우게 되었을 때 우리
에서 뛰어나온 것이 바로 산중에서 구해준 사자였다. 사자가 그를 알아보고 주인을 만난 강아지처럼
굴자, 감동한 관중들의 요구로 그는 노예에서 해방되어 사자와 함께 로마에서 살았다는 이야기이다.
『이솝 우화』에도 실려 있으며, 영국의 극작가 버나드 쇼가 이를 극화한 바 있다.

아무것도 모르고 있었다. 그날 밤 선녀가 찾아와서 슬픔에 겨운 얼굴로 노복이 두 사람 사이의 비밀스러운 일을 누설했음을 탄식하자, 조욱 또한 슬픔을 이길 수 없었다. 선계(仙界)와 인계(人界)의 운명은 어찌할 수 없다며, 선녀는 조욱에게 아무쪼록 선도(仙道)에 힘쓰라고 권하면서 『선추용석은결』(仙樞龍席隱訣) 5편을 주고 다하지 못한 이별을 애석해하며 하늘로 돌아갔다. 조욱은 이후 망연자실한 사람처럼 오매불망 그녀의 모습을 눈 속에 그리며 살았다. 〔대종(代宗)〕 대력(大歷) 초년(766년경) 조욱은 회수(淮水)와 사수(泗水) 주위에 살았는데, 어떤 사람은 익주(益州, 사천성)에서 그 모습을 목격했다고도 한다.

이 이야기는 「조욱」이라는 제목으로 『태평광기』 권15*에 『통유기』(通幽記)로부터 인용되어 있다. 이야기의 앞 단락은 조욱과 선녀의 해후과정을 상세히 기술하며 그 다정하고 즐거운 모습을 자세히 전하고 있는데, 여기서는 주제와 직접 관계가 없으므로 모두 생략했다. 원문 마지막에는 『선추용석은결』 5편의 끝부분에 "조욱의 기사가 있는데, 표현이 매우 자세하다"는 구절이 있다. 앞 항목 막요의 이야기에는 호인끼리의 다툼이 나와 있는 반면 이 이야기에는 호인과 파는 사람 사이의 다툼이 전해지고 있어서, 줄거리는 다르지만 서로 다투다가 결국 치고받고 싸우게 된다는 유사점이 있음은 주목할 만하다.

제6화
동주의 최생이 선녀에게 받은 백옥 합자를 호승이 거금에 산 이야기

개원 천보 무렵, 동주(東州, 지금의 어디인지는 미상)의 나곡구(邏谷口)

---

* 저자의 착오이다. 이 이야기는 『태평광기』 권65 「여선십」(女仙十)에 나온다.

에 최(崔) 아무개라는 서생이 살고 있었다. 최생은 매일 아침 그 집 앞을 지나는 한 미녀를 연모하다가, 그녀의 늙은 시녀의 주선으로 언니의 승낙을 얻어 이 미녀와 결혼했다. 그러나 최생의 모친은 이 여인이 비할 데 없이 요염한 것이 아무래도 이 세상 사람이 아니라 "틀림없이 여우나 귀신의 무리"라고 단정하여 아들에게 헤어지라고 했다. 이 말을 들은 여인은 눈물을 흘리며 모친의 의심을 원망하면서도 다음날 아침 최생과 헤어지게 되었다. 최생 또한 슬픔에 겨워 아무런 말도 하지 못했다. 최생과 여인은 각각 말을 타고 언니의 저택에 이르러 작별인사를 했다. 그때 언니는 성대한 연회를 베풀어 환대해주었지만, 최생의 모친에게 이처럼 의심을 받아서는 아무것도 할 수 없으니 즉시 헤어져야 할 것이라며 동생에게 최생한테 줄 것이 없느냐고 물었다. 그러자 동생은 소매 속에서 백옥으로 만든 합자(盒子)를 꺼내어 최생에게 주었다. 통곡하면서 집으로 돌아온 최생은 항상 옥합자를 품고 우울하게 지내고 있었다. 그런데 홀연 어떤 호승이 문을 두드리며 먹을거리를 구하다가, "그대에게 지극한 보물이 있으니 보여주시기 바라오" 했다. 최생이 "저는 가난한 선비인데, 어찌 그런 것이 있겠소" 하자, 호승은 "그대에게 이인(異人)이 바친 것이 있지 않소. 빈도(貧道)는 기(氣)를 보고 이를 알았소" 했다. 그래서 최생이 시험삼아 옥합자를 내보이자, 호승은 일어나 100만[전]으로 이를 사서 떠나갔다. 최생이 호승에게 그 여인이 어떤 사람이냐고 묻자, "그대가 받아들인 처는 서왕모의 셋째 딸 옥치낭자(玉巵娘子)요. 그대가 그녀를 받아들여 오래 살지 못한 것은 정말 애석하오. 만약 1년간 동거했다면 그대는 온 집안을 거느리고 불사(不死)의 영역에 도달했을 터인데"라고 했다.

이 이야기는 『태평광기』 권63에 「최서생」(崔書生)이란 제목으로 『현괴록』(玄怪錄)에 나오는 것으로 인용되어 있다. 앞부분은 선녀와의 해후담이기 때문에 뒷단락을 끌어오기에 충분할 정도로만 옮겼다. 눈여겨볼 대목은 형태가 무너지고 간략해지기는 했지만 호승이 거금을 주고 옥합자를 산다는 부분이다. 여기에 호승이 기를 살펴 보물이 있는 곳을 감지하는 이야기가 있는데, 이는 옛 논고에서 내가 제10화[11]로 들었던 엄생(嚴生) 이야기에서 호인이 보물을 감지하는 영력(靈力)을 갖추고 있다고 한 것과 같은 내용이다. 또 옛 논고의 제19화[12]에서 호인이 자말갈(紫抹羯)이라는 보석을 식별하는 것과도 대비해 보아야 한다.

제7화
노종사가 검정 망아지를 호장군에게 팔아 큰돈을 번 이야기

훗날 영남의 종사(從事)가 된 노부소(盧傅素)*라는 자가 강릉(江陵, 호북성 옛 형주부치. 지금의 강릉현)에 주재할 때의 일이다. 〔헌종〕 원화(元和)연간(806~820)에 다른 사람이 남긴 검정 망아지 한 마리를 기르게 되었는데, 이 망아지는 실은 노부소의 표생(表甥, 외조카)의 화신이었다. 망아지가 노부소에게 자신을 적판문(赤坂門) 주변에서 마주치는 한 호장군(胡將軍)에게 팔아달라, 70천(70관) 정도면 괜찮을 것이라고 하여 그 말대로 했다. 하지만 호장군이 망아지를 사고 나서 사흘째 되는 날 밤, 망아지는 검은 땀을 흘리며 쓰러져 죽고 말았다고 한다.

여기서는 검은 망아지가 인간의 화신이어서 일종의 이물(異物)로 취급되고는 있지만 특별히 보물로 보아야 할 까닭은 없다. 또한 사는 사람이 호인이기는 하지만 상인이 아니라 장군이라는 점에서 이런 유의 전형적인 설화 형태에서 어느 정도 벗어나 있다. 그러나 역시 형태가 무너진 비슷

---

* 『태평광기』의 원문에 따르면 이는 노전소(盧傳素)의 오자이다.

한 이야기의 일종으로서 채록해보았다. 이에 덧붙여 강릉에 호인이 살던 자취에 대한 자료를 하나 더 소개하고자 한다. 이 이야기는『태평광기』권 436에 무명씨의 저서『하동기』(河東記)에 나오는 것으로 인용되어 있다.

제8화
의흥의 요생이 선인에게 얻은 '용식'을 본 호상이 크게 놀란 이야기

의흥(義興, 강소성 의흥[宜興]현)에 도교의 개창자 장도릉(張道陵)*이 수업(修業)하던 곳으로 전해지는 장공동(張公洞)이라는 동굴이 있었다. 누구도 감히 들어가본 적이 없었는데, 그 고을의 수도자 요생(姚生)이 어쩌다 들어가게 되었다. 수백 보쯤 걸어 들어가니 점차 밝아지는 것이 느껴졌고, 다시 10여 리를 더 들어가니 두 도사가 마주 앉아 바둑을 두고 있는 것이 보였다. 무엇 하러 왔느냐고 묻기에 도를 닦으러 왔다고 답하자, "큰 뜻을 품은 선비로구나"[하면서 머무르는 것을 허락]했다. 그런데 요생이 너무 배가 고파 먹을 것을 구하자, 도사는 곁에 있던 청니(靑泥)† 몇 말(斗)을 가리키며 먹으라고 했다. 요생이 조금 집어서 씹어보았더니 향기가 나는 것이 먹을 만하여, 배가 부르도록 먹었다. 도사가 "자네 이제 그만 가보게. 그리고 절대로 세인들에게는 말하지 말게"라고 하여, 요생은 두 번 절을 하고 되돌아 나오면서 먹다 남은 청니를 몰래 품에 넣어 가지고 왔다. 이것을 시사(市肆)에 가지고 나갔더니, 한 호고(胡賈)가 보고 놀라면서 그것은 '용의 먹이'(龍食)라고 했다. 그래서 호고와 함께 다시 장공동으로 가서 찾아보았지만, 검고 커다란 동굴뿐 [안으로 들어가는] 길은 어디에도 없었다. 청니 역시 굴 밖으로

* ?~177. 후한 말의 종교가. 도교의 원류가 되는 천사도(天師道), 속칭 오두미도(五斗米道)의 창시자이다. 후대에 장도릉 또는 장천사(張天師)로 불리게 되었다.
† 원래는 옛날 문서나 그릇 등을 봉할 때 쓰던 푸른 진흙을 가리킨다. 여기서와 같이 진흙처럼 생긴 신선들의 음식을 가리키기도 한다.

조금 흘러나와 있기는 했지만 돌처럼 단단해 더 이상 먹을 수가 없었다.

이 설화의 원문은 『일사』(逸史)에 나온다고 『태평광기』 권424 「용칠」(龍七)에서 인용하고 있다. 장공동은 선경(仙境)의 하나이며, 마주 앉아 바둑을 두는 두 도사는 선인이다. 선경의 시간 경과가 인간세의 수십 수백 년과 상응한다는 것은 세계 각지의 설화에서 많이 보이는 바이다.[13] 그러므로 선계의 한두 끼니 분량이 속계에서는 수십 수백 년분의 식량에 상당할 것이기 때문에 '용식'이 희대의 진품으로 중보(重寶)가 될 수 있는 것이다. 이야기의 표면에는 드러나 있지 않지만 요생이 동굴 안에서 두 도사의 대국을 보았던 시간은 경각(頃刻)에도 미치지 않았을 텐데, 그런데도 "배가 너무 고파 먹을 것을 구했다"는 것을 보면 상당한 시간이 경과했음을 수긍하지 않을 수 없다.(물론 다른 비슷한 이야기에서 보이듯이 며칠 사이에 인간계의 몇 세대 또는 몇 세기 정도의 시간이 지난 것은 아닌 듯하지만, 어쨌거나 요생이 초자연적인 음식을 먹고 굶주림을 채운 것은 사실이다.) 호상(胡商)은 아마도 이를 사기 위해 요생의 안내를 받아 동굴에 간 것일 텐데 끝내 뜻을 이루지 못했으므로 이 이야기는 이른바 매보실패담(買寶失敗譚)의 한 변형으로 볼 수 있을 것이다. 또한 의흥에 호상이 존재했다는 증거도 이 이야기에서 얻을 수 있다는 것 또한 간과할 수 없다.

제9화
서태위의 부장이 '귀보'를 놓쳤단 말을 듣고 호인이 애석해한 이야기

『금화자잡편』(金華子雜篇)*에 다음과 같은 이야기가 있다.

---

* 『금화자』라고도 한다. 남당(南唐)의 유숭원(劉崇遠)이 당말의 고사를 기록한 필기로서 금화자는 그의 호이다.

거북 등딱지의 한가운데 부분을 '천리'(千里)라고 한다. 머리쪽에 가까운 첫째 마디의 껍질에 좌우로 빗금이 있어서 '천리'에 접해 있는 것이 있다. 그것은 거북 왕의 문양으로, 보통 거북을 잡아 확인해보면 거의 이를 찾아볼 수가 없다. 태위(太尉)인 서언약(徐彥若)이 동남(東南)에 부임하기 위해 작은 바다를 건너려 할 때였다. 원수군(元隨軍, ?)의 장군이 홀연 얕은 여울 속에서 작은 유리병을 하나 얻었다. 크기는 아기의 손바닥만했는데, 그 속에 작은 거북 새끼가 한 마리 있었다. 1촌(寸) 남짓한 길이의 거북은 병 안을 이리저리 돌아다니면서 거의 잠시도 가만히 있지 않았다. 유리병의 목이 극히 좁았으므로 어디로 들어갔는지 알 수가 없었다. 이것을 가져다 보관해두었는데, 그날 저녁 갑자기 뱃전 한쪽이 무거워지는 것 같아 일어나서 살펴보니, 수많은 거북떼가 배에 오르려 하고 있었다. 그 사람은 두려움에 떨면서 바다에서 예기치 못한 재화(災禍)를 만난 것을 걱정했고, 그래서 간직해두었던 유리병을 꺼내 주문을 외우면서 바다 속으로 내던졌더니 뭇 거북들이 마침내 흩어졌다. 얼마 후 배에 탄 호인에게 이 일을 말하자, 호인은 "이는 이른바 '귀보'(龜寶)라는 희대의 영물이다. 그것과 마주치고도 가지지 못했다니 정말 아깝다. 아마도 복운(福運)이 박한 사람은 감당하기 어려웠을 것이다. 만약 누군가 이것을 얻어 집에 보관해둔다면 어찌 보물이 부족할까 고민할 일이 있겠는가"라고 하면서 애석해하고 탄식하기를 그치지 않았다.

이 이야기도 그 흔적은 엷지만 보물을 사들이지 못한 이야기의 한 변형으로 꼽을 수 있을 것이다. 나는 예전에 이 이야기를 초록해두고도 까맣게 잊고 있었다. 그러다 1943년에 간행된 시바타 쇼쿄구(柴田宵曲)·모리 센조(森銑三)·이케다(池田) 아무개 공동편집의 동화집 『유리단지』(琉璃の壺) pp. 57~61에 있는 「병 속의 거북 새끼」라는 이야기를 보고는 그 출전이 궁금하여 금년 가을 시바타에게 편지를 보내 가르침을 청했다. 시바타는 곧바로 이 이야기가 『금화자잡편』에 나온다고 알려주면서 원문까지 뽑아 보내주었다. 그의 호의에 깊이 감사하며, 한번 대교(對校)를 해보기 위해 내가 가지고 있던 『금화자잡편』(『당인설회』본)을 펼쳐보고는 이미 붉은 펜으로 호인매보담의 보유에 사용할 수 있다는 뜻을 적어둔 것을 발견하고 나의 우활함에 자조(自嘲)했다.[14]

제10화
한 서생이 '파무주'를 얻어 호인에게 판 이야기

이상은 당대의 서적에 보이는 이야기의 나머지를 모은 것이다.* 송대에도 이와 유사한 설화는 계속해서 유전되었다고 생각되는데, 아래에 그 예를 싣는다.

소자첨(蘇子瞻, 소동파)이 말했다. 그의 선조 광록(光祿)[의 관직에 있던 아무개일 것이다]의 이야기에 따르면, 한 서생이 어느 날 낮에 처마 아래에 앉아 있다가 커다란 벌이 거미줄에 걸려 서로 상대를 물고 찌르는 광경을 보게 되었다. 잠시 후 거미가 땅에 떨어졌기에 일어나 살펴보니 이미 작은 돌로 변해 있었다. 괴이하게 여긴 서생은 그것을 주워 의대(衣帶) 안에 넣어두었는데, 어느 날 시장을 지나가다 만고(蠻賈) 몇 사람을 만났다. 고인(賈人)들은 서생을 보고는 깜짝 놀라 유심히 바라보다가 읍(揖)을 하며 신주(神珠)를 한번 볼 수 있겠느냐고 했다. 서생이 장난 삼아 의대 속의 돌을 꺼내 보이자, 여러 고인들은 서로 돌아보고 기뻐하며 말했다. "이는 파무주(破霧珠)이다. 만인(蠻人)이 해상에서

---

* 저자는 당대에서 오대에 걸쳐 28편의 설화를 소개했는데, 최근의 연구에 따르면 같은 모티프의 이 시기 설화는 모두 46편이다.

주보(珠寶)를 캘 때면 항상 안개가 자욱해 힘들었는데, 이 구슬만 있으면 안개가 곧 저절로 걷힌다." 그러면서 고가로 그것을 샀는데, 그 값이 무려 수천 민(緡, 관[貫])이었다고 한다.

이 이야기는 『남야한거록』(南野閑居錄)에 나오는 것으로서 청나라 진원룡(陳元龍)의 『격치경원』(格致鏡原)* 권32에서 인용하고 있다. 『남야한거록』은 편찬자의 성명이나 저작연대가 상세하지 않다. 도정(陶珽)†의 『속설부』(續說郛)에도 그 두세 항목이 수록되어 있지만 위의 조목은 보이지 않는다. 그 목록에도 또한 어느 시대 어떤 사람이 찬술한 것인지 드러나 있지 않다. 나의 관견(管見)이 미치는 범위에서는 다른 총서에 이 책이 수록된 것을 보지 못했기 때문에 우선은 『격치경원』의 인용문을 그대로 따른다.[15] 이와는 별도로 『고금도서집성』(古今圖書集成)에서 이 이야기를 열거한 조목을 본 적이 있는데, 지금은 노트를 잃어버려 무슨 전(典) 무슨 휘편(彙編) 안에 있었는지 생각이 나지 않는다. 위의 글에서 만인(蠻人)이라는 것은 중국인이 외인(外人)을 지칭하는 호칭으로 당연히 '야만인'의 뜻이 아니다. 또한 이야기의 말미에 고인(賈人)이 보화의 값을 끌어올리는 대목이 빠져 있어서 완전한 형태로부터는 상당히 멀어져 있다 하겠다.

제11화
일본에 전해진 같은 유형 이야기에 대한 보유

나는 구고(舊稿)에서 이 유형의 설화가 일본에도 전해져 환골탈태

---

* 청대의 박물학 백과사전. 전 100권. 고금의 각종 문헌에서 각종 기구와 명물(名物)의 내용 및 유래 등에 관한 자료를 수집하여 각 사물의 기원을 밝히고 있다.
† 『설부』(說郛)의 편자인 도종의(陶宗儀)의 후손. 명나라가 망한 뒤 도종의의 100권본 『설부』를 보완하여 1647년 120권본 『설부』로 편찬했다. 이후 명대의 작품 527종을 수집해 『속설부』를 편찬했다.

한 형태로 보이는 것이 있다는 점을 지적하며 한두 가지 예를 들은 적이 있다. 이제 모리 센조(森銑三)의 가르침을 받아 하야시 시헤이(林子平)*의 아버지 하야시 요시미치(林良通)의 저술로 생각되는 『우의초』(寓意艸)[16]에도 비슷한 이야기가 있음을 알게 되었고, 이것을 검토하여 과연 두 조목을 찾았다. 아래에 그 대의를 기록한다.

1) 나가사키의 어석(魚石)──또 다른 전승

나가사키에서 관리를 지낸 어떤 사람의 이야기이다. 한번은 어느 홍모인(紅毛人)[†]이 찾아와 주방 부근의 어떤 돌에 눈길을 주더니 3년 뒤 다시 올 때 이것을 사고 싶다고 하면서 미리 금 다섯 냥을 두고 갔다. 관리는 이상한 일이라고 생각했지만 해가 지나면서 그 약속을 까맣게 잊어버렸다. 홍모인은 6년이 지나도록 다시 오지 않았는데, 어느 날 문득 그 일 생각난 관리가 돌을 갈라 검사해보았다. 그러자 빨간 물고기가 나왔는데, 그때 마침 나타난 예의 그 홍모인이 갈라진 돌을 보며 탄식했다. 까닭을 묻자, 이 돌을 차츰차츰 갈아서 물고기를 비추어볼 수 있는 부분까지 이른 뒤 물고기가 유유히 헤엄치는 모습을 보고 있으면 자연스레 기가 느긋해져 불로장생할 수 있다는 것이었다.

이전 글에서 내가 야나기타 구니오가 편한 『일본 옛날 이야기집』(日本昔話集)에서 인용한 이야기[17]는 같은 「나가사키의 어석」이지만 취지가 조금 달랐다. 그 이야기에서는 중국에서 '호인'이 했던 역할을 '당인'이 하고 있는데, 이 이야기에서는 그것이 '홍모인'으로 되어 있다.

---

* 1738~1793. 에도 시대 후기의 경세학자. 조선·오키나와·홋카이도의 지리를 서술하며 홋카이도의 개척을 주장하는 『삼국통람도설』(三國通覽圖說)과 해양 방어의 필요성을 역설한 『해국병담』(海國兵談)을 지었다.
† 에도 시대에 포르투갈 사람과 스페인 사람을 남만인(南蠻人)이라고 불렀듯이 네덜란드 사람을 부르던 호칭. 경우에 따라서는 서양인 일반의 호칭으로도 쓰였다.

2) 히타치노쿠니의 아무개가 남에게 어석을 팔지 못한 이야기

이것은 히타치노쿠니(常陸國)*에 사는 어떤 사람의 이야기이다. 쓰쿠바(筑波) 산 기슭에 아무개라는 사람이 있었다. 돌을 찾는 이가 와서 앞마당의 여러 돌을 살펴보더니 그 중 하나를 가리키며 팔라고 했다. 아무개는 좋다며 금 한 냥(兩)에 이를 팔기로 약속했다. 아무개는 조금 기이하게 여기면서도 잘 팔았다고 생각하고, 나름대로 배려를 한답시고 그 돌을 끓는 물로 닦아 진흙과 먼지를 깨끗이 씻어놓았다. 쓰쿠바 산속에서 돌을 살피고 돌아오는 길에 다시 아무개의 집을 방문한 그 사람은 돌이 깨끗이 닦여 있는 것을 보고 아주 낙담했다. 그는 그 속에 물고기가 들어 있어서 이 돌을 보배라고 하는 것인데 지금은 아마 벌써 죽어 있을 것이라고 했고, 잘라보니 과연 빨간 물고기가 한 마리 있었지만 이미 죽은 상태였다.

이 이야기는 『민속학』에 내가 소개한 현재 중국 민간에서 구송되고 있는 비슷한 이야기 가운데 (B)그룹에 속하는 ⑦군(裙) ⑭시진종(時辰鐘) ⑰연관(煙管) ⑯청총(青葱) 등의 이야기와 상통하는 점이 있다. 즉 쓸데없는 친절로 불필요한 일을 함으로써 보물이 보물인 까닭을 잃어버리고 마침내 큰 이익을 놓쳐버린다는 줄거리이다. 돌을 찾던 사람이 물고기가 죽어버린 돌을 가지고 갔는지는 언급되어 있지 않지만, 아마 그대로 버리고 떠났을 것이다.

---

* 현재 이바라키(茨城) 현의 북동부에 해당하는 옛 국명(國名)으로 도카이도(東海道)에 속한다.

수당시대의 이란 문화

한·위·육조 시기를 통해 서서히 중국에 들어온 이란 방면의 문화는 수당 (隋唐)시대에 이르러 한층 두드러진 유전(流傳)을 보였다. 중국과 외국 문화의 관계라는 면에서 중국역사를 보면, 수당시대는 바로 이란 문화의 전성기라고 해도 과언이 아니다. 종교·회화·조각·건축·공예·음악·무용·유희 등 각 부문은 물론 의식주, 특히 의식(衣食) 두 방면에서 이란 문화의 폭넓은 영향을 볼 수가 있다.(이후 13·14세기경 몽골족이 지배한 원나라 때는 이슬람의 그늘에 숨어 이란 문화의 동점〔東漸〕이 또 상당히 활발 했기 때문에 반드시 수당시대가 다시 없는 전성기였다고는 할 수 없다.)

이제 그 원인을 생각해보면, 수당시대에 들어서는 중앙아시아 방면이나 근동지방과의 교통이 점점 활발해져 북으로는 육로, 남으로는 해로를 따라 이란 계통의 여러 민족이 전대(前代)보다 더 많이 중국 각지로 들어 왔다는 점과, 아라비아인 등 셈(Sem)족 계통의 민족이 상인으로서 이슬람의 교세 확장과 함께 다수 동래(東來)했다는 점을 들 수 있다. 북중국에서는 장안과 낙양 두 수도는 물론, 교통과 상업의 요지로 명성을 떨친 서북의 돈황(敦煌)·양주(涼州), 동북의 영주(營州, 지금의 조양〔朝陽〕) 등여러 지역, 남방의 해항(海港)에서는 용편(龍編, 교주〔交州〕. 지금의 하내〔河內〕)·광주(廣州)·천주(泉州)·항주(杭州), 또 양쯔 강 연안의 여러 항구로는 양주(揚州)·홍주(洪州)·형주(荊州) 등, 어느 곳이나 페르시아 또는 아라비아 방면의 장사꾼으로서 와서 살거나 오가면서 무역에 종사하는 자가 제법 많았다. 또한 서방 여러 나라에서 국가사절을 따라 입조(入朝)하는 자나 장안과 낙양의 대학에 유학을 와서 공부하는 자 등도 상당수 되었다. 수당시대에 서역의 문물, 특히 이란 지방의 그것이 중국에서 성행하게 된 것은 순전히 이런 사정에 연유하는 것으로 생각된다. 이제부터 그 주요한 원인에 대해 순서대로 분야를 나누어 개설해보고자 한다.

종교

1) 조로아스터교

종교로는 이란의 국교라고도 할 수 있는 조로아스터교를 먼저 들지 않으면 안된다.(자라투스트라교로 쓰는 것이 더 올바르겠지만 통상적인 용례에 따른다.) 이 종교는 당나라 초기부터 중국에서 천교(祆敎)라고 불렸지만 그 무렵에 처음 중국에 들어왔던 것은 아니다. 즉 오늘날 알려졌다시피, 중국에는 이미 북위(北魏) 무렵부터 이 종교가 전래되어 미미하나마 북중국 방면에서 유행했으며, 북조의 주(周)·제(齊) 왕실과 일반 백성 사이에서도 존신(尊信)되었다. 그것이 차츰 왕성하게 유행하게 된 것은 수당시대부터의 일이다. 제나라나 수나라에서는 국내의 신자를 감독하기 위해 특수한 관직을 설치했으며, 당대에도 계속 그런 관직을 두었다는 기록으로도 이를 증명할 수 있을 것이다.(제나라나 수나라에서는 이 관직을 살보[薩甫] 또는 살보[薩保]라 했고, 당대에는 살보[薩寶]라고만 했다.* 그 원

---

* 어느 것이나 한자의 중고음(中古音)은 모두 'sat pau'이다. 한편 '살보'(薩寶)와 혼동되어온 '살박'(薩薄)의 어원에 대해 요시다 유타카(吉田豊)는 이것이 불전에만 나오는 말로서, 범어 sarthavaha의 음역임을 분명히 했다.

어가 과연 어떤 말인지에 대해서는 국내
외의 여러 학자들 사이에 이설이 많고 아
직 정설이라 할 만한 것이 없지만, 직접적
으로는 중기 페르시아어 팔라비[Pahlavī]
어의 어떤 단어를 음사[音寫]한 것임이
거의 틀림없을 듯하다.*) 이 관직이 당
대 중기 — 현종 개원(開元)연간 — 에
관직의 대개편이 행해졌을 때도 폐지
되지 않고 존속했던 것은 당시 천교도
의 수가 결코 적지 않아서 이들에 대한
통제를 소홀히 할 수 없었기 때문이라
고 생각된다.†

　그런데 이 천교는 주로 중국을 오가
던 서역인 사이에서만 신봉되었던 듯
하며, 중국인 신도는 있더라도 극히 소
수였을 것이다. 이 사실은 위에 말한
살보(薩甫 또는 薩寶) 직책에 있던 자

「삼교도」(三敎圖). 청대 그림

가 대부분 호인(胡人), 즉 대체로 이란 계통의 서역인이었다는 것을 보아
도 미루어 짐작할 수 있으며, 또한 근래 중앙아시아 탐험을 통해 속속 발
견되는 새로운 자료 중에 한역(漢譯) 천교경전이 하나도 보이지 않는다
는 점으로도 추측할 수 있다.(물론 유품이 발견되지 않는다는 것이 그 종교
가 존재하지 않았음을 논리적으로 확인시켜줄 수 있는 것은 아니지만, 대체적
인 경향을 엿보기에는 충분하다.)

---

* 요시다에 따르면 이 단어는 '카라반의 리더'를 의미하는 소그드어 s'rtp'w의 음역이다.
† 아라카와 마사하루(荒川正晴)에 따르면 '살보'라는 직책은 소그드인 자치구의 대표에서 당대에는 조
　로아스터교의 관계자로 성격이 바뀐다. 이는 소그드인의 취락이 당나라가 성립되면서 종래의 자치
　구에서 '백성'의 일부로 편성되었기 때문이라고 한다.

이 종교의 신도들은 신성한 불의 제단을 참배하며 대체로 본국에서와 같은 의례를 행했던 듯한데, 이들을 감독·단속하는 살보는 마치 이슬람교의 카디(Kādi)*처럼 한편으로는 종교적 율법에 의한 재판관의 역할도 수행했던 것 같다. 또한 본국에서는 본래 신상(神像)이나 기타 우상 같은 것에 대한 예배를 행하지 않았던 듯한데, 중국에 들어온 조로아스터교에서는 조금 태도를 바꾸어 사당(祠堂)의 형식 같은 것에도 다소의 차이를 두었고 또한 거기에 신상도 진설했던 것으로 생각된다. 어쩌면 이것을 향해 현세의 이익을 기도했을 수도 있다. 그 실례로 스타인이 발견한 당대 중국 서쪽 변방의 지지(地誌)를 살펴보면 이주(伊州) 지방에서 이런 신상을 볼 수 있으며, 펠리오가 발견한 돈황석실의 고서에서도 같은 지역 부근의 천묘(祆廟)에 신상(神像) 조각이 존재했음을 볼 수 있다. 또한 송나라 초기에 어떤 사람이 천신(祆神)의 상을 그리게 하고 이에 예배를 올려서 이익을 얻었다는 이야기에서도 역으로 미루어 보면 당대의 사정을 상상할 수 있다고 생각된다.

예로부터 내려온 기록과 새로 발견된 자료를 보면 장안의 시중에는 여러 곳에 사당이 세워졌고 낙양·양주·돈황·이주 등지에도 천사(祆祠)가 있었다는 것을 분명히 살필 수 있으며, 동시에 그 제례(祭禮)에서 행해진 이란적인 풍습도 눈앞에 그려볼 수 있다. 천교의 제례에는 갖가지 구경거리가 끼여 있었으니, 환희(幻戱, 기술[奇術]) 같은 것이 행해지거나 제의(祭儀)의 일부를 이루고 있었으리라 생각된다. 이들 잡기야말로 이란 문화의 산물로서 특히 유명했는데, 유의해야 할 것은 천교가 유입됨에 따라 비로소 중국에 전파된 것이 아니라 한대 이후 이미 동서의 교통(交通)과 함께 동쪽으로 전해졌지만 수당 무렵에 이르러 특히 두드러지게 되었다는 점이다. 천사의 존재는 당시의 기록에 명확한 증거가 있는 위

---

* 이슬람의 종교법인 샤리아법을 적용하는 이슬람 종교판사. '카지'라고도 한다.

의 몇몇 도시에만 그치는 것이 아니라 어쩌면 중국의 내지 가운데 이란
인이 있었던 곳 도처에 그 신사(神祠)가 존재했던 것이 아닐까 생각되는
데, 당나라 서원여(徐元興)가 찬한 영홍(永興)의 중엄사(重嚴寺) 비문의
내용은 그 한 증거가 되기에 충분할 것이다. 송대의 수도인 변경(汴京, 개
봉[開封])이나 진강(鎭江, 단도[丹徒]) 등지에 천사가 실재했다는 확증이
있다는 점에서 미루어 보더라도, 당대에 이미 이들 여러 지역에 조로아
스터교 사당이 있었다고 보아도 무방하리라 생각된다.

천교는 이와 같이 당대에 들어와 주로 중국에 머물거나 중국을 오가던
이란계 민중과 함께 중국에서 번영하다가, 당말 무종(武宗) 회창(會昌)5
년(845)에 단행된 불교 박해의 여파로 신봉(信奉)이 금지되어 크게 세력
을 잃게 되었다. 그러나 오대에서 송원시대에 들어서도 여전히 여러 곳
에 그 사당이 존립해 있었던 것을 보면 암묵적인 신자가 있었다는 것은
어렵지 않게 추측할 수 있다.

2) 마니교

이 시대에 동쪽으로 전해져 중국에서 유행한 이란계 종교 가운데 두 번
째는 마니교(摩尼敎)이다. 마니교는 3세기 초에 페르시아인 마니(Mani,
라틴어로 마네스[Manes])가 조로아스터교를 근간으로 하고 이에 예수교,
불교, 바빌로니아의 옛 종교, 그리스 철학의 일파인 그노시스파(Gnostik,
그노시스주의[Gnosticism]*) 등을 가미·혼효(混淆)하여 개창한 일종의
절충종교로서, 조로아스터교도에 의해 페르시아 국내에서 혹독한 박해
를 받고 국외로 쫓겨나 점차 중앙아시아에서 중국 방면으로 흘러 들어오
게 되었다. 이를 동방에 매개해주고 전도한 것은 아마도 천교의 경우와
마찬가지로, 중앙아시아의 여러 민족 중 가장 활발한 상업활동을 하며

---

* 1~4세기에 널리 퍼진 영지(靈智, gnosis)를 근본주장으로 하는 그리스도교의 한 이단설. 신의 세계
와 물질세계가 있다는 이원론으로, 물질세계에서 해방되기 위해서는 영지가 필요하다고 주장했다.

독특한 흰옷차림에 운두가 높은 하얀 모자를 쓴 마니교 사제들. 불교 승려와는 달리 머리를 밀지 않고 대부분 턱수염을 길렀다.

널리 각지에서 상판(商販)에 종사했던 소그드인 등이 그 중 추였으리라고 생각된다. 마니교가 중국에 들어온 것은 당대 이후의 일로서, 측천무후 연재(延載) 원년(694)의 일이라고 전해진다. 이 종교는 절충주의인 까닭에 매우 포용적이며, 조로아스터교가 국민종교의 색채가 대단히 짙은 데 반해 세계종교가 될 소지가 다분하여 도처의 국민들에게 퍼질 가능성이 있었다. 동쪽으로는 소그디아나·박트리아* 방면의 주민은 물론 중국 투르키스탄의 아루야 민족, 몽골의 초원에 웅거한 투르크 민족에서부터 남방의 한족 사이에도 두루 널리 퍼졌으며, 서쪽으로는 아프리카 북안의 여러 지역에서 유럽 대륙의 일부까지 상당한 영역을 차지했을 정도였다. 이 점은 근래 새롭게 발견된 사료 속에서 중기 페르시아어·소그드어·투르크어·한문·콥트어(중세 이집트어) 등으로 번역된 마니교 경전이 발견됨에 따라 한층 명확해졌다. 특히 잘 알려진 것처럼 8세기 중엽경 투르크족의 일부인 위구르족 사이에 퍼졌을 때는 거의 국교와 같은 위치에 있었으며, 마니교 승려는 무상(無上)의 지자(智者)로서 위구르 칸(Kahn)

* Bactria. B.C. 3세기~B.C. 2세기 서남아시아에 있었던 고대국가. 디오도투스(Diodutus)가 박트라를 중심으로 세웠다. B.C. 139년경 파르티아 왕국과 스키타이계 토하라족의 침입을 받아 멸망했다.

의 정치고문에 임용되어 국정의 추기(樞機)에까지 참여하고 있었다.

중국에 전래된 이후에는 한인 사이에도 상당수의 신자가 있었음은 한역 경적(經籍)의 존재에 의해 뒷받침되는데, 당나라 중기 이후 중국의 마니교도는 대부분 당시 중국 각지에 체재하고 있던 위구르인이었다는 데 유의하지 않으면 안된다. 대종(代宗) 대력(大曆)3년(768) 도읍 장안에 대운광명사(大雲光明寺)라는 마니교 사원이 건립된 것도 위구르인의 요청에 의한 것이었으며, 몇 년 뒤 형주·양주·홍주·월주(越州) 등 양쯔 강유역의 여러 읍에 마찬가지로 대운광명사라는 마니교 사원의 건립이 허용되었던 것도 같은 사정에 따른 것이다. 또한 헌종(憲宗) 원화(元和)2년(807)에 낙양 및 태원(太原)에 같은 이름의 사원이 설치되었던 것도 역시 위구르인이 이를 당조(唐朝)에 요청한 결과였다. 이보다 앞서 당나라 조정에서는 개원20년(732)에 이미 마니교를 사교(邪敎)로 낙인찍어 중국인의 신봉을 금지했지만, 위구르인과 기타 서역인에 대해서는 향속(鄕俗)으로서 불문에 부쳐, 재당(在唐) 위구르인이나 서역의 여러 민족 사이에서는 그 신앙이 비교적 오랫동안 유지되었다. 하지만 이 또한 회창의 폐불(廢佛)조치에 앞서 금단(禁斷)의 액(厄)을 만나게 되었고(회창3년[843]) 이후로는 더 이상 지난날과 같은 모습을 보일 수 없었다.

그러나 마니교 신도는 천교 신도 이상으로 각지에 잔존했으며, 송대와 원대를 거쳐 명대에 이르러서도 여전히 그 잔당이 남중국 일부에 갖가지 형태로 존재했던 것을 볼 수 있다. 마니교의 교의와 제도에 관해서는 그 본래의 모습조차 충분히 살펴볼 수 있는 자료가 결여된 상황이며, 중국에서의 그 교의·사원제·승직 계급·경전 종류 등에 대해서는 거의 아무것도 알 수 없는 형편이었다. 그런데 다행히 근래 새로 발견된 사료, 예를 들면 북평(北平)의 국립북평도서관에 있는 명칭이 불분명한 경전의 잔권(殘卷), 런던의 대영박물관과 파리의 국민도서관에 나뉘어 보관된 『마니광불교법의략』(摩尼光佛敎法儀略) 등에 의해 이를 소상히 밝힐 수 있게 되었다. 이 점들에 대해서는 야부키 게이키(矢吹慶輝)가 여러 차례 집필했기 때문에(예를 들면 이와나미 강좌〔岩波講座〕『동양사조』〔東洋思潮〕 중「마니교」등) 여기에 덧붙일 필요는 없을 것이다. 하지만 그 술어(術語) 속에는 이란의 원어를 그대로 음역해 사용한 것이 많은(그러나 주로 사용한 것은 중기 페르시아어나 그 방언인 소그드어이다) 동시에 또한 불교나 도교 등의 용어도 교묘하게 받아들여 중국인의 귀와 눈에 쉬 들어갈 수 있도록 함으로써 포교에 용이하게 한 점 등은 간과할 수 없다.(그 결과 마니교의 경전이 도교 경전의 총서인 이른바『도장』〔道藏〕* 속에 포섭되는 현상이 나타나게 되었지만, 이는 무엇보다 이 종교가 금제〔禁制〕 이후 도교로 가장하여 전도와 선교를 시도했다는 데서 기인한 것으로 여겨진다.)

　마니교도가 중국 전역에 다수 존재했다는 일에 덧붙여야 할 것은, 그들이 각종 서역문화의 중개자로서 이를 널리 중국 각지에 전파하는 역할을 했다는 사실이다. 그 중에서 특히 두드러진 사례는 이란의 역법 중 소그드 풍의 그것을 중국에 이식했다는 점일 것이다. 일·월·화·수·목·금·토 일곱 요일의 명칭을 소그드어로 전해준 일은 가장 흥미로운 사실로서, 동서 문화교섭사에서 간과할 수 없는 일이다. 즉 당대·오대부터 송대의 역서(曆書)에 보이듯이

　　　일요일을 '밀'(蜜)이라 한 것은 소그드어 Mīr

　　　월요일을 '막'(莫)이라 한 것은 소그드어 Māq

　　　화요일을 '운한'(雲漢)이라 한 것은 소그드어 Wnqān

　　　수요일을 '질'(咥) 또는 '적'(滴)이라 한 것은 소그드어 Tīr

　　　목요일을 '온몰사'(溫沒斯) 또는 '온몰사'(溫沒司)라 한 것은 소그드어

---

* 불교의『대장경』에 상응하는 도교의 일체 경전을 말한다. 현재의『도장』은 명나라 정통(正統)10년 (1445)에 수집된『정통도장』(正統道藏) 5,305권과 만력(萬曆)35년(1607)에 수집된『속도장』(續道藏) 180권을 합하여 칭하는 것이다.

Wrmzt

금요일을 '나힐'(那頡) 또는 '나힐'(那歇)이라 한 것은 소그드어 Nāqit

토요일을 '계완'(鷄緩) 또는 '지완'(枳浣)이라 한 것은 소그드어 Kēwān

의 음역이다. 이런 말은 당나라 중기 무렵부터 세상에 유행했던 한역불전 『숙요경』(宿曜經)이나 『범천화라구요』(梵天火羅九曜) 등에도 보이고 (불전이라고는 해도 불교 자체와는 인연이 먼 민간신앙 서적이지만), 특히 일곱 요일 각각의 길흉을 말한 『칠요역일』(七曜曆日) 같은 점성술 전문서에도 보이며, 오대부터 송초에 걸친 역서(曆書)에도 그 전부 또는 일부가 보이는데, 이를 중국인 사이에 이렇게 전파시킨 것은 여러 가지 상황으로 추측컨대 마니교도였을 것이다. 한편 이 일곱 요일의 명칭은 (적어도 그 일부는) 근래까지 남중국의 연해지방에 남아 있었으며, 다른 한편 지리적으로는 바다 건너 일본에도 수입되어 헤이안(平安) 왕조* 말기부터 가마쿠라(鎌倉) 시대†까지의 역일(曆日) 종류에도 그 흔적이 남아 있다.

후지와라 미치나가(藤原道長)의 유명한 『미도 간바쿠키』(御堂關白記)나 병부경(兵部卿) 다이라노 노부노리(平ノ信範)의 일기인 『효한키』(兵範記), 미나모토노 도시후사(源ノ俊房)의 일기인 『스이사키』(水左記), 후지와라 이에자네(藤原家實)의 『이노쿠마 간바쿠키』(猪隈關白記) 등을 보면, 그 지면으로 사용되었던 이른바 구주력(具注曆)#에는 일요일에 해당하는 날에 '밀'(蜜)자(또는 그 약자)를 표기하고 있다. 이는 앞에 든 불전류를 통해 얻은 지식과 당나라에 들어온 승려에 의해 수입된 『칠요역일』

* 현재의 교토 중앙부인 헤이안쿄(平安京)에 수도가 있었던 시대. 794년 간무(桓武) 천황의 천도에서 1185년 가마쿠라(鎌倉) 막부의 성립까지 약 400년 동안으로, 헤이안 시대라고도 한다.
† 가마쿠라에 막부(幕府)를 둔 무신들의 독재정권 시대. 1185년 미나모토노 요리모토(源ノ賴朝)에 의해 시작하여 1333년에 끝날 때까지 약 150년의 기간을 말하는데, 시작년도에 대해서는 이견이 있다.
# 나라(奈郎) 시대부터 헤이안 시대에 널리 사용된 한문 달력. 역일(曆日) 아래에 간지와 길흉 등의 사항이 상세히 주기(注記)되어 구주력이라고 했다. 날마다 두세 줄의 여백이 있어 관리들이 일기를 쓸 때 사용했다.

등에 근거해 구주력의 편자가 기록했을 것이다.(『칠요역일』이라는 책은 에이산[叡山]의 승려 슈에이[宗叡]의 청래목록[請來目錄]에도 기록되어 있지만 일본과 중국 모두에서 실전되어 어떤 내용인지 알 수 없었는데, 펠리오가 돈황에서 당사본[唐寫本]을 발견해 학계를 놀라게 했다.) 이외에도 일기가 써 있지 않은 구주력의 단편은 가마쿠라 시대와 무로마치(室町) 시대*부터 게이초(慶長)† 연간까지 일본에 여전히 많이 남아 있지만, 오늘날까지 알려져 있는 것 중에는 '밀'(蜜)일 외에 나머지 여섯 요일의 원래 이름까지 싣고 있는 것은 보이지 않는다. 이는 마치 오대 이후가 되면 중국에서도 일요일('밀')만 표기한 역서가 왕왕 눈에 띄는 것과 상응하는 듯하다. 이는 일요일이 특별한 재일(齋日)로서 마니교도 사이에 특별히 중시되어, 이날만을 특별히 표시했던 데서 유래하는 것이 아닌가 생각된다.

　마니교도가 무엇인가를 중개하거나 전파한 사례는 이러한 일종의 역법 같은 종교문화에만 그치지 않고 다른 것도 많이 있었으리라 생각되는데, 한 예로 터키계 교도가 남긴 마니교 경적(經籍) 중에는 이솝의 동물 우화를 전하는 것도 있다. 이런 사실에서 고찰해보면 그들이 어떤 기회에 어떤 서방문물을 매개하고 동쪽에 전해주었을까 하는 의문 속에 갖가지 생각이 떠오른다. 마니교도의 특색으로서 통상 자신들의 경전류를 금벽오채(金碧五彩)의 찬란한 삽화와 면지(面紙)로 장엄하게 꾸민다는 점을 주목해보면, 중국 서적의 형식 등에도 영향을 주지 않았을까 하는 생각이 든다. 불전의 면지에 간소하게나마 불상 등의 채색화를 그린 것은 동투르키스탄 투루판(吐魯番) 주위에서 발견된 남북조 무렵의 고초(古鈔) 불전 등에도 이미 그 증거가 있는데, 직접적인 증거는 없지만 이것이 마니교도의 유풍(流風)에 자극받아 지극히 아름다운 것으로 일전(一轉)

---

* 아시카가(足利) 씨가 교토의 무로마치에 막부를 두었던 시대. 1336~1573년 약 240년의 기간으로 아시카가 시대라고도 한다. 그 중에서 1392년까지를 남북조(南北朝)시대, 1467년 이후를 전국(戰國)시대라고 부르기도 한다.
† 에도 시대 고미즈노(後水尾) 천황의 연호. 1596년 10월 27일~1615년 7월 13일의 기간이다.

하게 되지 않았을까 하는 상상도 해볼 수 있다. 당대에 서사(書寫)된 불명경(佛名經)* 등에서 부처나 보살의 간단한 영상(影像)을 곳곳에 그려 넣는 풍조나, 당대에는 중국에도 있었다고 추측되는 일본의 『인과경회권』(因果經繪卷) 풍의 불전 등이 만약 인도풍의 계승이 아니라는 게 입증되고, 또한 중국인 스스로 익힌 결과물이 아니라는 점도 확실해진다면, 그런 풍조에 대해 설명할 때 마니교도의 풍습을 우선 고려해야 하지 않을까 싶다. 필자는 결코 이쓰쿠시마(嚴島)의 헤이케 노쿄(平家納經)나 여러 선면(扇面) 고사경(古寫經) 같은 것이 무언가 마니교 경전의 외형과 관계가 있다는 식의 무단(武斷)적인 주장을 하는 것은 아니다. 이와 같은 것이 출현하는 중간단계에서 이 교도들로부터 어떤 시사를 얻지 않았을까 하는 억측을 해보는 것뿐이다.

3) 네스토리우스교

이 시대에 서방에서 동방에 전해진 종교 중 세 번째는 기독교의 일파인 네스토리우스교, 즉 중국에서 말하는 경교(景敎)이다. 말할 것도 없이 기독교는 유태인 사이에서 발생한 것으로 본래 이란 문화의 산물은 아니다. 하지만 네스토리우스파는 정통파로부터 이단시되어 박해를 받게 되자 교세(敎勢)를 동방으로 이전하여 이란 지방에 들어와서 상당히 번영했으며 다시금 멀리 동쪽으로 뻗어나가 중국에까지 전해졌기 때문에, 그런 동전(東傳)의 과정에서 저절로 얼마간 이란화되었으리라는 것은 거의 의심의 여지가 없다. 당시 중국에 유행하던 그 경전을 보면 종문(宗門) 본래의 용어인 시리아어와 함께 중기 페르시아어가 쓰이고 있는데, 유태 방면에서 기원한 고유명사까지 중기 페르시아어형 또는 그 방언인 소그드어형에 근거해 음역한 것이 보인다. 또한 그 선교사 가운데는 페르시

---

* 제명에 부처의 이름이 달린 경전.

대진경교유행중국비

아인임이 확실한 자가 있었으며, 교도 사이에 행해지던 역법 같은 것도 사산조 페르시아의 그것을 사용했다는 증거가 있다. 이런 사정에 비추어 보면 이 종교를 일종의 이란적인 것으로 보아도 무방할 것이다. 근래 동투르키스탄 지방에서 발견된 이 종교 관련 사료 가운데 중기 페르시아어 및 소그드어로 쓴 경전이 상당수 존재하는 것을 보아도, 보다 더 동쪽의 지파(支派)라 할 수 있는 중국에 전래된 네스토리우스교를 동래(東來)한 이란 문화의 하나로 꼽는 것이 그렇게 당치 않은 생각은 아닐 것 같다.

네스토리우스교가 중국에 들어온 것은 당나라 태종(太宗) 정관(貞觀)9년(635)으로, 태종이 당시의 재상 방현령(房玄齡)과 위징(魏徵)에게 이 종교를 궁중에서 맞아들이게 하여 그 경전의 번역을 허가하고 선교를 권장했으며, 그로부터 3년 뒤 장안 시중에 사원 하나를 지어서 승려 21명을 제도시켰다는 사적은 이미 잘 알려진 일로서 다시 췌언을 할 필요도 없다. 다만 여기서 유의할 것은 처음에 이 사원을 파사사(波斯寺)라 부르고 선교사를 파사승(波斯僧)이라고 불렀다는 점인데, 이 한 가지 사실만으로도 당시 조정에서 이 종문을 페르시아의 한 종교로 간주했다는 것을 알 수 있다. 그 후 중국에서 네스토리우스교 성쇠의 한 면모는 781년 장안에 건립된 유명한 「대진경교유행중국비」(大秦景教流行中國碑, 이하 「경교비」로 약칭)의 내용으로도 살필 수 있고, 또한 때때로 내린 조칙을 통해서도 알아볼 수 있는데, 다만 그 신앙이 당나라에 체류했던 서역인뿐 아니라 중국인 사이에도 퍼졌다는 면에서 천교(祆敎)의 경우와는 상당히 내용을 달리한다. 특히 중국에 전래된 초창기부터 경전이 한역되어 홍법(弘法)의 도구로 사용된 점이나, 한걸음 더 나아가 중국에서 포교하기에 편리하도록 교의서(敎義書)를 편찬해서 사용한 점 등은 크게 주목할 만한 사항이다. 초기에는 아직 한문에 숙달되지 못한 서역 선교사에 의해 번역·편술(編述)되었기 때문인지 문장이 자못 어렵고 왕왕 뜻이 통하지 않는 부분도 있지만, 나중에 번역돼 나온 것은 문장도 잘 정리되어 있어 아마도 교양 있는 중국인 신도의 손이 더해졌음에 틀림없다고 생각되는 것도 보인다. 위에 언급한 「경교비」에서 교의와 연혁을 서술한 문장 같은 경우는 서역인 아담(Adam, 중국명 경정[景淨])의 찬술(撰述)이라고 하지만, 솜씨 있는 문사(文辭)로 볼 때 실은 중국인의 손을 빌린 것으로 보인다. 프랑스의 펠리오 교수는 『문선』(文選)에 실려 있는 「두타사비문」(頭陀寺碑文)의 구조와 용어가 그 글 속에 반영되어 있음을 확인하고 있을 정도이므로, 어느 정도 중국 고전에 정통한 자가 붓을 잡았던 것만은 의심의 여지가 없다.

일시적으로는 장안과 낙양 두 도읍을 비롯해 현재의 영하성(寧夏省) 방면에서 사천성 각지에 이르기까지 그 신도가 있었던 것으로 보이며, 따라서 그 사원도 이들 여러 읍이나 지방에 산재했겠지만, 회창5년(845) 폐불에 즈음하여 마니교에 이어서 천교와 함께 이 또한 된서리를 맞아 금제되면서 급작스레 세력을 잃게 되었다. 그러나 숨은 신도가 잔존했음은 다른 두 종교와 마찬가지여서 송대의 지지(地誌) 등에 그 증적(證迹)이 남아 있다.(이 교도측의 전승에 따르면—예를 들면 앞서 언급한 「경교비」의 문장—당나라 제실[帝室]이 경교에 대해 대단한 은우[恩遇]를 내렸다고 하지만, 제3자의 입장에서 보면 당실로서는 단순히 응분의 호의를 보인 정도였을 것이다. 게다가 정략적인 의미가 강했으므로 교의를 존중했는지 여부는 별도의 고찰이 필요한 문제라고 생각한다.)

지금까지 당대의 기독교에 관해서는 경교의 비문과 몇 조목의 제칙(制勅) 이외에는 사료다운 사료가 거의 없었는데, 근래 유럽인들의 중앙아시아 탐험 결과 고창(高昌)의 옛터나 돈황의 천불동(千佛洞) 등지에서 천년 가까이 망각되고 있던 새로운 사료가 발견되었고, 그 귀한 사료 중 중국이나 일본 학자의 손에 들어온 몇 점에 근거하여 그 진상이 차츰 밝혀지게 되었다. 즉 한역 경교 교적(敎籍)의 잔본으로서 『일신론』(一神論)·『서청미시소경』(序聽迷詩所經)·『지현안락경』(志玄安樂經)·『선원지본경』(宣元至本經)·『경교삼위몽도찬』(景敎三威蒙度讚)·『존경』(尊經) 등이 혹은 완전하게 혹은 단편으로 발견되었는데, 『존경』의 기록에 따르면 위에 언급한 것 외에도 다수의 한역 경전이 있었음을 알 수 있다. 이들 여러 경에 대한 연구는 아직 충분하다고 할 수는 없지만 동서양 학자들의 비상한 노력에 의해 꽤 많은 부분이 해명되었다. 그들의 여러 연구를 참조하면서 경전을 살펴보면, 경교라는 것이 그 본래의 모습을 바꾸어 중국의 전통사상에 순응·동화하고자 한 흔적이 역력히 남아 있음을 확인할 수 있다. 예를 들면 상제(上帝)나 그리스도와 마찬가지로 중국의 천자를 존숭했다거나 중국에서와 같은 의미에서 효도를 중시했다고 하는, 본래의 기독교에서는 볼 수 없었던 일면을 가지고 있는 것이다. 경교가 이런 방면까지 포용하고 한걸음 더 나아간 교의를 전개하여 마침내 난리를 진압해 나라를 지키는 호국종교로까지 진전한 것은 저간의 소식을 더욱 잘 증빙해주는 일로서, 근년까지는 전혀 알려지지 않았던 사실이다. 필자를 비롯해 많은 사람들이 반갑게 생각하는 것처럼, 이와 같은 사정은 전적으로 일본의 학자 하네다 도루(羽田亨)에 의해 세계에 소개되었다. 당대에 경교가 비교적 많은 중국인 신자를 보유할 수 있었던 것은 어쩌면 위에 서술한 사유에 상당 부분 기인하는 것이 아닐까 싶다.

앞서 이미 언급했지만, 네스토리우스교가 경교로서 중국에 전파되면서 그 본모습대로 전해지지 않고 먼저 조금 이란화하여 전해졌을 것이라는 점에 대해 좀더 상세히 서술해보겠다. 「경교비」 본문에 시리아 문자로 기록한 사제의 이름 가운데 마다드 그슈나스프(Mahdād Gshnasp)나 무슈

경교 벽화

하다드(Mushhadād) 같은 페르시아인임이 확실해 보이는 이름이 섞여 있고, 또 이 비를 건립하는 데 많은 시주를 한 이드즈두브지드(Idzdubzid)도 투카라(吐火羅, Tukhāra)국 발흐(Balkh) 사람인 이상 이란계가 분명하다는 점을 볼 때 이 종교에 이란적 색깔을 부여할 까닭이 없다고는 할 수 없을 것이다. 비문의 찬자인 아담도 소그드어로 기술된『대승리취육바라밀경』(大乘理趣六波羅蜜經)의 한역에 참여했다고 전해지며, 호어(胡語), 즉 소그드어에 정통했다고 일컬어지기 때문에 역시 이 방면 출신의 이란인이라고 보아야 할 것이므로, 그에 대해서도 마찬가지로 말할 수 있을 것이다.

경교가 이란화된 네스토리우스교가 아닐까 생각하게 되는 또 다른 증거는 그들이 사용하던 역법이 시리아 풍이 아니라 페르시아 풍을 따랐던 듯하다는 점이다. 예를 들면 일곱 요일의 명칭을 마니교도가 소그드어로 불렀던 것처럼 경교도는 중기 페르시아어로 불렀다는 것은 주목해야 할 부분이다. 일요일의 경우 「경교비」 본문의 날짜를 부기한 곳에 이를 음역하여 '요삼문'(耀森文)이라 했고 당시 다른 문헌에는 요삼물(曜森勿)이라고 써 있는데, 둘 다 중기 페르시아어 Evshhambat(일요)의 대음(對音)이며, 신 페르시아어 Yakshambah에 해당하는 말이다. 이에 대해서는 중국의 네스토리우스 교도뿐 아니라 동방의 경교도 역시 같은 풍조를 갖고 있었다고 보이며, 투르크 종족의 경교도도 마찬가지일 것으로 판단된다.(월요 이하의 명칭에 대해서는 번잡할까 싶어 구태여 기록하지 않겠지만, 마니교 항목에 기술한 『숙요경』 등에 그 한자 음역이 보이며, 스위스의 위베르〔Huber〕나 일본의 사카키 료자부로〔榊亮三郞〕 등의 연구와 대조하여 그 원음도 알 수 있다.) 경교도가 시리아어나 히브리어를 사용하지 않고 중기 페르시아어를 사용해 요일을 나타냈다는 것은 사소한 한 예이기는 하나 그 이란 문화화(文化化)의 한 단면을 드러내는 것이다. 마치 후대에 전래된 이슬람(특히 북중국 방면에서 유행한 것)이 결코 아라비아어만으로 교의를 가르친 게 아니라 그 용어 속에 페르시아어를 상당히 포함했던 것과도 흡사한데, 이 점 역시 아울러 생각해보아야 할 것이다.(이런 점에서 생각해보면 이슬람이 본래 모습 그대로 엄밀하게 동류〔東流〕했는지 여부도 한번 살펴볼 여지가 있을 듯하다.)

　이 항목을 마치면서 덧붙여야 할 것은 마니교의 경우와 마찬가지로 경교가 그 한역경전 속에 불교 용어나 도가 문자를 다수 받아들이고 있다는 점인데, 이는 중국인의 이목에 친근함을 느끼게 하기 위함이었다고 생각된다. 특히 어떤 경전에서 노자 『도덕경』(道德經)의 한 구절을 그대로 받아들이고 여기에 도가적 주석을 더한 것은 두드러진 예이며, 또한 '법사'(法師, fapshi)나 '상좌'(上座, shangtso) 같은 중국불교의 용어가 「경교비」 속에 그대로 시리아 문자로 음역되어 각각 papas, shiangtsu의 형태로 보이는 것도 그 실례이다. 또한 천주·천사·예수·사도 등의 화상(畵像)이 불상·보살상·천부상(天部像) 등의 형식에 따라 그려졌으리라는 것도 충분히 상상이 가는데, 그 중 아주 좋은 실례가 돈황의 천불동에서 스타인이 발견한 한 그림이다. 일견 지장보살(地藏菩薩)처럼 보이는 이 입상의 정부(頂部)와 흉부에 「경교비」의 상부에 있는 십자가 같은 것을 내건 흔적이 남아 있는데, 이는 바로 이 그림이 기독교 관련 도상이지만 불교미술의 양식 아래 완전히 포섭되었음을 보여주는 것으로, 우리의 상상에 근거를 더해주는 유력한 자료이다.(영국의 웨일리는 이 그림을 처음으로 세상에 소개하면서, 그것이 과연 경교 관련 화상인지 미심쩍어했다. 하지만 십자가를 걸치고 있다는 점뿐 아니라, 면상〔面相, 특히 수염의 형태〕이나 관형〔冠形〕 같은 것을 볼 때 기독교에 관련된 것임은 틀림없다고 생각된다.)(고창국의 유적지에서 발견된 경교 사원의 벽화에는 불교미술화의 과정을 전혀 거치지 않은 것만 보이는데, 그 외에 이런 종류도 있었을지 모른다.)

🦋 예술

1) 회화

다음으로 예술 방면을 한번 살펴보자. 첫 번째는 회화분야로, 이란의 영향이 분명히 느껴지는 회화는 남아 있는 실물이 매우 부족하며, 그나마도 간접적인 자료와 여러 가지 문헌을 대조하여 논정하는 것 외에는 고찰할 방도가 없기는 하지만, 수당시대의 작품에 이란의 영향이 상당히 있다는 것은 인정하지 않을 수 없다. 당나라 초기 장안에 머물렀던 강살타(康薩陀) 같은 자는 사마르칸트 출신의 화가로 확인되는데, 그렇다면 그가 곧잘 그렸다는 기이한 금수(禽獸)의 그림에는 아마도 이란풍이 강했을 것이다. 당시 한층 더 유명했던 울지을승(尉遲乙僧)이란 화가는 우전국(于闐國, 화전〔和闐〕) 출신으로서 아버지 울지발질나(尉遲跋質那)와 함께 장안에 살면서 불화(佛畵)와 외국그림을 그려 일대의 명수로 불렸다. 그의 그림은 세간에서 요철화(凹凸畵)라고 불렸는데, 음영(陰影)을 넣어서 멀리서 바라보면 실물이 떠오르는 것처럼 느껴졌다는 것은 분명 그 그림이 이란풍이었음을 증명해준다. 돈황 및 서역의 여러 지역에서 발견된 불화류 중에는 그 솜씨는 논외로 하더라도 수법에 있어서 울지을승의 요철화를 상상하게 만드는, 이란풍의 분위기가 자못 짙은 작품이 있다. 주경현(朱景玄)의 『당조명화록』(唐朝名畵錄)과 단성식(段成式)의 『사탑기』(寺塔記) 등에서도 이란풍의 요철화가 어떤 것이었는지 대략 엿볼 수 있지만, 새로 발견된 이들 불화류와 대조해보면 그 일단을 더 잘 그려볼 수 있을 것이다.

나아가 당나라 일대의 대수필(大手筆)이었던 오도현(吳道玄) 같은 이도 문헌을 살펴보면 요철화의 영향을 받았던 듯한데, 송나라의 소식(蘇軾)과 미불(米芾)이 그의 화적(畵蹟)을 평한 기사에서 그 점을 고찰할 수 있다. 소식은 "도자(道子, 오도현)가 그린 인물은 등불을 켜고 그림자를 취하는 듯하여, 앞뒤에서 보거나 좌우에서 살피거나 횡적인 것, 기운 것, 수평인 것, 수직인 것이 각각 서로 더하고 덜면서 자연의 수를 얻어 털끝만큼도 어긋나지 않는다"고 했는데, "등불을 켜고 그림자를 취하는 듯"하다는 것에서 요철화의 면모를 알아볼 수 있다. 따라서 오도현의 제자인 노능가(盧陵伽), 양정광(楊庭光), 적염(翟琰) 등도 어쩌면 그 스승의 기법을 배워 다소나마 그 유풍(流風)을 전했을지 모른다. 오도현의 작품은 불화와 인물화 등에만 이란풍의 영향이 있었던 것이 아니라 산수화에서도 그 감화가 확인되는 것 같다. 장언원(張彦遠)의 『역대명화기』(歷代名畵記)에 따르면, 오도현은 산수화에 음영법을 응용해 풍경화에 새로운 경지를 개척했던 것으로 보인다. 오늘날 세간에서 오도현의 그림이라고 하는 것은 모두 후대인이 가탁한 그림으로 이른바 요철화의 수법이 충분히 확인되지 않지만, 당대의 문헌을 자세히 읽어보면 진적(眞蹟)에서는 다소나마 서역화의 영향이 확실히 나타나 있음을 간취할 수 있다. 돈황 등지에서 발견된 회화가 장안과 낙양 회화의 말류라는 사정을 감안하면, 이런 경향은 오도현 등 두세 명가(名家)에만 그치지 않고 당대 화가들 사이에 어느 정도 이란풍의 영향을 남겼다고 보아도 무방할 것이다. 또 요철화라는 것의 수법은 인도에서 출발하며 그 원류(源流)는 예를 들면 아잔타 벽화에서 보는 것과 같다고 말하는 사람도 있겠지만, 설령 그렇다고 해도 일단 이란문화권을 통과해 중국에 전해졌다는 점에서 이 수법을 이란풍이라고 해도 아주 틀린 말은 아닐 것이다.

2) 조각 및 공예 등에 나타나는 고안

다음으로 조각을 살펴보자. 오늘날 남아 있는 것에 국한해 말하자면, 수당의 양식은 물론 육조시대의 양식과 취향이 다르기는 하나, 그것은 전대로부터 스스로 발전해온 결과 생겨난 것이며 그 정제되고 풍려(豊麗)한 취향도 특별히 이란적 수법과 형식의 감화나 영향이라고 하기는 어렵다. 하지만 그 가운데 나타나는 고안(考案)과 문양 등에는 서역풍이 왕왕 존재함을 지적할 수 있다. 예를 들면 당나라 태종의 소릉(昭陵) 현무문(玄武門) 안에 있는 여섯 준마의 부조(浮彫)에서 말갈기를 세 갈래로 묶는 방식 같은 것은 분명히 이란의 풍습을 따른 것으로, 사산조 페르시아의 은그릇에 새겨진 말을 탄 왕후들의 모습에 누차 나타나는 의장이다.

또한 장안의 비림(碑林)에 있는 어떤 비석은 그 측면에 지극히 유려한 부조 장식이 새겨져 있는데, 그 중에는 대지선사(大智禪師)의 비측(碑側)처럼 보관(寶冠)의 정면에 초승달을 이고 있는 보살상을 부조한 것이 있다. 이렇게 초승달을 이고 있는 것은 의심의 여지 없이 이란풍의 고안으로서, 사산조 페르시아의 석조(石彫)나 화폐에 보이는 왕자의 초상 및 근래 프랑스 탐험대에 의해 발견된 아프가니스탄의 이란식 불상조각(바미안[Bāmian] 굴원[窟院] 소재)에서도 보인다. 그 사실을 처음으로 지적한 사람은 관견(管見)에 의하면 위 탐험대의 일원이었던 프랑스의 동양학자

아캥이다. 이런 고안이 멀리 중국 중앙까지 유전(流傳)한 것은 지극히 흥미로운 일로서, 이미 북위시대 운강(雲崗) 석굴의 조상(彫像)에도 나타나며 북제(北齊)시대 돈황 벽화의 불상 및 보살상에서도 보인다. 당대의 그것들에도 많은 예증이 있으며, 또한 그것이 바다 건너 일본에까지 그 유풍(留風)을 남기고 있어 다시금 적잖은 학술적 흥미를 불러일으킨다.(이에 대해서도 이미 아캥이 한두 가지 실례를 지적했는데, 필자가 조사한 바에 의하면 아직 더 많은 예를 들 수 있다.)

그 밖에 묘궐(墓闕)이나 분묘(墳墓)의 현실(玄室) 벽면을 모방한 것으로 보이는 부조 화상석(畵象石)에는 중국에 왕래하던 이란인의 골호(骨壺)로 쓰인 용기의 일부로 생각되는 것이 두세 개 있는데, 그 수법이나 고안이 아주 순수한 이란풍이다. 그래서 어쩌면 이란 계통의 공인의 손에 의해 만들어졌을 수도 있다고 생각되지만, 만약 중국인의 손에서 만들어졌다면 이란의 영향이 대단히 깊음을 인정해야 할 것이다. 즉 쾰른(Köln)의 동아시아 미술관, 파리의 루브르 박물관, 뉴욕의 메트로폴리탄 미술관 등에 소장되어 있는 이런 종류의 조각의 경우, 동투르크스탄 구자(龜玆)의 유적지에서 발굴된 벽화 등에 보이는 인물의 의상 및 복식 등과 양식이 완전히 일치하는 점이 있다. 그러므로 구자 지방의 토착민이 이란종과 다른 아리안종이라고 하더라도, 당시의 문화는 이란풍의 영향을 강하게 받았으므로 그들 석조의 수법과 양식에서도 분명히 이란계의 감화를 간취(看取)할 수가 있는 것이다.(서양의 어떤 학자는 이것이 구자왕의 사신 일행을 나타낸 것이라고까지 했는데, 그 의견은 아무 근거가 없어 선뜻 찬성할 수 없기는 하지만, 그런 생각의 동기에는 타당하다고 보이는 점이 있다.) 한편 이 일군의 조각을 수나라 이전의 것으로 지목하는 사람도 있지만, 여기서는 일단 당대의 것으로 보고 논의했다.

이런 이란적 요소는 반드시 조각에만 나타나는 것이 아니라 일반적인 미술과 공예에서도 두루 찾아볼 수 있는데, 이 기회에 회화·조각·직물

등 각종 공예품을 통틀어 두드러지게 눈에 띄는 이란풍의 고안을 일괄하여 간략히 서술해보겠다. 이것이 당시 서역문화가 어떻게 각 방면에 침윤하고 있었는지를 추측하는 데 일말의 단서가 된다면 다행이겠다. 조각에서는 장안의 비림(碑林)에 보존되어 있는 서너 개 비석의 측면·초석·대좌(臺座) 등에 새겨진 풍염(豊艶)하고 우려(優麗)한 당초문(唐草紋)에서 이란적인 향기가 흠씬 풍긴다.(도인법사비〔道因法師碑〕·융천선사비〔隆闡禪師碑〕·빈국공공덕비〔邠國公功德碑〕와 앞서의 대지선사비) 그 중 인동당초(忍冬唐草)의 일종으로도 볼 수 있는 고안은 이미 예로부터 중국에 들어와 있던 것이므로 어느 것도 수당에서 시작되지는 않았지만 그 직접적인 기원이 이란적인 것에 있음은 말할 나위도 없다. 아칸서스(Acanthus) 문양에서 탈바꿈한 것으로 여겨지는 어떤 종류의 고안이나 포도당초문 같은 것은 모두 이 시대의 대표적인 이란 선호 문양이라고 해도 무방할 것이다.

또 직물 등에는 일본의 쇼소인(正倉院)에 소장된 고대 제품의 잔편(殘片)이나 호류지(法隆寺)에 소장되어 있는 사천왕 문양의 깃발에 보이는 수렵문 등이 당나라 때 많이 애용되었다고 여겨지는데, 이것이 사산조 페르시아의 가장 특징적인 이란풍의 디자인임은 말할 나위도 없다. 나아가 연주문(聯珠紋, 연벽문〔聯璧紋〕. 구슬을 늘어뜨린 문양, 즉 비즈*로 메달리온†의 윤곽을 삼은 것)이라고도 할 수 있는 작은 구슬을 원형 또는 방형으로 병렬시킨 문양이 종종 쓰이고 있는데, 이 또한 이란풍의 것임은 이미 주지의 사실로서, 앞서 말한 묘궐(墓闕)의 모형 같은 조각이나 메트로폴리탄 미술관에 소장된 석조불상대좌에서도 그 문양이 명료하게 확인된다. 기타 사산조 장식문양의 특색인 화식조(花喰鳥)#의 디자인도 선호

* beads. 수예품이나 장신구 등에 쓰이는 구멍이 뚫린 작은 구슬.
† medallion. 대형 메달.
# 봉황이나 학 따위가 꽃가지나 솔가지를 물고 있는 모습을 그린 장식무늬.

된 것으로 보이는데, 쇼소인에 보관된 거울 뒷면의 뛰어난 부조(浮彫)의 실례를 보면, 목을 장식하는 가는 베를 두른 인물·불상·금수상(禽獸像) 등과 같이 이란풍의 문양이 있는 것들이 당시 중국에도 분명히 존재했을 것이다. 설령 지금 그 유품이 전무하거나 근소하다 해도 그것의 수입품 혹은 모방품으로 확인되는 일본 나라(奈良) 왕조 전성기의 유품 등을 통해서 그 존재를 어렵지 않게 확인할 수 있다.

이미 잠깐 언급했듯이 말갈기를 셋 또는 다섯으로 묶는 방법, 즉 삼화(三花) 또는 오화(五花)도 이란풍의 것인데, 그 본원을 시베리아 방면의 유목민족에게서 찾아야 한다는 설도 있긴 하지만, 적어도 수당시대에 그 의장의 밑바탕이 페르시아 것이었음은 의심의 여지가 없다.(이 삼화와 오화는 말을 읊은 당대의 시에 자주 보인다.) 또 많은 황제의 능 앞뒤에 배치되어 있는 석수(石獸) 가운데 날개 달린 천마(天馬) 또한 이란적인 것으로, 조각뿐 아니라 공예품의 문양으로도 사용되어 잘 알려졌다시피 일본의 제실(帝室) 물품 중 은호병(銀胡甁)에도 날개 달린 말의 도상을 상감한 것이 있다. 호병은 호병이라는 이름 자체가 시사하듯이 이란풍의 형태를 한 것인데, 당시 중국에서 실용되었던 것은 지금 남아 있지 않을지 모르지만 명기(明器, 부장품)에는 이른바 '삼채'(三彩)의 고아한 호병이 흙 속에서 무수히 발굴되고 있으며, 일본에도 쇼소인의 기물 중에 칠기 호병이 좋은 예로 남아 있다. 이 호병들을 보면, 나무 아래에 한 쌍의 동물(양·사슴·꿩 등)을 상징적으로 서로 마주보도록 배치한 도안은 틀림없이 이란 계통의 것이며, 또한 나무 아래에 인물(특히 부녀)을 세워놓은 그림, 즉 이른바 수하미인(樹下美人)의 구도 역시 이란풍이라는 설이 있다. 전자의 증거는 현재 중국에는 남아 있지 않은 듯하지만, 역시 쇼소인의 기물 가운데 당대 중국에 존재했다고 추측할 만한 자료가 있다. 후자에 대해서는 현재 확증이 없기는 하지만 어딘지 모르게 이란풍을 느끼게 하는 부분이 있으니, 훗날 입증될지도 모른다. 적어도 이런 도안과 문양의

기원을 인도에서 찾으려는 설보다는 훨씬 그럴 확률이 높을 것으로 생각
된다.

3) 음악

수당의 음악은 완전히 서역악이 풍미했던 것으로 보인다. 이 역시 수당
시대에 비로소 그렇게 된 것이 아니라, 이미 남북조시대부터 상당히 큰
영향을 받고 있었지만 이 시기에 그 현상이 한층 두드러지게 되었다는
것이다. 악곡(樂曲)의 경우는, 궁정에서 왕성하게 사용되었던 강국악(康
國樂)·안국악(安國樂)·구자악(龜玆樂)·고창악(高昌樂)·소륵악(疏勒樂)
같은 것이 모두 서역계의 것이었다. 그 무렵부터 무슨무슨 악이라고 하면
그에 수반하는 무용까지 포함되었는데, 그것들이 직접 또는 간접적으로
이란풍의 음악이었음은 말할 나위도 없다. 강국악은 사마르칸트의 음악이
고, 안국악은 부하라(Bukhara)의 음악이며, 구자악은 쿠처(Kuche) 부근,
고창악은 투루판(Tulufan) 지방, 소륵악은 카슈가르(Kashgar) 부근의 음
악이었는데, 말할 것도 없이 이 나라들은 모두 이란문화계열이다. 유명
한 악인(樂人)이나 무공(舞工) 중에도 마찬가지로 이란문화계열의 서역
국가에서 머나먼 중국땅에 와 있던 자가 상당히 많았던 듯하다. 그 이름을
역사에 남긴 자로는 먼저 당나라 초기에 구자국 출신의 백명달(白明達)과
부하라 출신의 안질노(安叱奴) 같은 자가 있는데, 모두 호악(胡樂)을 좋
아하던 고조(高祖)의 총애를 받아 현달했었다. 그 뒤에도 호인 출신의 음
악가는 당나라 궁정에서 중시되어, 악부(樂府)에 속해 있던 다수의 영인
(伶人)과 악공(樂工)이 서역 출신의 명인이었다. 중앙아시아 소그드의
한 나라인 미국(米國, 마이마르그]) 출신의 미가영(米嘉榮)이나 그의 아
들 미화랑(米和郞), 미국인임에 틀림없는 미화가(米禾稼)와 미만퇴(米萬
槌), 소그드 조국(曹國, 카브다나[Kabdāna]) 출신으로 생각되는 조보(曹
保)·조선재(曹善才)·조강(曹剛), 강국(康國, 사마르칸트) 출신으로 보이

는 강곤륜(康崑崙)·강대(康迺), 부하라 출신으로 확인되는 안만전(安萬全)·안비신(安轡新) 등은 모두가 그 좋은 예이다. 이런 풍조에 수반해 악기도 서역의 것이 널리 이용되었음은 물론이다. 이리하여 서역 음악이 성행했음은 백낙천(白樂天)의 벗이었던 중당의 시인 원진(元稹, 자는 미지〔微之〕)이 당시 장안과 낙양에 서역 취미가 넘쳐나던 상황을 "여인은 호부(胡婦)가 되어 호장(胡妝)을 배우고, 기녀는 호음(胡音)을 노래하며 호악(胡樂)에 힘쓰네"(「법곡」〔法曲〕)라고 읊은 것이나, 또 왕건(王建)이 "낙양의 집집마다 호악을 배운다"(「양주의 노래」〔涼州行〕)고 노래한 것을 통해서도 대략 알 수 있을 것이다. 원진이 말하는 '호'의 의미는 이 경우 이란문화권에 속하는 서역 방면의 지역이나 인물을 지칭하는 것으로 해석해야 한다. 또 설령 그렇지 않다 하더라도 당나라에 있던 북적(北狄) 중에는 북족(北族)을 사칭(詐稱)한 서역의 호인이 많이 섞여 있었고 또 이란계의 문물도 그 사이에 적잖이 혼재했었기 때문에, 여기서 말하는 호음이나 호악은 서역의 음악으로 보아도 무방할 것이다.

　음악에 수반하여 이란풍의 무용도 여러 가지가 전해졌는데, 특히 호선무(胡旋舞)·호등무(胡騰舞)·자지무(柘枝舞) 같은 것은 유명해서 당대의 시문에서 그 모습이 적지 않게 묘사되었다. 호선무는 주로 소그드 방면의 기예로서, 여자가 빠르고 날렵하게 좌우로 돌면서 추는 춤이다. 때로는 이 춤을 공(毬) 위에서 공연하기도 했던 듯하다. 호등무는 지금의 타슈켄트(Tashkent) 주변에서 발원한 춤인 듯한데, 당시 중국에서 이것을 호선과 함께 '건무'(健舞)로서 손꼽았던 점을 감안하면 상당히 격렬하고 다소 곡예적인 무용이었다고 생각된다. 자지무 또한 건무의 일종으로 역시 타슈켄트 부근을 본원지로 하는 듯한데, 오색으로 수놓은 비단옷에 호모(胡帽)를 쓰고 은대(銀帶)를 찬 두 동녀(童女)가 추는 춤으로, 박자에 맞춰 은방울이 울리는 자못 화려한 무용이었던 것 같다. 처음에는 두 사람이 각각 연꽃 안에 숨어 있다가 꽃이 열리는 동시에 서로 짝을 이루

어 추는 춤이었다고 한다. 한편 그밖에 건무에는 불림(拂林)이라는 춤도
있었다. 어떤 형태의 춤이었는지는 불분명하지만, 이름으로 추측컨대 아
마도 서역풍의 춤이었으리라 생각된다. 오늘날 일본의 궁정 등에 전해오
는 아악(雅樂) 안에 보존되어 있는 난릉왕(蘭陵王)이나 발두(鉢頭, 撥
頭), 소막차(蘇莫遮) 같은 춤이 당대(唐代) 무악(舞樂)의 면모를 얼마나
보존하고 있는지는 매우 의문스럽지만, 어쨌든 그것들은 당대에 성행하
던 무곡(舞曲)이 전래된 것으로서 그 본원을 서역에 두고 있는, 의심할
바 없이 이란 무곡의 흐름에 속하는 것이다. 특히 소막차의 경우는 본래
사마르칸트 특유의 것으로서 걸한(乞寒) 또는 발한(潑寒)이라고도 하는
데, 농경에 관한 주술적인 의례에서 생겨난 것이 마침내 음악을 수반하
여 무곡화(舞曲化)한 것으로 생각된다. 이 춤은 북방민족을 통해서도 중
국에 들어왔는데, 북방민족의 경우는 말을 타고 이 춤을 추었고 그 종류
도 하나가 아니었던 것 같다. 현종은 특히 이 춤을 즐겨 보았다고 한다.
당 왕조의 음악과 무용이 이란의 영향을 두드러지게 받았다는 것은 이상
의 간단한 기사에 근거해서도 대략 알 수 있으리라 생각한다.

4) 잡희
잡희(雜戲)란 마술·곡예·서커스 종류를 말한다. 이 또한 이미 한대부터
서역에서 여러 종류가 들어와 있었고 수당시대에 비로소 전해진 것은 아
니지만, 이 무렵이 되어서 크게 성행했다고 할 수 있을 것이다. 탄도(呑
刀)·토화(吐火)·농환(弄丸)·무검(舞劍) 같은 기예를 비롯해 승기(繩技,
줄타기)·간기(竿技, 긴 장대 꼭대기에서 곡예를 부리는 것) 등은 모두 서역
의 기예이거나 서역풍이 짙은 것으로서 상하 계급 모두에 널리 환영받았
으며, 당시의 시문이나 수필류에 드문드문 보이듯이 서역 출신의 고수가
다수 들어와 있었다. 이런 잡희는 모두 흥행성이 있어서 특히 귀인의 저
택에서 공연되기도 했다. 또한 장안 시중의 번화가였던 대자은사(大慈恩

당대 타구(打毬) 정경

寺)·청룡사(靑龍寺)·영수니사(永壽尼寺) 등의 경내나 문 앞에는 상설 놀이마당이 있었다고 하니, 그 주변에서도 이런 공연을 했다고 생각된다.

관중을 앞에 두고 하는 연기가 아닌 스스로 즐기는 유희로는 타구(打毬)가 있다. 이는 페르시아의 국기(國技)라고도 할 만한 것으로서, 가장 이란적인 잡희이다. 원명이 무엇이었는지는 알 수 없지만 오늘날 동서양에서 통용되는 폴로(polo)라는 이름은 티베트어인 듯하다. 중국에는 당나라 초기에 토번(吐蕃, 티베트)에서 전해졌으며, 태종은 이 타구를 아주 즐겼다고 한다. 처음에는 무인들 사이에서 인기를 모으다가 나중에 문관이나 여성 사이에서도 유행하여 그 유풍(遺風)이 송·원·명대까지 이르렀으며, 바다 건너 고려와 헤이안(平安) 시대 일본에도 전해졌다.(근래 다이카 개신[大化改新]* 이전에 전해졌다는 새로운 설도 제기되었지만, 여기서는 깊이 다루지 않기로 한다.) 타구가 당대에 성행했다는 것은 시문에 잘 남아 있으며, 경기방법은 송대의 문헌에서 소급해 알 수가 있다.[1]

---

* 645~650년에 추진되었던 정치개혁. 황족 등의 사유지와 사유민 폐지, 지방행정조직의 확립, 호적의 제작과 토지제도 정비, 통일적인 조세제도의 시행 등이 주요 항목이다. 이러한 개혁을 통해 중국의 율령제(律令制)를 본뜬 중앙집권적·관료제적 지배체제를 수립하고자 했다.

쌍륙

바둑

또한 쌍륙(雙六, 일본에서 흔히 하는 그림이 들어간 회쌍륙[繪雙六]은 아니다)은 이란에서 전해진 것으로, 서쪽으로 전해져 유럽에서 백개먼(Backgammon)*으로 남아 있는 것이나 쇼소인의 보물에서 보이는 것이 그 증거이다. 장기(將棋)는 인도에서 발원한 것이지만 이란 문화의 세계에 한 차례 빠졌다가 온 것인 듯하다.

한편 유희는 아니지만 여기에 덧붙여야 할 것으로 예로부터 유명한 원소관등(元宵觀燈) 행사가 있다. 많은 기록에 보이듯이 이 풍습은 당대에 꽤 성행했는데, 지극히 화려하고 아름다운 갖가지 고안의 등수(燈樹, 일본의 만등[萬燈]보다 더욱 화려하다)의 형식에 혹시 이란의 영향이 있지 않을까 생각된다. 장열(張說)의 시에 "궁궐의 15일 봄놀이 자리에, 지나는

---

* 좌우에 12개의 쐐기 도안이 그려져 있는 판 위에서 말을 움직이는 서양식 주사위놀이. 양편에서 15개의 말을 각각 정해진 위치에 배치한 다음, 주사위 2개를 던져서 나온 숫자만큼 말을 진행시켜 먼저 자기 쪽 진지에 모두 모으는 쪽이 이긴다.

비 부는 바람 질투하지 마라. 서역의 등륜 일천 그림자가 어우러지니, 동쪽 중화 궁궐의 만 겹 문이 열리네"라는 구절이 있어서 이런 추측도 해보지만, 과연 어느 정도나 서역의 영향을 받았는지는 자세히 알 수 없다. 독일의 그륀베델이 옛 고창국 터에서 발견한 벽화의 등수 그림은 이런 추측도 전혀 터무니없지는 않다는 증거가 될 수 있겠지만, 중국에서 고창 방면까지 이런 풍습이 전해졌다고 생각하기에는 상당히 무리가 있다. 때문에 장열의 시와 함께 생각해보면 이 방면의 풍습이 다소나마 동쪽으로 옮겨와 섞여들게 된 것으로 보인다.

🎋 의식주

1) 복식 및 화장

의식주 중에서 의와 식 두 방면에는 이란풍이 침윤(浸潤)한 흔적이 현저하기 때문에 먼저 그에 대해 한마디 하고자 한다.

　당대에 남녀의 의복·모자·신발 등에서 서역풍을 선호했다는 사실, 특히 개원 이래 그런 풍조가 두드러졌다는 것은 여러 기록에서 분명히 볼 수 있다. 『신당서』 권45 「여복지」(輿服志)에서는 이를 솜씨 있게 잘 요약하고 있는데, 이른바 호복(胡服)·호모(胡帽)·호극(胡屐)이 크게 유행했다는 것이다. 이 호복·호모·호극은 주로 이란풍의 것을 지칭하던 이름인데, 그 각각에 대해 상세히 말하기는 어렵지만 근래 낙양과 장안 두 도시 부근에서 발굴된 토우(土偶)를 보면 그 대체적인 모습을 추측할 수 있다. 남녀 공히 옷깃을 접은 상의를 입고 망토나 오버코트 같은 것을 두른 것이 많은데, 이는 모두 당시의 이른바 호복으로 이란계 복장이다. 이런 의미의 호복·호장(胡裝)에 대해서는 왕국유(王國維)의 「호복고」(胡服考)와 하라다 요시토(原田淑人)의 「당대의 복식」 외 1편의 훌륭한 연구가

있어서 자세히 알 수 있기 때문에 여기서
는 더 이상 언급하지 않겠다.

결발(結髮)이나 화장 등은 직접적으로
는 북호(北胡)라 불리는 돌궐(突厥, 투르
크(Turk))인이나 위구르(Uigur)인을 통해
서, 또는 그들 사이에 섞여 있던 서호(西
胡)로부터 이란 계통의 기술을 많이 배웠
다. 백낙천의 시 「요즘의 화장」(時世妝)
에서 당시 장안에 유행하던 화장법을 비
평하며 중화풍이 아니라고 한 것은 서역

당대 여성의 복식

풍이 풍미했음을 암시하는 것으로 해석할 수 있을 것이다.

2) 식품 및 주류

의식주 중 식 방면에서는 호식(胡食)이라 불리던 서역풍 식사가 유행했
는데, 특히 개원 이후 귀인들의 밥상에는 모두 호식이 올랐다고 한다. 그
실제는 물론 분명하지 않지만, 일반의 기호에 맞춘 것이었던 듯하다. 그
가운데 매우 간단하고 서민적인 것으로 호병(胡餠)이라는 게 있어 장안
시내 도처에서 주로 호인이 만들어 팔았음을 소설이나 수필에서 엿볼 수
있다. 그 밖에도 두세 가지 호식의 이름이 전해오고 있지만, 유감스럽게
도 그 실질에 있어서는 지극히 막연한 관념밖에 얻을 수 없다.

술은 당대 내내 서역의 것도 중시되었다. 당나라 초기에 태종이 고창
국을 평정했을 때 포도종자를 손에 넣어 돌아와서 정원에 심고 또한 술
양조법을 습득하여 황제 스스로 맛을 보며 여덟 종의 포도주를 만들어서
여러 신하에게 하사했다고 전해지며, 그 술의 맛이 매우 시고 독했다는
기사도 남아 있다.(다만 포도는 그 이전 한대부터 중국에 이식되었고 포도주
양조도 행해졌는데, 새로 서역식 양조법이 전해져 이를 가감한 것이 태종 때의

일인 것이다.) 한편 페르시아산인 암마륵(菴摩勒)·비리륵(毗梨勒)·가리륵(訶梨勒)이라는 술이 경성의 명주(銘酒)로 귀하게 여겨졌다. 이 세 가지는 원래 이 술을 빚는 데 쓰이는 과실(또는 나무의) 이름이 술 이름이 된 것으로서, 각각 산스크리트의 amalaka, vibhitaka, harītakī와 신 페르시아어 amola, balia, halila에 해당한다. 어쩌면 중기 페르시아어에 amalak, bililak, halilak 같은 형태의 원어가 있어서 이를 음역한 것일 수도 있다. 또한 서역산의 용고주(龍膏酒)라는 것도 이름이 남아 있긴 하나 과연 실재했는지가 자못 의심스러우므로 여기서는 기술을 생략한다.

장안 및 기타 도회의 술집에서는 위에 서술했듯이 서역산 술도 팔았겠지만 그 이란적 색채를 더해주던 것으로 호희(胡姬)라는 것이 있었음을 언급하지 않을 수 없다. 호희는 주점에서 손님을 접대하던 이국의 부녀자로서, 당시의 시인·묵객이 이들을 좋아했다는 것은 당나라의 시에 많이 나타난다. 이백은 유명한 「소년의 노래」(少年行)에서 "오릉(五陵)의 공자가 금시(金市)의 동쪽을, 은안장 백마에 얹고 봄바람에 건너간다. 낙화 두루 밟고서 어디로 놀러 가나? 웃으며 들러가네, 호희의 술집 안으로"라고 노래했으며, 또 "호희의 자태는 꽃과 같아, 술병 앞에 앉아 봄바람에 미소짓네"〔「술잔을 앞에 두고」(前有一樽酒行) 2수〕, "가랑비 봄바람에 꽃이 질 때면, 바로 채찍 휘둘러 호희에게 달려가 마신다"〔「코가 흰 공골말」(白鼻騧)〕 같은 시구도 썼다. 이 밖에 하조(賀朝)의 「주점의 호희에게 주다」, 양거원(楊巨源)의 「호희의 노래」(胡姬詞) 같은 시도 있으며, 잠삼(岑參)의 어느 송별시도 호희를 노래하고 있다. 단순히 호희라고 하면 광범위하게 이국의 여자를 뜻하지만, 필자가 일찍이 고증한 대로 그 다수는 이란계 부녀를 지칭한 것이므로〔3장 「술집의 호희」 참조〕 주점의 호희는 대부분의 경우 푸른 눈에 곱슬머리와 하얀 피부를 가진 페르시아계 서역인을 가리킨다.

당대의 주택(돈황벽화)

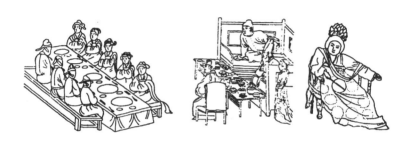

수당시기 대연회에 사용된 긴 탁자와 의자 그리고 실내가구

3) 주거

주거의 경우 조금이라도 이란의 영향을 받았는지 여부를 오늘날에는 아마도 적확하게 알 수가 없겠지만, 필자가 아는 범위에서는 그 한 예라고 생각되는 것이 있다.

현종시대 장안의 부호였던 왕홍(王鉷)의 저택에 있던 자우정(自雨亭)이나 궁중에 있던 양전(涼殿)이 바로 그것으로, 이들 건축물에는 어떤 방법으로 높은 곳에서 지붕 위로 물을 끌어올리고 또 어떤 장치로 지붕에서 이를 흘러내리게 했다. 그래서 사방의 처마 끝에서 비처럼 내려오는 물 때문에 여름에도 이곳에 있으면 가을처럼 시원했다고 하는데, 귀족과 부호의 저택에는 이 밖에도 이런 건물이 더 있었으리라 생각된다. 『구당서』에 따르면 오늘날의 시리아나 소아시아 방면에는 이와 같은 구조의 집이 많았으며 동쪽으로 페르시아와 서쪽으로 동유럽 지방까지 퍼져 있었던 것 같은데, 양전이나 자우정 또한 페르시아 방면의 그것을 본떴을 것이다.〔이 책 18장 「장안의 여름풍경」 참조〕 이외에도 건축의 세부 또는 장식에 서역풍의 것이 사용되었음을 고찰할 수 있다. 하지만 궁전·사원·도관·탑 등 대형 건축물은 물론 주택 같은 것도 전체적으로는 거의 의심할 바 없이 재래의 중국적인 것뿐이므로, 이 방면에서는 서역의 영향을 볼 수가 없을 듯하다.(낙양의 천진교〔天津橋〕교각을 이루는 아치 하나가 오늘날 남아 있는데, 여기서 이란 기술의 면모를 확인할 수 있는지는 여러분의 가르침을 청하고 싶다.)

이상 각 절에서 간단하고도 어수선하게 당대에 영향을 미친 이란계 문물 두세 가지에 대해 해설해보았다. 상세하게 전거를 들어 고증할 수는 없었지만, 또 다른 기회가 있으리라 생각한다. 다시 정세(精細)하게 연구한다면 아직도 몇 가지 덧붙일 항목이 있겠지만, 그 역시 장래의 문제로 남겨두지 않으면 안될 것이다. 한마디로 요약하자면, 앞에서도 언급한 『구당서』「여복지」에서 "개원 이래 태상(太常)의 음악은 호곡을 숭상하고, 귀인의 밥상은 모두 호식을 올리며, 사녀(士女)는 전부 호복을 입는다"고 했듯이, 또 원진의 「법곡」(法曲)에서 "호음(胡音)과 호기(胡騎)와 호장(胡妝)에 50년 되도록 다투어 달려드네"라고 노래했듯이, 당대에 있어 이국취미의 주류는 이란계 문물이었다.

❁ 수당시대 중국 문물의 서점(西漸)

수당시대에 이란 계통의 문물을 위주로 한 서방문화가 중국에 유입했음은 대략 앞에서 서술한 대로인데, 이 시대는 또한 중국 문물의 서점(西漸)이 있었던 시대이기도 하다. 중국 문물의 서점은 오늘날 그 근거를 확실히 댈 수 있는 한에서는 한대에 시작되었으며, 육조를 거쳐 수당 무렵

에 이르면 동서 교통의 발전과 중국 국세의 흥륭 등에 힘입어 중국문화
가 서방으로 현저하게 진출했다. 이것을 체계적으로 제시하는 일은 오늘
날의 연구상황에서는 여전히 불가능하지만, 그 가운데 몇 가지 두드러진
실례를 드는 것은 가능하다. 이제 1)중국 투르키스탄 지방에 대한 중국
문화의 침윤과 2)파미르 고원 서쪽으로의 전파라는 두 항목으로 나누어
간략히 서술해보고자 한다.

1) 투르키스탄 지방을 파고든 중국문화

중국 투르키스탄은 적어도 당대의 전반기에는 중국의 영토로서 생각되
었지만, 문화적으로는 서로 맞닿아 있는 외역(外域)으로 간주하여 중국
문물이 가장 먼저 유입되는 곳으로 보아도 무방할 것이다. 이 지방은 매
우 광대한 영역이기 때문에, 똑같이 중국의 침윤(浸潤)을 받았다 하더라
도 지방에 따라 당연히 깊고 얕은 정도에 차이가 있었다. 개괄해 말하자
면 고창(高昌) 방면처럼 중국 본토에 가장 가깝고 또 한대 이후 이주해온
한인 정착민이 가장 많았던 지방은 자연스레 중국문화의 유전(流傳)도
그 정도가 짙은 데 비해, 구자(龜玆)나 우전(于闐) 방면은 그 정도가 옅
은 것으로 생각된다. 가령 고창 방면을 예로 들면, 수나라에서 당나라 중
엽까지 160~170년 동안은 중국의 통치권이 대략 실제로 미쳐서 중국
문화의 유입이 점차 많아졌고, 한족 이주자들이 점차 정착함에 따라 중
국문화의 유전이 한층 박차를 가했음은 의심할 여지가 없다. 중국의 법
령이 이 지역에도 반포되어 중국의 제도에 근거해 정치가 행해졌다는 것
은 이 지방에서 근래 발견된 당시의 문서 등에서도 대략 엿볼 수 있다.
또 이 지역에 남아 있는 각종 한적도 물론 대다수는 그 지역에 주재했던
한인들이 읽던 것이겠지만, 육조 말기 고창국의 사례 등을 고려한다면
(한적을 수입해 이를 호어[胡語]로 읽은 일 등) 얼마간은 그 지역 토착주민
사이에도 한적이 보급된 결과 나타난 현상이라고 보아도 큰 잘못은 아닐

것이다. 독일의 방크와 카바인이 고증하고 있는 역(易)에 관한 책의 투르크어 번역이 이 지방에서 읽히고 있는 것을 보면, 한인 외의 사람들 사이에서도 한적이 어느 정도는 읽혔다고 생각된다. 불전(佛典)의 경우를 보아도 중국 투르키스탄 주민 사이에서는 인도의 원전, 중국 여러 나라의 언어로 번역된 불전, 그것을 다시 옮긴 중역본(重譯本) 모두가 유행했으며, 또한 한역된 불전에서 다시금 이 지방의 언어로 번역한 것도 유행했음을 고려해야 한다. 이는 일단 서역에서 중국으로 들어온 악기(樂器)가 중국화되어 다시 이 지방으로 유입되거나, 이란에서 기원한 문양이 중국에서 한층 미화되어 다시 이 지역에 들어온 사례 등과 아울러 흥미로운 사실이라 하지 않을 수 없다. 이 지역에서 발견된 회화 등을 보더라도 중국 화풍에 상당히 짙게 물들어 있음은 부정할 수 없는 사실이기 때문에 중국문화가 서역에 미친 영향의 일단을 이야기하는 데 아주 좋은 증거가 된다. 회화 방면의 이런 영향은 단지 고창 지방뿐 아니라 널리 중국 투르키스탄 전체에서 확인되지만, 앞에서도 말한 대로 서방으로 갈수록 그 정도가 엷어지는 것만은 부정할 수 없다고 생각된다.

2) 파미르 고원 서쪽으로 전파된 중국문화

파미르 서쪽 지방을 향한 중국문화의 전파에 대해서는 ①제지법의 서점(西漸) ②도기의 수출 ③공장(工匠)의 이주 같은 몇 항목에 걸쳐 페르시아·메소포타미아·이집트 방면까지 진출한 중국문화의 일면을 이야기해 보겠다.

①종이: 종이는 후한시대 환관 채윤(蔡倫)에 의해 발명(105)된 후 점차 중국 내지에서도 널리 제조·사용되었으며, 각국의 중앙아시아 탐험대가 이 지방에서 발견한 고문서나 고사본 등에서 입증되듯이 이윽고 서쪽 경계를 넘어 중앙아시아 지방으로 확산되어 갔다. 하지만 아직 이 지역에

당대의 종이 제조과정

서 스스로 종이를 제조했다는 흔적은 발견할 수 없다. 당나라 중엽(현종 천보10재〔751〕) 고선지(高仙芝)가 이끄는 당나라 군대는 지금의 러시아령 페르가나의 북방인 탈라스(Talas) 강가에서 있었던 전투에서 아라비아 병사들에게 대패하여 다수의 병사를 잃었다. 당시 아라비아군이 포로로 잡은 중국 병사 가운데 제지공이 몇 사람 있어서 사마르칸트로 보내졌고, 그들을 중심으로 아라비아인이 경영하는 사마르칸트 최초의 제지공장이 건설되었다. 그들이 만들어낸 종이는 갑자기 큰 명성을 날리면서 서아시아 지방에 유전되기에 이르렀다. 당시 '사마르칸트의 종이' 하면 하나의 명물로 손꼽혔으니, 9세기 중반의 이슬람교 문인 주히트(Juhith) 같은 이는 "서쪽에는 이집트의 파피루스, 동쪽에는 사마르칸트의 종이"라 했고, 조금 후세이지만 11세기의 사학자 타알리비(Tha'ālibi)는 당시의 일을 "사마르칸트의 명산물 중 하나로 종이를 들지 않을 수 없다. 이것은 종래 사용되던 이집트의 파피루스나 양피지 두루마리를 대체해버렸다. 그것이 더 아름답고 기분 좋으며 편리했기 때문이다. 이것은 사마르칸트와 중국에서밖에 생산되지 않는다"고 기록했다.

이들 종이는 아라비아인의 기록에는 "초목으로 만든다"고 하여 그 의미가 조금 막연하게 되어 있는데, 당시 중국 투르키스탄 주변에서 유행했던 종이는 실제 유품을 조사해보면 넝마와 식물섬유의 혼합물이 많으며, 둘 가운데 후자가 주성분인 것이 다수를 차지한다. 그렇지만 당시의 아라비아 종이를 보면 넝마가 주성분인 것이 많은데, 아마도 아라비아인은 중국인이 쓰는 원료를 구하기가 곤란해 마침 있는 재료를 사용한 게 아닌가 생각된다. 사마르칸트에 제지공장이 만들어지자마자 793~794년 무렵 『아라비안나이트』로 유명한 하룬 알 라시드가 수도 바그다드에도 제지공장을 세우고 중국인을 불러서 이 새로운 산업의 흥륭을 도모했는데, 공급력에서는 도저히 사마르칸트의 공장에 맞설 수 없었던 듯하다. 이리하여 아라비아 반도 동남해안의 한 지역과 다마스쿠스에도 제지

351 of 440 수당시대의 이란 문화

공장이 잇달아 건설되었으며, 특히 다마스쿠스 같은 경우는 이후 몇 세기 동안 오직 유럽의 종이공급지로서 명성이 높았다.(여담이지만 당시 시리아의 밤비케[Bambykhe, Bambyx]에도 제지공장이 있었고 그곳의 제품이 유럽으로 전해졌기 때문에 유럽에서는 종이를 charta bambycina라고 불렀다. 이 형용사가 bombycina, 즉 '면[cotton]으로 만든'이라는 말로 와전되었고, 그래서 이것이 러그 페이퍼[rug paper]였음에도 불구하고 마르코 폴로 시대 이후에는 코튼 페이퍼라고만 불리게 되었다. 그러면서 러그 페이퍼는 15세기에 들어 독일인과 이탈리아인에 의해 비로소 제작되었다는 전승이 생겨나게 되었지만, 1885년 비스너 박사가 현미경으로 검토함으로써 실은 그것이 원래 러그 페이퍼였음이 입증되었다. 이 이야기는 또한 유럽의 종이가 얼마나 많은 부분을 동양에 빚지고 있는지 말해주는 자료의 하나라고 생각된다.)

당대에 중국에서 만들어진 보통의 마지(麻紙)와 곡지(穀紙, 저지[楮紙, 닥종이]) 종류는 일본 나라 시대의 유물이나 돈황석굴의 유서(遺書) 등을 보면 그 대강을 엿볼 수 있다. 일본 쇼소인에 소장되어 있는 고묘(光明) 황후가 필사한 『두가입성』(杜家立成)*이나 왕발(王勃)의 시집 필사에 사용된 담홍·담황·담록 등의 오색 종이는 오늘날 중국에서는 볼 수 없다고 생각된다. 그런데 16·17세기에 제작된 것으로 보이는 페르시아의 미니어처가 들어간 이야기책 가운데 이와 유사한 오색 종이를 쓴 것이 흔히 전해지는 점을 감안하면, 이것은 그 시대에 급조된 양식이 아니라 멀리 8·9세기 이전까지 그 전통이 올라가는 것으로서 당대의 중국에서 서아시아에 전해진 유풍(流風)의 흔적일지도 모른다.

②**도기**: 다음으로 중국의 문물이 서방에 진출한 사례의 하나로 인정할 만한 것은 도기이다. 당나라 중엽까지 중국의 도기는 진정한 도기로 볼 수

---

* 당대의 모범서간집으로 찬자 미상. 상세한 명칭은 『두가입성잡서요략』(杜家立成雜書要略).

있는 데까지는 이르지 못했던 듯하지만, 이른바 삼채(三彩)에는 대단히 정교한 것이 있었다. 오늘날 우리가 볼 수 있는 유품은 대개 명기(明器)이지만, 그런 명기조차 애장용으로서 충분할 만큼 훌륭한 예술품이 있을 정도니 당시 도공의 기량을 능히 상상할 수 있다. 중국의 인접 문화국에서 이것을 완상(玩賞)하지 않았을 리 없으므로, 서방의 중앙아시아 국가나 페르시아·메소포타미아 방면에도 틀림없이 이 삼채가 수출되었으리라는 추측은 일찍부터 있었다. 근래 독일·프랑스 탐험대의 발굴에 의해 한때(838~883) 아바스 왕조 칼리프의 조정이 있었던 사마라(Samarra), 그리고 태고 이래 페르시아의 명읍이었던 수사(Susa) 등의 유적에서 당대의 도기 유품이 속속 발견되면서 종래의 이런 추측은 확증을 얻게 되었다. 이 도기는 주로 당시 해로(海路)를 통해 중국 남부해안에서 직접 중국 선박에 의해, 혹은 인도·페르시아·아라비아 상선에 중계되어 페르시아 만 주변의 여러 항구를 거쳐 페르시아와 메소포타미아 방면까지 판매되었으며, 일부는 이집트까지도 닿았던 듯하다. 그 당시에는 물론 상류 귀족사회에서 애완되었겠지만 나중에는 모조품이나 그 고안을 흡수한 도기도 이 지방에서 생산되었던 듯한데, 위에 언급한 사마라·수사 유적의 출토품이 이를 잘 말해주고 있다.(이에 대해서는 독일의 자레, 프랑스의 케클랭 등의 연구가 아주 상세하다.) 한편 그 밖에도 뒷면에 화려한 무늬가 있는 뛰어난 당나라 거울이 예루살렘에서 출토되었는데, 이런 종류도 당시 중국에서 이 지방까지 주로 해로를 통해 수출되었을 것이다. 말이 나온 김에 덧붙여둔다.

③ 공예미술: 마지막으로 서아시아 지방으로 이주한 중국의 공장(工匠)에 의해 그 지방에 전파되었다고 생각되는 중국 공예미술의 예를 들어보겠다. 앞서 말한 고선지의 패전 당시에 사로잡혀 바그다드에서 아크라(지금의 쿠파) 방면으로 연행된 중국인 가운데 두환(杜環)이라는 자가 있었

다.(『통전』(通典)의 저자로 유명한 두우[杜佑]의 조카) 그는 나중에 풀려나 당나라로 돌아와서 서역 여러 지역에서의 견문을 기록한 『경행기』(經行記)라는 책을 썼는데, 이 책은 오늘날 전해지지 않지만 다행히 일부분이 『통전』이나 송나라 악사(樂史)의 『태평환우기』(太平寰宇記) 등에 인용되어 남아 있다. 그 가운데 "비단 직조하는 장인과 금은장(金銀匠) 그리고 그림 그리는 장인은 중국의 장인들이 시작했는데, 그림 그리는 장인으로는 경조부 사람 번숙(樊淑)과 유비(劉泚)가 있고, 비단직조 장인으로는 하동 사람 악환(樂隕)과 여찰(呂札)이 있었다"는 구절이 있다. 판본에 따라 다소 문자의 차이도 있고 문장 전체의 의미도 약간 통하지 않기는 하지만, 어쨌든 아크라 주변에 중국에서 온 비단직공이나 금은장 또는 화가가 있었음을 짐작할 수 있으며 일부 인명도 볼 수 있으므로, 너무 짧은 기사이지만 귀중한 사료라고 하겠다. 이는 후세 몽골의 일한국(Il汗國)* 시대의 페르시아 방면의 일과 아울러 고찰하면 조금도 이상할 게 없는 일로서, 오히려 기록에 전해지지 않는 수많은 무명의 공인이 더 많이 이주해 있었다고 생각하는 편이 타당할 것이다.(자진해서 간 것인지 사로잡혀 어쩔 수 없이 이역에서의 삶을 산 것인지는 별도의 문제로 해야 할 것이다.)

✿ 간단한 참고문헌 목록

이상의 글은 지극히 간략한 개설에 불과하기 때문에 더욱 상세한 내용을 찾아보고자 하는 독자들을 위해 크게 전문적이지 않은 범위에서 유명한 참고문헌을 일부 써둔다. 이는 또한 필자가 근거한 바를 분명히 하는 동시에 선현의 노작에 빚지고 있음을 감사하는 이유에서이기도 하다.

---

* 1258년 칭기즈 칸의 손자 훌라구가 이란·소아시아를 중심으로 세운 왕조. 가잔 칸 시대에 이슬람교를 국교로 하고 전성기를 이루었다가 1411년 티무르에게 멸망했다.

고바야시 다카시로(小林高四郎), 『동서문화교류사』(東京, 1951).

구와바라 지쓰조(桑原隲藏), 「수당시대 중국에 거주했던 서역인에 대하여」(『나이토〔內藤〕박사 환갑축하 중국학 논총』〔京都, 1926〕에 처음 발표. 이후 저자의 논문집 『東洋文明史論叢』〔京都, 1934〕에 수록).

──── , 「종이의 역사」(『藝文』 제2년 제9·10호. 1911년 9·10월. 이후 『東洋文明史論叢』〔京都, 1934〕에 수록).

기시베 시게오(岸邊成雄), 「동양의 악기와 그 역사」(1948). 기타 같은 저자의 유사한 저서.

나향림(羅香林), 『당대 문화사』(臺北, 1955). 특히 「唐代波羅毬戱考」.

야부키 게이키(矢吹慶輝), 「摩尼敎」(岩波講座 『東洋思潮』, 제13회, 1935) 마니교에 관한 유럽의 저명한 연구들은 대략 앞의 두 논문에 제시되어 있다.

이시다 미키노스케(石田幹之助), 「호선무에 대한 짧은 글」 및 「술집의 호희」.

진원(陳垣, 원암(援庵〕), 「火祆敎入中國考」(『國學季刊』, 제1권 제1기, 1923).

──── , 「摩尼敎入中國考」(북경대학 편 『國學季刊』, 제1권 제1기, 1923).

하네다 도루(羽田亨), 『서역문명사 개론』(京都, 1931).

──── , 「중앙아시아의 문화」(岩波講座, 『東洋思潮』, 제14회, 1938).

하라다 요시토(原田淑人), 「쇼소인의 궁중용품을 통해 본 동서문화의 교섭」(史學會 편, 『東西交涉史論叢』〔東京, 1939〕에 수록).

──── , 「당대의 문헌에서 본 쇼소인의 궁중용품」(『明治聖德記念學會紀要』 제23권, 1925).

──── , 「고고학에서 본 동서 옛 문화의 관계」(外務省 文化事業部 講演錄, 1930년 12월 간행).

이상의 3편은 하라다의 논문집 『동서 고문화 연구』(東京, 1940)에도 실려 있다. 이 논문집에는 이외에도 필자가 참고하여 도움을 받은 귀중한 논고가 다수 수록되어 있다.

──── , 「서역에서 발견된 회화에 보이는 복식의 연구」(『東洋文庫論叢』 제4, 1925).

상달(向達, 각명〔覺明〕), 「唐代長安與西域文明」(『燕京學報』 專號 제2, 北平, 1933) 증보재판이 있다.

후카이 신지(深井晉司), 「三花馬·五花馬의 기원에 대하여」(『東洋文化硏究所紀要』 제43책).

A. C. Moule, *Christians in China before the Yeare 1550.* London, 1930.

B. Laufer, *Sino-Iranica.* Chicago, 1919.

Christensen, *Iran sous les Sasanides.* Copenhagen, 1934.

E. Chavannes et P. Pelliot, Un traité manichéen retrouvé en Chine. (*Journal Asiatique*, 1911-1913)

F. Sarre, *Die Kunst des alten Persien.* Berlin, 1923.

P. Pelliot, *Des artisans chinois à la capitale abbasside en 751-762.* (T'oung-pao, 1929, pp. 110~12)

P. Pelliot, Les influences iraniennesen Asie centrale et en Extrême-Orient(*Revue d'Histoire et de Litterature religieuse*, 1911). 이는 『예문』(藝文) 제3년 제8호(1913년 1월)에 사카키 료자부로(榊亮三郎)의 일본어 번역이 있다.

T. F. Carter, *The Invention of Printing in China and Its Spread Westward.* New York, 1925. 증보개정판이 있다(L. C. Goodrich의 책에 의함). 〔강순애·송일기 공역의 국역본이 있다. 카터 원저·구드리치 개정 『인쇄문화사』(아세아문화사, 1995)〕

장안의 여름풍경

장안이라는 곳이 여름에는 무척 더웠던 모양이다. 성당의 시인 왕마힐(王摩詰, 왕유[王維]의 자)은 "장안의 객사는 찌는 듯 덥다"(長安客舍熱如煮)〔「오관에게 주다」(贈吳官)〕고 했지만, 그래도 역시 대당의 도읍이자 당시 세계에서 제일가던 장안이 그렇게 더워 죽겠다는 이야기만 내내 화제가 되었을 리는 없다. 아이스크림은 없었지만 화빙(花氷)* 기둥이 달린 깨끗한 탁자 위에서 차가운 수박이나 참외를 자르는 시원한 맛 정도는 어디서나 찾을 수 있었으며, 천년 전의 이야기지만 냉장고와 선풍기 같은 것도 있었다. 얇은 능라옷에 엷게 눈썹을 그린 평강(平康) 가기(歌妓)의 여름철 자태 또한 서늘한 저녁공기를 쐬며 우연히 스쳐가다 돌아보는 사람의 눈에는 시원스러웠을 것이다.

지금부터 그저 생각나는 대로 장안이란 도읍의 여름풍경을 두세 가지 골라서 써보기로 하겠다.

1) 얼음기둥
날이 더워지면 귀인의 집에서는 얼음기둥을 실내에 비치해 냉기를 들이

---

* 속에 꽃을 넣고 얼린 얼음덩어리.

는 관습이 있었다. "얼음조각 높이 쌓인 금장식 쟁반, 집 안 가득 오싹한 오월의 한기"(氷片高堆金錯盤, 滿堂凜凜五月寒, 잠삼[岑參]의 「독고점과 길에서 이별하며 지은 긴 시. 겸하여 엄팔시어에게 드림」[與獨孤漸道別長句兼呈嚴八侍御])라고 했고, 양국충(楊國忠)의 자제가 한여름 삼복더위가 이르자 "커다란 얼음을 가져다 장인(匠人)에게 산 모양으로 쪼아 만들게 하고" 연석(宴席)의 주위에 놓아서 술자리가 무르익어도 손님들이 한기를 느끼게 했다*고 하니, 오늘날의 화빙(花氷)과 거의 다를 게 없었다. 한편 양씨 일족 중 어떤 자는 단단한 얼음으로 봉황이나 서수(瑞獸)의 형태를 조각하고 금가락지나 화려한 비단띠로 장식을 해서 조반(雕盤)에 넣어 왕공대신들에게 주었다고 한다.† 좀 극성스러운 것 같기도 하지만, 사치도 이 정도면 상당한 수준이라고 생각된다.

2) 용피선(龍皮扇)

왕원보(王元寶)는 개원·천보 연간에 장안에서 손꼽히는 부호 중 한 사람이었는데, 그의 집에는 가죽으로 만든 기묘한 부채가 하나 있었다. 어떻게 생겼는지는 잘 알 수 없지만, 아마도 커다란 부채였을 것이다. 이것을 자리 위에 두고 갓 길어온 물을 부으면 부채가 갑자기 움직이기 시작하면서 서늘한 바람을 일으켰는데, "술을 한 순배 돌리는 사이 손님들 얼굴에 한기가 돌" 정도로 지나치게 시원해서 마침내 철거하게 했다는 이야기가 있다.# 이 이야기는 좀 과장된 듯하고 현실성도 별로 없어 보이지만, 만약 그런 것이 정말 있었다면 틀림없이 일종의 선풍기일 것이다. 당시에 이를 '용피선'(龍皮扇)이라 불렀다고 한다.☆

---

* 『개원천보유사』 상편 「빙산피서」(氷山避暑) 참조.
† 『개원천보유사』 하편 「얼음동물조각을 왕공에게 드림」(氷獸贈王公)에 나오는 기사.
# 『개원천보유사』 하편 「용피선」(龍皮扇)의 내용.
☆ 해당 기사를 보면 명황(明皇), 즉 현종이 이것을 보고서 '용피선자'(龍皮扇子)라 했다고 한다.

3) 자우정(自雨亭)

같은 무렵에 정부에서 왕홍(王鉷)이라는 간악한 관리의 자택을 몰수한 일이 있었다. 뇌물로 축재를 하여 극도의 사치를 부렸기 때문으로, 관리가 며칠 동안 이를 점검해도 마무리를 하지 못할 정도였다고 한다. 그 정원 안에 자우정(自雨亭)이라는 작은 정자가 있었는데, 이곳에는 어떤 방법으로 지붕 위로 물을 끌어올리고 또 어떤 장치로 옥상에서 이를 흘러내리게 하여, 사방의 처마 끝에서 비처럼 물이 떨어지게 하는 기구가 설치되어 있었다. 여름에도 이곳에 있으면 "오싹오싹한 게 꼭 가을 같았다"고 할 정도니, 과연 시원했음에 틀림이 없다.* 궁전에도 이와 비슷한 '양전'(涼殿)이라는 것이 있었는데,† 이는 로마령 오리엔트 지방—지금의 시리아와 소아시아 방면 및 이라크 지방—에서 사용하던 장치를 모방한 것으로 생각된다. 동로마의 황제가 페르시아의 도읍에 공격해 들어갔을 때, 이런 장치가 있는 궁전에 들어가서 그 기구를 보고 놀라워했다는 이야기가 있다.

4) 양붕(涼棚, 해가리개)

왕원보 등과 맞먹는 장안의 거호(巨豪)로 유일(劉逸), 이한(李閑), 위광(衛曠) 같은 자가 있었다.# 그들은 사방의 인사들을 즐겨 초대하며 재물을 경시하고 의리를 중시하던 협기(俠氣)의 소유자였다고는 하나, 이들의 생활 역시 상당히 호화로운 면이 있었다. 혹서기가 되면 "각각 숲속 정자 안에 그림으로 장식한 기둥을 세우고 비단 같은 것을 죽 내걸어 양붕(涼棚, 해가리개)을 만든 뒤 그 아래에 좌석을 마련하여" 운치 있는 연

---

* 이 기사는 『봉씨문견기』 권5 「제택」(第宅)에 나오며 『당어림』 권5에 인용되어 있다. 『신당서』 권147 「열전」 제59에도 관련 내용이 나온다.
† 『당어림』 권4에 나온다. 주운초(周勛初)의 고증에 따르면 단성식의 저서 『여릉관하기』(廬陵官下記)에서 인용한 것이라고 한다.
# 『개원천보유사』 상 「호우」(豪友)에 왕원보의 경쟁상대 양숭의(楊崇義)와 곽만금(郭萬金) 등이 나오나 유일·이한·위광은 그와 직접 연결되어 언급되지 않았다.

회를 열고 장안의 명기(名妓)들을 사이사이에 앉혀 행주(行酒)를 주선하
게 하면서, 돌아가며 서로 손님을 초대해 피서 모임을 개최한 것으로 전
해진다.*『개원천보유사』의 필자는 이 일을 기록하며 "당시에 부러워하
지 않는 사람이 없었다"고 덧붙이고 있다.

5) 과(瓜, 수박? 참외?)

서안에서 출토된 당삼채 수박

"북쪽 창가 대자리에 누웠다
맑은 마음 밀려드니, 대숲 속
매미소리에 서산의 해가 기
운다. 깃털부채로 바람 일으
켜 구슬땀 물리치고, 옥동이
속 물에 담가둔 달콤한 과
(瓜)를 자른다"(이기[李頎],
「여름에 장병조의 동당 연회에서」[夏宴張兵曹東堂])라는 시에서 보듯이, 지
독한 장안의 더위도 북창의 오수(午睡)에서 깨어나 잘 냉각된 과(瓜)를
수반(水盤)에서 자르는 상쾌함으로 구제받았을 것이다. 여기서 과라고
한 것이 수박 종류인지 참외 종류인지는 잘 모르겠지만, 머스크멜론 같
은 것은 아닐 듯하다. 어쨌든 과는 그 주변의 명물로서 어지간히 차가운
것을 먹을 수 있었던 모양이다. 그래서 "달콤한 과(瓜) 푸른 껍질 가르니
찬 샘물이 솟는 듯, 벽옥 대접에 꽃을 띄우고 춘장을 따른다"(甘瓜剖綠出
寒泉, 碧甌浮花酌春漿 — 이상은[李商隱]의 시구†)거나, "풋풋한 향내에 이
가 시린 얼음 쟁반 위 과일"(綠香熨齒水盤果 — 한악[韓偓], 「비갠 뒤 달빛
속 옥당에 한가로이 앉아」[雨後月中玉堂閑坐]) 등으로 노래되었다. 두보가
"칼을 내리쳐 얼음서리를 씹으며, 흉금을 터놓고 메마른 마음을 위로한

---

*『개원천보유사』 하 「결붕피서」(結棚避暑) 참조.
† 이는 이상은의 시가 아니라 소호(蕭祜)의 「석당관에서 노닐며」(游石堂觀)에 나오는 시구이다.

다"(落刀嚼氷霜, 開懷慰枯槁──「동산지기가 과를 보내와서」[園人送瓜])고 읊조린 것은 쟁반의 얼음 같은 냉과(冷瓜)를 둘로 갈라 맛보는 일을 말한 것일까? 그렇다면 메말랐던 마음도 풀릴 수 있을 것 같다.

　　얼음은 빙실(氷室)이나 빙호(氷壺)에 저장하곤 했다. 맹호연(孟浩然)은 "빙실에는 온기라곤 없다"(氷室無暖氣──「우리집 원림에 병으로 누웠는데 태축 필요가 찾아오다」[家園臥疾, 畢太祝曜見尋])고 했으며, 장휘(張彙)는 「얼음 저장하는 것을 보고」(觀藏氷)라는 시를 지었다. 또 이정(李程)의 시 「옥병 속의 얼음」(玉壺氷)은 제목이 「빙호를 읊다」(詠氷壺)로 달려 있는 곳도 있다는데, 빙호란 집집마다 있던 얼음 저장용기를 말할 것이다. 아이스박스 정도라고나 할까? 얼음에 대해 덧붙이자면, 백낙천(白樂天)이 천자에게 얼음을 하사받고 사례(謝禮)한 글과 당말(?) 왕계우(王季友)의 「옥병 속의 얼음」(玉壺氷)*에 '음빙'(飮氷)이란 말이 나오며, 이덕유(李德裕)의 『회정제일집』(會晶第一集)에는 "술을 얼음에 섞어 마신다"는 말이 있다. 아마도 온더록스(on the rocks)쯤 될 것이다. 송대가 되면 「얼음을 먹다」(食氷)라는 시가 출현하는데, 당대에도 얼음 자체를 먹지 않았을까 싶다.

6) 피서

얼음도 좋고 멜론도 좋겠지만, 정말로 더위에서 벗어나는 데는 역시 피서를 떠나는 게 제일이다. 황제는 5월(오늘날의 6~7월경)이 왔다는 소리를 들으면 궁빈(宮嬪)을 거느리고 여산(驪山)의 온천으로 놀러 나갔다. 장안 시중의 돈 있는 유한계층은 남쪽 교외의 명승지인 번천(樊川)·두곡(杜曲)·위곡(韋曲) 근처의 별장에서 더위를 피하거나, 그윽한 종남산(終南山) 골짜기로 들어가 선인이 된 듯한 기분으로 산중의 십승(十勝)을

---

* 『전당시』에 왕계우(王季友) 1, 왕계우(王季友) 2의 시로 두 번 나온다. 이는 해당 시가 이름이 같은 두 시인 가운데 누구의 작품인지 모르기 때문이다.

찾았다. 왕우승(王右丞, 왕마힐)의 별장이 있던 망천(輞川) 부근도 서울의 인사들이 더위를 피하기에는 안성맞춤이었던 듯하다. 그런 멋들어진 곳으로 떠날 수 없는 사람들은 달빛을 타고 장안 교외를 산보하거나 불탑에 오르면서 돈 들이지 않고 서늘한 멋을 만끽했다. 백낙천은 「달밤 누각에 올라 더위를 피하며」(月夜登閣避暑)라는 시에서 "오랜 가뭄에 더위마저 기승을 부려, 사람들을 마치 굽고 태우는 듯. 맑은 바람은 도대체 어디에 숨었는지, 풀과 나무는 미동도 없네. 어떻게 더위를 피할까? 시끄러운 세상을 벗어나는 게 제일이지. 발걸음 재촉해 성문 밖에 이르니, 절의 누각이 진정 우뚝하구나. 청량함은 높은 곳에 가까우니 생겨나고, 무더위는 고요함에 한풀 꺾여 수그러든다. 옷깃을 열고 난간 앞에 앉으니, 큰 정신이 선득선득 돌아오네.…"라고 했다. 장안성 안팎에는 불탑이 적잖이 있었기 때문에 이렇게 납량(納凉)을 하는 사람들도 많았을 것이다. 성안에서는 야간통금이 엄중해 밤산책을 할 수 없었지만, 이런 시가 많은 것을 보면 성 밖은 달랐던 듯하다.

맺음말

이 글은 '후기' 정도의 의미도 안되는 것으로, 이 책 속에 수록된 각 편이 처음 발표된 시기와 그 잡지명 등을 기록하고 두세 가지 사항을 덧붙여 두고자 한다.

1장 「장안의 봄」은 초고용 종이가 엄청 지저분해질 만큼 몇 번이나 원고를 고쳤는데, 『돌멘』(ドルメン) 창간호(1932년 4월)에 실렸던 글을 조금 가필·보정(補訂)한 것이다. 나중에 그 글을 완전히 고치고 주기(注記)를 붙여 『이치무라(市村) 박사* 고희 기념 동양사논총』(1933년 8월)에 기고했던 것으로 후반부를 채우고, 손대는 김에 전반부에도 주기를 더한 글이 결국 이 책에 수록되었다. 그러나 그래도 꼭 첨부해두고 싶은 새로운 연구는 〔 〕기호를 써서 주기 속에 추가로 기록해두었다.

이 글에서 원래는 당나라 장안의 도시계획이나 시정(市政)의 일면을 약술했어야 했지만, 그렇게 하지 못했다. 이에 대해서는 아다치 기로쿠(足立喜六)의 『당대 사적의 연구』(1933년, 『동양문고논총』제20, 상·하 2책)나 당대 위술(韋述)의 『양경신기』(兩京新記, 殘本), 송대 송민구(宋敏求)의 『장안지』(長安志), 청대 서송(徐松)의 『당양경성방고』(唐兩京城坊

---

* 3,397쪽에 이르는 대작 『동양사통』(東洋史統) 4권의 저자인 동양사학자 이치무라 산지로(市村瓚次郎, 1864~1947).

考) 중 장안 부분, 이를 보완한 청대 정홍조(程鴻詔)의 『양경성방고보기』(兩京城坊考補記) 등을 참조하기 바란다. 위술의 책은 중국에서 사라지고 제3권이 일본에 전해지고 있는데, 에도(江戶) 막부가 『일존총서』(佚存叢書)에 넣은 것이 바탕이 되어 청나라로 건너가 오숭요(伍崇曜)의 『월아당총서』(粵雅堂叢書)에 수록[2편 제12집]되었다. 현재 원본은 가가(加賀)*의 마에다(前田) 가문†의 손케이카쿠 문고(尊經閣文庫)#에 있으며, 마에다 육덕재단(育德財團) 총간(叢刊)☆의 한 권으로서 유리판을 이용한 콜로타이프(collotype) 인쇄로 영인되어 나와 있다. 『장안지』는 필원(畢沅)의 『경훈당총서』(經訓堂叢書)에 수록되어 있고, 서송의 책은 양상문(楊尙文)의 『연균이총서』(連筠簃叢書) 등에 판각되었으며, 정홍조의 책은 무전손(繆荃孫)의 『우향영습』(藕香零拾)에 들어 있어서 어느 것이나 어렵잖게 참고할 수 있다. 더욱 편리하게 이용할 수 있는 것으로 교토 대학 인문과학연구소에서 히라오카 다케오(平岡武夫) 등의 노력으로 위술·송민구·서송·정홍조의 책을 한데 묶어 간행한, 『당대사 연구의 안내』의 1권 『장안과 낙양』 자료편(1956)이 있다. 또한 구와바라 지쓰조(桑原隲藏)의 『(홍법)대사의 입당』([弘法]大師の入唐, 처음에는 단행본 소책자로 출간[1921], 이후 『동양사설원』[東洋史說苑] 초판[1927]에 수록)이나 사카키 료자부로(榊亮三郎)의 『대사(大師)의 시대』(宗祖降誕會本部 발행 [1913], 저자 사망 후 소겐샤[創元社]에서 당대의 승려 불공삼장[不空三藏]에 관한 논문을 덧붙여 재출간)를 참조할 만하다. 사카키 료자부로의 저서는

---

* 일본의 옛 국명(國名)으로 북륙도(北陸道) 7개국의 하나였다. 1883년 노토쿠니(能登國)와 합하여 이시카와(石川) 현이 되었다.

† 마에다 도시이에(前田利家, 1538~1599)를 시조로 하는 가가 번(藩)의 번주(藩主) 집안.

마에다 가문이 소장하였던 서적과 문서를 보관하는 도서관으로 현재 도쿄의 고마바(駒場)에 있다. 제5대 번주 마에다 쓰나노리(前田綱紀)가 수집한 서적과 사본이 장서의 중심이다.

☆ 손케이카쿠(尊經閣) 총간이라고도 한다. 문고에서 중요한 것을 뽑아 영인하고 해설을 붙여 1926년부터 1952년까지 간행했다. 고려 말의 학자 최해(崔瀣)의 문집 『졸고천백』(拙稿千百)도 1930년 9월 이 총간의 하나로 간행된 바 있다. 한편 『양경신기』는 1934년 10월 간행되었다.

비교적 세간에 잘 알려져 있지는 않지만, 그 학식의 심원함과 식견의 고매함이 일본 동양사학계에서 보기 드문 걸작으로서 거의 타의 추종을 불허하는 면이 있다.

장안 평면도의 경우는 후쿠야마 도시오(福山敏男, 현 교토 대학 교수)의 정밀한 문헌적 연구*도 있고(『미술연구』 제170호, 1954년 9월) 근래 중국 정부에 의해 발굴도 실시되어 종래와 달라진 부분도 있다. 예를 들면 『고고학보』(考古學報) 1958년 제3기와 『고고』(考古) 1963년 제11기 등의 부도(附圖)에서 대체적인 모습을 볼 수 있다. 초판에 있던 장안 주변의 약도는 부정확한 것이어서 이번에는 생략하고 싶었지만, 일반 독자를 위한다는 출판사의 요망을 받아들여 사용하기로 했다.

2장 「호선무에 대한 짧은 글」은 처음에 교토의 『사림』(史林) 제15권 제3호(1930년 7월)에 게재되었던 글로, 여기에 실은 것은 어구에 약간의 정정만 했을 뿐 거의 원형 그대로이다. 이것을 조금 증정(增訂)해 프랑스어로 번역한 글이 "Etudes Sino-iraniennes, I: A propos du hou-siuan-wou"라는 제목으로 동양문고(東洋文庫)의 『구문기요』(歐文紀要) Memoirs of the Research Department of the Tōyō Bunko, No. 6, 1932에 수록되어 있다. 또한 원문을 요령 있게 축약하여 한역(漢譯)한 전도손(錢稻孫)†의 글이 그가 주재하는 북평의 잡지 『학설』(學舌) 제1권 제3기(1930년 7월)에 실렸다. 상달(向達)은 그의 명저 『당대 장안과 서역 문명』(『연경학보』 專號 제2, 북평, 1923년)에 이 글을 인용하고 "내게 실증할 만한 새로운 자료가 없는 게 부끄럽다"는 과찬을 해주어 참으로 부끄럽기 이를 데 없다. 또한 『전당시』 권7에 있는 잠삼(岑參)의 장편시 「연꽃처럼 돌며 춤추는 전사군의 미인을 노래함」(田使君美人舞如蓮花北

* 「校注兩京新記卷第三」을 말한다.
† 일본학 연구자이자 번역가. 일제강점기에 북경대학 총장을 지내기도 하여 친일매국노를 뜻하는 '한간'(漢奸)으로 꼽히기도 했다.

鋋歌)은 호선을 읊은 것으로 생각되지만 글자의 교감이 필요해 본문에 인용하지 않았음을 밝혀둔다.*

3장「술집의 호희」는 처음에『불교미술』제15책(1930년 1월)에 '장안 급고(長安汲古) 1'이라는 부제를 달아 게재했던 것이다. 이 글도 상달이 앞서의 책에서 인용하며 "서술이 아주 상세하니, 이 절에서 장안의 호희에 대한 것은 대부분 여기서 재료를 취했다"고 말했지만, 사실은 매우 미비하며 사료도 충분하지 않았다. 그래서 기회 있을 때마다 이를 보충하고 상달에 의해 알게 된 시 1수도 더하여, 전면적으로 다시 써서 여기에 수록하기로 했다. 그 보정(補訂)은「'술집의 호희' 보유」(『天地人』제4권 제1호, 1955년 1월)와 *Memoirs of the Tōyō Bunko*, No. 20, 1937에 실린 "The Hu-chi——Mainly Iranian Girls, found in China during the T'ang Period"라는 졸고에서 일단 시도했다. 왕사랑(王四郞)의 장안 금시(金市) 이야기의 출전이『태평광기』권35에 있다는 것은 시다 후도마로(志田不動麿)에 의해 알게 된 것 같은데 지금은 확실하지 않다. 소겐샤에서 나온 초판에는 앞에서 언급한 대로 판권장(板權帳)은 같지만 1쇄와 2쇄가 있다. 2쇄에서 그 사실을 추기(追記)하여 감사의 뜻을 표했지만, 지금 주변에 없는 것이라 확언할 수가 없다.

4장「당대의 풍속」은 본래「당사만초」(唐史漫抄)라는 제목으로 잡지『예림한보』(藝林閒步) 제1·2·3·4·6호(1946년 4·5·6·7·9월)에 연재한 것이다. 그 첫 번째 '원소관등'(元宵觀燈)의 경우는 그 기원 등에 대해 깊이 논하지 못했는데,『당사총초』(唐史叢鈔)에 재록할 때 보게 된 와세다 대학의『동양사회기요』(東洋史會紀要) 제5책(1947년 4월)에 실린 홍순창(洪淳昶)의「중국의 상원관등에 대해서」에서 오로지 그 기원에 대해

---

* 이에 대한 저자의 최종 교감은『國學院雜誌』1973년 3월호에「胡旋舞小考補說」로 발표되었고,『石田幹之助著作集2: 東と西』(六興出版, 1985)에 수록되어 있다. 참고로 저자는 이 시의 제목을「田使君美人舞如蓮花旋歌」로 교감하고 있다.

서만 집중적으로 연구하고 있으니, 이를 참조하기 바란다. 홍순창은 이를 불가(佛家)의 연등공양에서 유래한 것으로 보고 있다. 졸고가 발표되기 직전에 집필되었고(1946년 3월 28일에 썼다고 부기되어 있다) 이후 1년 만에 간행된 것이지만, 그의 눈에 졸고는 띄지 않은 것 같다. 직접 졸고와 관련지어 설명하며 가르침을 준 것은 없었지만, 나는 그의 연구를 읽고 많은 도움을 받았다. 당대의 사실에 대해서는, 특별히 색다른 사료는 아니지만 자각(慈覺)대사의 『입당구법순례행기』(入唐求法巡禮行記) 권1에서 개성(開成)4년(839) 정월 15일 장안의 연등풍경을 서술한 부분을 나의 실수로 빠트리고 인용하지 않았다. 이를 소개받은 것에도 깊은 경의(敬意)를 표하고자 한다. 내가 마지막에 인용한 장열(張說)의 시는 「보름밤 어전에서 송시(頌詩)로 지은 답가사」(十五日夜御前口號踏歌辭)라는 시 중 한 수인데, 나머지 한 수도 인용했어야 옳다. 나머지 시는 "화악루 앞에 은혜가 새로우니, 장안성에는 태평시대 사람들. 용이 화수를 머금으니 천 개의 등불 농염하고, 닭이 연꽃을 밟으니 만세 동안 봄이로다"인데, 이를 보면 용이나 닭의 모습을 등불로 나타내기도 했음을 알 수 있다.

두 번째 '발하'(拔河) 항목에서 큰 밧줄에 작은 밧줄을 연결시켜 잡아당기는 풍습이 일본에도 있었는지 여부에 의문을 남겨두었는데, 직접 뵙지는 못했지만 친절한 어떤 독지가(篤志家)로부터 서면으로 그의 향리에 그런 풍습이 있다는 가르침을 받았다. 『당사총초』에 재록할 때 그 서간을 아무리 찾아도 찾을 수 없어서 그 성명과 주소를 기록하지 못해 그분의 후의에 대해서도 변명의 여지는 없지만, 지금까지도 여전히 발견하지 못하여 참으로 유감스럽다. 만일 이 문고본이 그분의 눈에 뜨인다면 우선 이로써 감사의 말에 대신하고 싶다.

한편 '발하'에 대해서는 본문에 덧붙였다시피 나향림(羅香林) 교수의 「당대 줄다리기 놀이 고찰」(唐代拔河之戲考, 1948년 8월 탈고하여 1955년 간행된 『당대문화사』 게재)이 있다.

5장 「당사잡초」(唐史襍鈔)는 1944년 12월과 1950년 1월『문예』(文藝, 1의 12, 2의 1)지에 「쌍괴려잡초」(雙槐廬雜鈔)라는 요란한 제목으로 공개된 그다지 마음에 차지 않는 소편(小篇)인데, 그 가운데 앞의 세 편이 전후(戰後) 오사카(大坂)의 소겐샤의 『백화문고』(百花文庫) 중 한 책인 『장안의 봄 초집(抄集)』에 들어가 다시 햇빛을 보게 되었다. 이 문고는 어떤 문제로 인해 도쿄에는 100부 정도밖에 보내오지 않아서 배포된 수가 적었기 때문에 오늘날에도 간혹 필요로 하는 사람들이 있어 이번에 재수록하기로 했다. 참으로 마른 나무라도 산의 정취를 보탠다는 심산이다.

6장 「당사(唐史) 관련 소고(小考)들에 대한 보충」. 허점투성이인 나의 잡문은 언제나 나중에 보정(補正)해야 할 것으로, 이 편 역시 그래서 나오게 된 글 중 하나이다. 본래 『역사교육평론』 3호(1951년 4월)에 게재되었던 글로, 주로 제5장을 보완하면서 한두 가지를 증정(增訂)한 것이다.

7장 「당대의 연음(燕飮) 풍경」은 본래 「당대풍속쇄기」(唐代風俗瑣記)라는 제목으로 『신수』(新樹) 제2권 제1호(1947년 1월)에 게재했던 것으로 특별한 보정은 하지 않았다. 다만 마지막에 언급한 주령(酒令)에 대해서는 제4절 '장안의 가기―하' 끝부분에서 대충 한번 살펴보았으며, 그 뒤 잡지 『심』(心) 5의 1(1952년 1월)에 실렸던 「주령쇄담」(酒令瑣談)에서 조금 상세히 서술해두었다. 고(故) 모리 가이난(森槐南)의 「주령문학」(酒令文學)이란 글이 잡지 『한학』(漢學) 제2편 제1권(1907년 1월)에 실려 있는데, 당대에 대한 내용은 지극히 간단하다. 여기에 한마디 덧붙이자면 당대에 이미 술자리에서 가위바위보 놀이를 하지 않았을까 생각되기는 하지만, 아직 확실하게 단언할 수는 없다.(또 이미 누군가가 이 문제를 논증했을지도 모르지만, 배움이 얕은 나로서는 아직 알지 못한다.) 또한 '모노하쓰케'(ものは附け)* 놀이가 술자리에서 행해진 듯하다는 것은 시

---

* 놀이문학인 잣파이(雜俳)의 일종으로 1740년대 무렵부터 에도에서 유행했다. 판정자가 "……인 것은" "…… 하는 것은" 하고 문제를 내면 그에 대해 재치 있는 답구(答句)를 만들어내는 놀이이다.

인 이상은(李商隱, 의산〔義山〕)의 저작이라는 『잡찬』(雜纂)이 그 지침서인 듯하다는 점에서 알 수 있는데, 이는 고다 로한(幸田露伴)이 일찍이 그의 저서 『유진』(游塵)에서 설파했던 바이다. 고다 로한은 원나라 육우인(陸友仁)의 설로 이를 소개하고 거기에 찬동했는데, 과연 육우인의 『연북잡지』(硏北雜志)를 검토해보면 하권에 "아마도 당나라 사람들의 주령에서 사용되었을 것"이라는 말이 나온다.

8장 「당대 북중국의 이색 풍속 하나」. 본래 『역사』 16의 2(1941년 5월)에 실렸다. 그 뒤(1965년 3월) 교토의 나바 도시사다(那波利貞) 박사가 『고난(甲南) 대학 문학회 논집』 제27호에 실린 「당대의 장안성 내 조야인(朝野人)의 생활에 파고든 돌궐 풍속에 대한 소고」에서 이를 언급했는데(pp. 38~42), 태종의 아들 상산왕(常山王) 이승건(李承乾)도 돌궐의 풍속을 애용하여 동궁전 내부에 천막 다섯 개를 설치했다고 쓰고 있다(pp. 19~20).* 이는 내가 주목하지 못했던 점이다.

9장 「온천과 도상(陶像)」. 『민족학연구』 제12권 제2호(1948년 11월)에 실린 글이다. 얄팍한 소편(小篇)인데, 앞의 것은 지극히 사치스런 여산 온천의 일면과 황폐하게 버려진 그 말로를 소개하는 정도로 그쳤다.

10장 「당대의 여인」. 본래 NHK에서 방송했던 내용을 『안토로포스』(あんとろぽす) 제1권 제4호(1946년 12월)에 게재한 것이다. 매우 통속적인 글로 재록할 가치가 부족하다.

11장 「당대의 도서(圖書)」. 처음 『오사카 마이니치 신문』(大阪每日新聞) 1930년 4월 30일자(조간)에 「당대 도서잡담」(唐代圖書雜談)이란 제목으로 게재했던 글이다. 『서평』(書評)지의 부탁을 받고(제4, 1947년 5월) 그때로부터 무려 12년 전의 옛 원고를 손질하여 투고한 것이다.

12장 「당대 잡사(雜事) 두 가지」. 헤이본샤(平凡社)의 『세계미술전집』

---

* 이 내용은 『신당서』 권80 「태종제자열전」(太宗諸子列傳)의 '상산민왕승건전'(常山愍王承乾傳)에 나온다.

월보(月報) 제5호(1950년 12월)에 게재했던 것이다. 이 편 앞머리에 썼듯이 일종의 수필이다.

13장 「감람(橄欖)과 포도」. 이와나미 쇼텐의 『세계』 제21호(1947년 9월)에 기고했던 것인데 제목을 조금 고쳤다. 글 속에 인용한 청나라 말기 우응지(牛應之)의 『우창소의록』(雨窓消意錄)은 오우치 하쿠게쓰(大內白月)가 그의 저서에서 뽑은 내용에 근거했다고 밝혔는데, 국립국회도서관의 오니시 간(大西寬) 학사가 나를 위해 도서관의 장서를 검색해 이 책을 보여주었으며, 아울러 소주(蘇州)의 한 국수(國手) 이야기와 그 서문 및 이 책이 수록된 『읍수산방총서』(挹秀山房叢書) 목록을 필사해주었다. 여기서 그의 두터운 호의에 감사드린다.(이 총서는 광서[光緒]10년[1884] 장사[長沙]의 공원서가[貢院西街]인 진읍수[陳挹秀]가 간행한 것인데, 지방판이어서인지 널리 유포되지 않아 구하기 힘든 것 같다. 한편 글 속에서 언급한 미나카타 구마구스[南方熊楠]의 설은 「올리브의 한자이름」이라는 제목으로 『동양학예잡지』 제315호[1907년 12월]에 보인다.)

14장 「서역 상호(商胡)가 비싼 값에 보물을 구하는 이야기」는 본래 야나기타 구니오(柳田國男)가 편집을 맡았던 잡지 『민족』의 제4권 1호(1928년 11월)에 실었던 것인데, 속편을 게재할 예정이었지만 뜻을 이루지 못하다가 초판에 수록하면서 대충 응급조치를 하여 결말을 맺어두었었다. 본래 그 속편의 일환으로 생각했던 것이 여기에 제6화로 재록한 이야기이다.(단 『민족』에 게재했던 글의 제5화를 이 책에서는 제9화로 실었음을 부기해둔다.) 그리고 제12화 '오군의 육옹이 뱃속의 이상한 벌레를 호인에게 판 이야기'는 청대 포송령(蒲松齡)의 『요재지이』(聊齋志異)에 비슷한 이야기가 있으며, 아쿠타가와 류노스케(芥川龍之介)*가 이를 소재로 「주충」(酒蟲)이라는 소설을 썼다는 이야기를 나중에 게이오(慶應)

---

* 1892~1927. 소설가. 『라쇼몬』(羅生門)을 비롯한 150편 이상의 단편소설을 남겼다. 그의 이름을 딴 아쿠타가와 상은 현재 일본에서 가장 권위 있는 문학상의 하나이다. 저자와는 고등학교 동창이었다.

대학의 다케다 류지(竹田龍兒) 교수로부터 듣게 되었다. 나는 아쿠타가
와 류노스케가 「주충」을 집필하는 동안 그 무대인 산동의 지명에 대해 여
러 차례 엽서로 문의를 받아서 그 일을 잘 알고 있었으면서도 완전히 잊
고 있었다. 다케다 류지의 친절에 새삼 감사의 말을 전하고 싶다.

15장 「다시 호인채보담(胡人採寶譚)에 대해」는 『민속학』 제5권 제10
호(1933년 10월)에 실렸던 것으로, 이제 자구 두세 개를 고친 것 외에는
서두의 두 쪽만 삭제했을 뿐 원래의 글과 거의 달라진 점이 없다.

16장 「호인매보담(胡人買寶譚) 보유」는 니혼(日本) 대학 문학부의
『연구연보』(研究年報) 제6(1955년 12월)에 게재했던 것으로, 제14장에
이어지는 글이다. 나는 이 일련의 설화가 당나라 때 시작된 것으로만 믿
고 있었는데 그 뒤 육조시대에 이미 그 맹아가 있음을 알게 되었다.* 또
한 송나라 이후의 것은 특별히 조사해보지도 않아서 앞의 「호인매보담
보유」에 부기한 한두 가지 외에는 전혀 알지 못하고 있었는데, 덴리(天
理) 대학의 사와다 미즈호(澤田瑞穗) 교수에게 1966년 초봄부터 몇 차례
서신으로 송나라 홍매(洪邁)의 『이견지』(夷堅志)를 비롯해 주로 명·청대
소설에 나타난 수십 가지 사례를 교시받았다. 그는 또한 내가 수년 동안
이런 유의 이야기에 흥미를 가져왔음을 특별히 인정하여 그것을 발표하
도록 허락해주었다. 그 과분한 후의에 보답하고자 노쇠한 몸에 채찍을
가하며 그가 가르쳐준 부분에 대해 원문을 찾아 일간에 우고(愚稿) 1편
을 탈고하여 사와다 교수와 식자 여러분의 질정을 청하고자 한다.†

17장 「수당시대의 이란 문화」. 본래 이와나미 강좌 『동양사조』(東洋思

---

* 사와다의 「이인매보담사초」(異人買寶談私鈔)에 따르면 육조(六朝) 송나라의 유경숙(劉敬叔) 『이원』
(異苑) 권2에 나오는, 영강(永康) 왕광(王曠)의 집안 우물 주위에 있던 빨랫돌과 관련된 이야기이다.
† 이에 대해 저자는 발표하지 못하고 별세했다. 저자의 사후 사와다 교수가 그 사례를 정리한 「異人買
寶談私鈔」를 『와세다 대학 대학원 문학연구과 기요(紀要)』(1981년 3월)에 발표하고 『金牛の鎖』(平凡
社, 1983)에 수록했다. 여기서 사와다 교수는 호인채보담(胡人採寶譚) 혹은 호인매보담(胡人買寶譚)
이 불전(佛典)에서 영향받았을 가능성을 언급하고 있다.

潮) 제18책에 썼던 「중국문화와 서방문화의 교류」(1936년 11월) 가운데 당대 부분을 뽑아낸 것으로, 이를 그대로 재록하는 일은 아무래도 마음이 내키지 않았다. 삭제해버릴까 하고 몇 번이나 고려했지만, 헤이본샤에서 이 시리즈의 하나로 출간하는 이상 초판에 포함되었던 것은 하나도 빠짐없이 채록하기를 희망하여, 없느니만 못한 이 지극히 간소한 한 편도 놓아두기로 했다. 이는 완전히 초학자들을 위한 입문 및 안내서 격의 소편(小篇)이므로, 오히려 뒤에 제시한 주요 참고문헌을 읽었으면 하는 바람이다.

　18장 「장안의 여름풍경」. 이 글도 위와 같은 사정으로 어쩔 수 없이 싣기로 했다. 1930년 8월 25일자 『도쿄 니치니치 신문』(東京日日新聞)에 실렸던 글인데, 니혼 대학의 동양사 동호인들이 내던 작은 잡지 『동화』(東華)의 제1권 제2호(1931년 12월)에 편집자가 전재한 것이 가까이에 남아 있다. 여기에 수록한 것은 그 기사를 이야기체로 고쳐 쓰고 표제를 조금 바꾼 것이다. 단 이 판에서는 약간의 보기(補記)를 달아보았다.

저자 씀

지은이 주

1장 장안의 봄

1) 『全唐詩』卷26, 「長安春」. "長安二月多香塵, 六街車馬聲轔轔. 家家樓上如花人, 千枝萬枝紅艶新. 簾間笑語自相問, 何人占得長安春. 長安春色本無主, 古來盡屬紅樓女. 如今奈何杏園人, 駿馬輕車擁將去."(이하 인용하는 『전당시』는 편의상 모두 光緒丁亥年[1887]에 상하이 同文書局에서 간행한 老石印本에 의거해 권수를 표시한다.)

2) 중국에서는 춘추전국시대부터 이미 도로에 가로수를 심는 것이 발달했다. 당나라 수도 장안의 도로에도 훌륭한 가로수가 있었다는 것을 많은 시구에서 확인할 수 있으며, 『신당서』(新唐書)와 『구당서』(舊唐書)의 「오행지」(五行志)에 실린 태풍기사마다 많은 가로수가 손상되었다는 사실이 꼭 나오는 것을 통해서도 알 수 있다. 가로수로는 홰나무와 버드나무가 주종을 이루었지만, 느릅나무도 제법 많았던 것같다.

궁성의 남문인 승천문(承天門)에서 남쪽으로 주작문(朱雀門)에 이르는, 이른바 천문가(天門街) 양쪽에 늘어선 홰나무 등의 가로수는 흔히 볼 수 있는 것이었던 듯하다.(唐의 尉遲偓, 『中朝故事』) 개원(開元)2년(714) 6월 태풍이 불었을 때, 성안의 가로수 열 그루 중 일여덟이 쓰러졌다고 하는데, 이때 손상된 수(隋)나라 고영(高頴)이 심은 수령 300년이 넘은 홰나무 등은 매우 훌륭한 나무였을 것이다.(『朝野僉載』石印寶顔堂秘笈本 卷1, 7a; 『新唐書』卷35, 「五行志」 등 참조)

버드나무는 위응물(韋應物)이 「의고시」(擬古詩) 12수 중 제2수에서 "서울의 번화가에, 덮개 씌운 마차들이 새벽을 헤치고 나가네. 수양버들 늘어선 넓은 열두 거리, 보일 듯 말 듯한 권문세가들 집"(京城繁華地, 軒蓋凌晨出. 垂楊十二衢, 隱映金張室)이라 읊었고, 또 「원시어를 모시고 봄놀이하며」(陪元侍御春遊)에서 "어디에서 봄바람에 취해볼까? 장안 서쪽에서 다시 동으로. ……버드나무 둑을 오가다, 작년에 만났던 푸른 말을 또 피한다"(何處醉春風, 長安西復東. ……往來楊柳陌, 猶避昔年驄)고 한 것에서 그 모습을 찾아볼 수 있다.

느릅나무가 가로수의 주종이 되지 못한 연유는, 덕종(德宗) 정원(貞元) 12년 (796)에 관청 거리의 가로수에 문제가 생기자 느릅나무를 심어 보완하자는 의견이 제기되었는데, 경조윤(京兆尹)인 오주(吳湊)가 "느릅나무는 큰 거리의 구경거리로 적당치 않다"고 하여, 홰나무로 교체하도록 명령했다는 얘기에서 살펴볼 수 있다.(『新唐書』卷159,「吳湊傳」;『舊唐書』卷183,「吳湊傳附」) 그러나 실제로는 느릅나무도 상당히 많이 심어졌으니, 온정균(溫庭筠)의 『건찬자』(乾膔子)에 실린 두예(竇乂)의 치부담(致富談)에서, 두예가 장안성 여기저기에 흩어져 있는 느릅나무 꼬투리를 한 말 넘게 주웠다는 이야기에서도 엿볼 수 있다.(『太平廣記』卷324, 石印本 48a) 한편 가로수의 역사에 대해서는 고염무(顧炎武)의 『일지록』(日知錄) 권12 「관수」(官樹)조를 참조하기 바란다.

앞에 인용한 위응물의 시 두 편은 각각 『전당시』 권7, 1a 및 24a에 보인다.

3) 춘명문(春明門) 부근에서 서역의 호인을 만났다는 얘기의 한 예로는 장독(張讀)의 『선실지』(宣室志)에서 풍익(馮翊) 땅의 엄생(嚴生)이 '청수주'(淸水珠)를 얻어 호인에게 파는 장면을 들 수 있다.(『太平廣記』 권402에서 인용) 이 이야기의 일본어 번역문은 저자의 「서역 상호가 비싼 값에 보물을 구하는 이야기」에 실려 있다.(『民族』 4-1, pp. 103~04; 이 책 14장 제10화 참조)

4) 장안의 동시(東市)와 서시(西市)가 성안의 중심 번화가이며, 그 중 서시가 한층 더 시끌벅적했다는 것은 송민구(宋敏求)의 『장안지』(長安志) 등에 잘 나와 있다. 특히 서시 부근에 소그디아나·페르시아·아라비아 등지에서 온 상인들의 거주지가 많았음은 당대의 몇몇 소설이나 수필을 뒤적이다 보면 쉽게 알 수 있다. 서시 부근에 조로아스터교(祆敎)와 네스토리우스교(景敎)의 사원이 있었던 것도 그런 저간의 상황을 보여주는 것이라 할 수 있다.

5) Tamɣač, Tamɣaj는 육조(六朝) 말기부터 당대까지, 중국의 북쪽 변경에서 중앙아시아와 서아시아 그리고 동로마제국 부근에 이르는 지역의 사람들이 중국을 일컫던 말이다. 처음에는 북부 중국만을 지칭했지만, 당대에는 중국 전체를 의미하게 되었다. 이 말의 어원에 대해서는 북조(北朝)를 지배했던 선비족(鮮卑族)의 척발(拓跋, Tabɣač) 부족의 이름에서 나왔다고 보는 시라토리 구라키치(白鳥庫吉)와 펠리오(Paul Pelliot) 두 사람의 설을 따랐는데, 구와바라 지쓰조(桑原隲藏)의 이설(異說)도 참고할 만하다.(『蒲壽庚の研究』 岩波刊決定版, p. 137) Kunmdan 또는 이것이 와전된 Khubdan, Khomdan 등의 이름은 당대에 중앙아시아·페르시아·아라비아 내지 동로마 사람들이 수도 장안을 일컫던 말이다. 이 말이 어떤 한어(漢語)를 음역(音譯)한 것인지는 의론이 분분하여 오랫동안 결론이 나지 않고 있는 문제이다. '경성'(京城)의 발음이 잘못 전해진 것으로 보는 히르트(Fredrich Hirth)와 구와바라 두 사람의 설이 가장 타당한 듯하지만, 확증은 없다.(桑原隲藏,

「隋唐時代に支那に來往した西域人に就いて」, 『內藤博士還曆祝賀支那學論叢』, p. 578; A. C. Moule, *Christians in China before the Year 1550*, London, 1921, pp. 15~18 등 참조) 인도에서는 당시 장안이 Mahâ Cina(莫訶支那)로 알려져 있었지만, '쿤담'의 산스크리트 어형인 '쿰다나'로도 알려져 있었던 것 같다.(『梵語雜名』 등 참조)

6) 천가한(天可汗)이라는 명칭은 당나라의 위세가 투르크 종족에게까지 미쳤던 초기에 그들이 당나라 태종에게 바친 존칭으로 '천황제'(天皇帝)라는 의미이다. 한어와 투르크어의 복합어인 그 어원은 아마도 Tängri qaɣan일 것이다. 당시 중국의 천자는 오직 당나라만의 황제가 아니라, 드넓은 북쪽 변경의 여러 종족 및 서역 각국 공동의 대군주로서 추앙받고 있었다. 『자치통감』(資治通鑑)의 당기(唐紀) 정관(貞觀) 21년(641)조를 보면, 이런 기사가 있다. 많은 투르크계 부족이 중국에 복종하여 마치 고향의 부모를 찾아 뵙듯이 대당(大唐) 천자의 허락을 받고 왕래했던 까닭에 회흘(回紇) 이남에서 돌궐(突厥) 이북에 이르기까지 도로 하나를 내고 그 길을 천가한을 뵈러 가는 길(參天可汗道)이라 부르게 해달라고 청했다. 이에 역 68개를 설치하고 각 역에 말과 술과 음식을 준비하여 지나는 사신들에게 제공하며, 해마다 담비가죽을 공물로 바쳐 세금을 충당했다고 한다. 다만 주의해야 할 것은 회흘족 등이 자기들의 가한(可汗)을 Tängri qaɣan이라 칭하고, 중국 쪽에서 그것을 천가한이라 번역한 경우도 있다는 점이다. 오르곤 강가에 세워진 비가가한(毗伽可汗, Bilgä qaɣan) 비석의 내용을 예로 들 수 있다.(Chavannes et Pelliot, *Un traité manichéen retrouvé en Chine*, Tirage à part, pp. 202~03)

〔덧붙임〕 기타 천가한에 관해서는 나향림(羅香林)의 상세한 연구를 참고하기 바란다.(「天可汗制度考」, 『唐代文化史』, 1954, 臺灣) 그의 글은 제2차 세계대전 후에 출간됐지만 상당한 역작이다. 그러나 '천가한을 뵈러 가는 길'에 대한 내용은 없다.

7) 王貞白, 「長安道」, 『全唐詩』 卷26. "曉鼓人已行, 暮鼓人未息. 梯航萬國來, 爭先貢金帛."

8) 모두 노연양(盧延讓)의 시구. 앞의 것은 「한식일에 장난삼아 이시어에게 주다」(寒食日戲贈李侍御)에 "열두 거리는 시장바닥인 듯, 고운 먼지 목 메이도록 걷히지 않는다. 말발굽을 적시도록 총이말이 땀을 흘리니, 어디로 꽃구경 다녀왔는가"(十二街如市, 紅塵咽不開. 灑蹄驄馬汗, 沒處看花來)라 했다. 뒤의 것은 「변천의 한식」(樊川寒食) 2수 중 하나로 "안장 없은 말도 꽃도 모두 먼지투성이, 노랫소리 나는 곳마다 아리따운 여인들. 오릉의 소년들 세상사에 어두워, 버들고리에 황금을 달아 몽땅 술을 사네"(鞍馬和花總是塵, 歌聲處處有佳人. 五陵年少囊於事, 栲栳量金買斷春)라 했다.(모두 『전당시』 권26)

9) 『顧氏文房小說』本, 上, 16a.

10) 두순학(杜荀鶴)의 『송창잡기』(松窓雜記)에 "곡강 연못은 본래 진나라 때 풍주(豊洲)였는데, 당나라 개원연간에 준설하여 명승지가 되었다. 남쪽으로는 자운루와 부용원이, 서쪽으로는 행원과 자은사가 있어서, 꽃과 풀이 사방을 둘러싸고 안개 낀 강물이 아름다워, 도성 사람들이 중화절이나 상사일에 많이들 구경한다. (그날에는) 황제가 신하들에게 잔치를 내려서 산 위의 정자에 모이게 하고 태상시(太常寺)의 교방악(敎坊樂)을 내려주며, 연못에는 단청을 한 화려한 배를 띄워놓고 오직 재상과 삼사(三使)·북성관(北省官)·한림학사만이 거기에 올랐으니, 나라를 뒤흔드는 훌륭한 볼거리가 되었다"(曲江池本秦時豊洲, 唐開元中疏鑿爲勝境. 南卽紫雲樓·芙蓉園, 西卽杏園·慈恩寺, 花卉環周, 烟水明媚, 都人遊賞盛於中和·上巳節. 卽錫宴臣僚, 會於山亭, 賜太常敎坊樂, 池備綵舟, 惟宰相·三使·北省官·翰林學士登焉, 傾動皇州, 以爲盛觀)고 했다. 『당인설회본』(唐人說薈本)에 의거한다. 『장안지』권9「남승방」(南昇坊)조에 곡강에 대해 주를 단 곳에서는 이 글을 강병(康騈)의 『극담록』(劇談錄)에 나오는 문장이라 했다.

11) 「미인의 노래」(麗人行)의 "三月三日天氣新, 長安水邊麗人多.…繡羅衣裳暮春照, 蹙金孔雀銀麒麟." 仇兆鰲, 『杜詩詳注』本 卷2, 48ab. '척금공작은기린'(蹙金孔雀銀麒麟)은 금과 은을 입힌 실로 자수를 놓은 동물의 문양.

12) 『장안지』권8「승평방」(昇平坊)조에 "이곳은 경성에서 가장 높은 데 자리잡아 사방이 드넓게 트여 있어서 경성 안이 손바닥처럼 내려다보인다. 매년 정월 그믐, 3월 3일, 9월 9일에는 경성의 사녀들이 모두 여기 와서 높은 곳에 올라 액을 씻는다"(其地居京城之最高, 四望寬敞, 京城之內, 俯視指掌. 每五月晦日, 三月三日, 九月九日, 京城士女咸就此登高祓禊)고 했다.

13) 『杜詩詳註』卷2, 14a.「낙유원의 노래」(樂遊園歌) 주에 인용된 오균(吳筠)의 「서경기」(西京記).

14) "樂遊古園崒森爽, 煙綿碧草萋萋長. 公子華筵勢最高, 秦川對酒平如掌." 낙유원에서의 놀이를 읊은 시가는 곡강에서의 유람을 노래한 시부(詩賦)와 더불어 당대에 흔히 보이는데, 두보(杜甫)의 「낙유원의 노래」는 그 중 가장 유명한 작품이다. 여기서 인용한 것은 『杜詩詳註』권2, 14a에 있다.

15) 『開元天寶遺事』앞의 본 下, 6ab.

16) 같은 책 下, 11a.

17) 위와 같음. "장안의 귀한 집 자제들은 매번 봄나들이 연회를 열 때면 동산 가운데에 장막을 치곤 했는데, 수행하는 자들이 기름 먹인 장막을 싣고 가다가 혹시 비를 만나면 그 장막을 치고서 실컷 즐기다가 돌아갔다."(長安貴家子弟, 每至春時遊宴, 供帳於園圃中, 隨行載以油幕, 或遇陰雨以覆之, 盡歡而歸.)

18) 같은 책 上, 11b.

19) 같은 책 上, 14a.

20) 같은 책 上, 13b.

21) Sir A. Stein, *Serindia,* Vol. III, Pl. LXXVI.

22) 『開元天寶遺事』 앞의 본 上, 15a.

23) 같은 책 上, 11a.

24) Stein, *op. cit,* Vol. III; 松本榮一, 『敦煌畵の硏究』(昭和12), 附圖 78a·b. 이것은 불교 계통의 그림이지만, 당대의 풍속화라고 보는 견해도 있다.

25) "飛埃結紅霧, 遊蓋飄靑雲." 『全唐詩』 卷3.

26) 『白氏長慶集』 卷2, 「秦中吟·買花」. "帝城春欲暮, 喧喧車馬渡. 共道牡丹時, 相隨買花去. 貴賤無常價, 酬直看花數. 灼灼百朵紅, 戔戔五束素. 上張幄幕庇, 旁織笆籬護. 水洒復泥封, 移來色如故. 家家習爲俗, 人人迷不悟. 有一田舍翁, 偶來買花處. 低頭獨長歎, 此歎無人諭. 一叢深色花, 十戶中人賦." 스즈키 도라오(鈴木虎雄)의 『白樂天詩解』(京都, 昭和2) pp.321~23에 의거. 시구의 교감은 같은 책 p.329 참조.

27) 王叡, 「牡丹」, "牡丹妖艶亂人心, 一國如狂不惜金."(『전당시』 권19. 이 시는 王轂의 작품이라고도 하며 권26에도 보인다.)

28) 모란꽃이 당나라 이전에는 중국인들 사이에서 완상되지 않았다는 의미는 아니다. 화성(畵聖)으로 불리는 북제(北齊) 양자화(楊子華)의 시와 진(晉)나라 사영운(謝靈運)의 작품 중에 모란을 언급한 부분이 있어 이 꽃이 얼마간 감상용으로 쓰였다고 생각되기 때문에 본문과 같이 고찰할 수 있다고 본다.

　　이는 특별히 저자만의 견해가 아니다. 이미 당나라의 유우석(劉禹錫)은 "모란꽃이 당나라에 들어와 비로소 나타났으니 그 근거는 이전 왕조 문사(文士)들의 문집 중에 모란에 대한 시가가 없기 때문"이라는 속설에 대하여, "양자화에 대한 비평 중 '모란을 그린 필치가 지극히 분명하다'는 구절이 있는데, 양자화는 북제 때 사람이니 모란꽃이 오래 전부터 있었음을 알 수 있다"고 했다.(당나라 韋絢이 편찬한 『劉賓客嘉話錄』. 여기서는 『顧氏文房小說』本 11ab에 의거하되, 다른 판본으로 한두 구를 보완한다.)

　　당나라의 단성식(段成式)은 그의 『유양잡조』(酉陽雜俎) 권19에서 "모란은 이전 역사서에 언급된 바가 없고, 오직 사강락(謝康樂, 사영운)의 문집에 '대나무 한 가로운 물가에 모란이 많이 피었다'고 했다"면서 이 사실을 인식하고 있다. 다만 단성식은 이어서 "내가 『수조종식법』(隋朝種植法) 70권을 찾아봤지만 모란에 대한 언급이 한마디도 없었다. 그러니 (모란이) 수나라에서 꽃나무나 약재에 들지 않았음을 알겠다"고 했다. 이렇게 볼 때 모란 재배는 당시에 아직 성행하지 않았던 것 같다.(여기서 『수조종식법』 70권'은 아마도 『구당서』 「經籍志」 農家部에 있는

'種植法 77권, 諸葛潁 편찬'이라는 책일 것이다.『신당서』「藝文志」에는 '潁'자가 '穎'으로 되어 있다.)

당대에 모란 감상이 크게 유행한 것은 사실 성당(盛唐) 이후의 일이며, 그것도 처음에는 중국 북부에 국한되었던 것 같다. 백거이가 장안에 있는 혼감(渾瑊)의 집에 핀 모란을 보고 지은 시에서 "강남에 돌아와 보니 이 꽃이 없고"(歸到江南無此花)라는 구절이나(주 52) 참조), 또 백거이가 항주자사(杭州刺史)가 되었을 때는 겨우 개원사(開元寺)에만 이 꽃이 심어져 있었는데 그것도 그 절의 중 혜징(惠澄)이 당시에 처음으로 경성에서 가져와 심은 것이었다는 얘기에서도(唐의 范攄,『雲溪友議』卷4[『稗海』本]), 저간의 사정을 알 수 있다.(이 책에 따르면, 이때 徐凝이 이 모란을 보고 읊은 시에도 "이 꽃은 남녘 땅에서 심기 어려움을 아는데"[此花南地知難植]라는 구절이 있다.)

촉(蜀) 지방 같은 곳에서는 오대(五代) 무렵까지 모란을 몰랐으며, 맹씨(孟氏)에 이르러 선화원(宣花苑) 안에 심고서 그곳을 모란원(牡丹苑)이라 이름지었다고 한다.(淸의 計楠,『牡丹譜』[『昭代叢書』本] 참조) 화예부인(花蘂夫人)의 「궁사」(宮詞) 중 한 수에서 "모란을 옮겨 정원에 심으니, 이는 모두 변방에서 들여온 것이라네"(牡丹移向苑中栽, 盡是藩方進入來)라는 구절도 이 정원을 가리킨 것일 것이다.(『전당시』노석인본 권29. 하지만 이 시가 화예부인의 작품이 아니라는 설도 있다.) 영남지방에서도 오대 말기 무렵까지 아직 모란을 알지 못했으며, 남한(南漢)의 유창(劉鋹)이 낙양에 와서 모란을 보고는 그 아름다움에 경도되었다는 이야기가 있다.(宋의 陶穀,『淸異錄』)

29) 자은사 남쪽에 있는 행원은 통선방(通善坊)의 한가운데 있으며, 동쪽의 곡강과 더불어 장안의 명승지이다.(『장안지』권8. 당대에 행원의 봄풍경을 노래한 시는 아주 많지만, 여기서는 모두 생략한다.)

30) 錢易,『南部新書』甲(『學津討原』本).

31) 『開元天寶遺事』卷下, 16ab,「百寶欄」條.

32) 같은 책 卷下, 17a,「四香閣」條. 모란을 목작약(木芍藥)이라 부르는 점에 대해서는 정초(鄭樵)의『통지략』(通志略) 권7, 15,「곤충초목략」(昆蟲草木略) 제1에 상세히 나와 있다.

33) 『남부신서』(南部新書) 정(丁)에 "장안 3월 15일, 두 대로에서 모란을 구경하느라 수레들이 분주하다"는 말이 있다. 주43) 참조.

34) 『白氏長慶集』卷4, 新樂府「牡丹芳」(鈴木 詩解本, p. 192).

35) 서응(徐凝)의 「모란」. "三條九陌花時節, 萬馬千車看牡丹." 서응의 시에는 또 "누군들 모란꽃을 사랑하지 않으리? 성안의 아름다운 물색을 독차지했도다!"(何人不愛牡丹花, 占斷城中好物華)라는 구절이 있다. 모두『전당시』권18에 실려 있다.

36) 유우석의 「모란 감상」(賞牡丹)에 "유독 모란이라는 진정한 국색이 있어, 꽃필 무렵이면 경성이 들썩인다"(唯有牡丹眞國色, 花開時節動帝城)는 구절이 있다.(『전당시』 권13)

37) 최도융(崔道融)의 「장안의 봄」(長安春)에 "장안에 모란이 피면, 비단수레 구르는 소리 마른천둥이 치는 듯. 이 꽃이 오래 피어 있다면, 구경하는 사람들 돌아가지 않으리"(長安牡丹開, 繡轂輾晴雷. 若使花長在, 人應看不回)라 했다.(『전당시』 권26)

38) 서인(徐夤)의 「천복사 남원을 그리며」(憶薦福寺南院). "牡丹花際六街塵."(『전당시』 권26)

39) 서인의 「모란화 2수」 중 제1수에 "여러 꽃을 보았지만 이 꽃보다 아름다운 건 없다. 구름 오려 깨끗이 해서 빨간 주사(朱沙)에 담근 듯"(看徧花無勝此花, 翦雲披雪蘸丹砂)이라 했다.(『전당시』 권26)

40) 서인의 「모란화 2수」 중 제2수에 "오만 가지 꽃 중에 으뜸"(萬萬花中第一流)이라는 구절이 있다.(『전당시』 권26) 피일휴(皮一休)는 그의 시에서 모란을 '꽃 중의 왕'(百花王)이라 불렀고 또 "인간세상 제일가는 향기를 독차지했다"(獨占人間第一香)고 노래했다 하나(『淵鑑類函』, p. 405), 피일휴 문집에는 이런 시구가 보이지 않는다.

41) 주26) 참조.

42) 유혼(柳渾)의 시. "近來無奈牡丹何, 數十千錢買一窠."(『전당시』 권7)

43) 이조(李肇)의 『당국사보』(唐國史補) 권중(中)(『學津討原』본에 의거)에 "서울의 귀인들이 놀이할 때 모란을 숭상한 지가 30여 년이다. 매년 봄이 저물 무렵이면 미친 듯 마차를 몰면서, 모란에 취해서 완상하지 못하는 것을 수치로 여겼다. 집금오(궁전수비대)가 관할 밖 절과 도교사원까지 세력을 뻗어 이것을 심어 이익을 보려 하니, 한 그루에 수만 전씩 하는 경우도 있다"(京城貴游尙牡丹三十餘年矣. 每春暮車馬若狂以不玩爲恥, 執金吾鋪官圍外寺觀, 種以求利, 一本有直數萬者)고 했다. 다른 판본과 글자가 다른 게 있지만, 여기서는 다루지 않겠다.

44) 『開元天寶遺事』 卷下, 11a, 「鬭花」條.

45) 『남부신서』 정(丁)에 "자은사 원과원(元果院)의 모란은 다른 모란보다 보름쯤 빨리 피고, 태진원의 모란은 다른 모란보다 보름쯤 늦게 핀다"(慈恩寺元果院牡丹, 先于諸牡丹半月開; 太眞院牡丹, 後諸牡丹半月開)고 했다. 또 강병(康騈)의 『극담록』(劇談錄) 하(下)(『學津討原』本), 「자은사 모란」(慈恩寺牡丹)조를 보라.

46) 예를 들면 백거이의 「서명사에 모란 필 때 원구를 그리며」(西明寺牡丹花時憶元九)(『白氏長慶集』 卷9), 「다시 서명사 모란을 노래함」(重題西明寺牡丹)(『白氏長慶集』 卷16) 같은 시가 있고, 원진(元稹)의 「서명사 모란」(西明寺牡丹)이 있다(『元氏長慶集』 卷17).

47) 『長安志』卷7, 「靖安坊」條 참조. 이 절은 비구니 사찰이다. 모란에 대해서는 주 52)를 보라.

48) 『長安志』卷7, 「永樂坊」條 참조. 『남부신서』 무(戊)에는 비구니 사찰로 되어 있다. 원진(元稹)에게 「아침 일찍 영수사에 들어 모란을 구경하는 양십이와 이삼에게 주다」(與楊十二李三早入永壽寺看牡丹)라는 시가 있으며(『元氏長慶集』 卷5), 모란 꽃의 명소였다.

49) 『長安志』卷8, 「修政坊」條. 종정시(宗正寺)의 정자에 대해 "『연하세시기』(輦下歲 時記)(唐의 李綽 편찬)에, '새로 진사가 된 사람들을 위한 모란꽃 연회가 간혹 여기 서 열리기도 했다'는 말이 있다"고 주가 달려 있다. 모란꽃 연회는 왕정보(王定保) 의 『당척언』(唐摭言) 권3 「연명」(讌名)조에 보인다.(『雅雨堂叢書』본에 의거)

50) 영태사(永泰寺)는 회창(會昌) 5년(845) 일시 폐쇄되었다가 6년에 다시 복원되면 서 만수사(萬壽寺)로 이름을 고쳤다. 『장안지』 권10 「장수방」(長壽坊)조에 이 절 의 위치와 연혁이 조금 언급돼 있으며, 권8 「진창방」(晉昌坊)조 자은사(慈恩寺) 항목의 주(註)에는 폐쇄와 개창에 대한 언급이 보인다. 이 절의 모란에 대해서는 옹승찬(翁承贊)의 시 「만수사 모란」 1수가 있으며(『전당시』 권26), 또 당말의 재상 장준(張濬)이 조정의 신료들을 이끌고 이 절에서 모란을 구경했다는 사실도 확인 할 수 있다. 장준의 고사는 『구당서』와 『신당서』에 있는 그의 전(傳)에서는 볼 수 없지만, 같은 반열에 있었던 영인(伶人) 장은(張隱)의 시와 그 시의 유래에 관한 전설에 의거하여 알 수 있다.(『전당시』 권27 「萬壽寺歌詞」 참조)

51) 『장안지』 권9 「영달방」(永達坊)조 '탁지정자'(度支亭子)의 주에는 "『연하세시기』 에, '새로 진사가 된 사람들을 위한 모란꽃 연회가 간혹 영달의 정자에서 열렸다' 고 했다"는 말이 있다.

52) 백거이의 「시 1백운을 대신 써 미지에게 부치다」(代書詩一百韻寄微之)에 "당창관 의 옥예화 감상모임, 숭경사의 모란화 구경약속"(唐昌玉蘂會, 崇敬牡丹期)이라는 시구가 있다.(『백씨장경집』 권13) 백거이의 「성 동쪽으로부터 와 대신 시를 써서 습유 이육과 선배 최이십육을 장난으로 부르다」(自城東至以詩代書戯招李六拾遺 崔二十六先輩)에도 "숭경사에 모란이 필 때"라는 시구가 있다.(『백씨장경집』 권13)
　이익(李益)에 관한 전설은 당나라 장방(蔣防)의 작품이라는 『곽소옥전』(霍小玉 傳)(『태평광기』 권487 인용)에 보인다.
　덧붙이자면, 이상의 여러 절 외에 대녕방(大寧坊) 동남쪽 모퉁이에 있는 흥당 사(興唐寺), 정선방(靖善坊)의 홍선사(興善寺) 등에도 아름다운 모란꽃이 있었다. 『유양잡조』 권19 「모란」조의 끝부분에도 이 일이 언급되어 있다.

53) 『장안지』(권8)에는 진창방(晉昌坊)에 혼감(渾瑊)의 저택이 있었다고 기록돼 있지 만, 『신당서』(권80) 「혼감전」(渾瑊傳)에는 대녕방에 있었던 것으로 기록되어 있

다. 필원(畢沅)은 『장안지』의 이 조항에 주를 달아, 『신당서』의 기록이 옳다고 했다. 백거이의 「혼감 댁의 모란꽃을 보고 이이십에게 장난으로 주다」(看渾家牡丹花戲贈李二十)에도 "향기는 난초 태우는 내음보다 좋고 붉은 빛은 노을보다 아름다워, 성안에서 최고로 꼽는 영공의 집이라네. 사람들 다 흩어진 뒤 그대는 잘 봐두오! 강남으로 돌아가면 이런 꽃이 없으리니"(香勝燒蘭紅勝霞, 城中最數令公家. 人人散後君須看, 歸到江南無此花)라고 했다.(『백씨장경집』권13)

54) 『장안지』권7 「개화방」(開化坊)조의 상서성(尚書省) 좌복야(左僕射) 영호초(令狐楚) 저택 항목에, 필원(畢沅)은 『유양잡조』를 인용하여 "모란이 가장 번성했다"고 주를 달았는데, 지금은 그것을 검증할 수 없다.

　　그 밖에도 배사엄(裵士淹)의 장흥방(長興坊), 한유(韓愈)의 정안방(靖安坊), 두이직(竇易直)의 신창방(新昌坊), 원진(元稹)의 정안방 등의 집이 유명했던 듯하며, 관청 중에서도 한림원의 북청(北廳)——흥경궁(興慶宮) 금명문(金明門) 안에 있다——등에도 좋은 모란이 있었던 것으로 생각된다.(『유양잡조』권19, 『백씨장경집』권14, 「惜牡丹花」2수와 「微之宅殘牡丹」및 주55) 참조.)

55) 『白氏長慶集』卷15, 「白牡丹」. "白花冷澹無人愛."

56) 「배급사 댁 백모란」(裵給事宅白牡丹). "長安豪貴惜春殘, 爭賞街西紫牡丹. 別有玉盤承露冷, 無人起就月中看."(『전당시』권10) 이 시는 배린(裵潾)의 작품이라고도 하며 『전당시』권19에도 실려 있다. 또 여러 판본을 살펴보면 자구(字句)가 다소 다르지만, 여기서는 언급하지 않겠다. 백모란도 일부에서는 완상의 대상이 된 듯하며, 특별히 백모란을 노래한 시도 두세 수 있다. 당 말기 왕정백(王貞白)과 위장(韋莊)의 「백모란」(모두 『전당시』권26), 오융(吳融)의 「절집의 백모란」(僧舍白牡丹) 2수(『전당시』권25) 등이 그 예이다. 중당(中唐) 시기 장우신(張又新)의 「모란」에도 "모란 한 송이는 천금이나 하는데, 여태껏 짙은 색만 최고인 줄 알았네. 오늘 난간 가득 핀 꽃은 눈이 내린 듯하니, 일생 동안 꽃구경 헛되이 하고 다녔네!"(牡丹一朵值千金, 將謂從來色最深. 今日滿欄開似雪, 一生辜負看花心)라는 구절이 있으며(『전당시』권18), 백거이도 「백모란」송(頌)을 지었다.(『백씨장경집』권1)

57) 유우석의 「혼시중 댁의 모란」(渾侍中宅牡丹)에 "지름이 한 자나 되는 꽃이 천여 송이씩, 인간세상에 이런 꽃이 있구나!"(徑尺千餘朶, 人間有此花)라는 시구가 있다.(『전당시』권13)

58) 주40)에 인용한 서인의 시에 "으리으리한 부잣집 자제를 미치게 하고, 또 붉은 대문의 세력가를 홀린다"(能狂綺陌千金子, 也惑朱門萬戶侯)는 구가 있다.

59) 주39)에 인용한 서인의 시에 "장안의 10만 가구가 파산했다"(破却長安十萬家)는 시구가 있다.

60) 鈴木虎雄, 『白樂天詩解』, p.192 참조. "고요한 위공 댁은……" 구에 대해서는 스

즈키(鈴木)도 명쾌하게 해석하지 않았다. 왕년에는 이위공(李衛公, 李靖) 댁(평강방에 있다)의 모란이 유명했지만, 지금은 시간이 흘러서 없어졌다는 뜻일 수도 있다. 또 이덕유(李德裕)도 위국공(衛國公)에 봉해졌기 때문에 위공이 이덕유를 가리키는 것으로도 볼 수 있지만, 확증은 없다.

61) 『白氏長慶集』卷4, 「牧丹芳」. "牡丹芳, 牡丹芳. 黃金蘂綻紅玉房. 千片赤英霞爛爛, 百枝絳焰燈煌煌. 照地初開錦繡段, 當風不結蘭麝囊. 仙人琪樹白無色, 王母桃花小不香. 宿露輕盈汎紫艷, 朝陽照耀生紅光. 紅紫二色間深淺, 向背萬態隨低昻. …… 遂使王公與卿相, 遊花冠蓋日相望. 庳車輕輿貴公子, 香衫細馬豪家郎. 衛公宅靜閉東院, 西明寺深開北廊. 戲蝶雙舞看人久, 殘鶯一聲春日長. …… "(鈴木의 詩解本, pp. 188~92)

2장 호선무에 대한 짧은 글

1) 『당서』(권221下)에는 "개원 초에 쇄자갑(鎖子甲)·수정잔(水精桮)·마노병(碼磠瓶)·타조알 및 월낙(越諾, 서역에서 생산되는 고급 직물)·난쟁이(侏儒)·호선여자를 조공으로 바쳤다"고 했다. 『책부원귀』에는 개원 6년 조에 "이 해에 강국(康國)에서 사자를 보내 쇄자갑(鎖子甲)·수정잔(水精盞)·마노병(碼瑙瓶)·타조알 및 월낙(越諾)을 조공으로 바쳤다"고 하여 난쟁이(侏儒)와 '호선여자'가 빠져 있지만, 동일한 사건을 기록한 것으로 보이기 때문에 『당서』의 기사를 이 해의 일로 간주한다.

2) Chavannes, Documents sur les Tou-kiue (Turcs) occidentaux…… 및 그의 Notes additionnelles sur les Tou-kiue (Turcs) occidentaux……는 모두 이 한 조를 간과하고 있다.

3) Tomaschek, Marquart, Chavannes 등의 연구는 말할 것도 없고, 근래 시라토리 구라키치(白鳥庫吉)의 「粟特國考」(『東洋學報』第14卷 第4號, 1924년 12월)나 이 논문의 영역본(Mem. Res. Dep. Toyo Bunko, No. 2, 1928)을 참조하라. 또한 이 기예가 이들 나라의 특기라고 한다면, 반드시 기록에는 나타나 있지 않더라도 이것이 하(何, 카샤니카[Kashanika])·안(安, 부하라[Bukhara])·목(穆, 아몰[Amol])·조(曹, 우라튀베[Ura-tübe]) 등 다른 소그디아나의 여러 유명한 읍(邑)에서도 행해지지 않았으리라는 법은 없다. 제라프샨 강 유역, 즉 이른바 '하간(河間)의 땅'의 문화는 대체로 비슷했다고 생각되기 때문에, 이런 추측이 전혀 근거 없는 것은 아닐 것이다.

4) "오랑캐 강족의 근거지 서주, 마을 주변에 변성이 없다. 산 동쪽에서 세금을 거두어 변방 지키는 군사를 키운다. 호인 기병이 무시로 왕래하니, 주민들은 늘 두려움에 떤다."(羌胡據西州, 近甸無邊城. 山東收稅租, 養我防塞兵. 胡騎來無時, 居人常震驚)(張籍, 「西州」, 『全唐詩』卷14)

5) 『全唐詩』卷15.

6) 『學津討原』에 수록된 판본에 의거.

7) 『唐書』卷2, 121下, 「康」條.

8) 원진(元稹)의 「서량의 기예」(西涼伎)에 "…가서한이 부(府)를 열고 큰 연회를 베풀니, 여덟 가지 진미와 다섯 가지 술이 눈앞에 차려졌네. 눈앞에선 백희가 요란하게 펼쳐지니, 튀어오르는 환검은 서릿발이 날리는 듯. 사자가 번쩍이는 몸 흔드니 털의 광채 뻗치고, 호등은 술에 취해 춤추는지 온몸이 유연하네"(哥舒開府設高宴, 八珍五醞當前頭. 前頭百戱競撩亂, 丸劍跳躑霜雪浮. 獅子搖光毛彩竪, 胡騰醉舞筋骨柔)라는 구절이 있다. 환검은 농환(弄丸, 공 묘기)과 검무(劍舞) 두 기예를 말하는 것일 테고, 사자놀음은 백거이의 「서량의 기예」에 보이는 사자무(獅子舞)를 가리킬 것이다. 백거이의 시에는 "서량의 기예, 서량의 기예! 가면 쓴 호인과 가짜 사자 나오는데, 나무 깎아 머리 만들고 실로 꼬리를 달았구나. 노랗게 금도금한 눈동자에 은을 붙인 이빨, 재빠르게 털옷을 털면서 두 귀를 흔드네.……"(西涼伎, 西涼伎, 假面胡人假獅子, 刻木爲頭絲作尾. 金鍍眼睛銀帖齒, 奮迅毛衣擺雙耳)라 했다.(『전당시』 권15) 호등에 대해서는 주23), 주24)를 보라.

　　양주에 호인, 특히 서호가 많이 살았던 사실은 늦어도 남북조시대 이후는 명백한 증거가 있다. 『원화성찬』(元和姓纂) 권4 및 『신당서』 권75하(下) 「재상세계표」(宰相世系表)에 안난타(安難陀)에 관한 기사가 있는데, 그와 그 자손들이 후위(後魏)시대에 이미 서역에서 이주하여 이 땅에 살고 있던 천교도(祆敎徒)의 통령(統領)이 되었다는 내용이다. 이 기록이 가장 좋은 예라고 구와바라 박사도 여러 번 지적한 바 있다.(『史林』, 1924年 10月, 「陳垣氏の元西域人華化考を讀む」pp. 118~19, 『內藤博士還曆祝賀支那學論叢』, 「隋唐時代に支那に來往した西域人に就いて」 pp. 611~12) 이 수당시대의 사정에 대해서는 앞에 인용한 구와바라의 논문 중 두 번째 논문 p. 630 참조.

9) 감주(甘州)에 대해서는 『수서』(隋書) 권67 「배구전」(裴矩傳)을, 숙주(肅州)에 대해서는 『북사』(北史) 권92 「화사개전」(和士開傳)에 딸린 「안토근전」(安吐根傳)을 참조. 북주(北周)시대 하서(河西)지방의 여러 군(郡)에서 서역의 금화와 은화가 통용된 사실도 서호들이 많이 살았다는 증거로 보기에 충분하다.(『隋書』 卷24 「食貨志」) 이상 세 조항은 모두 앞서 인용한 구와바라의 논문에 의거한다.(앞의 『內藤博士還曆祝賀支那學論叢』에 수록된 논문, p. 608 등)

10) 자은사·청룡사·천복사(薦福寺)·영수니사(永壽尼寺)* 등에 유희장이 있었던 사

* 저자가 '永壽尼寺'로 파악한 것은 끊어 읽기의 착오인 듯하다. 이 구절은 "其大薦福·永壽. 尼講盛于保唐.……"으로 읽고, "그 다음은 천복사와 영수사이다. 비구니의 강론은 보당사에서 성행했고……"라고 해석해야 할 것 같다. 중화서국본 『남부신서』 p. 67 참조.

실은(구와바라도 일찍이 이 사실에 주목했다)『남부신서』무(戊)에 있는 "장안의 유희장은 자은사에 많이 모여 있었고, 작은 유희장은 청룡사에 있었으며, 그 다음은 천복사와 영수니사……"(長安戲場多集于慈恩, 小者在青龍, 其次薦福·永壽尼……)라는 기사에서 분명히 알 수 있다. 자은사에 유희장이 있었던 것은, 선종(宣宗) 때 만수공주(萬壽公主)가 남편의 동생이 병에 걸렸는데도 병문안을 가지 않고 유희장에 놀러 갔다가 선종에게 심한 꾸중을 들었다는, 장고(張固)의『유한고취』(幽閑鼓吹)에 실린 이야기로도 확인할 수 있다.(지금 책상 오른쪽에 놓여 있는『고씨문방소설』본에 의거) 또 이작(李綽)의『상서고실』(尚書故實)(『태평광기』권443 「畜類」9에서 인용)에 "근래 경성의 거리에는 유희장에서 구경하는 무리들이 있다"(京國頃歲街陌中, 有聚觀戲場者)는 기사가 있는 것을 보면, 장안성 내 각처에 유희장이 있었다고 생각된다.

11)『학해유편』(學海類編)본보다는 무전손(繆荃孫)이 편집한『우향영습』(藕香零拾)본이 좋지만, 여기서 인용한 부분은 차이가 없다.

12) 구와바라의 앞의 논문(두 번째 논문) 참조. 근거는『안녹산사적』(安祿山事蹟)과『구당서』권185하(下) 송경례(宋慶禮) 전기 등에 있다.

13)『당서』권99「이강전」(李綱傳)에는 수나라 말기에서 당나라 초기 사람인 안국(安國, Bokhara) 출신 무호(舞胡) 안질노(安叱奴)에 관한 언급이 있다. 그는 남자이다.(구와바라의 앞의 논문[두 번째 논문], p. 614 참조)

14)『全唐詩』卷15. "胡旋女, 胡旋女. 心應絃, 手應鼓. 絃鼓一聲雙袖舉. 廻雪飄飄轉蓬舞. 左旋右轉不知疲, 千匝萬周無已時. 人間物類無可比, 奔車輪緩旋風遲.……"

15) 위와 같음. "天寶欲末胡欲亂, 胡人獻女能胡旋.……胡旋之義世莫知, 胡旋之容我能傳. 蓬斷霜根羊角疾, 竿戴朱盤火輪炫. 驪珠迸珥逐飛星, 紅暈輕巾掣流電. 潛鯨暗噏笡海波, 回風亂舞當空散. 萬過其誰辨終始, 四座安能分背面.……"

16)『수산각총서』(守山閣叢書) 수록본에 의거. 이 총서는 편집자인 전희조(錢熙祚)의 교감기도 있고 일문(逸文)도 모아놓았기 때문에 가장 좋은 판본이다.

17) Notes additionnelles sur les Tou-Kiue occidentaux (T'oung Pao, 1904), p. 41, Note 1: Le terme Hou-Siuen n'a pas encore été expliqué d'une manière satisfaisante.

18) Ibid., p. 47, Note 5: Je n'ai pu determiner la valeur exacte de ce terme….

19) Documents sur les Tou-Kiue (Turcs) occidetaux, p. 330 (Index): Hou-Siuen…… Pays(?)라 했다.

20) *Sino-Iranica*, p. 494.

21)『史林』5-3, 1920年 7月.

22) 송나라 왕당(王讜)의『唐語林』(『守山閣叢書』本, 卷5, 20ab. 상해 涵芬樓 간행 활자본

卷5, 17a)에는 "요즘 사람들을 즐겁게 하는 것으로 답구(蹋毬)라는 놀이가 있으니, 높이가 한두 자 되는 그림을 그린 나무공을 만들어 여자 기생이 공에 올라타 굴리면서 다니는데, 이리저리 데굴데굴 마음대로 간다. 아마도 옛날 답국(蹋鞠, 공놀이)이 변형된 것 같다"(今樂人有蹋毬之戲, 作彩畵木毬高一二尺, 女妓登蹋毬轉而行, 縈回去來無不如意, 蓋古蹋鞠遺事也)고 기록된 놀이가 하나 보이는데, 이것은 단순한 공놀이로서 호선은 아니다. 〔이 조목의 원 출전은 『封氏聞見記』6의 「打毬」이다. 저자가 인용한 『守山閣叢書』본에서 『因話錄』에 나온다고 한 것은 잘못이다.〕

23) 호등이 어떤 것인지 상상할 수 있도록 시 전문을 싣는다. 아래 주24)의 시도 참조하라.

> 호등무 추는 이는 양주의 아이
> 피부는 옥 같고 콧날은 송곳 같구나
> 얇은 동포 적삼은 앞뒤로 말리고
> 포도 문양 긴 허리끈은 한쪽으로 드리웠네
> 장막 앞에 꿇어앉아 본토 말을 읊조리고
> 옷깃 여미고 소매 흔들며 그대를 위해 춤추네
> 안서지방 옛 관리는 눈물 훔치며 바라보고
> 낙양 시인들은 곡을 골라 건네주네
> 눈썹 치켜 올리고 눈 굴리며 꽃 담요를 밟으니
> 붉은 땀 줄줄 흘러 구슬 모자에 흥건하네
> 취한 듯 몸을 동으로 기울였다 다시 서로 넘어가니
> 두 발은 가득한 등불 앞에 유연하기 짝이 없네
> 빙글빙글 돌고 급히 차오르니 모두 절주에 맞으며
> 허리 뒤로 꺾고 손을 깍지 끼니 반달 같구나
> 거문고 소리 홀연히 울려 한 곡이 끝나니
> 뿌우 울리는 뿔나팔소리 성머리에서 들리네
> 호등아여
> 고향길 끊긴 걸 아는지 모르는지
> 胡騰身是涼州兒, 肌膚如玉鼻如錐. 桐布輕衫前後卷, 葡萄長帶一邊垂.
> 帳前跪作本音語, 拾襟攪袖爲君舞. 安西舊牧收淚看, 洛下詞人曲與抄.
> 揚眉動目踏花氈, 紅汗交流珠帽遍. 醉却東傾又西倒, 雙靴柔弱滿燈前.
> 環行急蹴皆應節, 反手叉腰如却月. 絲桐忽奏一曲終, 嗚嗚畵角城頭發.
> 胡騰兒, 故鄕路斷知不知.(『전당시』 권11, 「胡騰兒」)

24) 시 전문은 다음과 같다. 『全唐詩』 卷17. 왕중승(王中丞, 武俊)은 거란 출신의 번진

(藩鎭)으로서 『구당서』 권142와 『신당서』 권136에 그의 전기가 있다.

> 석국의 호아는 보기 드문데
> 술단지 앞에서 춤추는 모습 새처럼 재빠르네
> 실로 짠 오랑캐 모자는 정수리가 뾰족하고
> 올 가는 모직 적삼은 두 소매가 좁다랗네
> 손에 든 포도 술잔을 내던지고서
> 서쪽을 돌아보며 문득 먼 고향길 생각하네
> 몸을 솟구쳐 바퀴처럼 도니 보석띠 짤랑거리고
> 재빠르게 발 놀리니 비단신은 나긋나긋
> 사방의 구경꾼들 말을 잃고 눈이 휘둥그런데
> 횡적과 비파소리 곡조가 더욱 빨라지네
> 새 담요 위에서 어지러이 뛰니 붉은 털은 눈 내리듯
> 가벼운 꽃을 곁에서 뿌리니 붉은 촛불이 내려오는 듯
> 술 기운 한창 오를 때 춤 끝나고 음악마저 끊기니
> 무궁화 서편으로 새벽달이 보이네

> 石國胡兒人見少, 蹲舞尊前急如鳥. 織成蕃帽虛頂尖, 細氈胡衫雙袖小.
> 手中抛下葡萄盞, 西顧忽思鄉路遠. 跳身轉轂寶帶鳴, 弄脚繽紛錦靴軟.
> 四座無言皆瞪目, 橫笛琵琶遍頭促. 亂騰新毯雪朱毛, 傍拂輕花下紅燭.
> 酒闌舞罷絲管絶, 木槿花西見殘月.

이 시에 보이는 호등하는 무공(舞工)도 여자인 듯하다. 송나라 교방(教坊)의 어린이 무용수 가운데 취호등대(醉胡騰隊)라는 것이 있었는데, 역시 여자였을 것이다.

25) Der Dēvarāja des Wei-ch'ih I-sêng (Hirth-Festschrift, Ostas. Zeitschr., 1919~1920), ss. 30ff.

26) 처음 유정서국(有正書局)의 『중국명화집』(中國名畫集) 제2집에 콜로타이프 인쇄로 게재되고(1909), 이어서 나카무라 후세쓰(中村不折)와 오지카 세이운(小鹿青雲) 두 사람의 『지나회화사』(支那繪畫史)(東京: 玄黄社)에도 전재되었으며 (1913), 다시 앞서 말한 뮐러의 논문에도 복제되어 실렸다. 아울러 뮐러는 무녀와 악공을 적출(摘出)하여 알기 쉽게 선화(線畫)로 제시하고 있다.(s. 303, Abb. 1-3) 이와 관련해 무녀가 깔고 있는 원형의 담(毯, 모직깔개)은 뮐러가 말한 것처럼 이란 방면의 특산물인 듯하다.(Müller, op. cit, s. 308) 이는 당대에 소그드 방면에서 여러 차례 공물로 헌상되었던 '무연'(舞筵)의 하나로 보인다.

27) Pelliot, Les grottes de Touen-houang, I et seq.; Stein, The Thousand Buddhas 등을 참조할 것.

28) Stein, *Ruins of Desert Cathay*, II, fig.202.

〔덧붙임〕이 장에서 인용한『전당시』의 권수는 모두 광서(光緒) 정해년(1887) 상해 동문서국(同文書局)에서 간행된 노석인본(老石印本)을 따른 것이다. 한편 본문 45쪽에서 인용한『통전』의 "또 새로운 음악 가운데 하서에서 온 것이 있는데, 호음성이라 부른다"는 구절은 기시베 시게오(岸邊成雄)의 설에 따라 단지 '호풍(胡風, 서역풍)의 음악'이라는 의미로 해석하는 편이 타당하겠다. 다만 이단(李端)의 시에 있는 '본음어'(本音語)는 역시 '본국의 말'이라는 뜻이라 생각한다.

3장 술집의 호희

1)『分類補注李太白詩集』(『四部叢刊』수록, 明, 郭氏刊本) 卷6. "五陵年少金市東, 銀鞍白馬度春風. 落花踏盡遊何處, 笑入胡姬酒肆中."(이하 이백의 시를 인용할 경우 전부 이 판본을 쓰며『李詩』라 약칭한다.)「소년의 노래」(少年行)는 '오릉(五陵)의 소년'을 서두에 내세우고 있으므로 장안의 경물을 서술한 것임은 말할 나위 없다. '금시의 동쪽'에서 금시(金市)는 동시·서시 중 서쪽 것에 오행을 배당하여 부여한 아명(雅名)이다. 이 시의 주석자들이 흔히 이를 육조시대 낙양의 남시(南市, 일명 금시)에 비견하는데, 이것이 결코 합당치 않음은 더 이상 말할 필요가 없다. 서시가 아니라 금시라고 일컬은 것은 은안(銀鞍)에 대비시킨 시인의 기교일 것이다. 최호(崔顥)의「위성* 소년의 노래」(渭城少年行)에도 금시가 나온다. 오릉의 소년이 "쌍쌍이 활을 끼고 금시에 왔다가, 둘씩 채찍 날리며 위교에 오른다"(雙雙挾彈來金市, 兩兩鳴鞭上渭橋)고 했으니, 전후 관계로 보아 이 금시가 장안의 금시인 것은 의심의 여지가 없다. 이 시는 조금 길긴 하지만 노파심에서 중요한 부분을 발췌해둔다. 장안의 봄의 일면을 잘 그리고 있기 때문이다.

　　　〔전략〕
　　　장안 거리에서 봄에 아름다운 곳은
　　　바람 살랑이고 햇빛도 넘실대는 곡강 주변일세
　　　만호의 누대는 위수 가에 서 있고
　　　오릉의 버들은 진천을 가득 메운다
　　　진천은 한식 되면 번화하기 짝이 없어
　　　노는 이들 봄이 오면 꽃구경을 즐기네
　　　투계판 벌어진 하두†에서 먼지 속 첫 시합을 구경하고

* 진(秦)나라 수도 함양의 별칭. 후한 때 장안에 편입되었다.
† 장안 남쪽에 있는 마을.

장대에 말 달리다 보면 해가 반쯤 기운다

장대는 서울에서도 귀한 동네로 불리니

기방에선 해 저물면 악기소리 들려온다

귀한 동네에선 부잣집 백마도 고집 부려

오릉의 공자를 아랑곳하지 않네

쌍쌍이 활을 끼고 금시에 왔다가

둘씩 채찍 날리며 위교에 오른다

위성 다리 가에 술이 새로 익으니

금안장 얹은 백마는 어느 집에서 묵을까?

〔후략〕

長安道上春可憐, 搖風蕩日曲河邊. 萬戶樓臺臨渭水, 五陵花柳滿秦川.

秦川寒食盛繁華, 遊子春來喜見花. 鬪雞下杜塵初合, 走馬章臺日半斜.

章臺帝城稱貴里, 靑樓日晩歌鐘起. 貴里豪家白馬驕, 五陵年少不相饒.

雙雙挾彈來金市, 兩兩鳴鞭上渭橋. 渭城橋頭酒新熟, 金鞍白馬誰家宿.

(『全唐詩』老石印本 卷2)

장안의 금시는 설용약(薛用弱)의 『집이기』(集異記)에 수록된 「왕사랑」(王四郎) 이야기에도 보이는데, 여기서는 서시의 뜻이 아니라 금세공을 거래하는 점포를 지칭하므로 혼동해서는 안된다.(『집이기』의 이 조목은 분명히 『태평광기』에 인용되어 있을 텐데 아직 찾지는 못했다. 일단 商務印書館 輯 『舊小說』 乙集 제3책 p.318에 의거한다. 加藤繁, 『唐宋時代に於ける金銀の研究』 第2冊 p.596 참조) 〔덧붙임〕 나중에 현재 고베(神戶) 대학에 있는 시다 후도마로(志田不動麿) 교수가 가르쳐주어 이 조목이 『태평광기』 권35 신선류(神仙類) 가운데 「왕사랑」 이야기에 『집이기』에서 인용된 것임을 알았다. 나는 그 이전의 「제영」(齊映)조만 보고 이 조목을 간과했다. 시다 교수의 호의에 감사한다.

한편 중국의 주석가들은 흔히 이백의 이 시를 해석하면서 후한 신연년(辛延年)의 "호희는 방년 15세, 봄날 홀로 술병 앞에 있구나"(胡姬年十五, 春日獨當壚)를 인용하여 이백이 그 고사를 원용(援用)한 듯이 해설하곤 하는데, 이는 견강부회에 가깝다.

이 논고에서 고증한 것처럼 당대 중국의 각지에 실제 호희가 살았다면, 눈앞의 실제 광경을 포착해 읊은 것으로 보는 편이 자연스럽다.

2) 최국보(崔國輔)의 「長樂少年行」(『전당시』 노석인본 권2)에 "산호로 장식한 채찍을 잃어버리니, 백마는 고집부리며 가려 하지 않네. 장대 앞에서 버들가지 꺾으니, 봄날 길가의 애틋한 정이라"(遺却珊瑚鞭, 白馬驕不行. 章臺折楊柳, 春日路傍情)라

고 했다. 장대(章臺)는 기관(妓館)이다.

3) 李詩 卷17, 「送裴十八圖南歸崇山」. "何處可爲別, 長安靑綺門. 胡姬招素手, 延客醉金樽."

4) 李詩 卷12, 「醉後贈王歷陽」. "雙歌二胡姬, 更奏遠淸朝. 擧酒挑朔雪, 從君不相饒."

5) 『水經注』 卷19(王氏校本).

6) 李詩 卷6. "아침에 오화마를 타고, 황제를 알현하고 은대를 나선다. 저 빼어난 미인은 뉘댁 아가씨인가? 구름 문양 마차에 주렴이 걷혀 있네.……곧바로 청기문으로 들어가, 노랫소리에 맞추어 함께 술잔을 머금네."(朝騎五花馬, 謁帝出銀臺. 秀色誰家子, 雲車珠箔開.…… 蹙入靑綺門, 當歌共銜杯) 청나라 왕기(王琦)는 『이태백문집집주』(李太白文集輯注)에서, 명나라 양신(楊愼)의 『양승암외집』(楊升庵外集)에 실린 송나라 악사본(樂史本)의 텍스트와 차이점을 비교하며, 거기에는 "곧바로 청기문으로 들어가" 운운하는 두 구절이 "어여쁘게 수줍어하며 비로소 패물을 풀고, 웃고 얘기하며 함께 술잔을 머금는다"(嬌羞初解佩, 語笑共嚌杯)로 되어 있다고 했다.

7) 『全唐詩』 老石印本 卷7. "靑門金鎖平旦開, 城頭日出使車回. 靑門柳枝正堪折, 路傍一日幾人別. 東出靑門路不窮, 驛樓官樹灞陵東. 花撲征衣看似繡, 雲隨去馬色疑驄. 胡姬酒壚日未午, 絲繩玉缸酒如乳. 灞頭落花沒馬蹄, 昨夜微雨花成泥. 黃鸝翅濕飛轉低, 關東尺書醉爛題. 須臾望君不可見, 揚鞭飛軺疾如箭.……"

8) 당대의 소설에서 흔히 그 예를 볼 수 있다. 예를 들면 심기제(沈旣濟)의 작품이라고 전해오는 『任氏傳』[정범진의 『앵앵전』에 번역이 실려 있다. 성균관대학교출판부, pp. 77~93] 등.(新昌里에서 會飮을 약속하는 조목이 있는데, 그곳은 延興門 옆이다.) 위장(韋莊)의 「연흥문 밖에서 짓다」(『전당시』 권26) 참조.

9) 『唐國史補』 卷下[『學津討原』本]에 "술에는……경성의 서시강(西市腔)·하마릉낭관청(蝦蟆陵郞官淸)·아파청(阿婆淸)이 있다"(酒則有……京城之西市腔·蝦蟆陵郞官淸·阿婆淸)고 했고, 이어서 "또 삼륵(三勒)이라는 음료가 있는데, 술과 비슷하며 제조법은 페르시아에서 유래했다. 삼륵이란 암마륵(菴摩勒)·비리륵(毗梨勒)·가리륵(訶梨勒)을 말한다"(又有三勒漿, 類酒, 法出波斯, 三勒者謂菴摩勒·毗梨勒·訶梨勒)고 했다. 산스크리트로 암마륵은 amalaka에, 비리륵은 vibhitaka에, 가리륵은 halitaki에 해당하는 중세 페르시아어(Pahlavī)의 음역으로 보인다. 이 가운데 가리륵은 이른바 토카라어(Tocharisch, tokharien) 안에 arirak이라는 어형(語形)이 전해지고 있어 당대 이전 페르시아어의 원형을 대략 추정할 수가 있지만, 다른 것은 충분한 실마리를 찾을 수 없다. 중세 페르시아어에서 암마륵은 amarak, 비리륵은 vilirak 같은 형태였을까? 이 두 단어는 신 페르시아어에서는 각각 amola, balila로 쓴다.(cf. B. Laufer, *Sino-Iranica*, p. 375) 라우퍼가 송나

라 두평(竇苹)의 『주보』(酒譜)〔원문은 다음과 같다. 『酒譜』「異域 9」"波斯國有三勒漿, 類酒, 謂庵勒毗勒梨勒也"〕를 인용하고 『당국사보』를 채택하지 않은 것은 유감이다.(덧붙이자면 蝦蟆는 蝦蟆陵이라고도 하며, 장안의 동남 교외에 있다.)

10) 李詩 卷3,「前有樽酒行」. "琴奏龍門之綠桐, 玉壺美酒淸若空. 催絃拂柱與君飮, 看朱成碧顔始紅. 胡姬貌如花, 當壚笑春風. 笑春風, 舞羅衣, 君今不醉將安歸."

11) 上同. "春風東來忽相過, 金樽綠酒生微波. 落花紛紛稍覺多, 美人欲醉朱顔酡.……"

12) 『全唐詩』 앞의 본 卷4. 전문은 "호희가 봄 술을 파는 가게, 밤이 되자 음악소리 쟁쟁하네. 붉은 담요엔 새 달빛이 퍼지고, 담비 갖옷엔 엷은 서리 앉았네. 옥쟁반엔 막 뜬 잉어회 놓이고, 금솥엔 다름아닌 양고기를 삶고 있네. 손님들은 힘들게 가시지를 말고,「낙세」* 부르는 아가씨 노래나 들어보세"(胡姬春酒店, 弦管夜鏘鏘. 紅毹鋪新月, 貂裘坐薄霜. 玉盤初鱠鯉, 金鼎正烹羊. 上客無勞散, 聽歌樂世娘)이다.

13) 『全唐詩』 앞의 본 卷12. 전문은 "아리따운 자태 강가에 비치니, 봄바람은 잘도 나그네를 붙든다. 술병 잡은 첩의 모습 익숙하건만, 낭군 위해 술을 받들며 수줍어하네. 향기 풍기며 파초부채를 건네더니, 예쁘게 단장하고 대나무 누대에 오른다. 돈을 세며 하얀 팔을 어여뻐하노니, 이 팔이 아니면 붙잡을 수 없으리"(妍艶照江頭, 春風好客留. 當壚知妾慣, 送酒爲郎羞. 香渡傳蕉扇, 妝成上竹樓. 數錢憐皓腕, 非是不能留)이다.

14) 『全唐詩』 卷18, 77裏. "年少鄭郎那解愁, 春來閑臥酒家樓. 胡姬若似邀他宿, 掛却金鞭繫紫騮."

15) 『全唐詩』 卷10, 22表. "平明小獵出中軍, 異國名香滿袖薰. 畵櫓倒懸鸚鵡觜, 花衫對舞鳳凰文. 手擡白馬嘶春雪, 臂竦靑鶻入暮雲. 落日胡姬樓上飮, 風吹簫管滿樓聞."〔원서의 장고표(章考標)는 오기(誤記)이다.〕

16) 李詩 卷6. "銀鞍白鼻騧, 綠地障泥錦. 細雨春風花落時, 揮鞭且就胡姬飮." 왜(騧)는 털빛이 노랗고 입 가장자리만 검은 말을 말한다. 녹지(綠地)에 대해서는 여러 설이 있는데, 지명으로 보는 견해가 다수이지만 그렇지 않다. 바탕이 녹색이라는 뜻으로 이해해야 문제가 없다고 생각한다. 장니(障泥)는 폐니(蔽泥)로서 말의 배에 덧대는 흙받이이다. 한나라 무제(武帝)가 대원(大宛)의 명마를 얻어 이것에 '녹지의 장니'를 얹은 고사가 있다.(『西京雜記』)「코가 흰 공골말」은 전통적인 악부(樂府)의 제목이지만, 이 한 수는 눈앞의 실제 광경을 시화(詩化)한 것으로 보아도 무방하다.

17) 『全唐詩』 앞의 본 卷2; 卷19. "爲底胡姬酒, 長來白鼻騧. 摘蓮抛水上, 郎意在浮花." 요합(姚合)의 작품이라고도 한다.〔원서의 장우(張祐)는 잘못된 판본에 의한 오기(誤

---

* 당대의 비파곡. 녹요(綠腰), 육요(六幺)라고도 한다.

記)이다.〕 이 시는 나로서 조금 해석하기 어려운 부분이 있어서 교토 제국대학의 구라이시 다케시로(倉石武四郎) 박사에게 가르침을 청했다. 그는 둘째 구 '長來白鼻騧'의 '長來'에 대해 '長'은 '살찌다' '자라다'의 뜻이고 '來'는 근대의 '료(了)'와 같은 어조사라고 알려주었고, 그에 따라 첫째 구와 합하여 "어찌하여 호희의 술이 코가 흰 왜를 살찌게 만드는가"라는 뜻으로 파악했다. 아마도 공자(公子) 등이 자주 이 말을 타고 술집에 오니, 말 또한 배불리 먹는다는 뜻으로 이해하면 될 것 같다. 다만 구라이시 박사에게 직접 듣지는 못하고 한 학우를 거쳐 해석을 전해 들은 것이므로 내가 잘못 이해했을 가능성이 없다고는 장담할 수는 없다. 박사에게 누를 끼치지 않기를 바랄 뿐이다. 덧붙여 구라이시 박사는 셋째 구 '摘蓮抛水上'의 '蓮'은 '戀'과 발음이 같기 때문에 동음이의어를 이용한 수사법이라고 했다.

18) 羽田亨, 「唐故三十姓可汗貴女阿那氏之墓誌に就いて」(『東洋學報』第3卷 第1號); P. Pelliot, La fille de Mo-tch'o Qaghan et ses rapports avec Kül-Tegin (T'ong-pao, 1912, pp. 301~06) 참조.

19) 「東城老父傳」(『태평광기』 권485 수록)〔국역은 정범진, pp. 224~33.〕

20) 호선(胡旋)과 호등(胡騰)에 대해서는 이 책에 실린 졸고 「호선무에 대한 짧은 글」 참조. 백제(白題)는 두보의 시에서 "말이 억세니 붉은 땀방울 떨어지고, 호의 무용 백제는 옆으로 기우뚱하네"(馬驕朱汗落, 胡舞白題斜)라는 시구에 나오는데, 호국(胡國)의 무용명이라 여겨진다. '흰 이마'라고 해석할 수 없는 것도 아니지만, 백제는 남북조 무렵 남조와 소통하던 중앙아시아의 한 나라이기 때문에 투카라 지방의 제일 큰 도시 Bakhdi(Balkh)에서 나온 이 지방 일대의 이름일 수도 있으며, 백제라는 춤은 박디 지방의 춤을 가리키는 것으로도 해석할 수 있다.(顧炎武, 『日知錄』卷27, 杜子美詩註조 참조)

21) 「호선무에 대한 짧은 글」 참조.

22) 『全唐詩』 앞의 본 卷2. "敕勒金𩍼壁, 陰山無歲華. 帳外風飄雪, 營前月照沙. 羌兒吹玉管, 胡姬踏錦花."〔참고로 이 시는 『전당시』에 온정균(溫庭筠)의 시로도 나온다.〕

23) 李詩 卷6. "溧陽酒樓三月春, 楊花茫茫愁殺人. 胡雛綠眼吹玉笛, 吳歌白紵飛梁塵……" 이 시는 이백의 작품이 아니라는 설도 있지만, 언급하는 데 무리가 있다고 생각되지는 않는다.(『續國譯漢文大成』本 李太白詩集 上冊 pp. 621~24 참조)

24) 『劉夢得文集外集』(『四部叢刊』 수록 影宋刊本) 卷6, 「우상공에게 화답하여 고소에서 부친 태호석에 대해 짓고, 아울러 이소주에게 부친다」(和牛相公題姑蘇所寄太湖石, 兼寄李蘇州). "篏穴胡雛貌."

25) 『全唐詩』 앞의 본 卷14. "鬢髮胡兒眼睛綠, 高樓夜靜吹橫竹. 一聲似向天上來, 月下美人望鄉哭.…… 玉堂美人邊塞情, 碧窓皓月愁中聽. 寒磁能搗百尺練, 粉淚凝珠滴紅線. 胡兒莫作隴頭吟, 隔窓暗結愁人心." 『李長吉歌詩』(官版本) 外卷에는 '吟'(음)이

'唫'(금)으로 되어 있다.

26) 李詩 卷3. "碧玉炅炅雙目瞳, 黃金拳拳兩鬢紅." 「상운악」(上雲樂)은 양나라 무제(武帝) 때 푸른 눈에 높은 코를 가진 서방의 노호(老胡) 문강(文康)이란 자가 와서 천자의 만수(萬壽)를 축원했을 때 주사(周舍)가 지었다는 사(詞)를 모방하여 이백이 지은 시인데, 당나라 숙종(肅宗) 때 서호가 와서 천자에게 헌수(獻壽)한 일을 이전의 사(詞)에 근거하여 읊은 것이라고도 여겨진다. 시 전문을 훑어보면, 여기서는 호추(胡雛)라는 말이 벽안에 금발인 서역 사람에게도 적용되며 나아가 서역의 노인에게도 사용될 수 있는 실례로 보면 될 것 같다.

한편 호추라는 말의 용례로, 당나라 장방(蔣防)의 작품으로 일컬어지는 『霍小玉傳』(『태평광기』 권487)〔번역은 정범진, pp. 139~156 참조〕에 보이는 것은 서호(西胡)인지 북호(北胡)인지 불분명하다. 하지만 잠삼(岑參)의 「주천 태수의 자리에서 취한 뒤 짓다」(酒泉太守席上醉後作)(『전당시』 권7)에 보이는 "강아와 호추가 나란히 노래 부른다"(羌兒胡雛齊唱歌)는 얼핏 북적종(北狄種)을 일컫는 것 같지만, 바로 앞의 구 "비파와 긴 피리, 곡조가 조화롭다"(琵琶長笛曲相和)에서 보듯이 주천처럼 서호(西胡)가 많은 지역으로서 서역의 악기인 비파도 나온다는 점까지 고려하면, 강아에 대하여 호추는 서역계를 의미할 수도 있다. 역시 잠삼의 시인 「위절도사 적표마가」(衛節度使赤驃馬歌)(『전당시』 권7)의 경우에는, "자색 수염의 호추가 황금빛 가위를 잡고서, 날 밝을 무렵 말갈기를 삼종으로 잘라낸다"(紫髯胡雛金剪刀, 平明剪出三鬃高)고 하여 분명히 이란계의 호인을 가리키고 있다. 삼종(三鬃)은 삼화(三花) 내지 오화(五花)와 더불어 말갈기를 삼속(三束) 내지 오속(五束)으로 묶는 일일 것이다. 그 기원이 어디인가는 별개의 문제지만, 당대 이란의 풍습에 해당한다. 경위(耿緯)의 「양주사」(涼州詞)(『전당시』 권2)에 "모전(毛氈) 갖옷 입고 말 치는 호추 소년, 해 저물자 오랑캐 노래 두세 곡을 부른다"(氈裘牧馬胡雛小, 日暮蕃歌兩三聲)는 구절이 나오는데, 이 호추 소년은 북호 또는 티베트계의 목동일 것이다.

27) 原田淑人, 『西域發見の繪畵に見えたる服飾の研究』, 1925, p. 74~75. 桑原隲藏, 「隋唐時代支那に來住せし西域人に就いて」(『內藤博士還曆祝賀支那學論叢』, 1926) pp. 624~26 참조. 나 또한 일찍부터 안녹산에게 이란계의 피가 많이 섞여 있지 않았을까 생각했다. 그 논거는 위의 두 사람이 열거한 것과 크게 다르지 않다. 하지만 만약 이백의 「유주의 호마를 탄 나그네 노래」(幽州胡馬客歌)(李詩 卷4)가 구보 덴스(久保天隨)의 해석처럼 안녹산에 대한 시라면(『續國譯漢文大成』 李太白詩集 上冊, p. 436), "유주의 호국 말을 탄 나그네, 푸른 눈에 호랑이가죽 관을 썼다"(幽州胡馬客, 綠眼虎皮冠)고 노래된 주인공은 이란계 사람으로 볼 수밖에 없다. 이백은 안녹산을 직접 목격했을 것이므로, 만약 구보의 설이 옳다면 이는 안녹산이 이

란계 인물이라는 설에 가장 유력한 예증(例證)이 되겠지만, 유감스럽게도 그의 견해는 여전히 확실한 근거가 부족하다.(「幽州胡馬客吟」이라는 鼓角橫吹曲이 양나라 때 만들어졌는데, 그 내용은 이백의 이 시와는 아주 다르다. 이백은 양대의 가곡에서 그 제목을 빌렸을 뿐, 당시의 인정을 개탄하여 읊은 것으로 보아도 무방하다.) 당나라 시인들은 누누이 직접 또는 간접으로 안녹산을 호추라 일컫고 있는데, 그가 이 란계임이 분명하다면 이런 시들은 서호라는 의미에서의 호추의 용례가 될 수 있을 것이다. 다시 말해 유우석(劉禹錫)은 「장곡강집(張曲江集)을 읽고」 시의 서문에서 "호추에게 반역의 상이 있음을 알았다"고 했으며,(『劉蒙得文集』 권2) 이백은 「난리 뒤에 섬중으로 피하려고 머물러 있다 최선성에게 준다」(經亂後將避地剡中, 留贈崔宣城)에서 "한 쌍의 기러기 낙양에 날고,* 다섯 마리 말은 국경의 강을 건넌다.† 어찌 뜻했으리? 상동문에서 호추가 다시금 길게 휘파람 불 줄을!#"(雙鵝飛洛陽, 五馬渡江徼. 何意上東門, 胡雛更長嘯)이라고 했다.(李詩 卷12. 이는 안녹산을 石勒에 빗대어 말한 것이다.)

28) 「安祿山事蹟」(『藕香零拾』 수록본이 쓸 만하다) 卷下. 이 책이나 『구당서』에 보이는 호복(胡服)·호구(胡裘)가 어떤 것인지는 하라다의 앞의 책, pp. 71~76에 상세하게 나와 있다.

29) 『元氏長慶集』(明, 嘉靖31년[1552] 간본) 卷24. "自從胡騎起煙塵, 毛毳腥羶滿咸洛. 女爲胡婦學胡妝, 伎進胡音務胡樂.……胡音胡騎與胡妝, 五十年來競紛泊."다만 이 판본에는 '호기(胡騎)'와 '호장(胡妝)' 위에 '호음'(胡音) 두 글자가 빠져 있다. 이제 『전당시』 권1[권15의 오기인 듯하다] 등에 의거해 이를 보충한다.

30) 『全唐詩』 앞의 본 卷11. "洛陽家家學胡樂."

31) 『白氏長慶集』 卷4. "元和妝梳君記取, 髻堆面赭非華風."

32) 原田淑人, 「唐代女子騎馬土偶に就いて」(『考古學雜誌』, 第8卷 第8號, 1918) 참조.

33) 구와바라의 앞의 논문, 상달(向達)의 『唐代長安與西域文明』(北京, 1933) 제5장 참조.

34) 호희(胡姬)의 자태를 직접 보여주는 회화나 진흙상 같은 것이 오늘날 남아 있지 않아 애석하다. 호장(胡裝)을 한 여자는 토우에서 더러 볼 수 있는데, 대부분 중국인으로 생각된다. 나는 소화6년 10월 25일 도쿄 구락부(俱樂部)에서 에토 나미

---

* 동진(東晉) 효회제(孝懷帝) 때 낙양에 푸른색과 흰색의 기러기 한 쌍이 나타난 뒤에 석륵 등이 연이어 일어나 중국을 어지럽혔다.

† "말 다섯 마리가 강을 건너, 한 마리가 용이 되었네"라는 동요가 불린 이후에 중국이 혼란스러워졌다고 한다.

5호16국의 하나인 후조(後趙)의 시조 석륵이 14세 때 마을 사람을 따라 낙양에 물건을 팔러 왔다가 상동문에 기대어 휘파람을 불었는데, 왕연(王衍)이 그를 보고 장차 천하의 근심거리가 될 것이라 했다.

오(江藤濤雄)의 수집품 전람회에서 「唐回回美人俑」(167호)이라는 제목의 진흙상 하나를 보았는데, '회회'라는 말은 골동품상이 제멋대로 명명한 것으로서 취할 만한 것이 못 된다. 그 모습은 우아하고 섬세한 풍취가 결여되어 있었지만, 장신구의 모양과 복장은 호희라고 보아도 좋을 것 같았다. 단순히 이란계나 그외 인도-유럽계 서역 부인의 형상이라면, 오렐 스타인(Marc Aurel Stein)과 르 콕(Albert August von Le Coq) 등의 우전(于闐)·고창(高昌) 등지 발굴보고서에 들어 있는 당대 벽화에서 한두 개의 예를 찾아볼 수 있지만, 만약 재당(在唐)의 호희들이 우전에서 발견된, 누에의 서역 전파 설화를 그린 그림 속의 왕녀와 같은 면모를 갖추고 있었다면, 당시 도읍의 많은 인사들에게 환영받았던 것도 그럴 만하다고 여겨진다.(Stein, *Ancient Khotan*, II, Pl. LXIII) 근대 페르시아의 미니어처에 나타난 미인에 대해서는 시대가 상당히 내려오는 것이어서 논급하지 않겠다.

〔덧붙임〕

1) 만당의 시인 온정균(溫庭筠)의 칠언율시 「원사록에게 주다」(贈袁司錄)〔秀野草堂刊 『溫飛卿集』 권4〕에도 호희가 나온다. 작자 자신이 "원사록은 승상 회양공(淮陽公)의 조카이며 나 정균과 오랜 친구"라고 주를 달았는데, 『신당서』의 재상(宰相) 연표를 뒤져보아도 회양공이 누구인지, 오랜 친구였다는 원 아무개라는 사람도 어떤 관계인지 알 수 없다. 이 시는 많은 고사를 인용하고 있는데 내가 알고 있는 것도 있지만 모르는 것도 있으니, 독자 여러분의 가르침을 기다리는 것 외에는 방법이 없다. 시 전문은 다음과 같다.

> 임기 차자 하루아침에 사직하니 마음에 작정이 있었던 듯
> 꽃망울 터진 양원에는 가득 쌓인 눈이 가지를 누른다*
> 유윤(劉尹)† 옛 친구는 지난 일에 훤하고
> 사랑(謝郞)# 여러 아우들은 새 것을 아는구나
> 금비녀는 술 취해 호희에게 다 줘버리고
> 옥피리는 한가로이 낙양 손님이 불도록 두었네
> 양양 늙은이들의 말을 기억하노니
> 현산비가 비바람에 씻김을 참을 수 없구나
> ―朝辭滿有心期, 花發楊園雪壓枝. 劉尹故人語往事, 謝郞諸弟得新知.

---

* 한(漢) 양효왕(梁孝王)이 손님들을 초대해 함박눈을 읊은 고사에서 유래하여, '함박눈이 내린 양원(梁園)'은 여러 사람이 모여 연회를 여는 것을 의미한다.
† 진(晋)나라 유담(劉惔)은 여러 차례 단양윤(丹陽尹)을 지내 유윤이라 불렸다. 여기서는 원사록(袁司錄)의 아버지 항렬에 승상이 있었기 때문에 원용한 듯하다.
\# 진(晋)나라 사안(謝安)이 눈오는 날 조카들을 모아놓고 시를 지었다는 고사를 원용한 듯하다.

金釵醉就胡姬盡, 玉管閑留洛客吹. 記得襄陽耆舊語, 不堪風雨峴山碑.

마지막 두 구절은 양호(羊祜)와 두예(杜預), 타루비(墮淚碑)와 관련이 있지 않을까 생각되지만, 명확한 의미는 알 수 없다. 사록(司錄)은 사록(司祿)의 오기로서 관명인 것 같은데, 과연 그런지는 모르겠다.

2) 호희 중에는 용모가 추하고 기괴한 자도 간혹 있었다. 함통(咸通)연간(860∼874)의 범터(范攄)〔원서의 범로(范攎)는 오기〕의 『운계우의』(雲溪友議)에 인용된 육암몽(陸巖夢)의 작품으로 전해지는 칠언율시 「계주의 연회에서 호녀에게 주다」(桂州筵上贈胡子女) 등을 그 예로 들 수 있는데, 여기서는 상세히 다루지 않겠다.〔『운계우의』 중 「풍양연」(灃陽讌)〕 이 시에서는 호희가 얼굴도 추하지만 노래도 매우 서툴러 "춤추는 모습은 당최 손바닥 위에 있기 어렵고,* 노랫소리도 응당 대들보 사이를 돌지 못하네"(舞態固難居掌上, 歌聲應不遶梁間)라 했으며, 이어서 "맹양이 죽은 지 천년이 되어가는데, 오히려 가인이 있어 옛 자취를 찾으려 하네"(孟陽死後欲千載, 猶有佳人覓往還)라 했다. 진(晉)나라의 장재(張載, 자는 맹양〔孟陽〕)는 「검각명」(劍閣銘)의 작자로 유명한데, 얼굴이 너무 못나서 길을 걸으면 아이들이 기왓장을 던졌다고 한다. 죽은 지 천년이 되었다는 것은 과장인 듯하지만, 전체 의미는 알 수가 없다. 이 시는 일단 『당인설회』(唐人說薈)에 의거했는데, 처음 네 구절에 "스스로 풍류는 따라갈 수 없다고 말하는데, 주름진 이마와 노쇠한 얼굴은 어찌 감당하랴! 눈동자는 깊기가 상강의 강물 같고, 콧구멍은 화산보다 높구나"(自道風流不可攀, 那堪皺額更頹顔. 眼睛深似湘江水, 鼻孔高於華嶽山)라고 한 것으로 보아, 시 속의 여인이 깊은 눈에 높은 코를 가진 서역 사람임을 알 수 있다.〔이 시는 『전당시』에도 수록되어 있다. 참고로 그 원문은 다음과 같다. 自道風流不可攀, 卻堪皺額更頹顔. 眼睛深卻湘江水, 鼻孔高於華嶽山. 舞態固難居掌上, 歌聲應不遶梁間. 孟陽死後欲千載, 猶在佳人覓往還.〕

4장 당대의 풍속

1) '식후'(食後)라고 특별히 단언한 데는 까닭이 있다. 중국에서는 예로부터 당송 무렵까지 연음(宴飮)의 자리에서 결코 술을 마시면서 식사를 하지 않았다. 술은 반드시 식후에 마셨다. 단성식(段成式)의 『낙고기』(諾皐記)에 있는 허한양(許漢陽)의 전기에는 "식사가 끝나자 술을 명한다"고 했고, 장열(張說)의 『규염객전』(虯髯客傳)에도 "식사를 마치고 술을 돌린다"고 했으며, 장독(張讀)의 『선실지』(宣室志)에는 "식사가 끝나고 술을 마신다"했으며, 상기(常沂)의 『영귀지』(靈鬼志)와 서억(徐嶷)의 『물괴록』(物怪錄)에도 "식사를 마치고 술을 명한다"는 구절이 있어

* 한나라 성제(成帝)의 후궁 조비연(趙飛燕)은 몸이 가벼워 손바닥 위에서 춤을 출 수 있었다고 한다.

서 분명하게 이를 증명해준다. 또 당시에는 결코 오늘날처럼 일제히 건배를 하는 일이 없었다. 술은 반드시 순서대로 한 사람씩 따르며 마셨는데, 술을 받은 사람은 받은 즉시 마시지 않으면 안되었고 오늘날처럼 임의대로 잔을 기울이는 풍습은 없었다.

2) 주호자(酒胡子)는 포취선(捕醉仙)이라고도 불리며, 겉모습은 부도옹(不倒翁, 오뚝이)을 닮은 익살스런 작은 인형이다. 오뚝이가 아무리 넘어뜨려도 넘어지지 않는 것과는 반대로, 주호자는 엉덩이가 뾰족해 아무리 세우려고 해도 넘어지도록 만들어졌다. 호모(胡帽)를 쓰고, 깊은 눈과 높은 코에 붉은 수염과 파란 눈을 가진 호인을 본뜬 것이 많았던 듯하다. 당나라의 시인 서인(徐夤)과 노왕(盧汪)이 쓴 「주호자」(酒胡子)라는 시에서 그 대략의 형태도 알 수 있다.

3) 곽소옥도 모친과 함께 살았지만, 그것은 친어머니로 가모(假母)가 아니다.

　　본문에서 빠트리고 말하지 않은 것이 있는데, 단성식의 「사탑기」(寺塔記)에 당대의 기녀에 관한 흥미로운 기사가 한 대목 나온다. 그것은 장안 도정방(道政坊)의 보응사(寶應寺) 항목 아래에 있는데, 이 절의 벽화를 그린 한간(韓幹), 말 그림의 명수로 유명한 저 한간의 소싯적 이야기이다. 한간은 젊은 시절 술집에서 종업원으로 일하면서 늘상 왕유(王維)의 집에 술을 배달하는 일을 하고 있었는데, 왕유의 집에 술값을 받으러 가서는 장난으로 땅 위에 사람얼굴과 말 등을 그리고 있다가 왕유의 눈에 띄어 학비를 내고 단청(丹靑)의 길에 힘쓰면서 그림을 그리게 되었으며, 결국 그만한 명가가 될 수 있었다는 이야기이다. 그리고 여기에 뒤이어 "지금 절 안의 석범천녀(釋梵天女)는 다름 아니라 모두 제공(齊公)의 기녀인 소소(小小) 등의 초상이다"라고 기술돼 있다. 요컨대 당시 유명한 미기(美妓)를 모델로 하여 보살과 비천(飛天) 같은 부류를 그렸던 일이 많았음을 기록한 것인데, 이는 권호(權豪) 집안의 가기(家妓)에만 국한되지 않고 북리의 가기 역시 틀림없이 명가의 걸작의 모델로서 꾸며졌을 것이다.(이것도 어느 나라에서나 있을 수 있는 일로서 별로 진기한 것은 아니다.) 단 여기서 말하는 '제공'이 과연 누구를 가리키는지는 정확히 알 수 없지만, 시대를 고찰컨대 아마도 양귀비(楊貴妃)의 부친 양원염(楊元琰)이 아닐까 싶다. 그는 제국공(齊國公)에 봉해졌기 때문에 충분히 그렇게 생각해볼 수 있다.

4) 백낙천의 이 시에 대해서는 『中國文學』 93(1946년 3월)에 실린 졸고 「백낙천의 장안구유 회고시에 대하여」(白樂天の長安舊遊回顧の詩に就いて)를 참조하기 바란다.

5장 당사잡초(唐史襍鈔)

1) "岐王宅裏尋常見, 崔九堂前幾度聞. 正是江南好風景, 落花時節又逢君." 송나라 요

관(姚寬, 호는 서계거사[西溪居士])은 『서계총어』(西溪叢語)에서 "꽃 지는 시절에 그대를 또 만났구려" 하는 칠언절구가 두소릉의 작품이 아닌 것 같다고 의심했다. 기왕(岐王, 이범[李範])과 최구(崔九, 최식[崔湜]*)가 모두 개원14년(726)에 세상을 떠났음을 지적하면서, 이때 두보가 15세였고 이원(梨園) 또한 아직 설치되지 않았으므로 그가 이구년을 알 리가 없다는 이유를 대고 있는데, 이는 왜곡된 논의로서 변론할 필요조차 없다.

2) "寒雨連江夜入吳, 平明送客楚山孤. 洛陽親友如相問, 一片氷心在玉壺." 왕창령의 시를 읽는 법은 요시카와 고지로(吉川幸次郎)의 「당대의 시와 산문」(1948년 3월)에서 많은 일깨움을 받았으며 그의 설에 근거했음을 밝히면서 깊은 사의를 표한다.

6장 당사(唐史) 관련 소고(小考)들에 대한 보충

1) 이 판에서는 「당대의 풍속」으로 제목을 바꾸었다.

7장 당대의 연음(燕飮) 풍경

1) 이 글에 기록한 주호자는 '지순호'(指巡胡)라고도 한다. 원진(元稹)의 오언 단편 시에 「지순호」라는 시가 있는데, "근심을 잊고자 곧잘 술에 기대노니, 공평한 마음 오직 주호자만 믿네. 몸을 던져 오로지 똑바로 가리키니, 어리석은 이를 속이려는 마음 홀로 없다네"(遣悶多憑酒, 公心只仰胡. 挺身唯直指, 無意獨欺愚)라고 했다. 조금 해석하기 어려운 구절도 있지만, 역시 똑바로 가리키며 사심이 없음을 이르는 것임은 짐작할 수 있다.

한편 연음(燕飮)에 대해 서술하려면 주령(酒令)이나 술자리의 즐거움을 더하는 유희에 대해 좀더 상세히 말해야겠지만, 지금은 그럴 겨를이 없다. 다만 꼭 한마디 더 해두고 싶은 것은 권말의 맺음말에 서술했으니 이를 참조하기 바란다.

8장 당대 북중국의 이색 풍속 하나

1) 「푸른 전장」(青氈帳)의 원문은 다음과 같다.

合聚千羊毳, 施張百子弮. 骨盤邊柳健, 色染塞藍鮮.
北製因戎俗, 南移逐虜遷. 汰風吹不動, 禦雨濕彌堅.
有頂中央聳, 無隅四繝圓. 傍通門豁爾, 內密氣溫然.
遠別關山外, 初安庭戶前. 孤影明月夜, 價重苦寒年.
軟暖圍氈毯, 鎗挺束管絃. 最宜霜後地, 偏稱雪中天.
側置低歌座, 平鋪小舞筵. 間多揭簾入, 醉便擁袍眠.

---

* 일반적으로는 당시 현종의 총신(寵臣)이었던 전중감(殿中監) 최척(崔滌)으로 본다.

鐵檠移燈背, 銀囊帶火懸. 深藏曉蘭焰, 闇貯宿香煙.

獸炭休親近, 狐裘可棄捐. 硯溫融凍墨, 瓶煖變春泉.

蕙帳徒招隱, 茅庵浪坐禪. 貧僧應歎羨, 寒士定留連.

賓客於中接, 兒孫向後傳. 王家誇舊物, 未及此靑氈.

제2구의 끝에 "사마천(司馬遷)의 편지에 '(화살을 매기지 않은) 빈 쇠뇌를 펼친다'(張空弮)는 표현이 있다"는 작가 자신의 주가 있고, 또한 맨 마지막 구절에 "왕자경(王子敬, 왕헌지)이 도둑에게 '푸른 모포는 우리집에서 옛날부터 내려오는 물건'이라고 했다"는 작자의 주가 있다. 사마천의 편지라는 것은 「임안(任安)에게 보내는 편지」를 말하며, 환(弮)은 쇠뇌이다. 왕자경의 고사는 『진서』(晉書) 권80 왕헌지의 전기에 "왕헌지가 밤에 재실(齋室)에서 자는데 도둑이 들어와 방에 있는 물건을 모조리 쓸어 넣는 것이었다. 그때 왕헌지가 느리게 말했다. '도둑씨, 푸른 모포는 우리집에서 옛날부터 내려오는 물건이니 특별히 두고 갔으면 좋겠소.' 그러자 도둑놈들이 놀라 도망을 갔다"고 한다. 다만 이 푸른 모포는 단순한 깔개이지 장막(帳)은 아니다.

수탄(獸炭)은 탄을 가루로 제련하여 동물 모양으로 만든 것인데, 『진서』 권93 양수(羊琇)의 전기에 "양수는 성격이 사치스러워 비용에 한도가 없었다. 가루탄을 뭉쳐 동물 형상으로 만들어서 그것으로 술을 데웠는데, 낙양의 부호들이 모두 앞다투어 따라 했다"고 한다. 『개원천보유사』 권하(下)에 보이는 봉탄(鳳炭)이라는 것도 아마 이런 종류로, "양국충(楊國忠)의 집에서는 탄가루에 밀랍을 발라 쌍봉(雙鳳) 형태로 만들어, 겨울철이 되면 화로에 넣어 태웠다. 먼저 백단목(白檀木)을 화로 밑에 깔아서 다른 탄들이 서로 섞여들지 않도록 했다"고 했다.

2) 「전장·화로와 작별하며」 원문은 다음과 같다.

憶昨臘月天, 北風三尺雪. 年老不禁寒, 夜長安可徹.

賴有靑氈帳, 風前自張設. 復此紅火爐, 雪中相暖熱.

如魚入淵水, 似兎藏深穴. 婉軟蟄鱗蘇, 溫燉凍肌活.

方安陰慘夕, 遽變陽和節. 無奈時候遷, 豈是恩情絶.

毳簾逐日卷, 香燎隨灰滅. 離恨屬三春, 佳期在十月.

但令此身健, 不作多時別.

덧붙이자면, 「푸른 전장」은 『전당시』 권17에, 「전장·화로와 작별하며」는 권16에 있다.(모두 노석인본에 의거) 내가 아는 한 백거이의 시 중 현재 남아 있는 작품을 전부 주해한 것은 일본과 중국을 통틀어 사쿠 미사오(佐久節)의 『續國譯漢文大成』本 『白樂天詩集』 4책이 유일하다. 이 책은 지대한 노력을 기울인 역작으로서 항상 도움을 받고 있지만, 여전히 미진한 부분이 적지 않으며 또 내가 이해하는 바와 생각을 달리하는 곳도 없지는 않다. 위에 기록한 두 편을 해석할 때도 이를 참고하면서 일단 비견(卑見)에 따라 해석한 곳도 있으며, 고사 등의 보기(補記)를 시도한 곳도 있다.

한편 백낙천은 이 푸른 전장을 자못 애용한 듯한데, 그가 세상을 떠나던 해에 읊은 시 「75세에 자술하여 아이에게 보이다」(七十五歲自述示兒)(『전당시』 권17)에도 노년에 추운 절기를 맞이하고도 이 전장이 있어서 쾌적한 겨울을 보낼 수 있었다고 말하고 있다.

9장 온천과 도상(陶像)

1) 『고고유기』(考古遊記)에 「장안 여행」으로 제목을 바꾸어 재록. pp. 88~89.
2) Cf. B. Laufer, *Sino-Iranica*, pp. 516~519; *Notes on Turquois in the East*, pp. 45~55; 67~68. 또한 라우퍼는 방장·봉래 등의 세 신선산에 관해 새로운 설을 제기했다. *Festschrift für E. Kuhn*, München 1916, ss. 198~210에 실린 그의 "Ethnographische Sage der Chinesen" 참조. 백옥석이란 아마도 대리석일 것이다. 안녹산이 웅거했던 오늘날의 북평 북방에서는 마블이 산출되기 때문이다.
3) 『守山閣叢書』 수록 『譚錄』, 1ab.
4) 『顧氏文房小說』 수록본, 下卷 3a.
5) 『守山閣叢書』 수록 『大唐傳載』, 4a.
6) 『唐人說薈』 수록 『大唐傳載』, 4a.

13장 감람(橄欖)과 포도

1) 岩波書店刊 개정2판 pp. 40~43. 물론 이 일이 이 책의 명성에 어떤 영향을 미치는 것은 아니다. 말하자면 홍법(弘法)대사 구카이(空海)와 같이 뛰어난 사람에게도 붓의 잘못이 있다는 유의 일이라 하겠다.
2) 『식물기』(植物記) 제3판, 1946년, p. 41. 심지어 중국인조차 라우퍼와 같이 읽는 사람이 있을 정도니, 유독 라우퍼만을 나무라는 것은 지나친 처사일지도 모른다. 공경래(孔慶萊) 등 편 『식물학대사전』(植物學大辭典), 1933년, p. 1313 참조.
3) 앞의 책, pp. 40~42.
4) 앞의 글에서 '마유포도'라는 단어가 나왔는데, 이는 그 형태가 말의 유두와 비슷하다는 뜻으로 열매가 조금 가늘고 긴 종류를 지칭한다. 후세에 이 단어는 포도 넝쿨의 수염을 가리키는 '용수'(龍鬚)라는 말과 함께 이 식물의 별명처럼 사용된다.
5) 이와무라 시노부(岩村忍)의 『몽골사잡고』(蒙古史雜考) 수록 「원대 포도주고」(元代葡萄酒考) 참조

16장 호인매보담(胡人買寶譚) 보유

1) 이때 옛 원고에 상당히 필삭(筆削)을 가하고, 이야기의 순서도 두세 가지 변경했음을 기록해둔다.

2) 3편 가운데 1편을 생략한 것은 설화 전체가 너무 길고, 게다가 호인매보담의 특색을 갖춘 것이 그 중 극히 일부에 그쳤기 때문이다.

3) 제7집(1931년 12월), 제8집(1932년 1월), 제10집(1932년 6월), 제11집(1932년 7월), 제12집(1932년 8월).

4) 『장안의 봄』에 재록.

5) *Semitic and Oriental Studies Presented to William Popper*. Edited by Walterl J. Fischel (University of California Publication in Semitic Philology, Vol. XI, pp. 403~24) Unversity of California Press, Berkley and Los Angeles, 1951.

6) 『筧教授還曆記念祝賀論文集』수록. 1943년 6월간 『법제사논집』(法制史論集) 제3권 pp. 1361~92 재록.

7) 『守山閣叢書』수록본에 의거.

8) 『서역사연구』(西域史研究) 하권에 수록된 「拂菻問題의 新解釋」, pp. 581~598. 한편 B. LAUFER, "The Story of the Pina and the Syrian Lamb" (*Journ. of the American Folklore*. XXVIII, 1915) 참조.

9) 『大和』제6호 (1948년 1월간) 게재.

10) 이 코끼리의 보은담과 비슷한 이야기가 이 이야기를 인용한 『태평광기』권441에 몇 편 더 수록되어 있다.

11) 『장안의 봄』에 재수록된 편의 번호. 이 책 p. 254.

12) 위와 같음. 이 책 p. 271.

13) Edwin S. HARTLAND, The Science of Fairy Tales (*The Contemporary Science Series*, Edited by Havelock Ellis, No. 43), London, 1891의 Chapters VII-IX: Super natural Elapse of Time in Fairyland 등에 유사한 이야기가 많이 있다. 초자연적인 음식도 pp. 177~78에 보인다.

14) 『유리단지』, pp. 39~44에는 또한 「학의 알」이라는 제목의 이와 비슷한 이야기가 하나 더 있었는데, 지금은 그 책을 잃어버려서 참조할 방법이 없다. 국회도서관의 본관, 우에노(上野) 분관, 히비야(日比谷) 도서관을 비롯해 고서점 두세 곳을 뒤져보았지만 끝내 찾을 수 없었다. 이제는 노트에 기록한 편언(片言)에 의지할 뿐이며, 그 줄거리는 물론 그것이 중국 이야기인지 여부도 전혀 기억이 나지 않는다. 이 조목을 집필했다는 모리(森)에게 질정해보았지만, 그도 완전히 잊어버렸다 하고 책도 전쟁 와중에 없어진 까닭에 확실히 알 방도가 없다. 그의 어렴풋한

기억으로는 명나라 축윤명(祝允明)의 수필에 보이는 것일지도 모르겠다고 하는데, 과연 그렇다면 명대의 전승으로 들어야 할 것이라고 생각한다.

명대 이야기가 나왔으니 말인데, 서문에 부기한 대로 당대에 유포된 호인매보담이 명대에도 사인(士人)들 사이에 여전히 기억되고 있었다고 보인다. 나의 구고(舊稿) 제15화와 제16화에 실린 이야기와 관련해 왕양명(王陽明)이 지은「고호행」(賈胡行) 등이 그 예이다.「고호행」은 다음과 같다. "고호가 좋은 구슬을 얻자, 구슬 감추려고 제 몸을 갈랐네. 감춘 구슬 소유하지도 못하고, 그 몸은 먼저 없어졌지. 자기는 경시하고 외물은 중시하니, 고호는 어찌 그리 어리석은지! 그대들, 고호의 어리석음을 비웃지 말게. 그대들도 지금 명성과 이익의 길에 내달린다. 권세에 빌붙어 부귀를 구하나 얻지 못하고, 마음과 몸을 힘들게 하여 골수마저 말랐구나. 하루종일 허둥지둥 남의 비난과 칭찬을 근심하고, 밤새도록 끙끙대며 고생과 걱정을 방비하지. 하루에 겨우 쌀 다섯 되를 얻으면서, 신분 반 등급에도 구족의 처형을 감수하네. 서로를 휩쓸려 따라 하며 조금도 후회할 줄 모르니, 그대들, 고호의 어리석음을 비웃지 말게."(賈胡得明珠, 藏珠剖其軀. 珠藏未能有, 此身已先無. 輕己重外物, 賈胡一何愚. 諸君勿笑賈胡愚, 君今奔走聲利途. 鑽求富貴未能得, 役精勞形骨髓枯. 竟日惶惶憂毀譽, 終宵惕惕防艱虞. 一日僅得五升米, 半級仍甘九族誅. 胥靡接踵略無悔, 諸君勿笑賈胡愚)(四部叢刊本『王文成公全書』卷20, 2, 詩, 58b–59a)

15) 중국의 유서(類書)에서 "어떤 책에 이르기를" 하고 인용한 말은 반드시 그 원문과 똑같지 않은 경우가 오히려 많이 있다. 이『격치경원』도 다른 책의 인용문을 원서와 대교(對校)해 보면 다소 글자의 들고남이 있기 때문에 이 조목도 과연『남야한거록』의 원문 그대로인지는 보증할 수 없지만, 대의에 어긋남은 없다고 믿는다.

16) 오타 난포(大田南畝) 편『삼십폭』(三十輻)의 부록인『신삼십폭』(新三十輻)에 수록.『국서간행회총서』(國書刊行會叢書) 본『삼십폭』제3권 p. 78.「우의초」는 저자 미상이라고 하지만, 마야마 세이카(眞山靑果)의 고증으로 하야시 요시미치(林良通)의 저술임이 알려졌는데, 모리에 따르면 거의 믿어도 좋을 듯하다. [덧붙임] 기록할 만한 것이 여전히 있지만 권말의 맺음말로 미룬다.

17) 이 책, p. 275.

17장 수당시대의 이란 문화

1) 폴로 경기에 대해서는 참고문헌 조목에 든 상달(向達)과 나향림(羅香林)의 훌륭한 저서와 C. Dien의 저서가 있다.

부록

*독자들의 폭넓은 이해를 위해 옮긴이가 덧붙인 것이다.

1) 시·부 원문

能傳. 蓬斷霜根羊角疾, 竿戴朱盤火輪炫. 驪珠迸珥逐飛星, 紅暈輕巾
掣流電. 潛鯨暗噏笛海波, 回風亂舞當空散. 萬過其誰辨終始, 四座安
能分背面.……

p. 52 잠삼(岑參), 「청문가, 동대의 장판관을 보내며」(靑門歌, 送東臺張判官)
青門金鎖平旦開, 城頭日出使車回. 靑門柳枝正堪折, 路傍一日幾人
別. 東出靑門路不窮, 驛樓官樹灞陵東. 花撲征衣看似繡, 雲隨去馬色
疑驄. 胡姬酒壚日未午, 絲繩玉缸酒如乳. 灞頭落花沒馬蹄, 昨夜微雨
花成泥. 黃鸝翅濕飛轉低, 關東尺書醉嬾題. 須臾望君不可見, 揚鞭飛
輕疾如箭.……

p. 59 이하(李賀), 「가을밤의 노래」(龍夜吟)
鬆髮胡兒眼睛綠, 高樓夜靜吹橫竹. 一聲似向天上來, 月下美人望鄉
哭.……玉堂美人邊塞情, 碧窓皓月愁中聽. 寒碪能搗百尺練, 粉淚凝
珠滴紅線. 胡兒莫作隴頭吟, 隔窓暗結愁人心.

p. 73 노조린(盧照鄰), 「정월 보름밤의 관등」(上五夜觀燈)
錦里開芳宴, 蘭缸艷早年.……接漢疑星落,
依樓似月懸. 別有千金笑, 來映九枝前.

p. 74 최지현(崔知賢), 「상원일 밤―소유(小庾)의 시체를 본뜸」(上元夜, 效小庾體)
今夜啓城闉, 結伴戲芳春. 鼓聲掩亂動, 風光觸處新.
月下多遊騎, 燈前饒看人. 歡樂無窮已, 歌舞達明晨.

p. 74 한중선(韓仲宣), 「상원일 밤―소유(小庾)의 시체를 본뜸」(上元夜, 效小庾體)
他鄉月夜人, 相伴看燈輪. 光隨九華出, 影共百枝新.
歌鐘盛北里, 車馬沸南隣. 今宵何處好, 惟有洛城春.

p. 74 고근(高瑾), 「상원일 밤―소유(小庾)의 시체를 본뜸」(上元夜, 效小庾體)
初年三五夜, 相知一兩人. 連鑣出巷口, 飛轂下池漘. 燈光恰似月, 人
面倂如春. 遨遊終未已, 相歡待日輪.

p. 74 최액(崔液), 「상원일 밤」(上元夜)6수 중 제1수
玉漏銅壺且莫催, 鐵關金鎖徹明開.
誰家見月能閑坐, 何處聞燈不看來.

p. 75 최액, 「상원일 밤」6수 중 제6수
星移漢轉月將微, 露灑煙飄燈漸稀.
猶惜路傍歌舞處, 躊躕相顧不能歸.

p.75　곽이정(郭利貞),「상원」(上元)

九陌連燈影, 千門度月華. 傾城出寶騎, 匝路轉香車.

爛漫惟愁曉, 周游不問家.……

p.76　장소원(張蕭遠),「관등」(觀燈)

十萬人家火燭光, 門門開處見紅妝. 歌鐘喧夜更漏暗,

羅綺滿街塵土香.……寶釵駿馬多遺落, 依舊明朝在路傍.

p.76　원불약(袁不約),「장안의 밤놀이」(長安夜遊)

鳳城連夜九門通, 帝女皇妃出漢宮. 千乘寶蓮珠箔捲,

萬條銀燭碧紗籠. 歌聲緩過青樓月, 香靄潛來紫陌風.

長樂曉鐘歸騎後, 遺簪墮珥滿街中.

p.77　장열(張說),「보름밤 어전에서 송시(頌詩)로 지은 답가사 2수」(十五日夜御前口號踏歌詞 二首)

帝宮三五戲春臺, 行雨流風勿姤來.

西域燈輪千影合, 東華禁闕萬重開.

p.86　호가은(胡嘉隱),「승기부」(繩伎賦)

……結繩旣擧, 彝倫攸序. 杳若天險之難昇, 忽爾投足而復阻, 來有匹, 去無侶, 空中玉步, 望雲髻之峨峨; 日下風趨, 見羅衣之楚楚. 足容捷, 貌容恭, 鳥斯企, 雲相從. 暐暐兮映朱樓之花蕚, 煥爛兮開甲帳之芙蓉. 橫竿却步, 疊卵相重, 繢人不能窺其影, 謀士不能指其蹤. 旣如阿閣之舞鳳, 又如天泉之躍龍. 徘徊反覆, 交觀奪目.……

p.87　장초금(張楚金),「누대 아래에서 승기를 보고 쓴 부」(樓下觀繩伎賦)

……掖庭美女和歡, 麗人身輕體弱. 絶代殊倫, 被羅縠與珠翠, 鋪瓊筵與錦茵. 其綵練也, 橫亘百尺, 高懸數丈, 下曲如鉤, 中平似掌. 初綽約而斜進, 竟盤跚而直上. 或徐或疾, 乍俯乍仰. 近而察之, 若春林含耀吐陽葩; 遠而望之, 若晴空廻照散流霞. 其格妙也, 窈窕相遇, 蹁躚却步. 寄兩木以更攝, 有雙童而並騖. 還廻不恒, 踴躍無數, 驚駭疑落, 安然以住. 雖保身於萬鍾, 恃君恩於一顧.……

p.88　유언사(劉言史),「승기를 보고」(觀繩伎)

銀畫青綃扶雲髮, 高處綺羅香更切. 重肩接立三四層, 著屐背行仍應節. 兩邊圓劍漸相迎, 側身交步何輕盈. 閃然欲落却收得, 萬人肉上寒毛生. 危機險勢無不有, 倒掛纖腰學垂柳. 下來一一芙蓉姿, 粉薄鈿稀態轉奇.

p.96 　왕건(王建), 궁사(宮詞)

羅衫葉葉繡重重, 每遍舞時分兩向.

金鳳銀鵞各一叢, 太平萬歲字當中.

p.101 　평열(平列), 「개원 자무의 부」(開元字舞賦)

……雷轉風旋, 應鼉鼓以赴節; 鸞廻鶴擧, 循鳥跡以成文. 周瑜之顧
不作, 蒼頡之字爰分, 竦萬方之壯觀, 邈千古之未聞. 其漸也左之右
之, 以引以翼. 整神容而裔裔, 被威儀而抑抑. 烟霏桃李, 對玉顏而共
春; 日照晴霓, 間羅衣而一色. 霧縠從風, 宛若驚鴻, 匿跡於往來之
際, 更衣於倏忽之中. 始紆朱而曳紫, 旋布綠而攢紅. 傅仲之詞, 徒欲
歌其俯仰; 離婁之目, 曾未識其變通. 懿夫! 乍續乍絶, 特超復發, 啓
皓齒以吟風, 騰星眸而吐月. 搖動赴度, 或亂止以成行; 指顧應聲,
乃徐行而順節.……

p.103 　장존칙(張存則), 「춤추며 팔괘를 이루는 것을 노래한 부」(舞中成八卦賦)

……體利貞而疾徐有度, 法行健而循環不窮.……初配六以廻旋, 狀馬行於
此; 及變三而成列, 知龍化其中.……疊若奔溜, 散如繁絲.……乍離乍合, 若
翔若滯. 隨方辨色, 非前代之舊章; 應節成文, 實我唐之新製.

p.123 　노조린(盧照鄰), 「장안 고의」(長安古意)

娼家日暮紫羅裙, 淸歌一轉口氤氳. 北堂夜夜人如月,

南陌朝朝騎似雲. 南陌北堂連北里, 五劇三條控三市.

p.128 　백낙천, 「강남에서 기쁘게도 소구철을 만나, 장안에서 놀던 옛일을 얘기하다
　　　　장난삼아 주는 50운」(江南喜逢蕭九徹, 因話長安舊遊戲贈五十韻)

憶昔嬉遊友, 多陪歡宴場. 寓居同永樂, 幽會共平康. 師子尋前曲, 聲
兒出內坊. 花深態奴宅, 竹交得憐堂. 庭晚開紅藥, 門閑蔭綠楊. 經過
悉同巷, 居處盡連牆. 時世高梳髻, 風流澹作妝. 戴花紅石竹, 帔暈紫
檳榔. 鬂動懸蟬翼, 釵垂小鳳行. 拂胸輕粉絮, 煖手小香囊. 選勝移銀
燭, 邀歡擧玉觴. 爐烟凝麝氣, 酒色注鵝黃. 急管停還奏, 繁絃慢更張.
雪飛廻舞袖, 塵起繞歌梁. 舊曲翻調笑, 新聲打義陽. 多情推阿軟, 巧
語許秋孃. 風暖春將暮, 星廻夜未央. 宴餘添粉黛, 坐久換衣裳. 結伴
歸深院, 分頭入洞房. 綵帷開翡翠, 羅薦拂鴛鴦. 留宿爭牽袖, 貪眠各
占牀. 綠窓籠水影, 紅壁背燈光. 索鏡收花鈿, 邀人解袷襠. 暗嬌妝靨
笑, 私語口脂香. 怕曉聽鐘坐, 羞明映縵藏. 眉殘蛾翠淺, 鬂解綠雲長.

p. 139 두보(杜甫), 「강남에서 이구년을 만나」(江南逢李龜年)
岐王宅裏尋常見, 崔九堂前幾度聞.
正是江南好風景, 落花時節又逢君.

p. 145 왕창령(王昌齡), 「부용루에서 신점을 보내며」(芙蓉樓送辛漸)
寒雨連江夜入吳, 平明送客楚山孤.
洛陽親友如相問, 一片冰心在玉壺.

p. 145 고적(高適), 「단보 양구소부를 곡함」(哭單父梁九少府)
開篋淚霑臆, 見君前日書. 夜臺何寂寞, 猶是子雲居.

p. 146 왕창령, 「장신궁의 가을노래」(長信秋詞)
奉帚平明金殿開, 且將團扇共徘徊.
玉顔不及寒鴉色, 猶帶昭陽日影來.

p. 146 왕지환, 「양주사」(涼州詞)
黃河遠上白雲間, 一片孤城萬仞山.
羌笛何須怨楊柳, 春光不度玉門關.

p. 167 서인(徐夤), 「주호자」(酒胡子)
紅筵絲竹合, 用爾作歡娛. 直指寧偏黨, 無私絶覬覦.
當歌誰攬袖, 應節漸輕軀. 恰與眞相似, 氈裘滿頷鬚.

p. 193 두보, 「괵국부인」(虢國夫人)
虢國夫人承主恩, 平明騎馬入宮門.
却嫌脂粉涴顔色, 淡掃蛾眉朝至尊.

p. 196 두보, 「강가에서 슬퍼하다」(哀江頭)
……輦前才人帶弓箭, 白馬嚼齧黃金勒.
翻身向天仰射雲, 一箭正墜雙飛翼……

p. 197 장적(張籍), 「궁사」(宮詞)
新鷹初放兎猶肥, 白日君王在內稀.
薄暮千門臨欲鎖, 紅粧飛騎向前歸……

p. 204 여온(呂溫), 「상관소용 서루의 노래」(上官昭容書樓歌)
玉樓寶架中天居, 緘奇秘異萬卷餘. 水精編帙綠鈿軸,
雲母搗紙黃金書. 風吹花露旭淸時, 綺窓高掛紅綃帷.
香囊盛煙繡結絡, 翠羽拂案靑琉璃.

p. 234 유우석(劉禹錫), 「포도의 노래」(葡萄歌)
有客汾陰至, 臨堂瞠雙目. 自言我晉人,

種此如種玉. 釀之成美酒, 令人飮不足.

p. 360　이기(李頎),「여름에 장병조의 동당 연회에서」(夏宴張兵曹東堂)

北窓臥簟連心花, 竹裏蟬鳴西日斜.

羽扇搖風却珠汗, 玉盆貯水割甘瓜

p. 362　백낙천,「달밤 누각에 올라 더위를 피하며」(月夜登閣避暑)

旱久炎氣盛, 中人若燔燒. 淸風隱何處, 草樹不動搖. 何以避暑氣,

無如出塵囂. 行行都門外, 佛閣正岧嶢. 淸凉近高生, 煩熱委靜鎖.

開襟當軒坐, 泰神飄飄廻.…

2) 인명해설

가토 시게시(加藤繁, 1880~1946) 경제사학자.『淸國行政法』을 편찬한 바 있으
며, 1926년『당송 시대의 금은 연구』로 학술원상 수상. 주로 중국경제사 연구
에 종사했다.

강희제(康熙帝, 1654~1722) 청의 제4대 황제, 1661~1722년 재위. 조너선 스
펜스의 뛰어난 전기『강희제』(이산)가 국내에 번역되어 있다.

고바야시 다카시로(小林高四郎, 1905~1987) 몽골사 및 동서교류사 연구자.

고다 로한(幸田露伴, 1867~1947) 일본의 소설가이자 수필가. 광범위한 취미, 깊
이 있는 교양, 해박한 지식을 바탕으로 한 예민한 관찰과 세련된 문장에 의한
많은 저작을 남겼다. 전 41권의『幸田露伴全集』이 있다. 한편 저자가『全集』의
월보에 기고한「露伴と中國」이『저작집 1』, pp. 210~13에 실려 있다.

광서제(光緒帝, 1871~1908) 청의 제11대 황제, 1874~1908년 재위.

구라이시 다케시로(倉石武四郎, 1897~1975) 도쿄 대학 졸업. 교토 대학에서 중
국어학을 강의하고, 1949년부터 도쿄 대학 전임이 되었다. 1963년『이와나미
중국어사전』을 발간했다.『한자의 운명』이 국내에 번역되었다.

구보 덴스(久保天隨, 1875~1934) 일본의 한학자이자 한시 시인.『일본유학사』,
『근세유학사』등의 저서와 한시집이 있다.『일본한문학사』, pp. 765~67 참조

기시베 시게오(岸邊成雄, 1912~) 일본의 사학자, 음악학자.『중국여성사회사』와
『고대 실크로드의 음악』이 국내에 번역되었다.

나바 도시사다(那波利貞, 1890~1970) 중국사학자. 교토 대학을 졸업하고 교토
대학 교수로 재직했다. 당대를 중심으로 중국문화사를 연구하여 돈황학, 당대

사회사, 토지제도사 등에 많은 업적을 남겼다. 150여 편이 넘는 논문을 썼으나 저서는 사후 출간된『唐代社會文化史硏究』(創文社, 1974)가 유일하다.

나오에 히로지(直江広治, 1917~1994) 일본의 민속학자. 저서에『중국의 민속학』『민간신앙의 비교연구, 비교민속학으로의 길』등이 있다.

나카무라 후세쓰(中村不折, 1866~1943) 일본의 서양화가. 1901~1905년 프랑스에서 유학했다. 서예에도 조예가 깊으며, 1935년 서도박물관(書道博物館)을 건립했다.

나카다 가오루(中田薫, 1877~1967) 일본의 법제사 전문가. 1902년 도쿄 대학 조교수가 되었고, 이어 독일에 유학하여 게르마니스트계 법사학을 연구했다. 근대 이전 법의 역사적 독자성을 밝히는 다수의 연구결과를 발표했고 일본사 연구에도 영향을 주었다.

다케다 다이준(武田泰淳, 1912~1976) 중문학 연구자, 소설가. 도쿄 대학 중퇴. 1933년 다케우치 요시미와 함께 중국문학 연구회를 만들어 중국문학의 소개와 비평에 주력했다. 1943년『사마천, 사기의 세계』를 발표하여 큰 호응을 얻었다. '제1차 전후파'의 대표적 작가.『사마천, 사기의 세계』는 국내에도『사마천과 함께 하는 역사여행』,『사마천, 사기의 세계』등으로 번역 소개되었다.

다케조에 세이세이(竹添井井, 1842~1917) 일본의 외교관이자 한학자. 세이세이(井井)는 호이고, 본명은 다케조에 신이치로(竹添進一郎)이다. 1882년 한국변리공사(韓國辨理公使)가 되어 개화파를 후원, 1884년 갑신정변에 관여했다.『춘추좌씨전』에 주를 단『좌씨회전』(左氏會箋)이 유명하다.

도리야마 기이치(鳥山喜一, 1887~1959) 일본의 동양사학자. 도쿄 대학 졸업. 경성제대 교수 등을 역임. 1915년 이후 중국을 여러 차례 답사했으며, 평생 발해사 연구에 몰두했다.『발해사고』(渤海史考),『만선문화사관』(滿鮮文化史觀) 등의 저서가 있다.

두예(杜預, 222~284) 서진의 학자이자 정치가이며,『좌전』의 필수적인 주석인『춘추경전집해』를 저술했다.

두평(竇苹) 송나라 인종(仁宗) 때 사람.『당송총서』(唐宋叢書)본을 인용한 라우퍼와 이시다 미키노스케는 竇蘋이라고 했지만,『사고총목제요』의 고증처럼 竇苹이 타당할 것이다.

마쓰오카 유즈루(松岡讓, 1891~1969) 일본의 작가. 도쿄 제국대학 철학과 졸업.

나쓰메 소세키의 문하에 들어갔으며, 불교에 관한 저술 이외에 소세키에 관한 책이 많다.

마야마 세이카(眞山靑果, 1878~1948) 일본의 소설가, 극작가. 자연주의 작가로 등장했으나 원고의 이중 거래로 문단을 떠났다. 이후 『호색일대남』, 『호색일대녀』 등을 쓴 이하라 사이카쿠(井原西鶴) 연구에 몰두하다가 다시 극작가로 부활하여 역사물에 뛰어난 작품을 남겼다.

모리 센조(森銑三, 1895~1985) 일본문학 연구자이자 서지학자.

모리 가이난(森槐南, 1863~1911) 메이지 시대의 고전 주석가이자 한시(漢詩) 시인. 이름은 公泰, 가이난(槐南)은 호이다. 저서에 『杜詩講義』(3책), 『李詩講義』(1책), 『韓詩講義』(2책), 『槐南集』(8책)이 있다. 이토 히로부미가 하얼빈에서 저격되었을 때 그를 수행하다가 부상당했다. 『일본한문학사』, p.731 참조.

무전손(繆荃孫, 1844~1919) 중국의 장서가. 서지학자. 호는 예풍(藝風). 금석학과 목록학에 뛰어났으며, 편집에 관여한 책이 많다.

미나카타 구마구스(南方熊楠, 1867~1941) 일본의 식물학자이자 민속학자. 1886년 미국에 건너가 미대륙을 방랑하면서 동식물의 발견과 채집에 열중했다. 1892년 천문학 현상논문 「동양의 성좌」가 당선되어 『네이처』지에 발표되면서 영국학계의 인정을 받아 대영박물관 동양조사부에 들어간다. 『일본서적목록』의 편찬에 진력하는 한편, 독학으로 마스터한 19개 언어를 자유롭게 구사하는 천재적 어학력을 발휘하여 박물관 소장의 문헌을 발췌하여 4만 800매의 카드를 만들었다. 1900년 귀국, 식물 연구와 채집에 종사하는 한편 야나기타 구니오(柳田國男)와 협력하여 민속학 연구에 진력했다.

미불(米芾, 1051~1107) 북송시대의 서화가이자 감식가이며 수집가. 여러 가지 기행과 기벽으로 유명했다. 그에 대해 역자가 본 최근의 흥미로운 연구로 塘耕次의 『米芾: 宋代マルチタレントの實像』(大修館書店, 1999)이 있다.

방현령(房玄齡, 576~648) 당 태종 때의 명재상. 이름은 교(喬). 현령은 자이다. 태종 이세민이 황제가 되는 것을 도왔을 뿐 아니라 황제가 된 이후에도 20년간 정무를 보좌했다. 각종 법률과 제도를 정비했고 위징과 함께 당나라의 예제(禮制)를 제정했다. 후대에 그와 두여회(杜如晦)를 재상의 모범으로 여겨 흔히 '방·두'(房·杜)라 불린다.

사와다 미즈호(澤田瑞穗, 1912~2002) 일본의 중문학자로 덴리 대학, 와세다 대

학 교수를 역임했다. 광범위한 문헌의 섭렵과 폭넓은 관심으로 민간신앙, 종교
문학, 설화를 중심으로 다양한 업적을 남겼다. 『地獄變』, 『불교와 중국문학』,
『중국의 민간신앙』, 『중국의 呪法』, 『鬼趣談義』 등의 많은 저서가 있다.

사카키 료자부로(榊亮三郎, 1872~1946) 일본의 불교학자. 저서에 『홍법(弘法)
대사와 그의 시대』 『梵藏漢和四譯對校飜譯名義大集』 등이 있다.

사쿠 미사오(佐久節, 1882~1961) 일본의 한문학자. 도쿄 제국대학 국문과 졸업.
1923~1959년 니혼(日本) 여자대학 국문과 교수로 재직. 저서 『당시선신석』
(唐詩選新釋), 편저 『백낙천시집』, 『한시대관』(漢詩大觀) 등이 있다.

서태후(西太后, 1835~1908) 함풍제의 후궁으로 동치제의 생모. 동치제가 죽은
뒤 3세인 광서제를 즉위시켜 섭정했다. 광서제의 친정 이후에도 실권을 장악했
으며 그의 개혁을 막고자 무술정변을 일으켰다.

시다 후도마로(志田不動麿, 1902~) 일본의 역사학자. 『동양중세사』, 『왜의 여왕』
등의 저서와 중국에서 화장(化粧)의 원류를 다룬 논문 등이 있다.

아다치 기로쿠(足立喜六, 1871~1949) 청(淸) 정부의 초빙으로 서안(西安)의 섬
서(陝西)고등학당 교원으로 재직 중이던 1906~1910년 장안과 그 부근의 유
적지에 대해 조사와 측량을 진행하고 문헌기록과 결부시켜 연구했다.

야나기타 구니오(柳田國男, 1875~1962) 일본의 민속학자. 도쿄 대학 법과를 졸
업한 후 공무원과 신문기자 생활을 했다. 청년시절부터 문인들과 교유하는 한
편 전국을 돌아다니며 민속자료를 수집했다. 1909년 일본 민속학의 출발점이
되는 『후수사기』(後狩詞記)를 발표한 이래 많은 저서를 남겼다. 1913년 『향토
연구』(鄕土硏究), 1925년 『민족』(民族) 등의 잡지를 간행했다. 1933년 일본민
속학회(日本民俗學會)의 전신 '민간전승의 모임'을, 1947년 민속학연구소(民
俗學硏究所)를 창립하는 등 일본 민속학의 건립과 발전에 노력하는 한편 '야나
기타 민속학'을 수립했다. 편저는 100여 종에 이른다.

야부키 게이키(矢吹慶輝, 1879~1939) 일본의 종교학 연구자로 마니교에 관한
중요한 업적을 남겼다.

양신(楊愼, 1488~1559) 명나라의 문학자로 호는 승암(升庵). 민간문학도 중시
했으며, 광범위하게 고증을 했다. 100여 종에 달하는 저서가 있다.

에드워드 샤퍼(Edward H. Schafer, 1913~1991) 미국의 중국학자. 10여 개 언
어를 구사하는 어학력, 튼튼한 문헌학적 기초 그리고 광범위한 사회과학과 자

연과학 지식을 바탕으로 당대(唐代) 문학사, 사회사, 문화사 및 문명교류사에 뛰어난 업적을 남겼다. 주저에 *The Golden Peaches of Samarkand, A Study of T'ang Exotics*; *The Virmillion Bird, T'ang Images of the South*; *The Divine Woman, Dragon Ladies and Rain Maidens in T'ang Literature*; *Pacing the Void, T'ang Approches to the Stars*; *Maoshan in T'ang Times* 등이 있으며,『고대 중국』이 번역되어 있다. 특히『唐代的外來文明』이라는 제목으로 중국어 번역이 나온『사마르칸트의 황금복숭아』는 라우퍼의 *Sino-Iranica*의 뒤를 잇는 명저이다.

역도원(酈道元, 466 혹은 472?~527) 북위의 지리학자, 문장가. 각 지역 물길의 변천과 성읍의 흥폐 등 지리에 관심을 갖고 문학성과 학술성이 높은 지리학의 고전『수경주』(水經注)를 저술했다.

오타 난포(大田南畝, 1749~1823) 에도 후기의 문인. 기행문·일기·수필에 걸쳐 많은 저작을 남겼으며 에도 시민문화의 중심적인 존재였다. 본명은 覃, 난포(南畝)는 호이며, 蜀山人이란 광호(狂號)가 있다.

오우치 하쿠게쓰(大內白月) 저술가이자 번역가. 저서『중국전적사담』(支那典籍史談)과 역서『다경』(茶經),『어목집』(魚目集)이 있다.

왕양명(王陽明, 1472~1528) 명대의 사상가로서 양명학의 시조이다. 본명은 왕수인(王守仁)이며 양명은 호이다.

요시카와 고지로(吉川幸次郎, 1904~1980) 중문학자로 교토 대학 교수를 역임했다. 중국 고전에 대한 해박한 지식과 실증적 학풍으로 중국문학과 일본유학 연구에 많은 업적을 남겼다.『한무제』,『당시 읽기』가 국내에 소개되어 있다.

우노 데쓰토(宇野哲人, 1875~1974) 중국철학자. 특히 유학 연구에 업적을 남겼다. 1919년 도쿄 대학 교수가 되었고 29년 도쿄 문리대 창설과 함께 문리대 교수를 겸임했다. 도쿄 대학과 베이징 대학의 명예교수를 지냈다. 저서에『二程子의 철학』『중국철학의 연구』등이 있고,『중국의 사상』이 번역되어 있다.

웨일리(A. Waley, 1889~1968) 영국의 동양학자로 20세기 전반기 중국과 일본 고전에 대한 가장 뛰어난 번역자였다.『논어』,『노자』,『시경』,『서유기』,『이백시집』,『돈황변문』,『겐지 이야기』등 많은 역작이 있다.

위징(魏徵, 580~643) 당 태종 때의 명재상으로, 간언을 잘한 것으로 유명하다. 본래 태자 이건성(李建成)을 보좌한 이세민의 정적이었으나 이세민이 태종에

즉위한 후 중용되었다. 『수서』(隋書)의 주요한 부분을 담당했고, 『군서치요』(群書治要)를 편찬하기도 했다.

육유(陸游, 1125~1210) 남송의 시인으로 호는 放翁. 9천여 수에 달하는 그의 시는 우국충정으로 유명하다. 저서에 『劍南詩稿』, 『渭南文集』, 『南唐書』, 『老學庵筆記』 등이 있다.

이와무라 시노부(岩村忍, 1905~1988) 몽골사학자. 13세기 동서교섭사 연구로 박사학위를 받았다. 제2차 세계대전 이후 중동에서 현지조사를 진행했고, 1954년 아프가니스탄에서 몽골어·페르시아어 대역어 사전의 사본을 발견했다.

이행언(李行言) 중종 때 사람. 도교의 음곡인 「보허가」(步虛歌)를 잘 했고, 천자의 명령에 따라 삼동도사음사가(三洞道士吾詞歌) 수곡을 지었다고 한다.

장형(張衡, 78~139) 후한의 과학자이자 문학가. 그에 대해서는 이나미 리쓰코의 『중국인 이야기』, pp. 101~04 참조.

전역(錢易, 978?~1034?) 북송의 문학자. 한림학사 등을 역임했다. 많은 저서가 있었으나 그 중 『남부신서』만 남아 있다.

전희조(錢熙祚) 19세기 중반에 활동한 중국의 출판인. 그가 1844년 간행한 『수산각총서』 112종은 선본(善本)으로 유명하다.

축윤명(祝允明, 1460~1526) 명나라의 서예가, 문학자. 자는 희철(希哲)이며, 호는 지산(枝山)이다. 저서에 『회성당집』(懷星堂集) 30권이 있다.

하네다 도루(羽田亨, 1882~1955) 동양학자. 유럽에서 돈황문서의 조사와 연구에도 종사했고, 1938~1945년 교토 대학 총장을 역임했다. 서역문화사의 권위자로 『서역문명사개론』 『서역문화사』 등의 저서가 있다.

하라다 요시토(原田淑人, 1885~1974) 일본의 동양고고학자. 낙랑고분의 발굴과 중국 동북지구, 내몽고, 화북 각지에서 발굴조사를 행했으며, 특히 중국복식사에도 뛰어난 업적을 남겼다.

홍순창(洪淳昶) 사학자. 영남대학교 사학과 교수를 역임했다. 『세계문화사대관』, 『사기의 세계』, 『한국의 민족사상』 등의 저서와 편저 『한일 고대문화 교섭사 연구』가 있다.

후카이 신지(深井晉司, 1924~1985) 페르시아 미술 전문가. 『페르시아 미술사』, 『페르시아의 유리옥』 등 다수의 관련 저작이 있다.

히르트(Fredrich Hirth, 1845~1925) 독일 출신으로 미국에서 활동한 중국학자.

1867년 중국에 와서 중국 해관, 상해통계국 등에서 근무하는 한편 중국연구를 했다. 1902년부터 미국 컬럼비아 대학에서 최초로 중국학교수로 임용되었다. 그의 재직 동안 호적(胡適)이 컬럼비아에 유학했는데, 히르트는 그의 논문심사 위원이었다. 중국 고대문화의 기원, 동서문화 교류사 및 중국회화사를 주로 연구했다. 저서에『중국과 동로마』,『중국고대사』 등이 있다.

3) 참고도서

『가씨담록』(賈氏談錄)의 성격, 내용과 판본에 대해서는 황영년(黃永年),『당사사료학』(唐史史料學), p.175 참조.

경교에 대해서는 翁紹軍의『漢語景敎文典詮釋』(北京三聯書店, 1996)이 교감과 주석이 있어 매우 편리하다.

고선지에 대한 최근 저작으로 지배선의『고선지 평전』(청아출판사, 2002)이 있다.

『곤자쿠 이야기』(今昔物語) 연구서로 문명재의『일본설화문학 연구』(보고사, 2003) 가 있다.

『곽소옥전』(霍小玉傳)에 대해서는 정범진,『앵앵전』(성균관대학교 출판부, 1995), pp.139~56의 번역을 보라.

곽자의(郭子儀)에 대해서는 정현우 편『대륙을 누빈 무장들』(명문당, 1989), pp. 161~78.

기녀, 특히 당대의 기녀에 대해서는 이수웅,『중국 창기문화사』(대한교과서주식회사, 1987), pp.78~113; 기시베 시게오(岸邊成雄),『중국여성사회사』(일월서각, 1992), pp.159~88; 유달림,『중국의 성문화』上(범우사, 2000), pp.359~63 참조.

네스토리우스교의 교리 및 동방 전파과정에 대한 국내의 연구로는 김광수,『동방기독교사』(기도교문사, 1981)가 있다. 특히 김호동의『동방 기독교와 동서문명』(까치, 2002)은 중앙아시아의 역사라는 맥락에서 네스토리우스파의 전래를 중심으로 동방 기독교의 역사를 다루고 있는 좋은 책이다.

답요낭의 기원에 대해서는 김학주,『중국고대의 가무희』(민음사, 1994), pp. 175 ~79; 당대의 다양한 변화에 대해서는 pp. 203~07 참조. 또한 왕극분,『중국무용사』(교보문고, 1991), pp.92~95 참조. 특히 p.95의 당대 여무용의 그림을 참조할 것. 아울러 양인리우,『중국고대음악사』(솔, 1999), p.335.

대진경교유행중국비(大秦景敎流行中國碑)에 대해서는 정수일이 이 비문의 고찰과 번역을 시도한 바 있다.『문명교류사 연구』(사계절, 2002), pp. 77~108. 여기서 그는 경교는 네스토리우스교가 아니라고 주장한다.

도자기에 대해서는 마가렛 메들리의『중국도자사』(열화당, 1986), pp. 99~128 참조.

마술에 대해서는 제임스 랜디의『마술 이야기』(동학사, 1994)를 참조하라. 이집트 마술에서 카퍼필드까지 다루는 이 책에는 중국의 마술에 대한 언급도 있다. 랜디는 초능력의 허구를 밝히는 작업을 진행 중이다.

백거이 시집 주석본으로는 현재『白居易年譜』(上海古籍, 1982),『白居易研究』(陝西人民, 1987)를 쓴 朱金城의『白居易集箋校』(上海古籍, 1988) 6책이 가장 좋은 주석본이라 할 수 있다. 또한 謝思煒의『白居易集綜論』(中國社會科學, 1997)은 백거이 문집의 판본 그리고 백거이의 생애와 사상을 다루고 있다. 한편 전통적으로 백거이를 애호했고 연구도 활발했던 일본의 업적은 주목할 만하다. 花房英樹의『白居易研究』(世界思想社, 1971)『白氏文集批判的研究』(朋友書店, 1974); 平岡武夫·今井淸,『校定本白氏文集』(京都大學人文科學研究所, 1971); 太田次男·小林芳規,『神田本白氏文集研究』(勉誠社, 1982); 川瀨一馬,『金澤文庫本白氏文集』(勉誠社, 1983); 太田次男,『舊鈔本中心白氏文集本文研究(전3책)』(勉誠社, 1997); 靜永健,『白居易「諷諭詩」研究』(勉誠出版, 2000); 太田次男 外『白居易研究講座(전7권)』(勉誠社, 1993-1998) 등이 있다. 한국의 경우 김재승의『白樂天詩研究』(명문당, 1991)와 장기근의 개정번역본『白樂天』(명문당, 2002), 김경동의『백거이시선』(문이재, 2002), 김경동·이의강의『백거이한적시선(2책)』(성균관대, 2003)이 있다.

베이징의 변천에 대해서는 린위탕, 김정희 옮김,『베이징 이야기』(이산, 2001), p. 81「베이징 연표」참조.

사산 왕조에 대해서는 김정위,『이란사』(한국외국어대학교, 2001), pp. 39~48 참조.

설도(薛濤)에 대해서는 기시베 시게오,『중국여성사회사』, pp. 199~208 참조. 또한 유희재 편『당대 여류시선』(민미디어, 2001), pp. 15~40에 그의 시가 번역되어 있다.

섭천사(葉天士)의 의학에 대해서는 진대순 외,『명가학설』(대성의학사, 2001), pp.

401~36; 홍원식·윤창열, 『중국의학사』(일중사, 2001), pp. 421~23 참조.

소동파(蘇東坡)의 평전으로 임어당의 『쾌활한 천재: 소동파평전』(지식산업사, 2001), 왕수조의 『중국의 문호 소동파』(월인, 2001), 楊濤, 『문예의 천재 소동파』(이화문화출판사, 2000), 산문집의 번역으로 김병애 역 『마음속의 대나무』(태학사, 2001), 시집의 번역으로 류종목 역 『여산 진면목』(솔, 1996) 등이 나와 있다.

스키타이의 역사에 대해서는 르네 그루쎄, 『유라시아 유목제국사』(사계절, 1998), pp. 42~81; 중국과의 관계에 대해서는 나가사와 가즈토시, 『실크로드의 역사와 문화』(민족사, 1994), pp. 23~25, 29~39; 스키타이 문화의 역사적 의의에 대해서는 마가야마 마사아키, 『유목민이 본 세계사』(학민사, 1999), pp. 85~110 참조. 한편 이시타 미키노스케도 스키타이 문제를 다룬 논문이 있다. 「支那とヨロバとの間の最古の通商路について」, 『社會經濟史學』, pp. 9~11, 12.

식생활에 대해서는 시노다 오사무의 『중국음식문화사』(민음사, 1995), pp. 97~127; 장징의 『공자의 식탁』(뿌리와 이파리, 2002), pp. 107~43 참조.

양귀비(楊貴妃)에 대해서는 『영웅의 역사 9: 여인천하』(솔, 2000), pp. 205~67에 수록된 가키헤 구미코의 「양귀비」 그리고 안녹산과 양귀비를 함께 다루고 있는 후지요시 마시미의 『비단버선은 흙먼지 속에 뒹굴고』(시공사, 2003)가 있다.

어현기(魚玄機)의 생애에 대해서는 『중국여성사회사』, pp. 209~23 참조. 그의 시는 유희재 편 『당대여류시선』, pp. 41~61에 번역되어 있다.

여성의 역사를 전면적으로 다루고 있는 획기적 업적인 고세유(高世瑜)의 『唐代婦女』(三秦出版社, 1988)가 『대당제국의 여성들』(심산, 근간)로 소개될 예정이다.

『역대명화기』(歷代名畵記)에 대해서는 일부이지만 충실한 역주가 있는 번역이 있다. 김기주 역주 『중국화론선집』(미술문화, 2002), pp. 13~106.

『영조법식』(營造法式)은 국내에서 국토개발원에 의해 1984년에 번역본이 간행된 바 있다.

왕소군(王昭君)에 대해서는 『박한제 교수의 중국 역사기행 1, 영웅시대의 빛과 그늘』(사계절, 2003)의 5장 「세상에 울던 비운의 여인이 민족수호의 영웅으로」를 참조하라. 이 책은 왕소군을 중심으로 호한(胡漢)의 교류에 얽혀든 비운의 여인들을 다루면서 그 역사적 의미를 되새기고 있다.

울지을승(尉遲乙僧)에 관해서는 권영필의 「尉遲乙僧 화법의 근원과 확산」이 있다.

『실크로드 미술: 중앙아시아에서 한국까지』(열화당, 1997), pp. 52~64.

유모에 대해서는 김소현의 『호복』(민속원, 2003), pp. 217~18 참조.

『이와전』(李娃傳)에 대한 번역은 정범진, 『앵앵전』, pp. 188~206; 해설은 전인초, 『당대소설연구』(연세대학교 출판부, 2000), pp. 184~93 참조.

이정(李靖)과 태종의 병법 문답으로 '무경 7서'의 하나인 『이위공문대』(李衛公問 對)가 번역되어 있다. 정현우, 『대륙을 누빈 무장(武將)들』(명문당, 1989), pp. 139~59 참조.

인쇄에 관해서는 카터의 원저를 굿리치가 개정한 *The Invention of Printing in China and Its Spread Westward*를 강순애·송일기가 공역한 『인쇄문화사』(아세아문화사, 1995) 참조.

장서의 역사에 관해서는 范鳳書의 『中國私家藏書史』(大象出版社, 2001), 傅璇琮·謝灼華 주편의 『中國藏書通史(2책)』(寧波出版社, 2000), 任繼愈 주편의 『中國藏書樓(3책)』(遼寧出版社, 2001) 등이 있다.

「장안도비」에 대해서는 『中國古代地圖集』(文物出版社, 1990)에 실린 주쟁(周錚) 의 「呂大防長安圖碑和三宮圖碑」를 참조하라.

『전다수기』(煎茶水記)에 대한 번역이 김명배, 『중국의 다도』(명문당, 1985), pp. 65 ~74에 실려 있다.

조로아스터교와 마니교의 종말론이 중국 민중에 끼친 영향에 대해서는 미쓰이시 젠키치, 『중국의 천년왕국』(고려원, 1993), pp. 131~50을 참조하라.

종이의 서방 전파에 대해서는 진순신의 『페이퍼 로드』(예담, 2002)가 흥미롭다. 또한 반길성의 『중국제지기술사』(광일문화사, 2002)는 제지사 통론과 관련 논문으로 구성된 전문 논저이다. 특히 종이의 서방전파에 관해서는 인쇄 항에서 소개한 『인쇄문화사』, pp. 156~63을 보라.

중국과 인도의 교류에 관해서는 중국의 석학 계선림(季羨林)이 주로 연구하고 있다. 그의 업적은 季羨林文集 4 『中印文化關係』(江西敎育出版社, 1998)에 정리되어 있다. 토카라어 연구에도 큰 공을 세운 계선림에 대해서는 『위대한 아시아』(황금가지, 2003), pp. 720~27을 참조하라.

중국영조학사(中國營造學社)의 활동에 관해서는 『中國古建築圖典』(北京出版社, 1999) 전4권 중 제4권의 「營造學社史略」에 정리되어 있다.

책의 장정에 관해서는 천혜봉, 『한국 서지학』(민음사, 1997), pp. 93~107에 자세한 설명이 있다.

출판문화에 관해서는 근래 출간된 井上進, 『中國出版文化史: 書物世界と知の風
景』(名古屋大學, 2002)을 보라. 책의 성립에서 인쇄본의 탄생과 보급까지 2천
년에 걸친 책과 출판의 중국문화사이다.

측천무후(則天武后)에 대해서는 『영웅의 역사 9: 여인천하』(솔, 2000), pp. 113~
204의 「여제 무측천」이 있다. 또 임어당의 역사소설 『측천무후』도 번역된 바
있다.

타구(打毬)에 대해서는 상달(向達)의 『唐代長安與西域文明』, pp. 79~87에 수록
된 「長安打毬小考」가 선구적 업적이다.

번역을 마치고

'장안의 봄'은 이 책의 첫 장 「장안의 봄」에서 보듯이 대도(大都) 장안의 화사하고 번화한 봄의 정경을 지칭한다. 하지만 이 용어는 '장안의 봄'으로 상징되는 당나라 문명이 유구한 중국의 역사 속에서 봄처럼 화려하고 성대한 것이었음을 의미하기도 한다. 다 알다시피 삼국시대 이래의 분열과 혼란을 극복하고 안정과 번영을 이룩한 당대(唐代)는 유목과 농경, 한족과 호족, 독자성과 외래성이 혼효하는 시대였다. 그 결과 중국사에서는 보기 드물게 개방적이고 적극적인 성격의 문명을 이루어냈던 것이다. 이러한 '장안의 봄'에 대해 그 어느 책보다 잘 그리고 있는 고전적인 명저가 바로 이시다 미키노스케(石田幹之助)의 『장안의 봄』이다.

중국사에서 가장 화려했던 시대인 당나라의 수도 장안에 초점을 둔 논고들을 모은 이 책은 당시(唐詩)를 비롯한 당대의 문학작품을 최대한 활용하여 수도 장안의 정경과 당나라 사람들의 일상을 생생하게 묘사하고 있다. 이 책의 가치에 대해서는 문외한인 역자의 섣부른 평가보다 전문가들의 의견을 몇 가지 소개하는 것으로 대신하고자 한다.

나가사와 가즈토시(長澤和俊)의 명저 『동서문화의 교류』(민족문화사, 1991)의 역자 민병훈은 자신의 문헌해설에서 "동서문명의 교류를 생각함에 있어 중요한 논고가 많으며, 실크로드사 연구의 입문서이기도 하여 필독의 서이다"라고 『장안의 봄』을 평가했고, 소설 『공자』와 『누란』 『돈황』 『풍도』 등으로 우리에게 친숙한 일본의 역사소설가 이노우에 야스시(井上靖)는 이렇게 평했다. "이시다 박사는 장안의 수도 및 그 시대를 살아간 사람들의 생활을 훌륭하게 재현해 보인 최초의 학자이다. ……나에게 있어 이 책은 사전이고 참고서이며 그리고 그 이상으로 장안에 대해 글을 쓸 때 곁에서 떼어놓을 수 없는 호신부와 같은 것이다."

또한 이 책의 해설을 쓴 에노키 가즈오(榎一雄)는 이 책과 저자에 대해서 "역사논문일 뿐만 아니라 낭랑하게 높은 목소리로 낭독하기에 충분한 문학작품이기도 하다. ……논문을 쓰는 학자는 많다. 그러나 문장이라고 부를 만한 논문을 쓸 수 있는 학자는 참으로 드물다"고 했다. 『장안의 봄』의 문학성을 높이 평가한 것인데, 이 책에 수록된 문장들이 "평이하고 명쾌하면서도 한문 어휘를 교묘히 구사하여 격조와 품격을 지녔기" 때문이다. 비록 많은 노력은 했으나 번역에서 이러한 면모를 얼마나 전달했는지 참으로 조심스럽다.

게다가 저자는 단순한 문헌 중심의 사학자가 아니라 고고, 지리, 민족, 철학, 종교, 신화, 전설, 언어, 서지학, 문학, 민속, 민간전승, 미술, 동식물학 등 많은 분야의 해박한 지식을 바탕으로 아시아 전 지역을 연구대상으로 한 석학이었다. 『장안의 봄』은 저자의 이러한 면모가 잘 드러나는, 당대 문화에 관한 일종의 소백과전서라고 하겠다.

애초에 역자가 이 책을 만난 것은 우연이었다. 학교 앞 헌책방에서 이 책이 수록된 헤이본샤(平凡社)의 『세계교양전집』을 어쩌다가 보게 된 것이 시작이었다. 그 속에 수록된 여러 명저 중 특히 역자의 관심을 끈 것은 다름 아닌 『장안의 봄』이었다. 당시 나의 짧은 일본어 실력에도 불구하고 이 책을 읽는 동안 마치 타임머신이라도 타고 당나라 장안을 갔다 온 듯한 느낌을 받았다. 그리하여 나중에는 틈나는 대로 다시 읽고 즐기는 책자의 하나가 되었다.

실상 책에서 받은 즐거움을 많은 독자들과 함께 공유하고자 한 것이 번역을 시작한 소박한 동기의 하나였지만, 나아가 당나라 문명의 이해를 통해 동아시아의 과거와 현재 나아가 미래에 대해 생각하는 계기를 갖기를 바라는 마음도 없지는 않았다. 아울러 문학과 역사의 행복한 결합을 통해 인문학의 위상을 재고하는 기회가 되기를 바라는 마음도 은근히 가져보았다.

하지만 독자로서의 즐거움이 번역자로서의 괴로움과 등치될 수 있음을 애초에 감지했더라면 아마도 이 책을 번역하겠다고 나서지는 않았을 것이다. 저자가 다루고 있는 다양한 주제와 소재, 나아가 풍부한 학식과 폭넓은 관심 그리고 뛰어난 문학적 소양을 바탕으로 한 저자의 독특한 어휘와 문체는 독자의 입장에서는 행복이었으나 번역자의 입장에서는 고통에 가까웠기 때문이다. 뿐만 아니라 원서의 오자나 저자의 인용에 보이는 착오를 번역과정에서 검토하고 확인하는 것도 쉽지 않은 작업이었다.

번역의 분담에 있어서, 「장안의 봄」「술집의 호희」처럼 당시(唐詩)가 중요하게 활용되는 장(章)은 기본적으로 박은희가, 나머지 부분은 이동철이 담당했다. 하지만 모든 원고에 대해서 서로 검토하여 의견을 통일했음을 밝혀둔다. 이 책의 특성상 번역과정에서 많은 분들의 도움을 받지 않을 수 없었는데, 이 자리를 빌려 그분들께 감사를 드린다. 또한 번역 원고를 꼼꼼히 검토해준 이산출판사의 편집부에도 감사를 드린다.

2004년 석탄절에
옮긴이

찾아보기

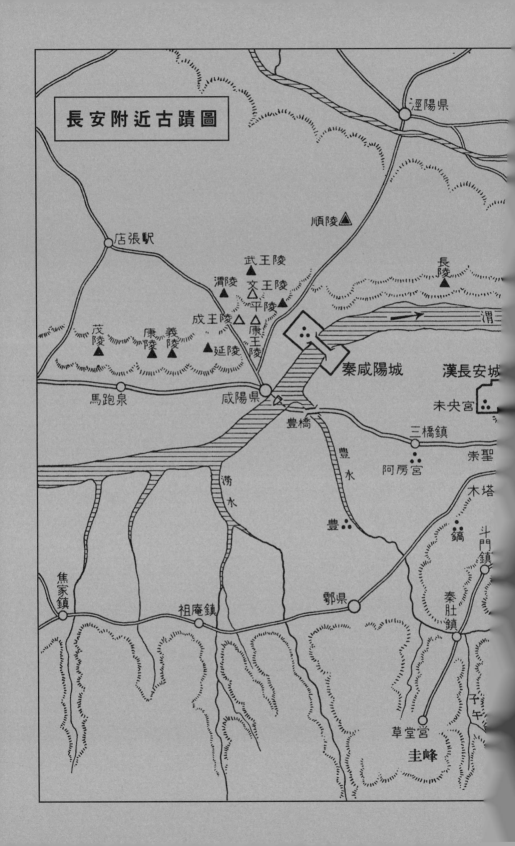

長安附近古蹟圖

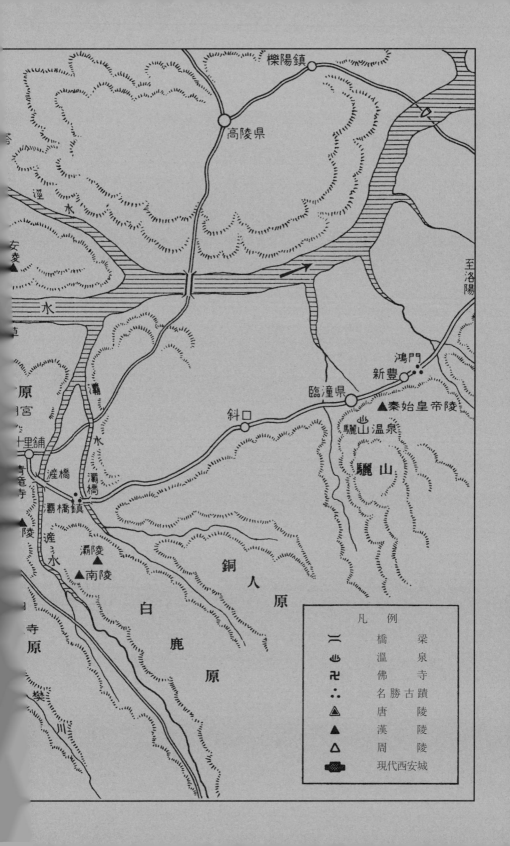

凡　例

⌒	橋　　　梁
♨	溫　　　泉
卍	佛　　　寺
∴	名 勝 古 蹟
▲	唐　　　陵
▲	漢　　　陵
△	周　　　陵
▅	現代西安城

櫟陽鎮

高陵県

至洛陽

涇　水

渭　　水

安陵▲

□原

□宮

二十里鋪

灞

水

滻橋

灞橋

十里鋪

□竜寺

□陵▲

灞　水

灞橋鎮

滻橋

灞陵▲

南陵▲

白

鹿

原

□寺

原

樊　川

銅

人

原

斜口

臨潼県

鴻門

新豊

秦始皇帝陵▲

驪山温泉♨

驪　山